高等职业教育"十二五"规划教材

汽车专业工作过程导向职业核心课程双证系列教材

人力资源和社会保障部职业技能鉴定中心组编

汽车车载网络系统检修
一体化项目教程

主　编　黄建文

副主编　罗锡亮　朱德乾　张法智

主　审　王长建

上海交通大学出版社

内 容 提 要

目前汽车已进入智能化、网络化的时代,对汽车维修行业从业人员提出了更高的要求。本书根据汽车维修专业的要求,组织召开汽车维修电工岗位工作任务分析研讨会,选取目前主流的汽车车载网络系统,以各种典型工作任务,构建了"汽车车载网络系统检修"课程。本书重点介绍各类汽车通信总线的结构、工作原理、故障现象、故障诊断与检修方法。重点强调按企业实际工作过程来培养学生的信息收集、制订检修计划、故障诊断与排除等专业能力和职业核心能力。

本书可作为高职高专、技工院校、普通高校、远程教育和培训机构的汽车车载网络系统检修教材,也可供广大汽车检修从业人员学习参考和职业鉴定前应试辅导。

为了方便老师教学及学生自学,本书配有多媒体课件,欢迎读者来函来电索取。

联系电话:(021)60403030;电子邮箱:shujun2008@gmail.com;QQ:694031453。

图书在版编目(CIP)数据

汽车车载网络系统检修一体化项目教程/黄建文主编. —上海:上海交通大学出版社,(2019重印)
汽车专业工作过程导向职业核心课程双证系列教材
高等职业教育"十二五"规划教材
ISBN 978-7-313-07706-6

Ⅰ. 汽... Ⅱ. 黄... Ⅲ. 汽车—计算机网络—维修—职业教育—教材 Ⅳ. U472.41

中国版本图书馆 CIP 数据核字(2011)第 177020 号

汽车车载网络系统检修一体化项目教程
黄建文 主编
上海交通大学出版社出版发行
(上海市番禺路951号 邮政编码 200030)
电话:64071208
常熟市文化印刷有限公司 印刷 全国新华书店经销
开本:787mm×1092mm 1/16 印张:18.75 字数:435 千字
2012年1月第1版 2019年2月第6次印刷
ISBN 978-7-313-07706-6/U 定价:43.80 元

人力资源和社会保障部职业技能鉴定中心组编
汽车专业工作过程导向职业核心课程双证系列教材编审委员会

■ 顾 问

刘　康　人力资源和社会保障部职业技能鉴定中心主任
王建平　中国人才交流协会汽车人力资源分会常务副会长、秘书长
余卓平　中国汽车工程学会常务理事、同济大学汽车学院院长、教授、博导
王优强　教育部高等学校高职高专汽车类专业教学指导委员会秘书长、教授、博导
陈关龙　上海交通大学汽车工程学院常务副院长、教授、博导
鞠鲁粤　上海大学巴士汽车学院院长、教授
徐国庆　华东师范大学职教研究所副教授、博士
荀逸中　上汽集团华域汽车有限公司副总经理
任　勇　东风日产乘用车公司副总经理
阮少宁　广州元丰汽车销售服务有限公司董事长

■ 名 誉 主 任

谢可滔

■ 编 委 会 主 任

李孟强　杨　敏　叶军峰　乔本新

■ 委 员
（按姓氏笔画为序）

万军海	王长建	王文彪	王会明	王　勇	王　锋	卢宜朗	叶军峰
冯永亮	吕惠敏	朱德乾	乔本新	刘炽平	孙乃谦	严安辉	杨　敏
李支道	李孟强	豆红波	沈文江	林月明	罗雷鸣	郑志中	郑喜昭
赵顺灵	胡军钢	钱素娟	徐家顺	谈　诚	黄建文	符　强	梁　刚
梁其续	曾　文	谢兴景	蔡文创	谭善茂	黎亚洲	潘伟荣	潘向民

■ 本书编写委员会

主　编　黄建文
副主编　罗锡亮　朱德乾　张法智
主　审　王长建

序

随着社会经济的高速发展和现代制造业的不断升级,我国对技能人才地位和作用的认识得到了空前的提高,技能人才的价值越来越得到认可。如何培养符合未来中国经济社会发展需要的技能人才也得到社会的广泛关注。

人力资源和社会保障部职业技能鉴定中心、中国就业培训技术指导中心担负着为我国就业和职业技能培训领域提供技术支持和技术服务的重要任务。在新的形势下,为各类技工院校、职业院校和培训机构提供技能人才培训、培养模式及方法等方面的技术指导尤为重要。在党中央国务院就业培训政策方针指引下,中心结合国情,开拓创新思路,探索培训方式,研究扩大就业,提供技术支持,为国家就业服务和职业培训鉴定事业的发展,提供了强有力的支撑。与此同时,中心不断深化理论研究,注重将理论转化为实践,成果也十分明显,由中心组编的"汽车专业工作过程导向职业核心课程双证系列教材"便是这种实践的成果之一。

我国作为世界汽车生产和消费大国,汽车产业的快速发展和汽车消费的持续增长,为国民经济的增长产生了巨大拉动作用。近年来,我国汽车专业职业教育事业取得了长足发展,为汽车行业输送了大量的人才。随着汽车产业的迅猛发展,社会对汽车专业人才提出了更高的要求。进一步深化人才培养模式、课程体系和教学内容的改革,不断提高办学质量和教学水平,培养更多的适应新时代需要的具有创新能力的高技能、高素质人才,是汽车专业教育的当务之急。

作为汽车专业教育的重要环节,教材建设肩负着重要使命,新的形势要求教材建设适应新的教学要求。职业教育教材应针对学生自身特点,按照技能人才培养模式和培养目标,以应用性职业岗位需求为中心,以素质教育、创新教育为基础,以学生能力培养、技能实训为本位,使职业资格认证培训内容和教材内容有机衔接,全面构建适应 21 世纪人才培养需求的汽车类专业教材体系。

我热切地期待,本系列教材的出版将对职业教育汽车类专业人才的培养和教育教学改革工作起到积极的推动作用。

人力资源和社会保障部职业技能鉴定中心主任
中国就业培训技术指导中心主任

2011 年 5 月

目 录

第一部分

课程整体设计

1. 课程内容设计

本课程以目前汽车车载网络系统使用较多较广的通信协议标准设置了 7 个教学项目，具体教学安排建议如下。

项目名称	工作任务	课时分配
认识汽车车载网络系统	掌握汽车车载网络的组成、分类和应用	6
CAN-BUS 网络故障检修	高速 CAN-BUS 检修	8
	低速 CAN-BUS 检修	6
LIN-BUS 数据总线故障检修	LIN-BUS 数据总线故障检修	6
丰田 BEAN 车身电子局域网络故障检修	丰田 BEAN 车身电子局域网络故障检修	6
Class-2 串行通信网络故障检修	Class-2 串行通信网络故障检修	6
MOST 光纤网络故障检修	MOST 光纤网络故障检修	6
各车系车载网络系统故障检修	日本车系车载网络系统检修	8
	欧美车系车载网络系统检修	8

项目一是学习汽车车载网络系统的基础，本项目介绍车载网络系统与普通电气控制系统的区别，掌握车载网络系统的特点、结构和工作原理。

项目二～六是根据汽车应用的不同通信协议，由教师在教学台架或教学车上设置不同的网络故障，然后由各组学生通过使用示波器、万用表和故障诊断器等仪器进行故障诊断并排除，来掌握对各种通信总线的故障诊断与检修能力。

项目七为前面项目的总结，以日本车系和欧美车系为学习对象，整合前面所学的各种总线知识和技能，使学生真正掌握实际工作所要求的专业知识和职业技能。

2. 课程目标设计

了解各汽车通信总线的结构特点和工作原理。了解各车系车载网络系统的组成结构和特点。

对车载网络系统在各系统的控制功能中所起的作用有深刻认识，能区别是由于普通线

笔记

路故障引起还是由于车载网络故障引起的控制功能故障。

　　能使用万用表、示波器、汽车光学网络检测仪等工量具对车载网络系统进行各种测量，并能对测量结果进行分析判断。

　　能使用故障诊断仪对各车系车载网络系统进行读取故障代码、数据流分析、主动功能测试等操作。

　　能找出汽车车载网络系统的故障点，并按维修工作流程和技术标准，排除汽车车载网络系统故障恢复正常性能。

　　3. 课程教学资源要求

　　师资要求：建议中级或以上职称，或技师资格，或具有3年以上企业一线维修工作经验的双师型教师。

　　实训资源：

场所名称	场所要求	设备序号	设备名称	设备功能
汽车车载网络一体化学习站	配电：380 V/220 V/12 V 环保：符合JY/T0380—2006要求	1	多媒体教学系统	辅助教学
		2	大众宝来或大众帕萨特车载网络教学台架	高速CAN-BUS试验/检修；低速CAN-BUS试验/检修
		3	02款别克君威车载网络教学台架	Class-2串行数据总线试验/检修
		4	丰田锐志车载网络教学台架	丰田BEAN网络试验/检修
		5	05款奥迪A6或03款A8车载网络教学台架	MOST光纤网络系统试验/检修；LIN-BUS数据总线试验/检修
		6	各车系教学车	就车试验/检修
		7	示波器	测量通信信号波形
		8	数字万用表	测量电压、终端电阻、数据线导通性
		9	汽车光学网络检测仪	检测光纤网络信号

　　4. 项目设置与项目能力培养目标分解

序号	项目名称	工作任务	能力（知识、技能、职业素养）目标	课时分配
1	认识汽车车载网络系统	掌握汽车车载网络的组成、分类和应用	1. 知道局域网系统在汽车上的应用背景及目前应用情况 2. 能说出局域网系统常用的基本术语 3. 能认识局域网系统的基本组成、结构 4. 熟知车载网络标准的分类和应用情况	6
2	CAN-BUS网络故障检修	高速CAN-BUS检修	1. 熟知CAN-BUS总线系统的分类、组成、应用状况和在系统控制功能中所起的作用 2. 理解CAN-BUS总线系统的数据通信原理和数据结构 3. 掌握CAN-BUS总线系统的故障特点和故障类型 4. 能用故障诊断仪对系统进行读故障码、数据流、动作测试 5. 能用万用表、示波器对高速CAN-BUS数据总线进行测量并进行分析 6. 能排除高速CAN-BUS网络的故障，恢复正常功能	8

笔记

序号	项目名称	工作任务	能力(知识、技能、职业素养)目标	课时分配
		低速 CAN-BUS 检修	1. 能用故障诊断仪对系统进行读故障码、数据流、动作测试 2. 能用万用表、示波器对 CAN-BUS 数据总线进行测量 3. 能排除低速 CAN-BUS 网络的故障,恢复正常功能	6
3	LIN-BUS 数据总线故障检修	LIN-BUS 数据总线故障检修	1. 理解 LIN 总线系统的组成和应用状况 2. 熟知 LIN 总线系统的数据通信原理和数据结构 3. 能用示波器、万用表和故障诊断器等仪器对 LIN 总线系统进行各种检测,具备分析判断能力,同时能对 LIN 总线系统的故障进行修复	6
4	丰田 BEAN 车身电子局域网络故障检修	丰田 BEAN 车身电子局域网络故障检修	1. 理解 BEAN 车身电子局域网络的组成和应用状况 2. 熟知 BEAN 车身电子局域网络的数据通信原理和数据结构 3. 能用示波器、万用表和故障诊断器等仪器对 BEAN 车身电子局域网络进行各种检测,具备分析判断能力,同时能对 BEAN 车身电子局域网络的故障进行修复	6
5	Class-2 串行通信网络故障检修	Class-2 串行通信网络故障检修	1. 熟知 Class-2 串行通信网络的数据通信原理和数据结构 2. 能识别故障原因是普通电气电路还是 Class-2 串行通信网络 3. 能用示波器、万用表和故障诊断器等仪器对 Class-2 串行通信网络进行各种检测,具备分析判断能力,同时能对 Class-2 串行通信网络的故障进行修复	6
6	MOST 光纤网络故障检修	MOST 光纤网络故障检修	1. 理解 MOST 光纤网络的数据通信原理和数据结构 2. 熟知 MOST 光纤网络损坏造成的系统故障现象 3. 能用光学故障检测仪、万用表和故障诊断器等仪器对 MOST 光纤网络进行各种检测,具备分析判断能力,同时能对 MOST 光纤网络的故障进行修复	6
7	各车系车载网络系统故障检修	日本车系车载网络系统检修	1. 了解日本各车系车载网络系统的组成结构和特点 2. 对车载网络系统在各系统的控制功能中起到的作用有深刻认识,能区别是由于普通线路故障引起还是由于车载网络故障引起的控制功能故障 3. 能使用各种工量具对车载网络系统进行各种测量,并能对测量结果进行分析判断 4. 能排除日本车系车载网络系统故障,恢复正常性能	8
		欧美车系车载网络系统检修	1. 了解欧美各车系车载网络系统的组成结构和特点 2. 对车载网络系统在各系统的控制功能中起到的作用有深刻认识,能区别是由于普通线路故障引起还是由于车载网络故障引起的控制功能故障 3. 能使用各种工量具对车载网络系统进行各种测量,并能对测量结果进行分析判断 4. 能排除欧美车系车载网络系统故障,恢复正常性能	8

5. 课程考核方案设计

序号	考核项目	考核任务	考核方案	考核权重
1	认识汽车车载网络系统	掌握汽车车载网络的组成、分类和应用	过程考核	10%
2	CAN-BUS 网络故障检修	高速 CAN-BUS 检修	过程考核	15%
		低速 CAN-BUS 检修	过程考核	15%
3	LIN-BUS 数据总线故障检修	LIN-BUS 数据总线故障检修	过程考核	10%
4	丰田 BEAN 车身电子局域网络故障检修	丰田 BEAN 车身电子局域网络故障检修	过程考核	10%
5	Class-2 串行通信网络故障检修	Class-2 串行通信网络故障检修	过程考核	10%
6	MOST 光纤网络故障检修	MOST 光纤网络故障检修	过程考核	10%
7	各车系车载网络系统故障检修	日本车系车载网络系统检修	过程考核	10%
		欧美车系车载网络系统检修	过程考核	10%
合　计				100%

6. 教学建议

本课程是汽车车后市场从业人员必修的核心课程,是学习"汽车四新技术"的重要基础课程。本书的项目按工作过程系统化原则组织编写。即将项目工作流程的"咨询—决策—计划—实施—检验—评估"与汽车维修行业的"维修接待—收集信息—制订维修方案—实施维修作业—维修质量检验—业务考核"相结合,确定了本编写思路。即"维修接待—信息收集—制订维修计划—任务实施—检验评估"。

本书建议按工作过程系统化项目教学和任务驱动组织教学,以解决车载网络系统故障为主线,将汽车车载网络系统的结构、工作原理、故障现象、故障诊断与检修方法等渗透到各项目或任务中,以完成任务展开学习,边学边做任务。通过项目训练,培养学生"从故障入手—分析故障原因—制订维修方案—实施检修作业—维修质量检验"等企业工作或学习的过程能力,实现"做中学,学中做"的一体化教学核心思想。要求全面实施任务驱动式的项目教学法,同时,建议创建汽车车载网络检修一体化学习站,按维修接待—信息收集—制订维修计划—任务实施—检验评估 5 个环节实施项目教学。在教学过程中,要求体现教师引导为辅、学生训练为主的现代职业教育理念(职业活动行动导向教学法),培养学生专业能力的同时全过程渗透职业核心能力训练。同时还潜移默化了问题解决方法,培养学生的工作过程能力。

第二部分

教 学 内 容

项目一　认识汽车车载网络系统

Description 项目描述	一辆 2004 年款大众宝来轿车出现后电动门窗不工作的故障,进入维修厂进行维修,技师进行了长时间的检测都无法确定故障点,只能让车主开走。作为已经学习过电动门窗系统检修的你,能检修此故障吗? 大众宝来轿车装备了车载网络系统为车辆控制提供通信服务,电动门窗控制就是通过车载网络通信进行控制的,如果对车载网络不了解,就无法维修。本项目带你区别车载网络系统与普通电气控制系统,掌握车载网络系统的特点和原理
Objects 项目目标	1. 知道局域网系统在汽车上的应用背景及目前应用情况 2. 能说出局域网系统常用的基本术语 3. 能认识局域网系统的基本组成、结构 4. 知道车载网络标准的分类和应用情况
Tasks 项目任务	任务:掌握汽车车载网络的组成、分类和应用
Implementation 项目实施	

一、维修接待

按照表 1-1-1 完成待修车辆的维修接待,并准确填写接车问诊表。

表 1-1-1　接车问诊表

| 1. 通过询问客户了解故障使用情况,填写接车问诊表 |
| 2. 车间检测初步确认结果:需进行控制电路维修 |

接 车 问 诊 表

车牌号: _____　　车架号: _____　　行驶里程: _____ (km)

用户名: _____　　电　话: _____　　来店时间: _____ / _____

用户陈述及故障发生时的状况:一辆 2004 年款大众宝来轿车按动主门窗控制开关,后电动门窗不工作;按动后车门门窗分控开关,后电动窗工作

故障发生时的状况提示:行驶速度、发动机状态、发生频度、发生时间、部位、天气、路面状况、声音描述

接车员检测确认建议:车载网络通信系统故障,前车门电脑与后车门电脑无法通信

车间检测确认结果及主要故障零部件:需维修车载网络系统

车间检查确认者: _____

外观确认:

(请在有缺陷部位作标识)

功能确认:(工作正常✓　不正常×)
- □音响系统　　□门锁(防盗器)　□全车灯光　□工具
- □后视镜　　　□顶窗　　　　　□座椅　　　□点烟器
- □玻璃升降器　□玻璃

物品确认:(有✓　无×)
- □贵重物品提示
- □工具　□备胎　□灭火器
- □其他(　　　　　　)
- 旧件是否交还用户　□是　□否
- 用户是否需要洗车　□是　□否

・检测费说明:本次检测的故障如用户在本店维修,检测费包含在修理费用内;如用户不在本店维修,请您支付检测费。本次检测费:¥_____元。

・贵重物品:在将车辆交给我店检查修理前,已提示将车内贵重物品自行收起并保存好,如有遗失恕不负责。

接车员: _____　　　　　用户确认: _____

二、信息收集

1. 车载网络应用背景

由于现代汽车电子控制技术的要求日渐增长,在电子控制装置 ECU 增加的同时,电器配线和信号配线也愈来愈多,许多汽车的线束质量和线束直径已分别达到甚至超过 40 kg 和 60 mm。由于导线太多,越来越难以将它安装到隐藏的位置,而造成线路复杂、故障率增多、

工作可靠性下降、维修困难,因此,在汽车上为了简化线路,提高各控制电脑之间的通信速度,降低故障率,车载网络系统应运而生,各大汽车生产厂家都先后应用了此技术。应用车载网络的车辆与没有应用车载网络的车辆的线束对比见图1-1-1。

图 1-1-1　没有应用车载网络的车辆与应用车载网络的车辆线束对比

如图1-1-2和图1-1-3所示,我们可知当汽车通信系统采用传统方式进行时,有几个信号就需要几条信号线。而采用车载网络作为信号传输系统后可有效地减少汽车通信线路的数量,不管电脑之间有多少信号需要互相传送,都只需要一根或两根总线就可完成,而且实现更好地在各控制系统之间高速通信、交流信息、协调控制、共享资源,完成对汽车性能的精确控制。

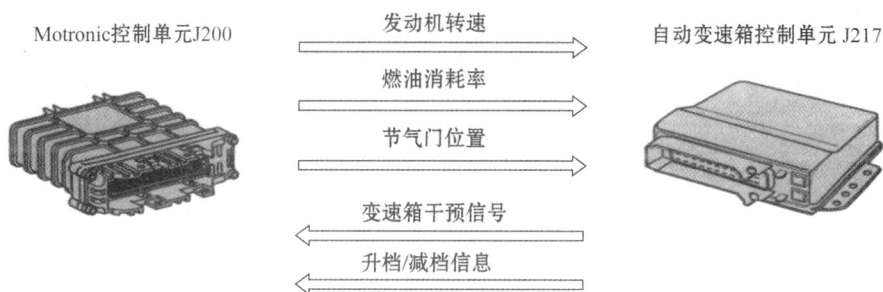

图 1-1-2　传统信号传输

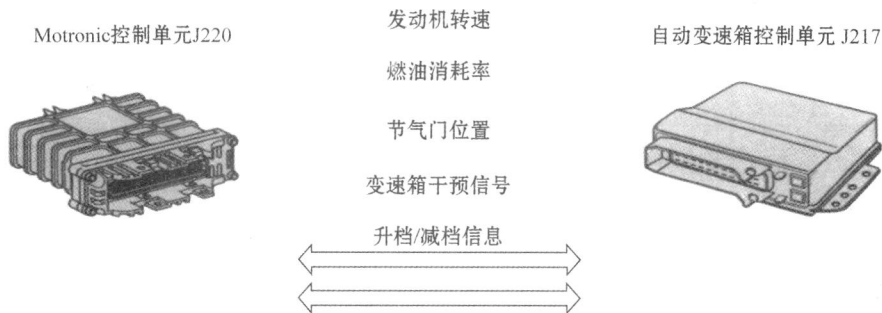

图 1-1-3　车载网络信号传输

如图1-1-4所示,在传统控制电路中,各种控制信号都属于平行关系,互相之间并没有关联,每个信号都有专属的信号线,因此,如果需要传输多个信号的话,就需要多根线进行。而在车载网络系统中采取基于串行数据总线体系结构,能将各种信号按照内部程序转换为各种数据后,通过一条线或两条线每个 bit 一个一个地被传输进行串行通信,在其通信线上传送的是"0""1"数字信号。如图 1-1-4 所示,A 电脑读取 4 个开关信号状态,将其转换为"0110"的数据传送给 B 电脑,B 电脑收到后将其解出,即知现在 1,4 开关断开,2,3 开关接通。

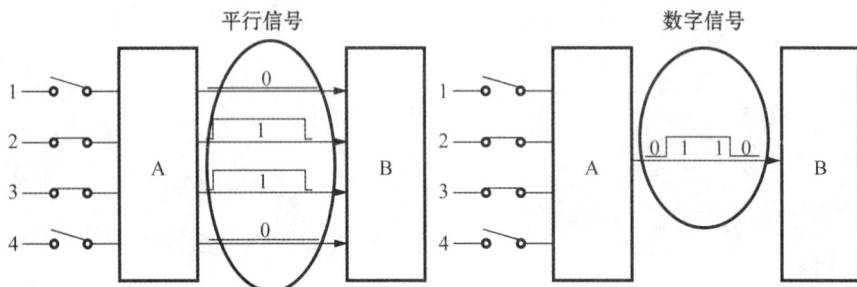

图 1-1-4　两种不同信号

当数据中的字节有多位时,就能表达很多含义,在进行通信时就能通过多位数的不同"0""1"组合变化来传送信息。如表 1-1-2 所示用 2 位数就可以表达 4 种意义,如此类推有 n 位二进制即可以有 2 的 n 次方种数据类型。

表 1-1-2　2 位二进制数字代表的含意

第一位数电压/V	第二位数电压/V	数　据	水温/℃
0	0	00	20
0	5	01	40
5	5	10	60
5	0	11	80

数据传输总线,就是指在一条数据线上传递的信号可以被多个系统共享,从而最大限度地提高系统的整体效率,充分利用有限的资源。例如,常见的电脑键盘有 104 位键,可以发出一百多个不同的指令,但键盘与主机之间的数据连接线却只有 7 根,键盘正是依靠这 7 根数据连接线上不同的数字电压信号组合(编码信号)来传递按键信息的。如果把这种方式应用在汽车电气系统上,就可以大大简化目前的汽车电路。可以通过不同的编码信号来表示不同的开关动作,信号解码后,根据指令接通或断开对应的用电设备(前照灯、刮水器、电动座椅等)。这样,就能将过去一线一用的专线制改为一线多用制,大大减少了汽车上电线的数目,缩小了线束的直径。当然,数据总线还将使计算机技术融入整个汽车系统之中,加速汽车智能化的发展。

采用车载网络进行信号传输的优点如下:

(1)简化线束,减轻重量,减少成本,减少尺寸,减少连接器的数量。

(2)可以进行设备之间的通信,丰富了功能。

(3)通过信息共享,减少传感器信号的重复数量。

2. 发展简史

从 1980 年起,汽车内开始装用网络。1983 年,丰田公司在世纪牌汽车上最早采用了应用光缆的车门控制系统,实现了多个节点的连接通信。此系统采用了集中控制方法,车身

ECU 对各车门的门锁、电动玻璃窗进行控制，这是早期在汽车上采用的光缆系统，此后，在较长的一段时间里，其他公司并没有跟进采用光缆系统。

1986～1989 年，在车身系统上装用了利用铜线的网络。1987 年，作为集中型控制系统，日产公司的车门相关系统、GM 公司的车灯控制系统已经处于批量生产的阶段。

虽说这时的一些系统已经达到了可以正式生产的阶段，但是在这个时期出现了非常重要的事情，对现在来说也是如此：德国的 Robert Bosch 公司提出了汽车车载局域网（LAN）的基本协议，此协议为众所周之的控制器局域网（Controller Area Network），简称 CAN。目前控制系统局域网应用最广的标准就是 CAN。

接着，美国汽车工程学会（SAE）提出了 J1850。

此后日本也提出了各种各样的网络方案，并且丰田、日产、三菱、本田和马自达公司都已经处于批量生产的阶段，但没有统一为以车身系统为主的控制方法。

而在其他国家，特别是欧洲的厂家则采用 CAN，同时发表文章介绍采用大型 CAN 网络的车型。由于他们在控制系统上都可以采用 CAN，从而充分证明了 CAN 在此领域内的先进性。

在美国，通过采用 SAE J1850 普及了数据共享系统，在 SAE 中也通过了 CAN 的标准，明确地表示将转向 CAN 协议。

2000 年后，各厂商又发表了很多新标准。

3. 常用术语释义

1）局域网

局域网（Local Area Network，简称 LAN）是在一个有限区域内连接的计算机网络，简称局域网。一般这个区域具有特定的职能，通过网络实现这个系统内的资源共享和信息通信。连接到网络上的节点可以是计算机、基于微处理器的应用系统或控制装置。局域网一般的数据传输速度在 105 Mbit/s～1 Gbit/s 范围内，传输距离在 250 m 范围内，误码率低。汽车上的总线传输系统（车载网络）是一种局域网。

2）模块/节点

模块是一种电子装置。简单一点的如温度和压力传感器，复杂的如计算机（微处理器）。连接在汽车车载网络系统中的控制单元模块被称为节点。

3）数据总线

模块间运行数据的通道，即所谓的信息高速公路，如图 1-1-5 所示。

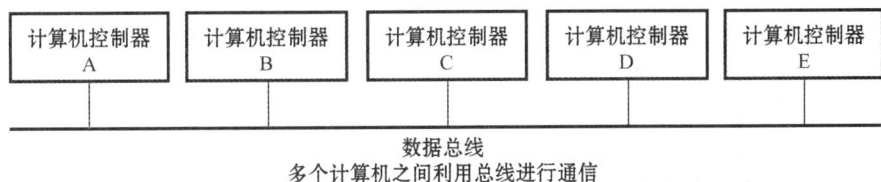

| 计算机控制器 A | 计算机控制器 B | 计算机控制器 C | 计算机控制器 D | 计算机控制器 E |

数据总线
多个计算机之间利用总线进行通信

图 1-1-5　数据总线示意图

数据总线能实现在一条数据线上传输的信号被多个模块共享，从而最大限度地提高系统整体效率，充分利用资源。如果模块可以发送和接收数据，则这样的数据总线就称之为双向数据总线。

汽车上的数据总线实际是一条导线或两条导线或光纤。当采用两条导线时，为抗电子

笔记

干扰则将它们绞在一起称为双绞线。各汽车制造商一直在设计各自的数据总线,如果不兼容,就称为专用数据总线。如果是按照某种国际标准设计的,就是非专用的。

4)多路传输

多路传输是指在同一通道或线路上同时传输多条信息,见图 1-1-6(b)。事实上,数据信息是依次传输的,但速度非常之快,似乎就是同时传输的。对一个人来说,1/10 秒算是非常快了,但对一台运算速度即使相对慢的计算机来说,1/10 秒却是很长的时间。如果将 1/10 秒分成若干段,许多单个的数据都能被传输——每一段传输一段,这就叫分时多路传输。

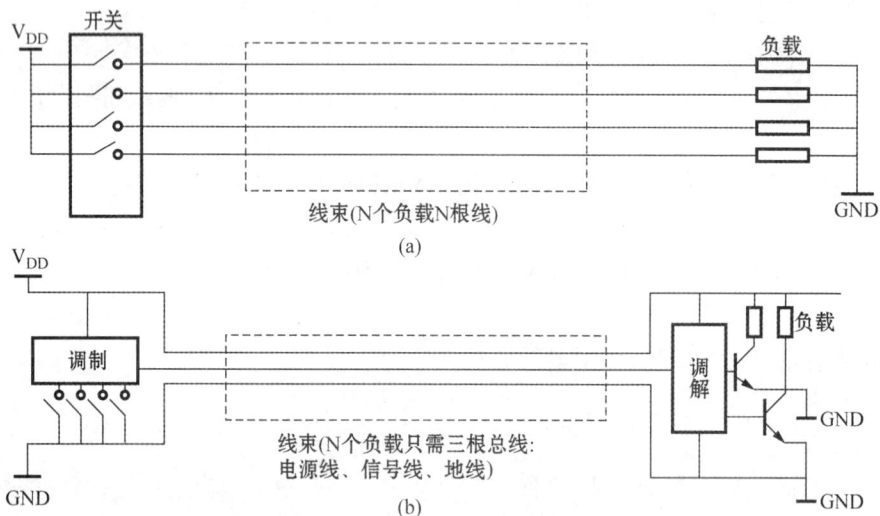

图 1-1-6　常规线路与多路传输线路的简单对比
(a)通常传输方式　(b)多路传输系统(串行分时通信)

从图 1-1-6 中可以看出,常规线路要比多路传输线路简单得多,然而多路传输系统 ECU 之间所用电线比常规线路系统所用导线少得多。ECU 可以触发仪表板上的警告灯或故障指示灯等,由于多路传输可以通过一根线(数据总线)执行多个指令,因此可以增加许多功能装置。多路传输的界面见图 1-1-7。

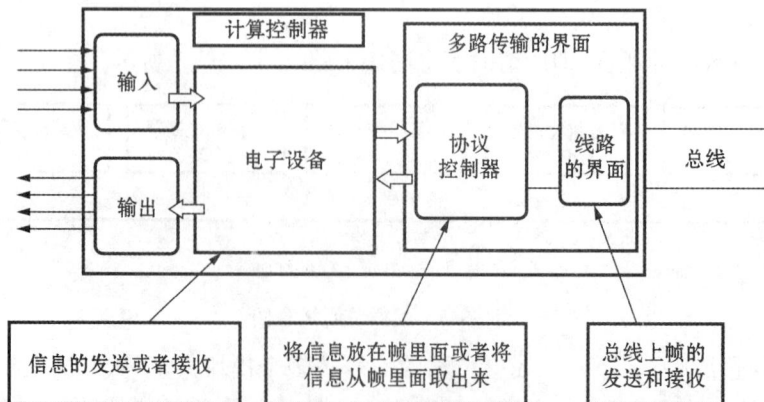

图 1-1-7　多路传输的界面

正如可把无线电广播和移动电话的电波分为不同的频率,我们也可以同时传输不同的数据流。随着现在和未来的汽车装备无线多路传输装置的增加,基于频率、幅值或其他方法的同时数据传输也成为可能。汽车上用的是单线或双线分时多路传输系统。

> 多路传输的优点:简化线束;减少重量;减少成本;减少尺寸;减少连接器的数量。可以进行设备之间的通信;丰富了功能;通过信息共享减少传感器的数量。

5)比特率

比特率是指每秒传送的比特(bit)数。单位为 bps(bit per second)也可表示为 b/s,比特率越高,单位时间传送的数据量(位数)越大。计算机中的信息都用二进制的 0 和 1 来表示,其中每一个 0 或 1 被称作一个位,用小写 b 表示,即 bit(位)。大写 B 表示 byte 即字节,1 个字节=8 个位,即 1B=8b。表示文件的大小单位,一般都使用千字节(KB)来表示文件的大小。

Kbps:首先要了解的是,ps 指的是/s,即每秒。Kbps 指的是网络速度,也就是每秒传送多少个千位的信息(K 表示千位,Kb 表示的是多少千个位),为了在直观上显得网络的传输速度较快,一般公司都使用 Kb(千位)来表示,如果是 KBps(或表示为 KB/s),则表示每秒传送多少千字节。

6)数据帧

为了可靠的传输数据,通常将原始数据分割成一定长度的数据单元,数据单元即称为数据帧。一帧内应包括同步信号(例如帧的开始与终止)、错误控制(各类检错码或纠错码,大多数采用检错重发的控制方式)、流量控制(协调发送方与协调方的速率)、控制信息、数据信息、寻址(在信道共享的情况下,保证每一帧都能正确地到达目的站,收方也能知道信息来自何站)等。数据帧结构见图 1-1-8。

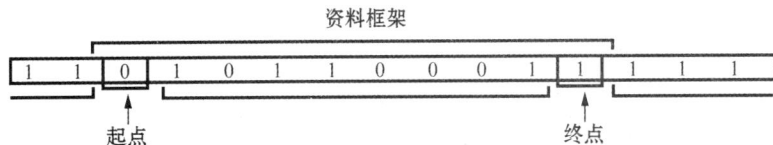

资料框架

| 1 | 1 | 0 | 1 | 0 | 1 | 1 | 0 | 0 | 0 | 1 | 1 | 1 | 1 | 1 |

起点　　　　　　　　　　　　　　　　终点

图 1-1-8 通信信息的格式(帧)示意图

7)传输仲裁

当出现数个使用者同时申请利用总线发送信息时,用于避免发生数据冲突的机构。仲裁可保证信息按其重要程度来发送。

8)网关

因为车上用这么多总线和网络,所以必须用一种方法达到信息共享和不产生协议间的冲突。例如:车门打开时发动机控制模块也许需要被唤醒。为了使采用不同协议及速度的数据总线间实现无差错数据传输,必须要用一种特殊功能的计算机,这种计算机就叫做网关。网关实际上就是一种模块,它工作的好坏决定了不同的总线、模块和网络相互间通信的好坏。网关可以单独由一个模块充当(如奥迪 A8 轿车就有一个网关模块),也可以由别的模块兼顾(如帕萨特轿车就由仪表电脑充当网关)。有些车可能安装有两个以上的网关。

网关是汽车车载通信网络的核心,通过它可以实现各条总线上信息的共享以及实现汽车内部的网络管理和故障诊断功能。网关连接示意图见图 1-1-9。

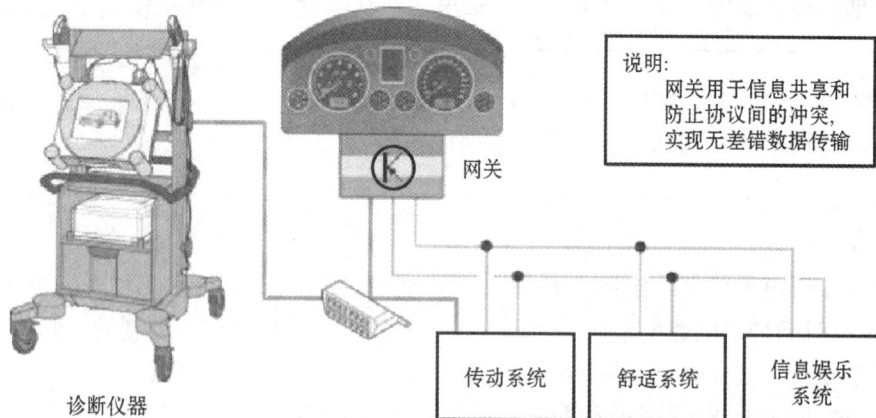

说明:
网关用于信息共享和防止协议间的冲突,实现无差错数据传输

图 1-1-9　网关与其他计算机的连接示意图

网关功能:

(1) 它可以把局域网上的数据转变成可以识别的 OBD-Ⅱ诊断数据语言,方便诊断。

(2) 它可以实现低速网络和高速网络的信息共享。

(3) 与计算机中的网关作用是一样的,负责接收和发送信息。

(4) 激活和监控局域网络工作状态。

(5) 实现车辆数据的同步性。

(6) 对信息标识符作翻译。

9) 网络

为了实现信息共享而把多条数据总线连在一起,或者把数据总线和模块当作一个系统。从物理意义上讲,汽车上许多模块和数据总线距离很近,因此被称为 LAN(局域网)。

4. 汽车车载网络系统的组成

汽车车载网络系统的组成包含:传输媒体、拓扑结构和通信协议(MAC)三个部分,它们在很大程度上决定了可以传输的数据类型、通信速度、效率以及网络提供的应用种类。

1) 链路(传输媒体)

链路指网络信息传输的媒体,分为有线和无线两种类型,目前车上使用的大多数都是有线网络,通常用于局域网的传输媒体有:双绞线、同轴电缆和光纤。表 1-1-3 列出了这三种传输媒体的特性。

表 1-1-3　双绞线、同轴电缆和光纤的主要特性

媒　体	信号类型	最大数据传输速度/(Mbit/s)	最大传输距离/km	网络节点数
双绞线	数字	1~2	0.1	几十
同轴电缆(50 Ω)	数字	10	0.5	几百
同轴电缆(75 Ω)	数字	50	1	几千
光纤	模拟	100	1	几十

（1）双绞线。

双绞线是局域网中最普通的传输媒体，一般用于低速传输，最大数据传输率可达几Mbit/s；双绞线成本较低，传输距离较近，非常适合汽车网络的情况，也是汽车网络使用最多的传输媒体。双绞线的结构及传输示意如图 1-1-10 所示，双绞线的数据传输原理如图 1-1-11所示。

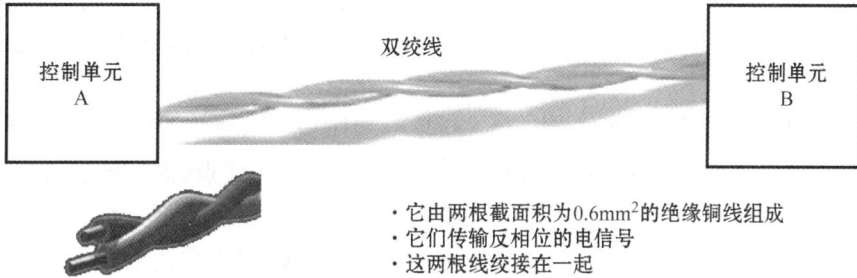

- 它由两根截面积为0.6mm²的绝缘铜线组成
- 它们传输反相位的电信号
- 这两根线绞接在一起

图 1-1-10　双绞线结构及传输示意图

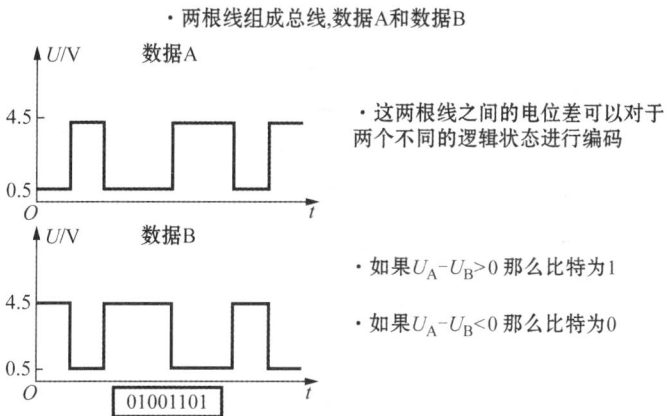

- 两根线组成总线,数据A和数据B
- 这两根线之间的电位差可以对于两个不同的逻辑状态进行编码
- 如果$U_A-U_B>0$那么比特为1
- 如果$U_A-U_B<0$那么比特为0

图 1-1-11　双绞线的数据传输原理

（2）同轴电缆。

同轴电缆的基本结构如图 1-1-12 所示。像双绞线一样,同轴电缆也是由两个导体组成,但其结构不同。

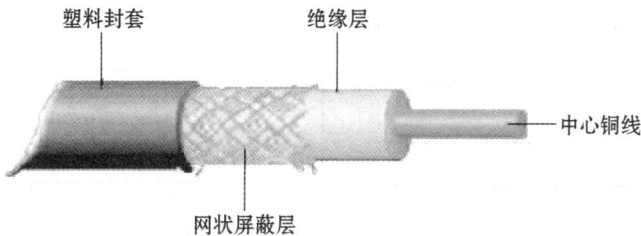

图 1-1-12　同轴电缆的基本结构

它由一个空心的外圆柱面导体包着一条内部线形导体组成。外导体可以是整体的或金属编织的,内导体是整体的或多股的。用均匀排列的绝缘环或整体的绝缘材料将内部导体固定在合适的位置,外部导体用绝缘护套覆盖。几个同轴电缆线往往套在一个大的电缆内,有些里面还装有二芯纽绞线或四芯线组,用于传输控制信号。同轴电缆的外导体是接地的,由于它的屏蔽作用,外界噪声很少进入其内。

同轴电缆可以满足较高性能的要求,与双绞线相比,它可以提供较高的吞吐量,连接较多的设备,跨越更大的距离。同轴电缆可以传输模拟和数字信号。同轴电缆比双绞线有着优越的频率特性,因而可以用于较高的频率和数据传输率。由于其屏蔽的同轴心结构,比起双绞线来,它对于干扰和串音就不敏感。影响性能的主要因素是衰减、热噪声和交调噪声。

(3)光纤。

光纤具有传输容量大、损耗低、线径细、质量小、不受电磁干扰等优点,适合作为近程、中程以及远程的传输线路。光纤在电磁兼容性等方面有独特的优点,而且数据传输速度比较高,传输距离远,在汽车网络上,尤其在一些要求传输速度高的车上网络(如车上信息与多媒体网络)上有很好的应用前景。但其受到成本和技术的限制,现在使用的并不多。

图 1-1-13 是目前已经实用化的一种多模光纤的结构。它由直径为 $50\sim75\,\mu m$ 的玻璃纤维芯线和适当厚度的玻璃包层构成。芯线的折射率 n_1,略大于包层的折射率 n_2,在芯与包层之间形成良好的光学界面。

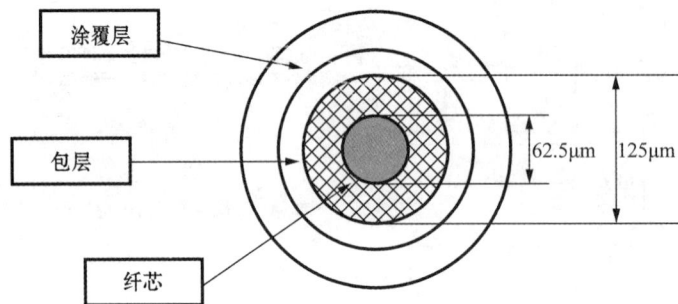

图 1-1-13 光纤的结构

光纤的正常传输过程如图 1-1-14 所示。当光以某一角度射到纤维端面时,光的传播情形取决于入射角的大小。

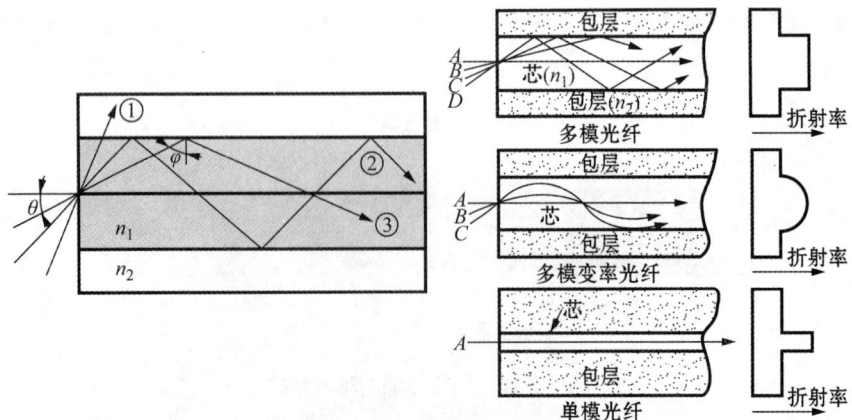

图 1-1-14 光纤的正常传输过程

2) 局域网的拓扑结构

所谓拓扑结构就是网络的物理连接方式。局域网的常用拓扑结构有 3 种:星型、环型、总线型。

（1）星型拓扑结构。

星型网即以一台称之为中心处理机为主组成的网络,各种类型的入网机均与该中心处理机有物理链路直接相连,因此,所有的网上传输信息均需通过该机转发,其结构如图 1-1-15 所示。

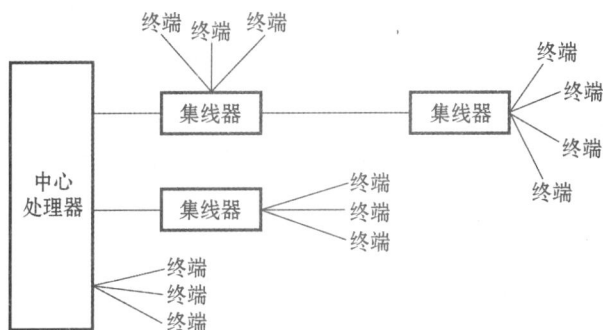

图 1-1-15　星型网拓扑结构

星型网由于其物理结构,使其具有以下特点:由中心节点和其他从节点组成,中心节点可直接与从节点通信,而从节点间必须通过中心节点才能通信。

（2）总线型网拓扑结构。

总线型网是从计算机的总线访问控制发展而来的,它将所有的入网计算机通过分接头接入一条载波传输线上,网络拓扑结构就是一条传输线,如图 1-1-16 所示。

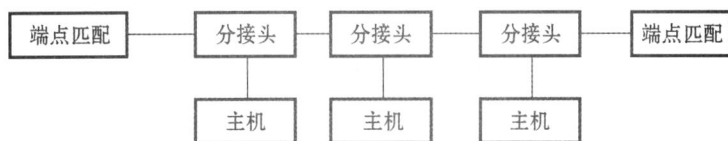

图 1-1-16　总线型网拓扑结构

由于所有的入网计算机共用一条传输信道,因此总线型网的一个特殊问题就是信道的访问控制权的分配,并由此产生一系列处理机制。

总线型网的特点是:由于多台计算机共用一条传输线,所以信道利用率较高;同一时刻只能有两处网络结点在相互通信;网络延伸距离有限;网络容纳结点数受信道访问机制影响,因而是有限的。由于总线型网的上述特点,因此它适于传输距离较短、地域有限的组网环境,目前,局域网多采用此种方式。

（3）环型网拓扑结构。

环型网通过一个转发器将每台入网计算机接入网络,每个转发器与相邻两台转发器用物理链路相连,所有转发器组成一个拓扑为环的网络系统,如图 1-1-17 所示。

环型网由于其点-点通信的唯一性,因此,不宜在广域范围内组建计算机网络。它也是一种较为实用的局域网拓扑结构,尤其是在实时性要求较高的环境中更是如此。

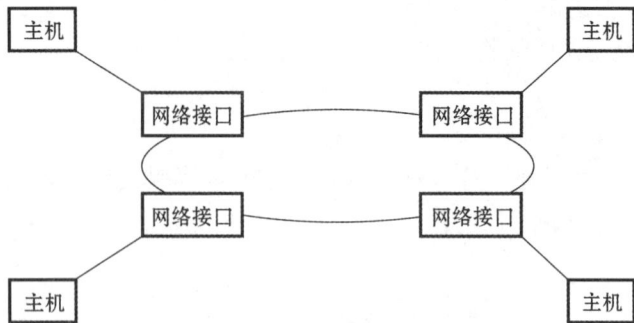

图 1-1-17　环型网拓扑结构

环型网的主要特点是:由于一次通信信息在网中传输最大时间是固定的,因此实时性较高,每个网上结点只与其他两个结点有物理链路直接互连,因此传输控制机制较为简单;一个结点出故障可能会终止全网运行,因此可靠性较差;网络扩充需对全网进行拓扑和对访问控制机制进行调整,因此较为复杂。

3)通信协议

是控制通信实体间有效完成信息交换的一组约定和规则。换句话说,要想交流成功,通信实体双方必须"说同样的语言"并按既定的控制法则来保证相互的配合。具体来讲,在通信内容、怎样通信及何时通信等方面,两个通信实体相互遵从的一组约定和规则,这些约定和规则的集合称为协议。大多数通信协议(以及使用它们的数据总线和网络)都是专用的。因此,维修诊断时需要专门的软件。

通信协议的三要素:

(1)语法:确定通信双方之间"如何讲",即通信信息帧的格式。

(2)语义:确定通信双方之间"讲什么",即通信信息帧的数据和控制信息。

(3)定时规则:确定事件传输的顺序以及速度匹配。

5. 车载网络分类和协议标准

汽车车载网络系统从 20 世纪 80 年代应用以来,众多的汽车生产公司就积极致力于汽车网络技术的研究及应用,迄今为止已有多种网络标准发表并应用。目前存在的网络标准,按系统的复杂程度、通信速率、必要的动作响应速度、工作可靠性等方面的因素,SAE 车辆网络委员会将汽车数据传输网划分为 A,B,C,D,E5 类。

A 类是面向传感器、执行器控制的低速网络,数据传输位速率通常小于 20 kbps,主要用于后视镜调整,电动窗、灯光照明等车身低速控制;

B 类是面向独立模块间数据共享的中速网络,位速率一般在 10~125 kbps,主要应用于车身电子舒适性模块、仪表显示等系统;

C 类是面向高速、实时闭环控制的多路传输网,位速率在 125 kbs~1 Mbps,主要用于牵引力 ASR 控制、发动机控制、ABS 控制等系统;

D 类是面向多媒体信息的高速传输网络,位速率一般在 1~100 Mbps,主要用于车载视频、音频、导航系统等;

E 类是面向乘员的安全系统高速、实时网络,位速率在 10Mbps 以上,主要用于车辆被动性安全领域。

1) A类网络标准

A类网络是应用在控制模块与智能传感器或智能执行器之间的通信网络(子总线),例如在大众迈腾轿车上面就运用了几个A类网络用来控制智能雨刮、自动空调等系统,其特点是低传输位速率、低成本。

表1-1-4所示很多A类总线标准都已淘汰,A类的网络通信大部分采用UART(Universal Asynchronous Receiver Transmitter,通用异步收发器)标准。目前还在应用的主要是LIN协议、TTP/A协议和丰田专用BEAN协议等。

表1-1-4　A类网络标准

总线名称	用　户	主要使用场合	备　注
UART(ALDL)	GM	多种场合	正在淘汰
Sinebus	GM	Audio	应用于无限操纵车轮控制
E & C	GM	娱乐媒体	正在淘汰
12C	Renault	极少使用	
J1708/J1587/J1922	T&B	多种场合	正逐步被淘汰
CCD	Chrysler	传感器总线	正逐步被淘汰
ACP	Ford	娱乐媒体	正在淘汰
BEAN	ToyOta	控制	
LIN	许多公司	车身控制	由LIN协会开发
TTP/A	TTTech	智能传感器	由维也纳理工大学开发

(1) LIN协议。

A类目前首选的网络标准是LIN。目前有大量的车型采用此协议标准为车载A类网络。LIN是用于汽车分布式电控系统的一种新型低成本串行通信系统,它是一种基于UART的数据格式、主从结构的单线12 V的总线通信系统,主要用于智能传感器和执行器的串行通信。

LIN采用低成本的单线连接,传输速度最高可达20 Kb/s,它的媒体访问采用单主/多从的机制,不需要进行仲裁,在从节点中不需要晶体振荡器而能进行自同步,采用8位单片机,这极大地减少了硬件平台的成本。LIN总线应用示例如图1-1-18所示。

(2) TTP/A协议。

最初由维也纳工业大学制定,为时间触发类型的网络协议,主要应用于集成了智能变换器的实时现场总线。它具有标准的UART能自动识别加入总线的主节点与从节点,节点在某段已知的时间内触发通信但不具备内部容错功能。

(3) BEAN协议。

BEAN(Body Electronic Area Network,车身电子局域网络),是丰田汽车专利的双向通信网络。它是一种多总线车身电子局域网,由仪表板BEAN系统、转向柱BEAN系统和车门BEAN系统组成。最大传输速率10kb/s,采用单线制,数据长度为1~11个字节。

笔记

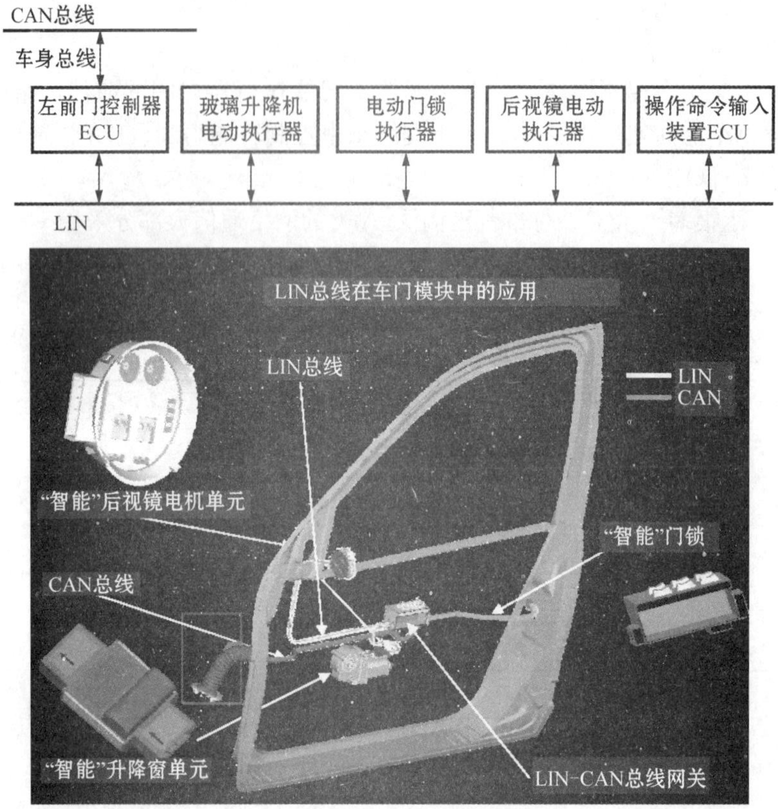

图 1-1-18　LIN 应用示例

2) B 类网络标准

表 1-1-5 所示 B 类总线标准,从目前来看,主要应用的 B 类总线标准有三种:低速 CAN、J1850 和 VAN。低速 CAN 是 B 类的国际标准,以往广泛适用于美国车型的 J1850 正逐步被基于 CAN 总线的标准和协议所取代。ISO11898-3(低速 CAN)、VAN、J1850 性能比较见表 1-1-6。

表 1-1-5　B 类总线标准

总线名称	用　户	使用场合	备　注
J2284	GM,Ford,DC	多种场合	基于 ISO11898,500 Kbps
CAN	欧洲	车身系统控制	基于 ISO11519,也称为容错 CAN
J1939	T&B	多种场合	在卡车、大客车应用时为 250 Kbps
J1850	GM,Ford,Chrysler	多种场合	主要应用于北美汽车公司
VAN	Renault & PSA	车身控制	基于 ISO11519-3,法国

表 1-1-6　B 类总线性能比较

比较内容	ISO11898-3	VAN	SAEJ1850
应用场合	控制、诊断	控制、诊断	通用、诊断

笔 记

比较内容	ISO11898-3	VAN	SAEJ1850	
传输介质	双绞线	双绞线、扁平线	单线	双绞线
位编码方式	NRZ	Manchester	VPW	PWM
介质访问方式	竞争	竞争	竞争	
位速率	10 Kbps～1 Mbps	125 Kbps	10.4 Kbps	41.6 Kbps
数据长度	0～8 个字节	28 个字节	0～8 个字节	
节点成本	中	低	低	

（1）J1850。

1994 年 SAE 正式将 J1850 作为 B 类网络标准协议。最早，SAE J1850 用在美国 Ford、GM 以及 Chry-sler 公司的汽车中；现在，J1850 协议作为诊断和数据共享被广泛应用在汽车产品中。但是，J1850 并不是一个单一标准。Ford 采用的 J1850 标准，其物理层与 GM 和 Chrysler 公司使用的不同；而 GM 和 Chrysler 公司在相同的物理层上又使用不同的数据帧格式，并且三个公司使用各自的消息协议。现在已停止使用，全部转至 CAN 总线。

（2）低速 CAN

CAN-BUS 是德国 Bosch 公司从 20 世纪 80 年代初，为解决现代汽车中众多的控制单元之间数据交换问题，和控制单元与测试仪器之间的数据交换问题而开发的一种串行数据通信协议。

低速 CAN 是一种多主总线，通信介质可以是双绞线、同轴电缆或光导纤维，目前车主要应用为双绞线，通信速率可达 125Kbps。1991 年首次在奔驰 S 系列汽车中实现。同年，Bosch 公司正式颁布了 CAN 技术规范，版本 2.0。该技术规范包括 A 和 B 两部分。1993 年 11 月，ISO 正式颁布了国际标准 ISO11898，为 CAN 的标准化、规范化铺平了道路。1994 年，美国汽车工程师协会卡车和巴士控制与通信子协会选择 CAN 作为 SAE j1939 标准的基础。低速 CAN 具有许多容错功能，一般用在车身电子控制中。综上所述，CAN 总线凭借其突出的可靠性、实时性和灵活性已从众多总线中突显出来，成为世界接受的 B 类总线的主流协议。

（3）VAN。

VAN(Ve-hicle Area Network)又称车辆局域网，是现场总线的一种，主要在法国车中应用，由法国的雷诺汽车公司和标致集团联合开发。VAN 通信介质简单，位传输速率可达 1 Mbit/s(40 m 内)，主要用于车身电子控制。

VAN 支持分布式实时控制的通信网络，可广泛应用于汽车门锁、电动车窗、空调、自动报警以及娱乐控制等系统。VAN 总线作为串行通信网络，与一般总线相比，其数据通信具有突出的可靠性、实时性和灵活性。

3）C 类网络标准

由于高速总线系统主要用于与汽车安全相关，以及实时性要求比较高的地方，如动力系统等，所以其有高传输速率，通常在 125 Kbps～1 Mbps 之间，支持实时的周期性的参数传输，高速网络主要用于动力控制系统、电子制动系统等。主要 C 类总标准见表 1-1-7。ISO11898-2、

TTPTM/C、FlexRay 性能比较见表 1-1-8。

表 1-1-7　C 类总线标准

名　称	主要用户	应用场合
ISO11898-2（高速 CAN）	GM，欧洲	实时控制场合
TTP/C	TTTech	实时控制场合（X-by-Wire）
FleaRay	BMW，Motorola，Daimler，Chrysler	实时控制场合（X-by-Wire）

表 1-1-8　C 类总线性能比较

比较内容	ISO11898-2	FlrxRay	TTP/C
应用场合	汽车、自动化领域、航空	X-by-Wire	对实时性要求严格的系统（X-by-Wire）
信息传输	异步	异步或同步	同步
位编码方式	NRZ	NRZ	频率调制
介质访问方式	CSMA/CR	TDMA\FTDMA	TDMA
最大位速率	1 Mbps	10 Mbps	25 Mbps
数据字节	0～8	0～246	0～236

（1）TTP/C 协议。

由维也纳工业大学研究，基于 TDMA 的访问方式。TTP/C 是一个应用于分布式实时控制系统的完整的通信协议。它能够支持多种容错策略，提供容错的时间同步以及广泛的错误检测机制，同时还提供节点的恢复和再整合功能。其采用光纤传输的工程化样品速度将达到 25 Mbps。TTP/C 支持时间和事件触发的数据传输。TTP 管理组织 TTAGroup 成员包括奥迪、SA，Renault，NEC，TTChip，Delphi 等。

（2）FlexRay。

是 BMW，Daimler-Chrysler，Motorola 和 Philips 等公司制定的功能强大的通信网络协议。它是基于 FTDMA 的确定性访问方式，具有容错功能及确定的通信消息传输时间，同时支持事件触发与时间触发通信。具备高速率通信能力。FlexRay 采用冗余备份的办法，对高速设备可以采用点对点方式与 FlexRay 总线控制器连接，构成星型结构，对低速网络可以采用类似 CAN 总线的方式连接。

（3）高速 CAN。

欧洲的汽车制造商基本上采用总线标准 ISO11898。总线传输速率通常在 125 Kbps～1 Mbps 之间。据 Strategy Analytics 公司统计，2008 年用在汽车上的 CAN 节点数目超过 7 亿个。已成为事实上的国际标准，目前在高速网络通信系统中，应用的最为广泛。然而，作为一种事件驱动型总线，CAN 无法为下一代线控系统提供所需的容错功能或带宽，因为 X-by-Wire 系统实时性和可靠性要求都很高，必须采用时间触发的通信协议，如 TTP/C 或 FlexRay 等。

CAN 协议仍为 C 类网络协议的主流，但随着汽车中引进 X-by-Wire 系统，TTP/C 和 FlexRay 将显示出优势。它们之间的竞争还要持续一段时间，在未来的线控系统中，到底哪一种标准更具有生命力尚难定论。

TTP/C 和 FlexRay 应用于 X-by-Wire 系统(电传控制),X-by-Wire 最初是用在飞机控制系统中,称为电传控制,现在已经在飞机控制中得到广泛应用。由于目前对汽车容错能力和通信系统的高可靠性的需求日益增长,X-by-Wire 系统开始应用于汽车电子控制领域。X-by-Wire 技术将使传统的汽车机械系统(如刹车和驾驶系统)变成通过高速容错通信总线与高性能 CPU 相连的电气系统。

4) 多媒体系统总线标准、协议(D类网络标准)

汽车信息娱乐和远程信息设备,特别是汽车导航系统,需要功能强大的操作系统和连接能力。目前主要应用的几种 D 类总线协议如表 1-1-9 所列。

表 1-1-9　多媒体信息系统总线使用情况

分类	总线协议		应用场合	传输介质	位速率	备 注
低速	IDB-C		通信娱乐	双绞线	250 Kbps	基于 CAN 总线
高速	D2B	Cipper	通信娱乐	双绞线	29.8 Kbps	
		Optical		光纤	12 Mbps	
	MOST		通信娱乐	光纤	25 Mbps	
	IDB-1394		PC 设备	屏蔽双绞线	98～393 Mbps	
无线	蓝牙		PC 通信		2.4 GHz	短距离射频技术

汽车多媒体网络和协议分为三种类型,分别是低速、高速和无线,对应 SAE 的分类相应为:IDB-C、IDB-M 和 IDB-W,其传输速率 250 Kb/s～100 Mb/s。

低速用于远程通信、诊断及通用信息传送,IDB-C 按 CAN 总线的格式以 250 Kb/s 的位速率进行信息传送。由于其低成本的特性,早期的汽车多媒体网络多采用该模式,但一般不传输媒体信息,主要完成操作指令的传输。

高速主要用于实时的音频和视频通信,如 MP3、DVD 和 CD 等的播放,所使用的传输介质是光纤,这一类里主要有 D2B、MOST 和 IEEE1394。

无线通信方面,采用蓝牙规范。

5) 安全总线标准(E类网络标准)

安全总线主要是用于安全气囊系统,以连接气囊控制电脑、加速度计、安全传感器等装置,为被动安全提供最佳保障。

如 BMW 公司的 Byteflight。Byteflight 协议是由 BMW,Motorola,Elmos,Infineon 等公司共同开发的,试图用于安全保障系统。此协议基于灵活的时分多路 TDMA 协议,以 10 Mbps 的速率传送数据,光纤可长达 43 m。其结构能够保证以一段固定的等待时间专门用于来自安全元件的高优先级信息,而允许低优先级信息使用其余的时段。这种决定性的措施对安全是至关重要的。

Byteflight 不仅可以用于安全气囊系统的网络通信,还可用于 X-by-Wire 系统的通信和控制。BMW 公司在 2001 年 9 月推出的 BMW 7 系列车型中,采用了一套名为 ISIS 的安全气囊控制系统,它是由 14 个传感器构成的网络,利用 Byteflight 来连接和收集前座保护气囊、后座保护气囊以及膝部保护气囊等安全装置的信号。在紧急情况下。中央电脑能够更快更准确地决定不同位置的安全气囊的施放范围与时机,发挥最佳的保护效果。

6）诊断系统总线标准、协议

故障诊断是现代汽车必不可少的一项功能,使用诊断系统的目的主要是为满足 OBD-Ⅱ、OBD-Ⅲ 或 E-OBD 标准。目前,汽车的故障诊断主要是通过一种专用的诊断通信系统来形成一套较为独立的诊断网络。

OBD-Ⅱ第二代随车电脑诊断系统,由美国汽车工程学会 1994 年提出。1994 年以来,美、日、欧一些主要汽车生产厂为了维修方便逐渐使用 OBD-Ⅱ 随车诊断系统。这一系统集故障自诊断系统软硬件结构、故障代码、通信方式系统、自检测试模式为一体,具有监视发动机微机和排放系统部件的能力。

2004 年,美国 GM、Ford、DC 三大汽车公司对乘用车采用基于 CAN 的 J2480 诊断系统通信标准。在欧洲,从 2000 年开始,欧洲汽车厂商就已经能够开始使用一种基于 CAN 总线的诊断系统通信标准 ISO15765。采用了 CAN 总线作为诊断总线后,需要使用 CAN 专用诊断头以连接车载控制单元。目前,除了 CAN 网络,LIN 协议也已经成为汽车诊断的总线标准。目前应用的主要诊断总线见表 1-1-10。

表 1-1-10　各种诊断总线

协议标准	用　户	备　注
ISO9141	欧洲	满足 OBD-Ⅲ
ISO14230	欧洲	又称 Keyword Protocol 2000;满足 OBD-Ⅱ
J1850	GM,Ford,DC	满足 OBD-Ⅱ
J2480	GM,Ford,DC	基于 CAN;满足 OBD-Ⅲ
ISO15765	欧洲	基于 CAN;满足 E-OBD

7）汽车网络的发展趋向

X-by-Wire,即线控操作,是未来汽车的发展方向,汽车上实际应用如图 1-1-19 所示。该技术来源于飞机制造,基本思想就是用电子控制系统代替机械控制系统,减轻重量,提高可

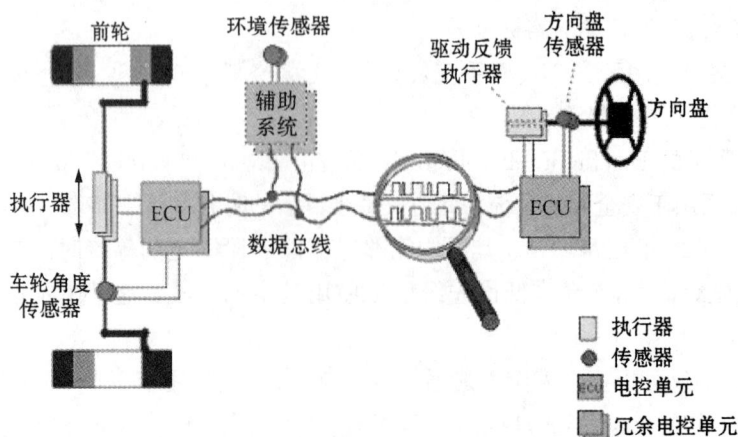

图 1-1-19　X-by-Wire 系统在汽车上的应用

靠性,如 Steer-by-Wire,Brake-by-Wire 等。由于整个设计思想涉及动力、制动、方向控制等关键功能,对汽车网络也就提出了不同要求。在未来的 5～10 年里,X-by-Wire 技术将使传统的汽车机械系统变成通过高速容错通信总线与高性能 CPU 相连的电气系统。在一辆装备了综合驾驶辅助系统的汽车上,目前存在几种相互竞争的几种网络技术,包括前文提到的TTP、Byteflight 和 FlexRay 以及 TTCAN(时间触发的 CAN)。

6. 典型车载网络系统的结构

随着汽车技术的发展,在汽车上采用的计算机微处理芯片数量越来越多,多个处理器之间相互连接、协调工作并共享信息构成了汽车车载电脑网络系统。出于成本、速率等因素的考虑,通常将车上的系统分为车身控制系统、动力控制系统、信息娱乐系统、故障诊断系统等,各控制系统根据其自身特点采用不同的总线,再将各总线用网关集成成一个完整的车载网络。

通常的车载网络控制系统采用多条不同速率的总线分别连接不同类型的节点,并使用网关服务器来实现整车的信息共享和网络管理,如图 1-1-20 所示。

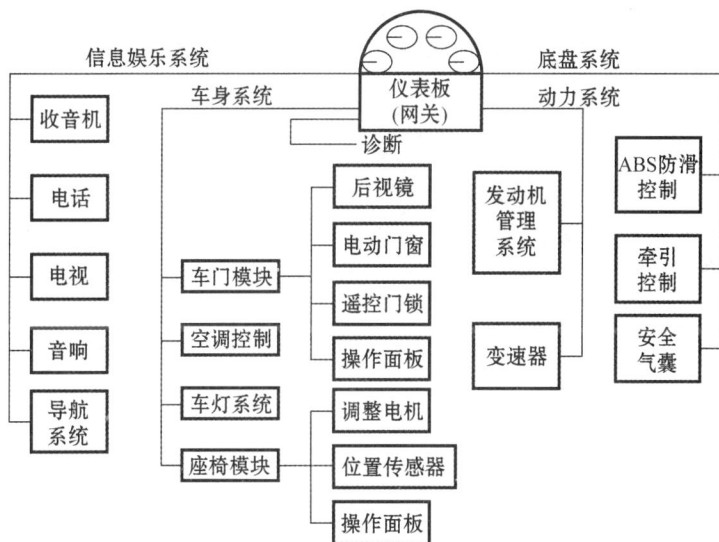

图 1-1-20　车载网络控制系统

车身系统的控制单元多为开关量器件和低速电动机,对实时性要求低而数量众多,使用低速的总线连接这些电控单元。将这部分电控单元与汽车的驱动系统分开,有利于保证驱动系统通信的实时性。此外,采用低速总线还可增加传输距离,提高抗干扰能力以及降低硬件成本。

动力与传动系统的受控对象直接关系汽车行驶状态,对通信实时性有较高的要求,因此使用高速的总线连接动力与传动系统。传感器组的各种状态信息可以用广播的形式在高速总线上发布,各节点可以在同一时刻根据自己的需要获取信息。这种方式最大限度地提高了通信的实时性。

信息与车载媒体系统对于通信速率的要求更高,一般在 2 Mbit/s 以上。采用新型的多媒体总线连接车载媒体。这些新型的多媒体总线往往是基于光纤通信的,从而可以充足保证带宽。

网关是电动汽车内部通信的核心,通过它可以实现各条总线上信息的共享以及实现汽车内部的网络管理和故障诊断功能。

故障诊断系统是将车用诊断仪器连接到车载通信网络上加以实现的。

7. 信息共享(分配功能)

所谓分配功能是指为了执行某一功能,需要数个控制单元通过车载网络来进行数据交换才能达到目的的一种行为。我们只有弄懂部件之间的总线连接以及信息共享分配功能,才有可能对汽车顺利完成故障查寻。

1)主导功能控制单元

在分配功能中,总有一个控制单元负责整个功能流程,这个控制单元称为主导功能控制单元(主控制单元),该控制单元收集所有的输入信息。由此而产生的请求随后被作为信息发送到数据总线上,相关的控制单元会读取这些请求信息,并操纵相应的电子部件。

2)替代主导功能控制单元

在执行某些功能时,如果主导功能控制单元突然失效,那么会有一个控制单元来承担主导功能,它的任务是保证功能流程的顺利完成,必要时会在功能上做一些限制。

3)示例

刮水器 1 档功能(奥迪 A6 为例),见图 1-1-21。

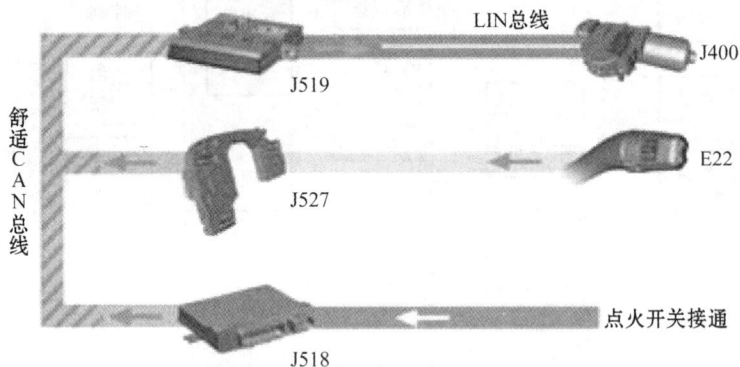

图 1-1-21　雨刮控制网络结构图

前提条件:

通过点火锁或高级钥匙(Advanced Key)接通点火开关,这时使用和起动授权控制单元 J518 就会将接线柱 15 和 75x 的信息发送到舒适 CAN 总线,需要接通点火开关才能启用的功能得到启用。

(1)间歇工作雨刮开关 E22 将"刮水器 1 档"这个信息发送到转向柱电气控制单元 J527。

(2)J527 将"刮水器 1 档"这个信息通过舒适总线发送到供电控制单元 J519 上。

(3)J519 通过 LIN 总线将"刮水器 1 档"这个信息发送到雨刮电机控制单元 J400 上。J400 启动集成电机。

8. 网络管理

1)睡眠模式

控制单元的睡眠状态是为降低静电流消耗。由于功能分配,所有控制单元必须一起进入睡眠准备状态。首先,所有的控制单元发出睡眠准备结束信号(睡眠指示字位),总线将进入睡眠模式。

睡眠模式的两种不同方式:

(1) 总线睡眠模式(总线静止):正常情况车辆关闭大约 15 分钟。

(2) 控制单元睡眠模式(停止模式):在车辆关闭 2 小时后主处理器不再供电。

使用故障诊断仪进行车载网络系统读取各种测量数据块,可用于网络睡眠准备状态的检测:

(1) 哪些控制单元处于睡眠准备。

(2) 哪些总线系统处于睡眠准备。

2) 唤醒模式

控制单元的唤醒阶段。由于功能共享,所有控制单元必须同时唤醒。总线唤醒功能是作为对总线指令或传感器的反应来实现的,通过对总线干扰实现强迫的唤醒功能。总线唤醒事由(奥迪 A6 为例)如图 1-1-22 所示。

两种不同的唤醒方式。

(1) CAN 总线唤醒(从总线静止中醒来)。

(2) 控制单元唤醒(从停止模式中醒来)

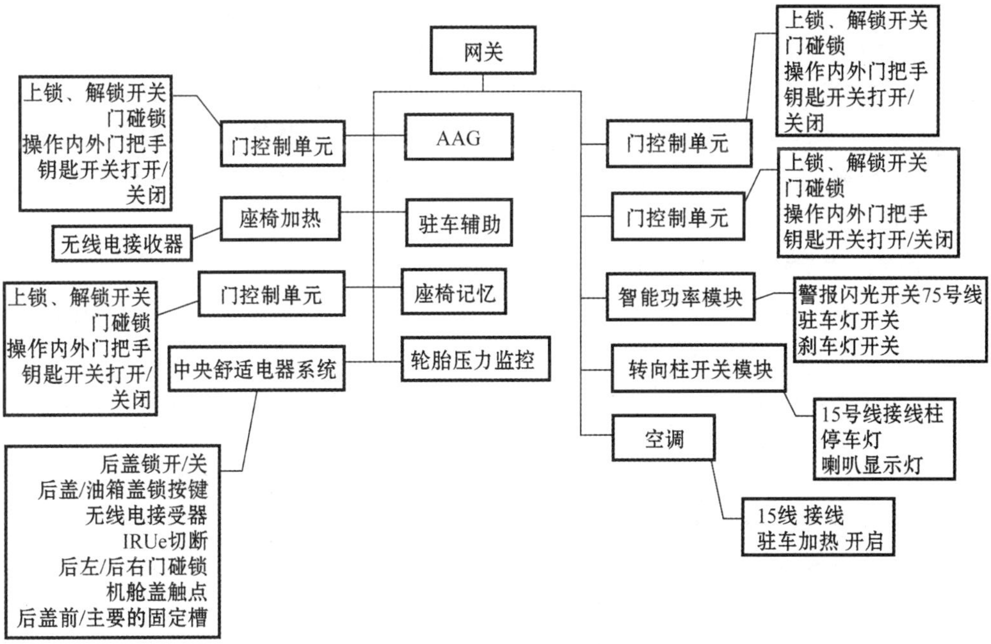

图 1-1-22 总线唤醒事由

三、任务实施

1. 填空题

(1) 模块是一种_____。简单一点的如温度和压力传感器,复杂的如计算机(微处理器)。连接在汽车车载网络系统中的控制单元模块被称为_____。

（2）比特率是指每秒传送的_____。单位为 bps（Bit Per Second），比特率越高，单位时间传送的_____越大。大写 B 表示_____，一个字节＝_____。

（3）网关是汽车车载通信网络的_____，通过它可以实现各条总线上_____以及实现汽车内部的_____和_____。

（4）当出现数个使用者同时申请利用总线发送信息时，可用于来避免发生数据冲突的机构叫_____。

（5）局域网的常用拓扑结构有三种：_____、_____、_____。

（6）通信协议是控制通信实体间为了有效完成信息交换的一组_____和_____。

（7）A 类总线是面向_____、_____的低速网络，数据传输位速率通常小于_____。A 类总线目前首选的网络标准是_____。

（8）B 类总线是面向独立模块间数据共享的_____，位速率一般在_____。B 类总线目前首选的网络标准是_____。

（9）C 类总线是面向高速、实时闭环控制的多路传输网，位速率在_____。目前首选的网络标准是_____。

（10）_____将使传统的汽车机械系统变成通过高速容错通信总线与高性能 CPU 相连的电气系统。

2. 选择题

（1）关于车载局域网系统的叙述，以下哪种说法不正确？（　　）

A. 车身系统的控制单元对实时性要求低而数量众多，故使用低速的总线连接

B. 动力与传动系统的受控对象直接关系汽车行驶状态，因此使用高速的总线连接

C. 汽车局域网系统数据传输速度一般在 10～1000 Kbit/s 范围，传输距离在几万米范围

（2）下列关于车载局域网系统的叙述，哪种说法正确？（　　）

A. 数据总线一条数据线上传递的信号不能被多个系统（控制单元）共享，从而限制系统整体效率

B. 网关实际上就是一种模块，它工作的好坏决定了不同的总线、模块和网络相互间通信的好坏

C. 一个由 CAN 总线构成的单一网络中，理论上可以挂接无数个节点

（3）下列关于车载局域网系统传输媒体的叙述，哪一个不正确？（　　）

A. 双绞线成本较低，传输距离较远，非常适合汽车网络的情况

B. 双绞线与同轴电缆相比，它可以提供较高的吞吐量，连接较多的设备，跨越更大的距离

C. 光纤的数据传输速度比较高，传输距离较远

3. 简答题

（1）什么是多路传输？

（2）数据总线有什么作用？

（3）什么是车载局域网系统，该系统与传统汽车线路网络有何不同？

（4）车载局域网系统的的传输介质有哪些？双绞线是如何进行数据传输的？

（5）局域网系统常用的拓扑结构有哪几种？

（6）通信协议是怎么分类的？常用的有哪些？

（7）通信协议三要素指什么？

（8）现代汽车中车载网络系统一般是怎样构成的？

（9）什么是总线的功能分配？

四、任务检验与评估

检验与评价内容	检验指标	权重	自评	互评	总评
任务检验	1. 能掌握车载网络系统的常用术语	7			
	2. 能掌握车载网络系统的组成、通信协议分类				
	3. 对汽车车载网络系统的实际应用有较深的认识				
职业素养	1. 学习态度:积极主动参与学习	3			
	2. 团队合作:与小组成员一起分工合作,不影响学习进度				
	3. 现场管理:服从工位安排、执行实训室"5S"管理规定				

笔记

项目二 CAN-BUS 网络故障检修

Description 项目描述	在现代车载网络系统中 CAN-BUS 通信协议的使用是最多最广的,在本项目中通过布置各项学习任务书,学生分组后在老师的指导下经过信息收集、制定检修计划、实施任务等环节,利用万用表、示波器等工量具和 CAN-BUS 网络教学台架或 CAN-BUS 教学车,完成 CAN-BUS 网络系统的理论知识学习和检修任务,使学生真正掌握 CAN-BUS 网络检修的专业知识和职业技能
Objects 项目目标	1. 掌握 CAN-BUS 车载网络系统的组成结构及工作原理 2. 能够找出 CAN-BUS 车载网络系统元器件在车上的安装位置 3. 能分析装备 CAN-BUS 作为通信总线的各系统的工作过程 4. 能用示波器测量 CAN-BUS 车载网络系统的波形同时具备分析能力 5. 能诊断 CAN-BUS 车载网络系统的各种常见故障
Tasks 项目任务	任务 2.1:高速 CAN-BUS 检修。本任务以大众宝来轿车动力总线系统为检修对象,由老师在台架上设置高速 CAN-BUS 的相应故障,然后由各组学生通过使用示波器、万用表和故障诊断器等仪器对高速 CAN-BUS 进行故障诊断并排除故障,来完成对高速 CAN-BUS 系统的故障诊断与检修能力的掌握 任务 2.2:低速 CAN-BUS 检修。本任务以大众宝来轿车舒适总线系统为检修对象,由老师在台架上设置低速 CAN-BUS 的相应故障,然后由各组学生通过使用示波器、万用表和故障诊断器等仪器对低速 CAN-BUS 进行故障诊断并排除故障,来完成对车载低速 CAN-BUS 系统的故障诊断与检修能力的掌握
Implementation 项目实施	

任务 2.1 高速 CAN-BUS 检修

任务描述	一辆大众宝来轿车出现换档冲击、转速表不工作、仪表无档位显示等故障现象,经查该车采用了高速 CAN-BUS 作为动力总线,连接发动机电脑、变速器电脑、仪表和 ABS,这些控制单元通过总线进行通信。如果你接修,应如何进行维修? 本任务以大众宝来轿车动力总线系统为检修对象,由老师在台架上设置高速 CAN-BUS 的相应故障,然后由各组学生通过使用示波器、万用表和故障诊断器等仪器对高速 CAN-BUS 进行故障诊断并排除故障,来完成对高速 CAN-BUS 系统的故障诊断与检修能力的掌握
任务目标	1. 知道 CAN-BUS 总线系统的分类、组成、应用状况和在系统控制功能中起到的作用 2. 熟知 CAN-BUS 总线系统的数据通信原理和数据结构 3. 掌握 CAN-BUS 总线系统的故障特点和故障类型 4. 能用故障诊断仪对系统进行读故障码、数据流、动作测试 5. 能用万用表对高速 CAN-BUS 数据总线进行测量并进行分析 6. 能用示波器测量高速 CAN-BUS 总线数据波形并进行分析 7. 能排除高速 CAN-BUS 网络的故障,恢复正常功能

一、维修接待

按照表 2-1-1 完成待修车辆的维修接待,并准确填写车载网络诊断接车问诊表。

表 2-1-1　车载网络诊断接车问诊表

车载网络接车问诊表			
车牌号: _____	车型: _____	车 架 号: _____	行驶里程: _____ (km)
用户名: _____	电话: _____	来店时间: ____/____	

车载网络类型:CAN-BUS
故障症状(与客户交谈的结果):

　　一辆大众宝来轿车出现换档冲击、转速表不工作、仪表无档位显示等故障现象

接车员:_____

车间症状确认(技师对故障进行验证):

　　换档时冲击严重、转速表不转、仪表无档位显示等故障现象,初步判断为高速 CAN-BUS 通信故障

维修技师:_____

检查结果和所需更换维修项目:

接车员: _____　　　　维修技师: _____　　　　客户确认: _____

二、信息收集

按照表 2-1-2 完成任务 2.1 的信息收集。

表 2-1-2　信息收集

序号	部件名称	作　用
1		
2		
3		
4		
5		
6		

1. CAN-BUS 的分类、各自的特点和应用场合有那些?
2. CAN-BUS 的组成部分有那些?
3. CAN-BUS 通过什么方法将信息传递出去?
4. 为什么采用双绞线作为车载 CAN-BUS 的数据导线?

1. CAN 数据总线系统的分类

CAN-BUS 目前的 ISO 标准有两种,分别是 ISO11898 与 ISO11519-2。ISO11898 通信速率为 125 Kb/s～1 Mb/s 是 CAN 高速通信标准,ISO11519-2 是通信速率最高可达 125 Kb/s 的 CAN 低速通信标准。这两种标准的通信数据格式是一样,不同处在于通信速率和故障保护上,高速 CAN 的两条网线只要其中一条网线出现断路或短路,则整个网络失效。而低速 CAN 的两条网线出现同样的问题时,还可用剩下的另一条完好网线进行数据传递(即单线功能)。

高速 CAN-BUS 主要应用在一些要求高实时性的系统中,如驱动系统、电子制动系统等。

低速 CAN-BUS 主要应用在一些对实时性要求不高的系统中,如舒适系统、灯光系统等。

2. CAN 数据总线组成结构

CAN 数据总线中,每个连接在 CAN 总线上的节点内部都安装了一个 CAN 控制器、一个 CAN 收发器、两条数据传递线形成总线链路和数据传输终端共同组成。组成结构见图 2-1-1。

1) CAN 控制器

CAN 控制器是用来接收在控制单元微处理器中的数据,处理数据并传送给 CAN 收发器;同时也接受 CAN 收发器的数据,处理数据并传送给微处理器。控制功能包含数据发送时间控制、数据接收控制、数据格式转换等。CAN 控制器的结构见图 2-1-2。

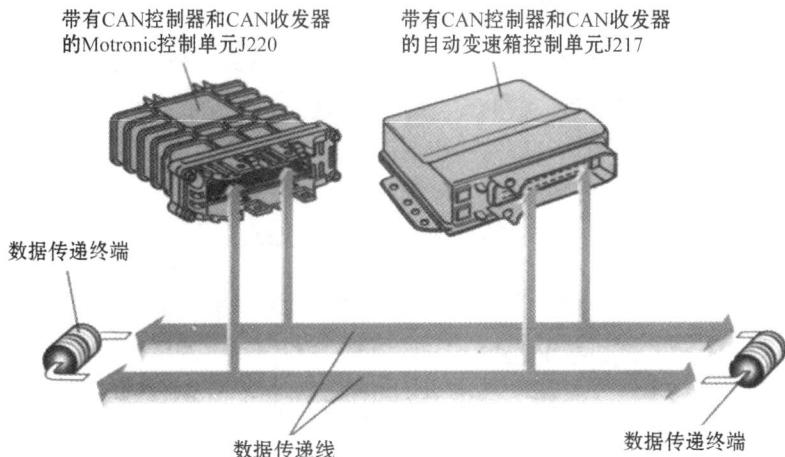

带有CAN控制器和CAN收发器的Motronic控制单元J220

带有CAN控制器和CAN收发器的自动变速箱控制单元J217

数据传递终端

数据传递线

数据传递终端

图 2-1-1 CAN-BUS 的组成结构

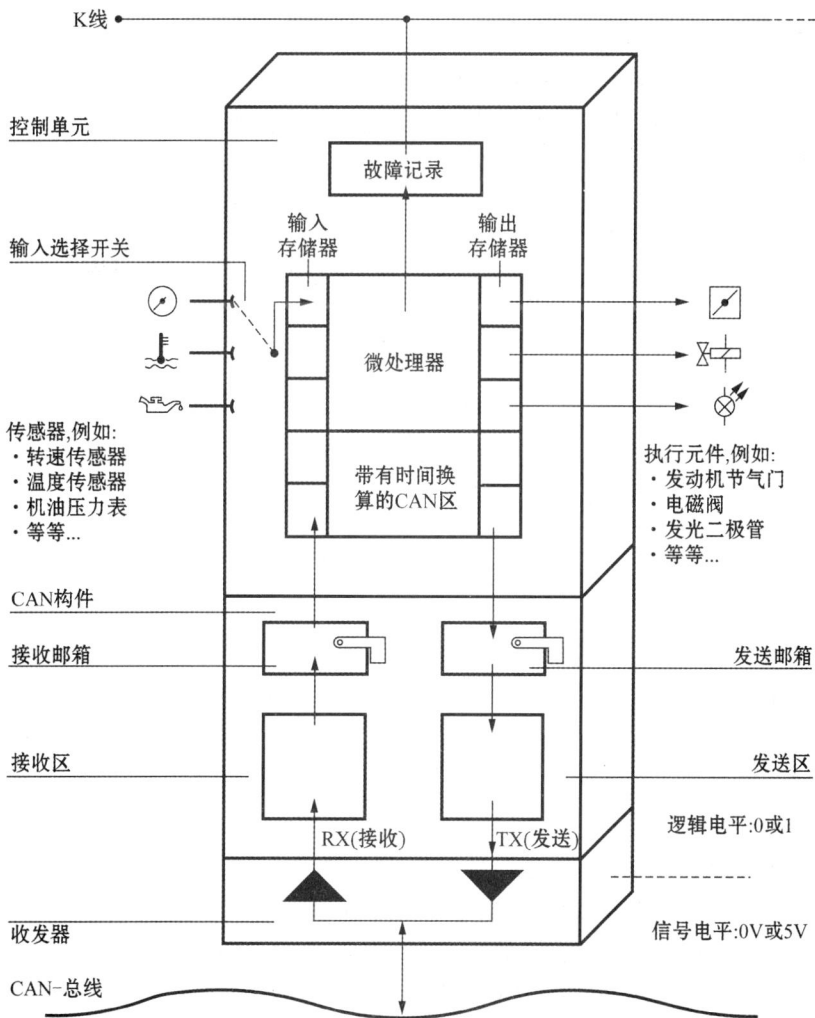

K线

控制单元

输入选择开关

故障记录

输入存储器

输出存储器

微处理器

带有时间换算的CAN区

传感器,例如:
· 转速传感器
· 温度传感器
· 机油压力表
· 等等...

执行元件,例如:
· 发动机节气门
· 电磁阀
· 发光二极管
· 等等...

CAN构件

接收邮箱

发送邮箱

接收区

发送区

RX(接收)

TX(发送)

逻辑电平:0或1

收发器

信号电平:0V或5V

CAN-总线

图 2-1-2 CAN 控制器的结构

2) CAN 收发器

实际上在每个节点内都有两个 CAN 收发器分别负责 CAN 高位线和 CAN 低位线的数据传送。CAN 收发器是一个发送器和一个接收器的组合,它将 CAN 控制器提供的数据转化成电信号并通过数据总线发送出去;同时,它也接收总线上的电信号,并转化成数据传给 CAN 控制器。收发器的结构见图 2-1-3。

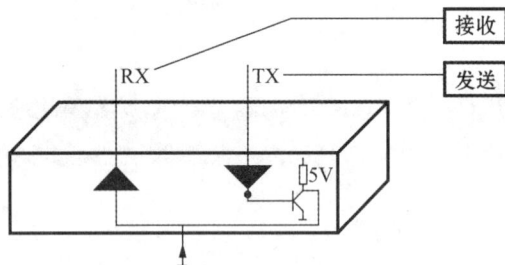

图 2-1-3　收发器的结构

3) 数据传递终端

实际是一个电阻器,作用是避免数据传输终了反射回来,产生反射波使数据遭到破坏。

在高速 CAN-BUS 中,只有两个数据传递终端,它装在 CAN 高位(CAN-high)和低位(CAN-low)数据线之间,总电阻为 $50\sim70\ \Omega$,将点火开关断开后,可以用万用表测量 CAN 高位线和 CAN 低位线之间的电阻值。高速 CAN-BUS 数据传递终端见图 2-1-4。

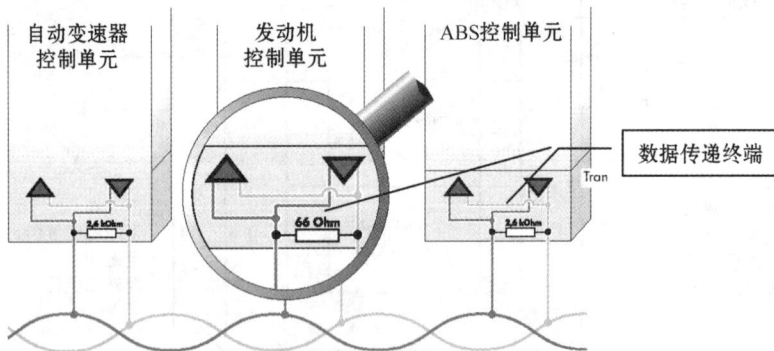

图 2-1-4　高速 CAN-BUS 数据传递终端

在低速 CAN-BUS 中,每个节点都有数据传输终端,数据传输终端不是安装在 CAN 高位线和 CAN 低位线之间的,而是装在数据线与地之间,电源断开后,其电阻也断开了,因此用万用表对进行测量阻值为无穷大。

4) CAN 数据总线

CAN 数据总线用以传输数据的双向数据线分为 CAN 高位(CAN-high)和低位(CAN-low)数据线。数据没有指定接收器,通过数据总线发送给各控制单元,各控制单元接收后进行计算。为了防止外界电磁波干扰和向外辐射,CAN 总线采用两条线缠绕在一起,如图 2-1-5 所示,两条线上的电位是相反的,如果一条线的电压是 5V,另一条线就是 0V,两条线的电压和等于常值。通过这种办法,CAN 总线得到保护而免受外界电磁场干扰,同时,CAN 总线向外辐射保持中性,即无辐射。

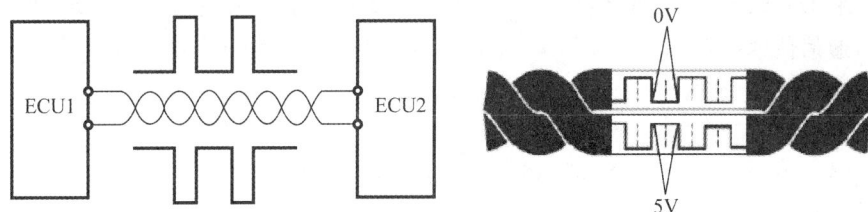

图 2-1-5 双绞线

注意:在维修 CAN 数据总线时,要求断开线点距离插接器至少 100 mm,两个维修点之间至少间隔 100 mm,维修点的非缠绞长度不得超过 50 mm,如图 2-1-6 所示。

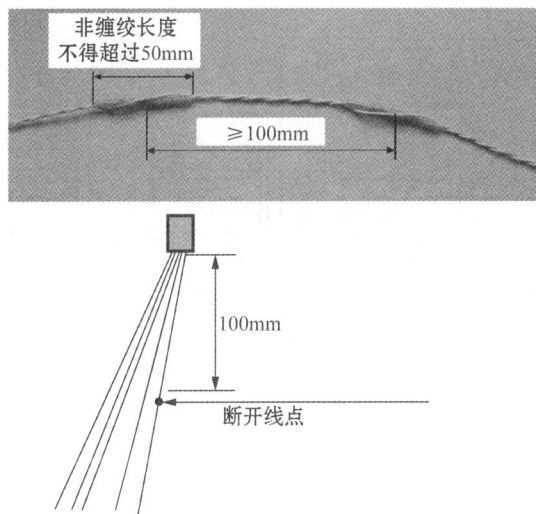

图 2-1-6 线束修护注意事项

3. CAN 数据传输

1) CAN 特点

CAN-BUS 为多主方式工作,总线上的任一个节点均可以在网络空闲的任意时刻,主动向网络上的其他节点发送信息,所有节点不分主次,通信方式灵活。

CAN-BUS 网络上的各个节点信息分成不同的优先级,可以满足不同的实时要求,高优先级的信息优先传递。

CAN-BUS 采用非破坏性的仲裁机制,当出现两个节点同时向总线发送数据时,优先级低的节点会主动退出发送转为接收,优先级高的节点会继续发送数据不受影响,有效避免了总线冲突,提高信息传输效率。如安全方面的信息比舒适方面的信息优先。

CAN-BUS 信息传输采用广播模式,见图 2-1-7,即一个节点发送,所有连接在总线上的节点都可接收。

当某一个 CAN-BUS 节点出现严重错误时,具有自动关闭功能,使其他节点不受影响。

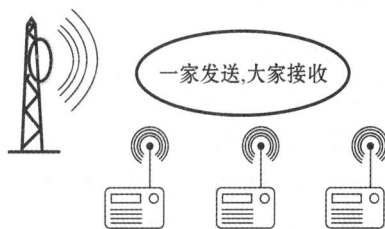

图 2-1-7 广播模式

　　CAN 采用 NRZ(非归零制编码方式)编码,直接通信距离最远可达 10 km(通信位速率 5 Kbit/s),通信位速率最高可达 1 Mbit/s(此时通信距离最长为 40 m)。

　　2) CAN 数据传递过程

　　数据传递过程见图 2-1-8。

　　提供数据:控制单元向 CAN 控制器提供需要发送的数据。

　　发送数据:CAN 收发器接收由 CAN 控制器传来的数据,转为电信号并发送。

　　接收数据:CAN 系统中,所有控制单元转为接收器。

　　检查数据:控制单元检查判断所接收的数据是否所需要的数据。

　　接受数据:如接收的数据需要,它将被接受并进行处理,否则忽略。

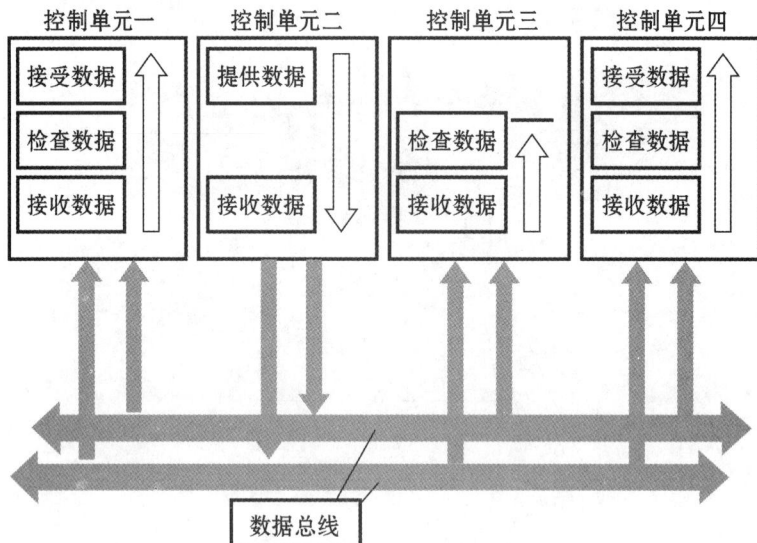

图 2-1-8　数据传递过程

　　3. 数据传递原理

　　在 CAN-BUS 中的每个节点,其内部进行运算的二进制信号(又叫逻辑信号)的电平都是很小的,并不足以通过双绞线进行长距离的传送(铜线上有电阻值,距离越长阻值越大,幅度不够的信号无法传输)。要实现数据的顺利传递,那么必须将数据进行升压,即将二进制逻辑信号转化为电信号。

　　(1) 电信号的传送。

　　如图 2-1-9 所示,CAN 收发器收到 CAN 控制器送来的信号后控制三极管导通或截止,CAN 收发器就象一个开关,根据 CAN 控制器送来的数据不断在导通和截止之间变化,使总线上的电平也不断跟随变化。

　　因此总线导线上就会出现两种状态。高电位表示逻辑"1",低电平表示逻辑"0"。如果总线上的电平信号处于静止位置,就称为隐性电平(或叫无源)。如果总线上的电平信号处于传递位置,则称为显性电平(或叫有源)。总线上的电平信号如图 2-1-10 所示。

　　如图 2-1-11 所示,当把两个节点或两个以上的节点连接到一条总线上时,如果某一节点内的开关已接合,电阻上就有电流流过,于是总线导线上的电压就为 0V,此时总线处于有源状态为显性电平。如果所有开关均未接合,那么就没有电流流过,电阻上就没有压降,于是总线导线上的电压就为 5 V,此时总线处于无源状态为隐性电平。

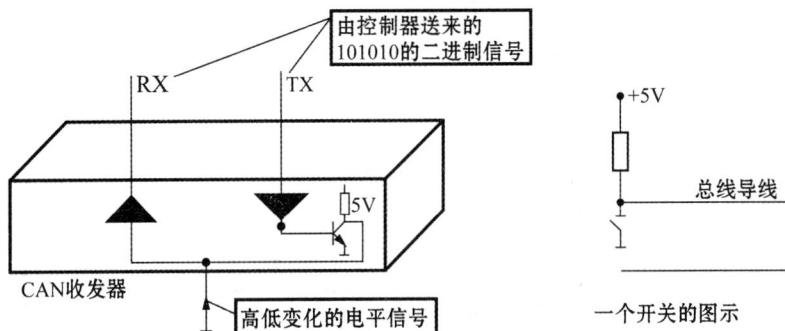

图 2-1-9　CAN 收发器示意图

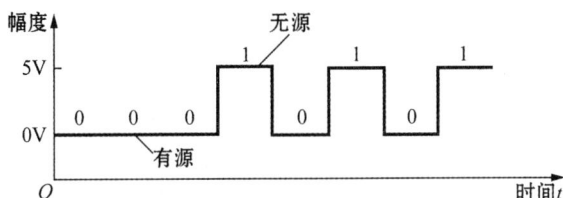

图 2-1-10　总线上的电平信号

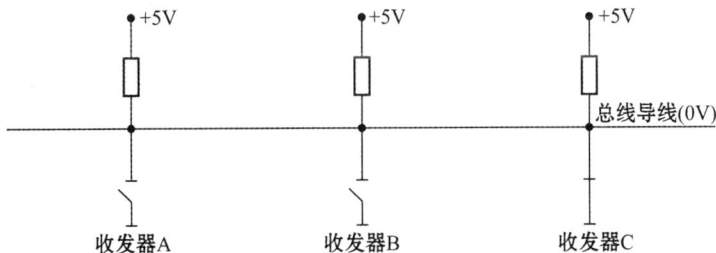

图 2-1-11　有两个以上节点的总线状态转换示意

因此,我们从上面的分析可知如果总线处于状态 1(无源),那么此状态可以由某一个控制单元使用状态 0(有源)来改写。

(2) 高速 CAN-BUS 的数据传递。

① 数据的发送。

图 2-1-12 为高速 CAN-BUS 发射器电路简图。连接在总线上所有节点都没有往外发送数据时,所有的节点的发射器都处于截止状态,两条数据总线也都处于无源状态。上面作用着相同的预先设定值,该值称为隐性电平。对于高速 CAN-BUS 来说,这个值大约为 2.5 V。隐性电平也称为隐性状态,与其相连接的所有控制单元均可修改它。

当其中有一个节点往外发送数据时,总线处于显性状态,CAN-High 线上的电压值会升高一个预定值(这个值至少为 1 V),而 CAN-Low 线上的电压值会降低一个同样值(这个值至少为 1 V)。于是在动力 CAN 数据总线上,CAN-High 线就处于有源状态,其电压不低于 3.5 V(2.5 V+1 V=3.5 V),而 CAN-Low 线上的电压值最多可降至 1.5 V(2.5 V-1 V=1.5 V)。

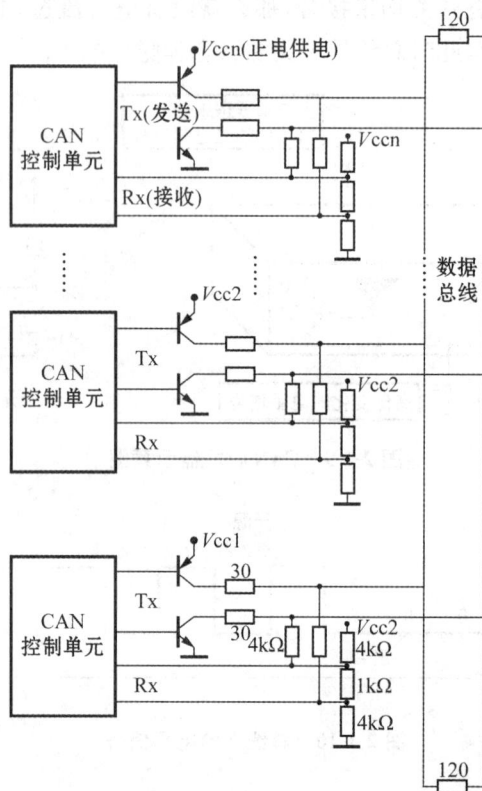

图 2-1-12 高速 CAN-BUS 发射器电路简图

因此在隐性状态时,CAN-High 线与 CAN-Low 线上的电压差为 0 V,在显性状态时该差值最低为 2 V,如图 2-1-13 所示。

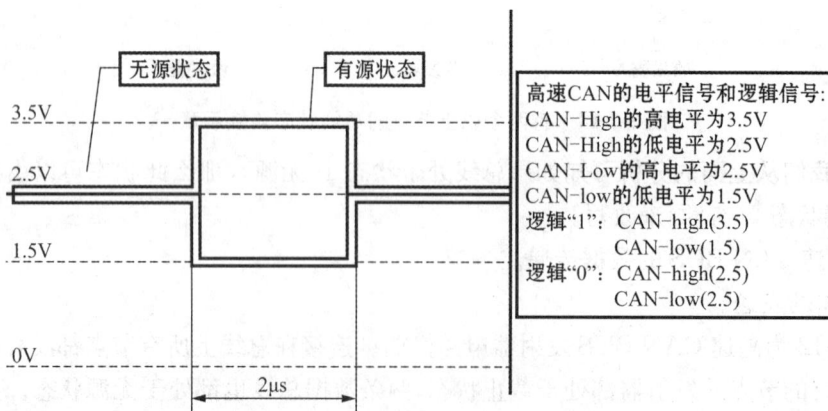

图 2-1-13 高速 CAN-BUS 信号电压变化

图 2-1-14 中所示的是一个真实的高速 CAN-BUS 数据波形变化图,两个电平之间的叠加信号变化表示 2.5 V 的隐性电平。CAN-High 线上的显性电压约为 3.5 V,CAN-Low 线约为 1.5 V。在高速 CAN 中,只要有一条总线线路出现断路、短路或两线相互短路,则整个总线都失效,所有节点都无法通信。

笔 记

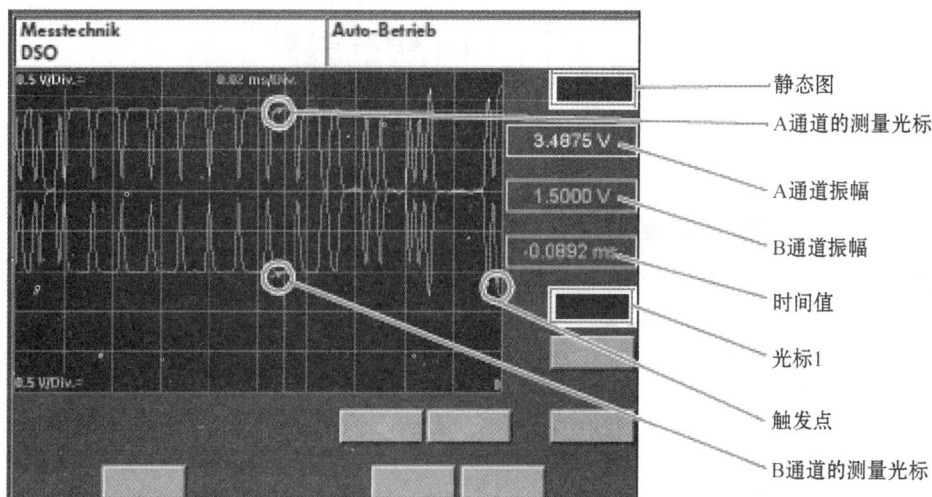

图 2-1-14　高速 CAN-BUS 实际波形示例

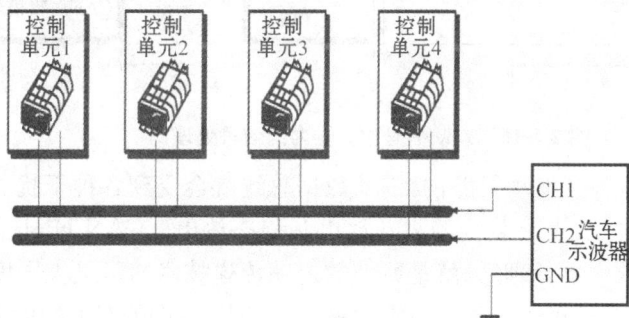

② 数据的接收。

如图 2-1-15 所示，在收发器内有一个接收器，该接收器就是安装在接收一侧的差动信号放大器。

差动信号放大器用于处理来自 CAN-High 线和 CAN-Low 线的电平信号，除此以外还负责将转换后的信号传至控制单元的 CAN 接收区。这个转换后的信号称为差动信号放大器的输出电压。差动信号放大器内的信号处理见图 2-1-16。

CAN-High 线和 CAN-Low 线上传递的电平信号是相反的，差动信号放大器用 CAN-High 线上的电压(U CAN-High)减去 CAN-Low 线上的电压(U CAN-Low)，就得出了输出电压，用这种方法可以消除静电平(对于动力 CAN 数据总线来说是 2.5 V)或其他任何重叠的电压(例如干扰)。

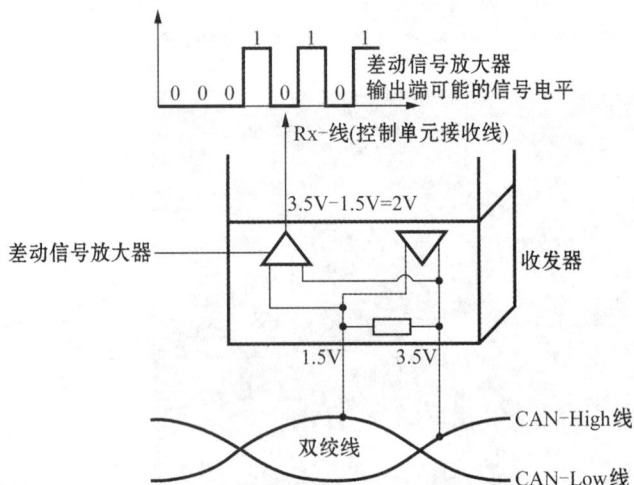

图 2-1-15　高速 CAN 接收器结构简图

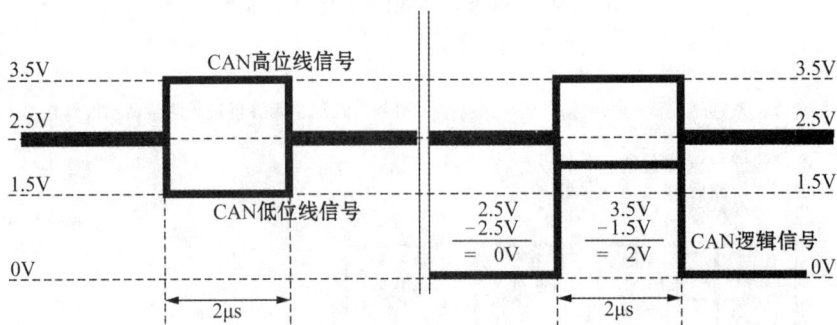

图 2-1-16　差动信号放大器内的信号处理

　　由于数据总线也要布置在发动机舱内，因此数据总线就会受到各种干扰。在保养时要考虑对地短路和蓄电池电压、点火装置的火花放电和静态放电。CAN-High 信号和 CAN-Low 信号经过差动信号放大器处理后（就是所谓的差动传递技术），可最大限度地消除干扰的影响，如图 2-1-17 所示。这种差动传递技术的另一个优点是：即使车上的供电电压有波动（例如在起动发动机时），也不会影响各个控制单元的数据传递（数据传递可靠性）。

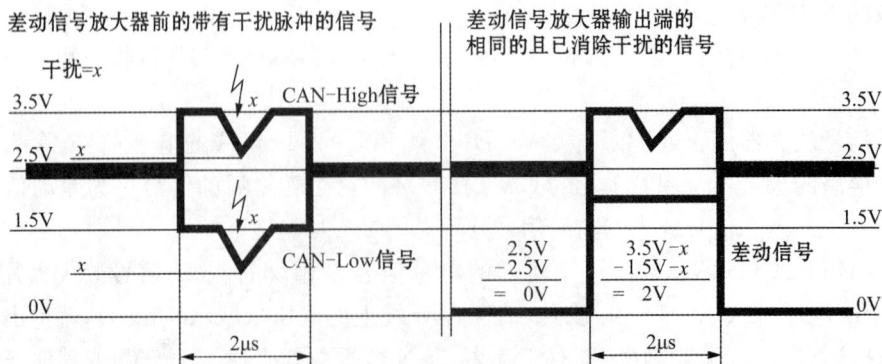

图 2-1-17　差动信号放大器内的干扰过滤

4. CAN 数据帧

1) CAN 数据帧结构

CAN 数据总线在极短的时间里,在各控制单元间传递数据,数据的传输以帧为最小单位,每帧数据包含 7 个部分。如图 2-1-18 所示。

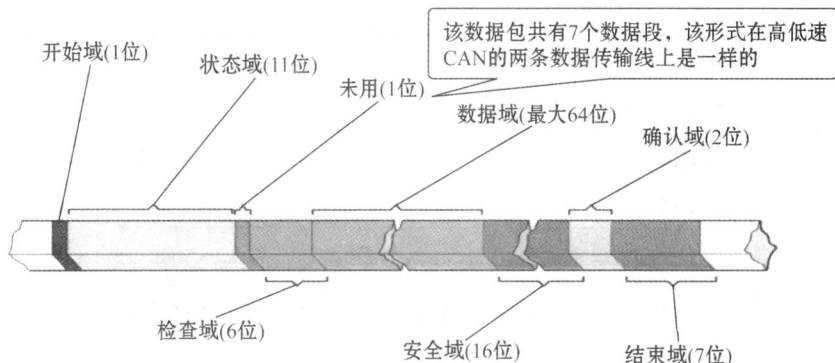

图 2-1-18　CAN 数据帧结构

开始域:标志数据开始。带有大约 5V 电压(由系统决定)的 1 位,被送入高位 CAN 线;带有大约 0V 电压的 1 位被送入低位 CAN 线。

状态域:判定数据中的优先权。如果两个控制单元都要同时发送各自的数据,那么,具有较高优先权的控制单元,优先发送。

检查域:显示在数据域中所包含的信息项目数。在本部分允许任何接收器检查是否已经接收到所传递过来的所有信息。

数据域:在数据域中,信息被传递到其他控制单元。

安全域:检测传递数据中的错误。

确认域:在此,接收器信号通知发送器,接收器已经正确收到数据。若检查到错误,接收器立即通知发送器,发送器然后再发送一次数据。

结束域:标志数据报告结束。在此是显示错误并重复发送数据的最后一次机会。

2) 优先级确认(仲裁)

因为 CAN-BUS 采用多主串行数据传递方式,如果有多个控制器同时需要发出信号,那么在总线上一定会发生数据冲突。为了避免出现数据冲突,当出现多个控制器同时发送信号的情况时,系统就必须决定哪个控制单元首先进行发送哪个控制单元等待发送。CAN 总线采取的措施是:每个控制单元在发送信号时,通过数据帧前列的状态域来识别数据优先权,具有最高优先权的数据,首先发送。

在信息数据列中有 11 位的状态区,这 11 位二进制中前 7 位既是发送信息的控制器标识符,同时又表示了它的优先级。仲裁规则如下,标识符中的号码越小,即从前往后数,前面零越多,优先级越高。而后 4 位则是这个控制器发送不同信息的编号,如发动机控制单元既要发送转速信号,又要发送水温等信号,则后 4 位就有所不同。

基于安全考虑,由 ABS/EDL 控制单元提供的数据(驾驶安全)比自动变速器控制单元提供的数据(驾驶舒适)更重要,因此具有更高的优先权。

示例：如表 2-1-3 所示，3 组不同数据帧的优先权，3 个控制单元同时发送数据，此时，在数据传输线上进行一位一位的比较，如果 1 个控制单元发送了 1 个隐性电平而检测到 1 个显性电平，那么该控制单元就判断出有更高优先权的数据在发送，会立即停止发送转为接收器接收数据。

表 2-1-3   3 组不同数据帧的优先权

数据报告	状态域形式
制动 1	001　1010　0000
发动机	010　1000　0000
变速器	100　0100　0000

第一位比特：制动控制单元发送了 1 个高电位，发动机控制单元也发送了 1 个高电位，自动变速器控制单元发送了 1 个低电位而检测到 1 个高电位，那么它将失去优先权而转为接收器。

第二位比特：制动控制单元发送了 1 个高电位，发动机控制单元发送了 1 个低电位并检测到 1 个高电位，那么，它也失去优先权，而转为接收器接收数据。

第三位比特：制动控制单元拥有最高优先权并接收分配的数据，该优先权保证其持续发送数据直至发送终了，制动控制单元结束发送数据后，其他控制单元再发送各自的数据。

3）数据发送和接受的同步

（1）同步解决方案一：边沿对齐。

为了保证发送和接受能够同步，CAN-BUS 规定了边沿对齐规则。也就是说接收器发现每一次电平反向的节拍不对时，必须调整边沿，以求得同步。这个规则在电平变化频繁时能有效的保证了接收的正确性，边沿对齐如图 2-1-19 所示。

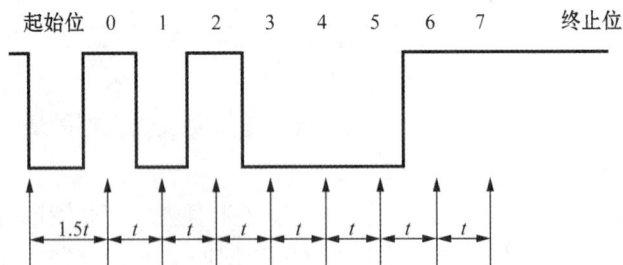

图 2-1-19   边沿对齐

（2）同步解决方案二：数据的位填充。

为了保证发送和接受能够同步，CAN-BUS 规定了位填充规则。也就是说最多 5 位出现一样的电平信号，第六位必须有一个反向电平。这个规则能有效的保证了接收的正确性。数据的位填充如图 2-1-20 所示。

（3）出错帧。

当控制器在接收其他控制器或自己发送器的信息时，发现信息有错误，可以发送出错帧，出错帧至少有 6 个显性电平和 8 个隐性电平，至多 12 个显性电平和 8 个隐性电平构成。CAN-BUS 出错帧如图 2-1-21 所示。

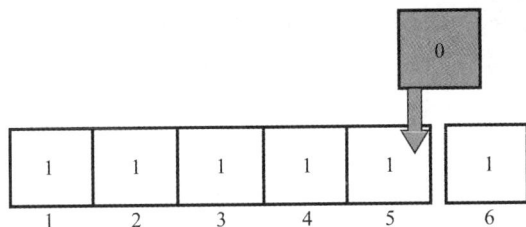

图 2-1-20 数据的位填充

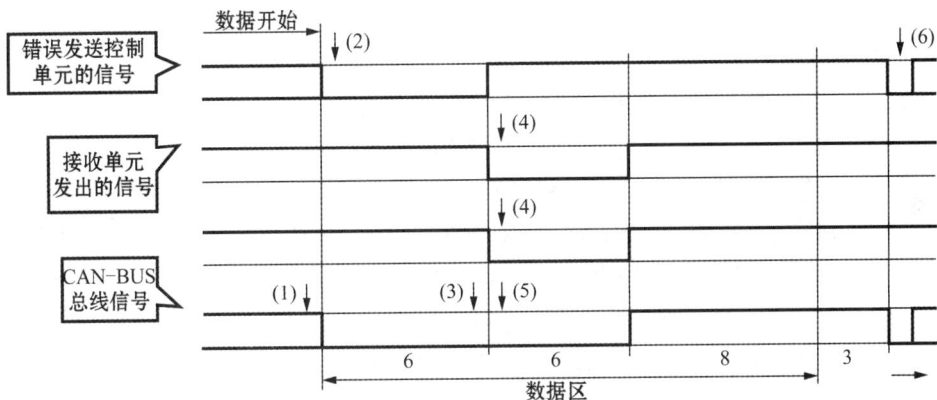

图 2-1-21 CAN-BUS 出错帧

(4) CAN 内部故障管理。

CAN 控制器内部有错误计数器。一次发送失败计数加 8,一次接收错误计数加 1。当累计超过 127 时,控制器不再允许该控制单元往 CAN 总线上发送信息,当累计超过 255 时,控制器自动与总线脱离。但是,控制器发送信息时,没有受到答复信号,控制器将重复发送,而错误计数不计数。错误计数器控制策略见图 2-1-22。

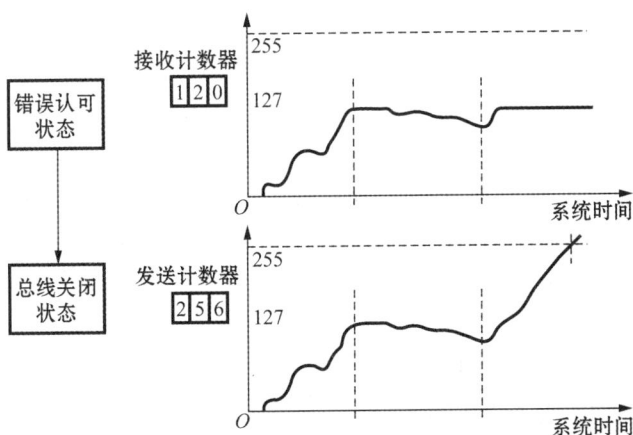

图 2-1-22 错误计数器控制策略

5. CAN-BUS 故障检修

装有 CAN-BUS 总线系统的车辆出现故障,维修人员应首先检测汽车车载网络系统是否正常。因为如果车载网络系统有故障,则整个汽车车载网络系统中的有些信息将无法传

笔记

输，接收这些信息的电控模块将无法正常工作，从而为故障诊断带来困难。对于汽车车载网络系统故障的维修，应根据车载网络系统的具体结构和控制回路具体分析。

1) CAN-BUS 总线的故障特点

当 CAN-BUS 总线出现故障时一般有三种表现，一是没有外在故障现象，只是在自诊断系统中贮存故障码，总线进行应急工作状态，出现这种故障时，车主无法查觉车辆有故障。二是出现某一个模块与其他模块无法通信，所有需要从总线上取得的信号都无法得到，相关的控制功能会受到影响，这时会出现外在故障现象。三是整个网络失效，各节点都无法通信，此时会出现大范围的故障表现。

2) 车载网络系统故障类型

一般说来，引起汽车车载网络系统故障的原因有三种：一是汽车电源系统引起的故障；二是汽车车载网络系统的链路故障；三是汽车车载网络系统的节点故障。

（1）汽车电源系统故障引起的网络故障。

汽车车载网络系统的核心部分是含有通讯 IC 芯片的控制单元，控制单元的正常工作电压在 10.5～14.5V 的范围内。如果汽车电源系统提供的工作电压低于该值，就会造成一些对工作电压要求高的控制单元出现短暂的停止工作，从而使整个汽车车载网络系统出现短暂的无法通信。这种现象就如同用故障诊断仪在未起动发动机时就已经设定好要检测的传感器界面，当发动机起动时，往往故障诊断仪又回到初始界面。

这类故障产生的原因主要是蓄电池、发电机、供电线路、熔断丝等元器件有故障。

＊故障实例

故障现象：一辆上海别克轿车，在车辆行驶过程中，时常出现转速表、里程表、燃油表和水温表指示为零的现象。

故障检测过程：用 TECH2 扫描工具（故障诊断仪）读取故障码，发现各个电控模块均没有当前故障码，而在历史故障码中出现多个故障码。其中：SDM（安全气囊控制模块）中出现 U1040——失去与 ABS 控制模块的对话，U1000——二级功能失效，U1064——失去多重对话，U1016——失去与 PCM 的对话；IPC（仪表控制模块）中出现 U1016——失去与 PCM 的对话；BCM（车身控制模块）中出现 U1000—二级功能失效。

故障分析与排除：经过故障码的读取可知，该车的多路信息传输系统存在故障，因为 OBD-Ⅱ规定 U 字头的故障代码为汽车多路信息传输系统的故障代码。通过查阅上海别克轿车的电源系统的电路图，由图 2-1-23 可以知道，上面的电控模块共用一根电源线，并且通过前围板。由于故障码为间歇性的，判断可能是这根电源线发生间歇性断路故障。

（2）节点故障。

节点是汽车车载网络系统中的电控模块，因此节点故障就是控制单元的故障。这类故障产生的原因主要是各类控制单元、传感器等元器件有故障。

软件故障即传输协议或软件程序有缺陷或冲突，从而使汽车车载网络系统通信出现混乱或无法工作，如果出现这种故障一般成批出现，且无法维修。

硬件故障一般由于通信芯片或集成电路故障，造成汽车车载网络系统无法正常工作。对于采用低版本信息传输协议的点到点信息传输协议的汽车车载网络系统，如果有节点故障，将出现整个汽车车载网络系统无法工作。

笔记

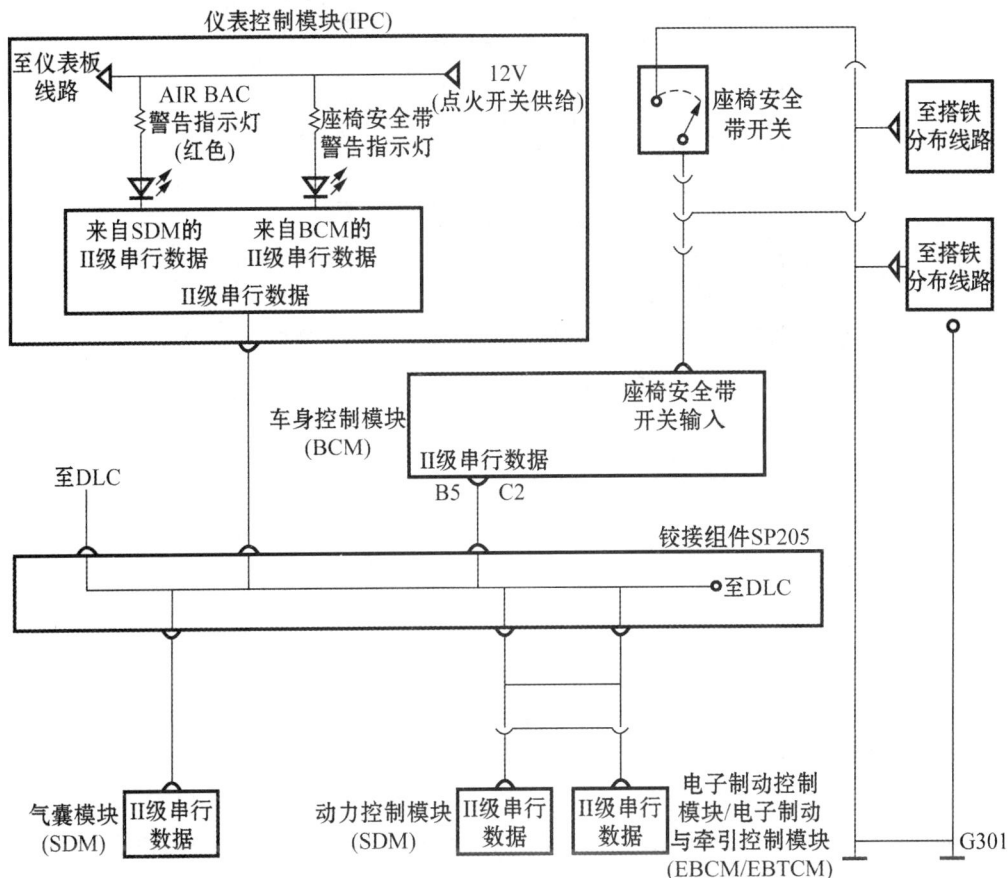

图 2-1-23 别克轿车数据总线与诊断插头

* 故障实例

故障现象:一辆上海帕萨特 B5 轿车在使用中出现机油压力报警灯与安全气囊故障指示灯报警,同时发动机转速表不能运行故障。

故障检测:用 VAG 1552 故障阅读仪读取发动机控制系统的故障码,发现有两个偶发性故障码:18044——安全气囊控制单元无信号输出;18048——仪表数据输出错误。用 VAG1552 故障阅读仪读取仪表系统的故障码为:01314——发动机控制单元无通信;01321——到安全气囊控制单元无通信。

故障分析与排除:通过读取故障码可以初步判断故障在于汽车多路信息传输系统。通过对汽车电气线路进行分析,电源系统引起故障的概率很小,故障很可能是节点或链路故障。用替换法尝试安全气囊控制单元,故障得以排除。

(3) 链路故障(数据导线故障)。

当汽车车载网络系统的链路(通信线路)出现故障时,如:通信线路的短路、断路以及线路物理性质引起的通信信号衰减或失真,都会引起多个电控单元无法工作或电控系统错误动作,链路故障示意见图 2-1-24。判断是否为链路故障时,一般采用示波器或汽车专用光纤诊断仪来观察通信数据信号是否与标准通信数据信号相符。

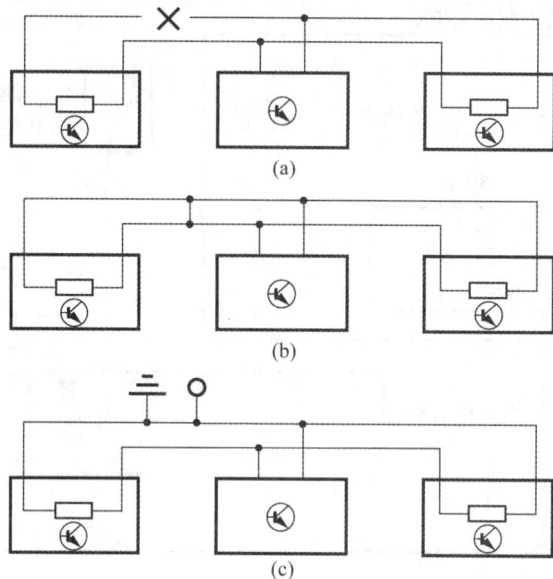

图 2-1-24　链路常见故障

* 故障实例

故障现象:一辆奥迪 100 轿车的电控自动空调系统在开关接通的情况下,鼓风机能工作,但是空调系统却不制冷。

故障检测:通过观察,发现空调压缩机的电磁离合器不吸合,但发动机工作正常。检查电磁离合器线路的电阻值,电阻值符合规定值,检查空调控制单元的输出端没有输出信号。此时用 VAG1552 故障阅读仪读取发动机控制系统和空调控制系统的故障码,均无故障码。用 VAG1552 故障阅读仪读取空调控制单元的数据流,发动机的转速数据为零。由于发动机工作正常,因此发动机控制单元接收的发动机转速信号应该正常,检查发动机控制单元和空调控制单元之间的通信线路,发现两者之间的转速通信线的端子变形造成链路断路,修复插接件后故障排除。

3) CAN 总线的故障诊断

当车辆出现故障,首先通过故障诊断议读取相关系统的故障码,如有 U 开头的故障代码说明车载自诊断系统检测出车载网络通信有故障,这时可用万用表、示波器等检测仪器进行测量,然后再对测量结果进行分析判断。

(1) 车载网络系统的一般诊断步骤。

① 了解该车型的汽车多路传输系统特点(包括:传输介质、几种子网及汽车多路信息传输系统的结构形式等)。

② 汽车多路信息传输系统的功能,如有无唤醒功能和休眠功能等。

③ 检查汽车电源系统是否存在故障,如交流发电机的输出波形是否正常(若不正常将导致信号干扰等故障)等。

④ 检查汽车多路信息传输系统的链路是否存在故障,采用替换法或采用跨线法进行检测。

⑤ 如果是节点故障,只能采用替换法进行检测。

示例：三个控制单元组成 CAN 总线系统检测步骤

如图 2-1-25 所示，CAN 总线出现一条数据线断路的故障中，可按下面步骤进行检测。

先接入故障诊断仪，读取故障代码，会出现以 U 开头的故障代码，说明系统已诊断出总线通信出现了故障，如出现模块 1 与模块 2 无法通信或数据通信线短路等故障码。

用万用表测量模块供电搭铁是否正常和数据线导通性、有无对地短路、有无对正电短路、终端电阻等是否正常。

用示波器测量数据线运行的数据信号是否正常。

如果信号波形不正常，又没发现有数据短路断路等故障时，可用排除法或代换法进行节点故障诊断。

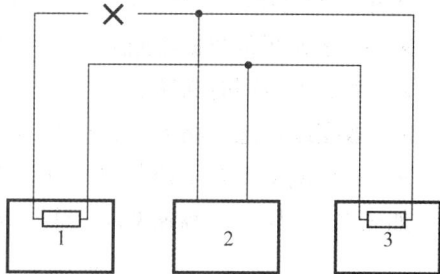

图 2-1-25　三个控制单元组成 CAN 总线系统

小提示：节点故障诊断办法

如图 2-1-25 所示三个控制单元组成高速 CAN 系统，如果因为模块 1 内部故障造成整个网络失效，用万用表测量和示波器测量在数据线上没找出故障。那么可以断开点火开关将模块 1 从总线上断开，断开后打开点火开关，消除故障码再读故障码，看此时故障码与刚才是否一样有无出现新故障代码，如果出现与原故障码不一样的情况说明断开的模块没有问题。如果与原来一样，那就说明是断开的模块损坏造成网络失效。

（2）故障诊断仪的使用。

在多路传输系统的诊断中专用诊断设备必不可少，在对装备有总线传输的系统进行故障诊断时，应首先通过故障诊断仪看是否有总线方面的故障，再进行排查找出故障点。具有车载网络系统的车辆对解码器的要求如下：

① 能够自动识别汽车 ECU 的型号和版本。

② 能够完全访问汽车控制单元上开放的存储资源。

③ 能够不失真地按照原厂要求显示从汽车控制单元上获取的数据。

④ 必须支持以下 5 个功能：读取故障码；清除故障码；动态数据分析；执行元件测试；对特定的车系/车型支持专业功能，如提供系统基本调整、自适应匹配（含防盗控制单元及钥匙匹配）、编码、单独通道数据、登录系统、传送汽车底盘号等专业功能。

① 诊断仪读取测量数据块。

从测量数据块中可以得到如下信息：

➢ 控制单元间相互之间的 CAN 通信状态。

➢ CAN 工作状态类型"单线"或者"双线"。

➢ 从另一个控制单元的 CAN 输入信号。

② 诊断仪故障查询。

当车载网络系统出现故障时自诊断系统能识别的故障有：

➤ 一条或两条数据线断路。

➤ 两数据线同时断路。

➤ 数据线对地短路或对正极短路。

➤ 一个或多个电子控制单元(ECU)有故障。

如表 2-1-4 所示为高速 CAN 总线故障存贮示例。

表 2-1-4　高速 CAN 总线故障存贮

故障源	故障类型	说　明
驱动数据总线	没有通信	1. 控制单元不能够接收数据 2. CAN-BUS 断路 3. 在 CAN-Antrieb 总线上安装错误或者有故障的控制单元 4. 一个控制单元出现 Time-out(功能信息故障时间＞500 ms)控制单元的软件状态不匹配
Antrieb(驱动)数据总线	失效	1. 在故障存储记录中,当一个控制单元出现连续两次总线关闭状态时(这就是说既不发送 CAN 信息又不接受 CAN 信息) 2. 控制单元故障
Antrieb 数据总线	硬件故障 该故障仅存在于发动机控制单元和变速箱控制单元	1. 在故障存储记录中,当一个控制单元出现连续两次总线关闭状态时(这就是说既不发送 CAN 信息又不接受 CAN 信息)控制单元故障 2. 错误控制单元 3. 发动机和变速箱之间的线路断路或者短路 4. CAN 总线短路
Antrieb 数据总线	缺少信息从×××控制单元 例如:组合仪表	1. CAN 总线断路或者短路 2. 在拔下变速箱控制单元插头的情况下打开点火开关 3. 控制单元错误或者有故障
Antrieb 数据总线	不可靠信号	1. 仅接收到一个控制单元信息内容的一部分。CAN 线断路或者短路 2. 控制单元错误或者有故障 3. 一条信息出现 Time-out
Antrieb 数据总线	软件状态监控	1. 控制单元故障 2. CAN 总线断路 3. 在拔下变速箱控制单元插头的情况下打开点火开关
集团性-Datenbus Komfort	读取故障存储	在总线上至少有一个控制单元有一个故障记录
总线显示(提示:CAN-Infotainment)	读取故障存储	在总线上至少有一个控制单元有一个故障记录
Antrieb 数据总线	读取来自×××控制单元的故障存储 例如:空调	在该控制单元上有故障

链接:车载自诊断系统的功能

　　a. 发现故障。输入到微处理器的电压信号在正常状态下有一定的范围,如果此范围以外的信号被输入时,ECU 就会诊断出该信号系统处于异常状态下。

　　b. 故障分类。当中央处理器工作正常时,通过诊断程序检测输入信号的异常情况,再根据检测结果分为轻度故障、引起功能下降的故障以及重大故障等,并且将故障按重要性分类,预先编辑在程序中。当中央处理器本身发生故障时,则通过 WDT 进行故障分类。

　　c. 故障报警。一般通过设置在仪表板上报警灯的闪亮来向车主报警。在装有显示器的汽车上,也有直接用文字来显示报警内容的。

　　d. 故障存储。当检测故障时,在存储器中存储故障部位的代码,一般情况下,即使点火开关处于断开位置,中央处理器和存储部分的电源也保持接通状态而不使存储的内容丢失。只有在断开蓄电源或拔掉熔丝时,由于切断了中央处理器的电源,存储器内的故障码才会被消除。

　　e. 故障处理。在汽车运行过程中如果发生故障,为了不妨碍正常行驶,由中央处理器进行调控,利用预编程序中的代用值(标准值)进行计算以保持基本的行驶性能,待停车后再由车主或维修人员进行相应的检修。

OBD-Ⅱ标准诊断仪接口

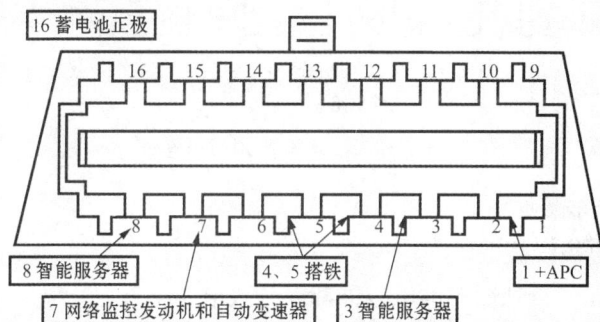

OBD-Ⅱ是 on-board diagnositics 的缩写,即第二代随车计算机诊断系统,它代表了目前大部分诊断仪的技术水平,可以说是一个实际的标准,因而得到了汽车制造商的支持。其主要特点是:

　　a. 诊断插座统一为 16 针插座,并统一安装于驾驶室仪表板下方。

　　b. 串行数据通信协议采用 ISO9141 和 SAE 两个标准。

　　c. 具有统一的 5 位故障代码。例如,P1352 的第一个英文字母代表被测控制器,如 P 代表发动机计算机控制器(power),B 代表车身计算机控制器,C 代表底盘计算机控制器(chassis),第二个字代表制造厂,第三个字代表 SAE 定义的故障范围码,最后两个字代表原厂故障码。

　　d. 具有用诊断仪直接读取并消除故障码的功能。

　　e. 具有行车记录功能,能记录车辆行驶过程中的有关数据资料。

　　f. 具有记忆并重新显示故障信息的功能。

（3）汽车万用表的使用。

汽车万用表是检测电子电路时最常用的仪表之一，它具有携带及使用方便，可测参数多等显著特点。在检测汽车电控系统、网络系统时通常使用汽车万用表。通过汽车万用表，可以判别故障的具体部位和检测系统元件的状态。

万用表可检测各模块的供电电压大小和搭铁是否完好，可测量数据线的导通性，可测量终端电阻值等。在用万用表测量导通性能和电阻大小时，一定先断开蓄电池负极，再进行测量。

① 终端电阻的检测：

在高速 CAN 上的终端电阻可以用万用表进行测量作出判断，但是在低速 CAN 上则不能用万用表来测量终端电阻。

终端电阻安装在高速 CAN 系统的两个控制单元内。终端电阻阻止 CAN 总线信号在 CAN 总线上产生变化电压的反射。若终端电阻出现故障，则可能因为线路的反射影响导致控制单元的信号无效。用示波器进行 CAN 总线信号的测量，若该信号与标准信号不相符，则可能为终端电阻发生损坏。终端电阻的检测电路见图 2-1-26。

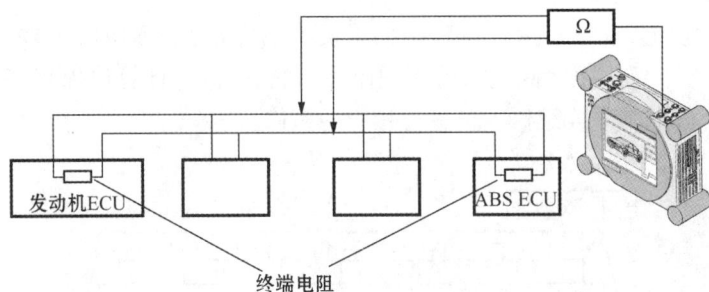

图 2-1-26   终端电阻的检测电路

终端电阻的测量步骤如下：

a. 将蓄电池的电极线拔除。

b. 等待大约 5 min，直到所有的电容器都充分放电。

c. 连接测量仪器并测量总阻值。

d. 将一个带有终端电阻控制单元的插头拔下来。

e. 检测总阻值是否发生变化。

f. 将第一个控制单元（带有终端电阻）的插头连接好，再将第二个控制单元的插头拔下来。

g. 检测总阻值是否发生变化。

h. 分析测量结果。

如图 2-1-26 所示，动力 CAN 总线中带有终端电阻的两个控制单元是接通的。测量的结果是每一个终端电阻大约为 120 Ω，总的阻值为 60 Ω。通过该测量值可以得出判断，连接电阻是正常的。特别要注意的是：终端电阻不一定都约为 120 Ω，相应的阻值依赖于总线的结构。

在总的阻值测量完成后，将一个带有终端电阻控制单元的插头拔下，显示的阻值会发生变化，这里测量的是一个控制单元的终端电阻阻值。当拔下一个带有终端电阻控制单元的插头后，若测量的阻值没有发生变化，则说明系统中存在问题，即被拔取的控制单元的终端电阻可能损坏或者是 CAN-BUS 总线出现断路。如果在拔取控制单元后显示的阻值为无穷大，那么可判定为连接中的控制单元终端电阻损坏,或者是到该控制单元的 CAN-BUS 出现故障。

最初,部分车型采用两个终端电阻(每一个以 120 Ω 作为标准值或者试验值)。但现在,终端电阻不再是一个固定阻值的电阻,它由很多个被测量的电阻组合在一起。总的阻值依赖于车辆的总线结构,因此终端电阻是根据车型设计的。

② 高速 CAN 总线电压的测量:

数字万用表还可以对 CAN 数据总线采用进行电压信号测试,判断数据总线的信号传输是否存在故障,检测方法如图 2-1-27 所示。

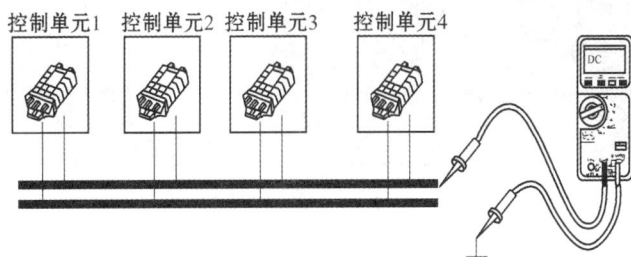

图 2-1-27　用万用表检测 CAN 总线电压信号

CAN-High 线上有信号传输时,总线上的电压值在 2.5~3.5 V 之间高频波动,因此 CAN-High 线的主体电压应是 2.5 V,所以万用表的测量值为 2.5~3.5 V 之间,大于 2.5 V 但接近 2.5 V。同理,CAN-Low 线信号在总线空闲时的电压约为 2.5 V,总线上有信号传输时,总线上的电压值在 1.5~2.5 V 之间高频波动,因此 CAN-Low 线的主体电压应是 2.5 V,所以万用表的测量值为 1.5~2.5 V 之间,小于 2.5 V 但接近 2.5 V。

(4) 汽车示波器的应用。

现代汽车已进入电子控制时代,电子控制已涉及汽车动力性、经济性、安全性、可靠性、净化性和舒适性等诸多方面,且各种控制系统电控单元之间相互联系紧密,可随时进行实时数据通信。电子设备占整车比例逐步上升,电子设备的故障越来越多,也越来越具有挑战性。而汽车示波器为综合判断汽车电子设备(包括网络)故障提供了有力保证。示波器检测波形有以下 5 种判断依据的定义。

① 幅值:电子信号在一定点上的即时电压。

② 频率:电子信号在两个事件或循环之间的时间,一般指每秒的循环数。

③ 脉冲宽度:电子信号所占的时间或占空比。

④ 形状:电子信号的外形特征,包括其曲线、轮廓和上升沿、下降沿等。

⑤ 阵列:组成专门信息信号的重复方式,如 1 缸传送给发动机控制计算机的上止点同步脉冲信号、传给解码器的有关冷却水温度信号的串行数据流等。

数字存储式示波器用双通道对 CAN-BUS 总线进行测量,通过对示波器波形的分析可以很容易地发现故障。为了在测试仪 DSO(数字存储式示波器)功能下分析 CAN 总线的波形,要求采用在无干扰功能下的示波器显示。在测量 CAN 总线时应注意准确调整示波器的时间值、电压值和触发信号。

① 检测电路的连接:

将示波器上的测量线用专用线束测量盒接到车上,这里通道 A 中红色的测量线连接

笔记

CAN-High 信号,黑色的测量线接地;通道 B 中红色的测量线连接 CAN-Low 信号,黑色的测量线接地,如图 2-1-28 和图 2-1-29 所示。

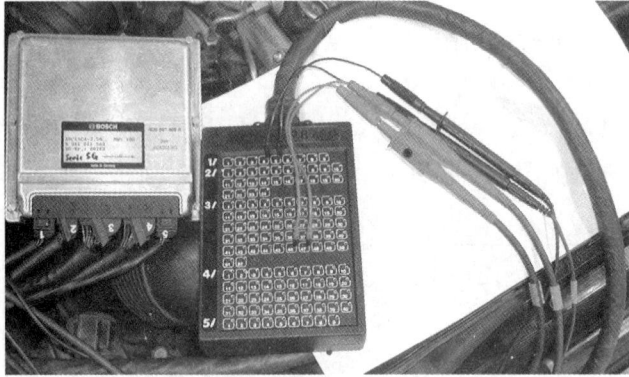

图 2-1-28　诊断接线盒

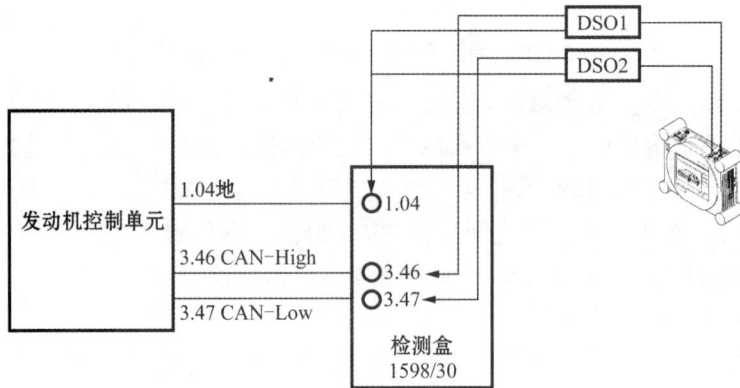

图 2-1-29　两通道工作情况下示波器 DSO 的连线

② 高速 CAN 总线示波器的设置:

高速 CAN 总线示波器的设置如图 2-1-30 所示。

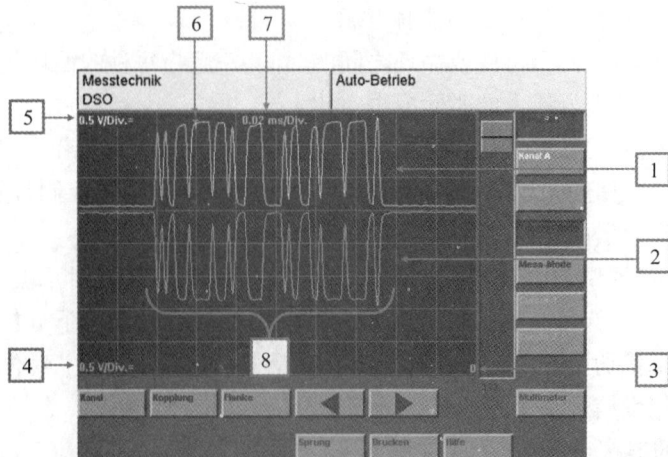

图 2-1-30　高速 CAN 总线示波器的设置

1——通道(Kanal)A，测量 CAN-High 信号。

2——通道(Kanal)B，测量 CAN-Low 信号。

3——通道 A 和通道 B 的零线坐标置于等高(CAN 高位线信号的零标记被 CAN 低位线信号的零标记所遮盖)。这样在同一条零坐标线下对电压值进行分析更为简便。

4——通道 B 的电压/单位设定。在 0.5 V/格的设定下，DSO 的显示便于电压值的读取。

5——通道 A 的电压/单位设定。在 0.5 V/格的设定下，DSO 的显示便于电压值的读取。

6——触发点的设定。它位于被测定信号的范围内。

7——时间/单位值设定。它应尽可能选择得小一些，最小的时间/单位值为 0.02 ms/格。

8——1 帧数据。

4) 高速 CAN 总线波形分析

在 CAN 总线检测中示波器具有不可代替的作用，可以让我们看到总线上传输的信号，让我们可分析上面运行的数据是否正常，还可看出那里出现了问题。下面一一分析高速 CAN-BUS 的各种故障波形。

当故障存储记录"总线故障"时，用示波器进行检测是必要的，可以确定故障点的位置以及故障引发的原因，例如线路短路。

说明：在如下的故障图形中，用通道 A 测量 CAN-High 的电压，用通道 B 测量 CAN-Low 的电压。

(1) Can-Low 线与 Can-High 线短路故障。

故障波形如图 2-1-31 所示。

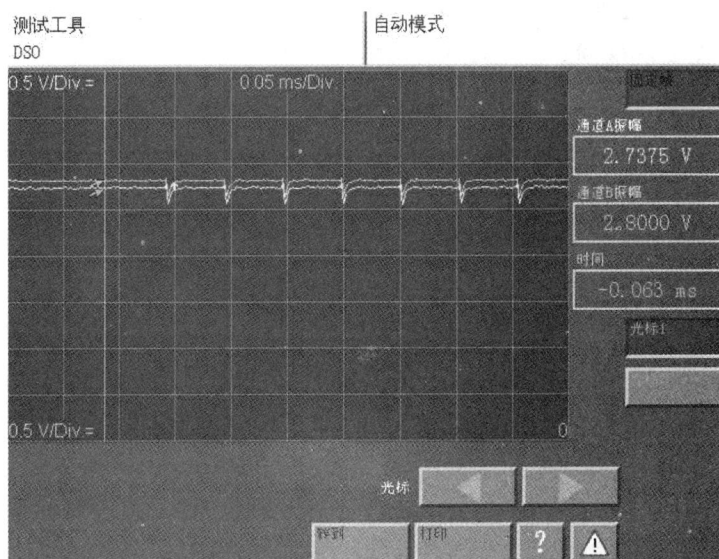

图 2-1-31 Can-Low 线与 Can-High 线短路故障的信号波形

两条数据线短路会造成整个总线失效，可以通过拔插高速 CAN 总线上的控制单元来进行判断，是由于控制单元引起的短路还是由于数据线引起的短路。在拔插控制单元的过程中，注意观察示波器的波形，当故障单元被拔下后，波形恢复正常。

（2）CAN-High 对正极短路。

故障波形如图 2-1-32 所示。

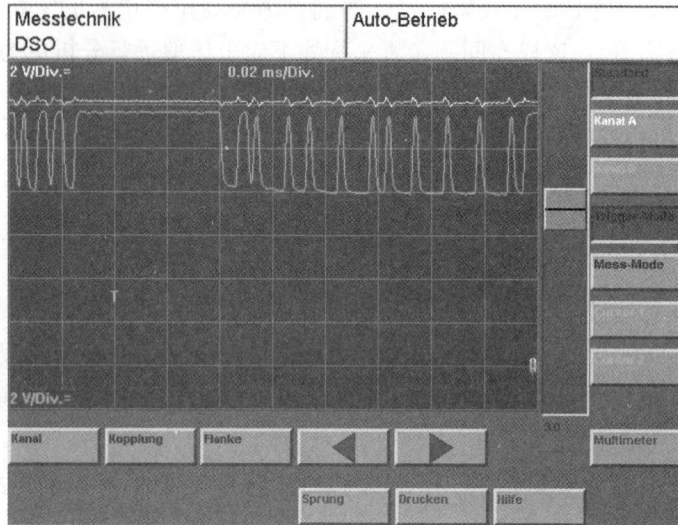

图 2-1-32　CAN-High 对正极短路的故障波形

CAN-High 线的电压电位被置于 12 V，CAN-Low 线的隐性电压被置于大约 12 V。这是由于在控制单元的收发器内的 CAN-High 和 CAN-Low 的内部错接引起的。该故障的判断方法与故障 1 相同。

（3）CAN-High 线对地短路故障。

故障波形如图 2-1-33 所示。

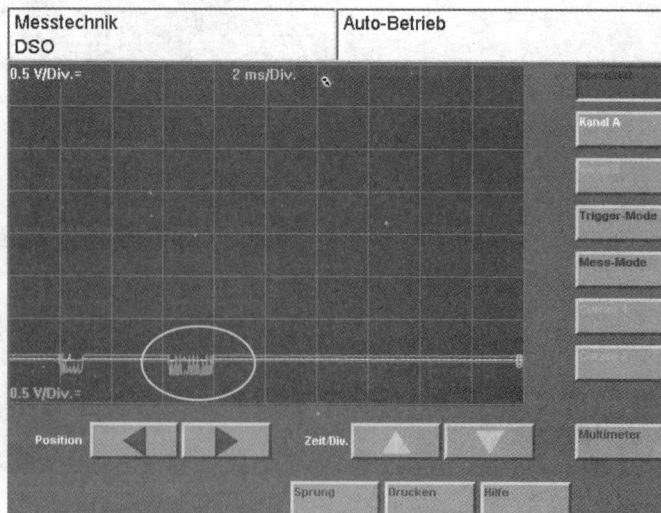

图 2-1-33　CAN-High 线对地短路故障的信号波形

CAN-High 的电压位于 0 V，CAN-Low 的电压也位于 0 V。可是在 CAN-Low 线上还能够看到一小部分的电压变化。该故障的判断方法与故障 1 相同。

（4）CAN-Low 对地短路。

故障波形如图 2-1-34 所示。

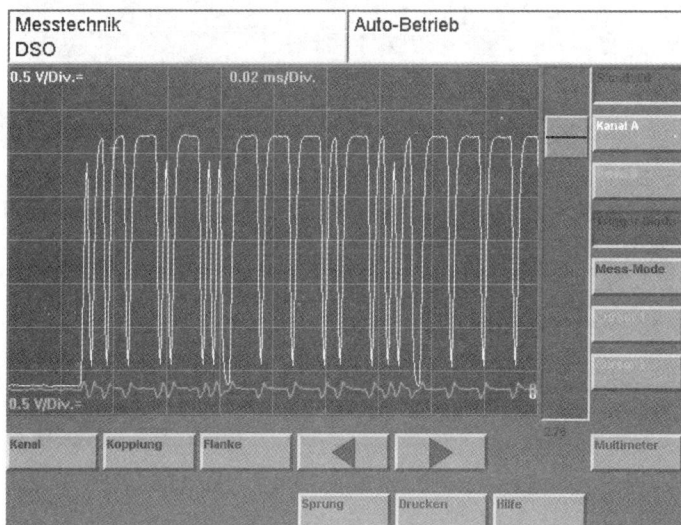

图 2-1-34 CAN-Low 对地短路故障的信号波形

CAN-Low 的电压大约为 0 V，CAN-High 线的隐性电压也被降至 0 V。该故障的判断方法与故障 1 相同。

（5）高速 CAN-BUS 总线 CAN-Low 线对正电短路。

故障波形如图 2-1-35 所示。

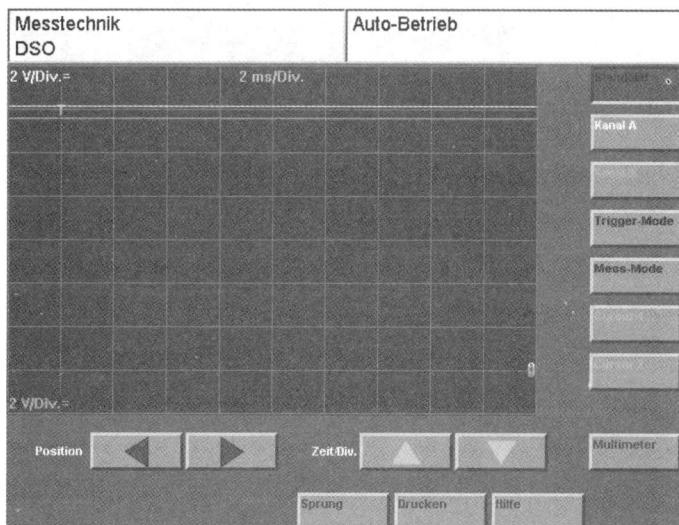

图 2-1-35 CAN-Low 线对正电短路的故障波形

两条总线电压都大约为 12 V。该故障的判断方法与故障 1 相同。

（6）CAN-High 断路。

故障波形如图 2-1-36 所示。

笔记

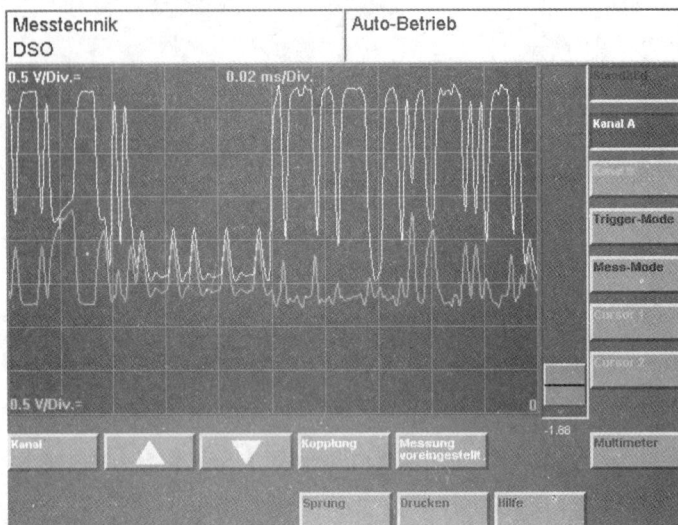

图 2-1-36　CAN-High 断路的故障波形

(7) CAN-Low 断路。

故障波形如图 2-1-37 所示。

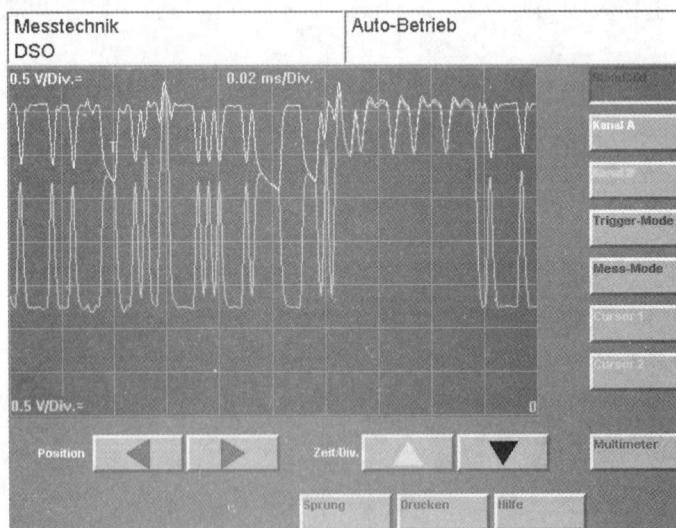

图 2-1-37　CAN-Low 断路的故障波形

6. 宝来动力总线

一汽大众汽车有限公司生产的宝来(Bora)轿车,该车融合了许多高新技术,装用了两套 CAN 数据传输系统,系统网关内置于仪表内,负责动力 CAN、舒适 CAN 和 K 诊断线的数据交换(注:大众帕萨特 B5 轿车上装用的车载网络与宝来相同)。宝来(Bora)轿车 CAN-BUS 示意图见图 2-1-38,拓扑结构见图 2-1-39。

1) 动力总线的组成

驱动系统采用高速 CAN,由电源 15 号线激活,速率是所有 CAN 总线中最高的,达到 500 Kbps。

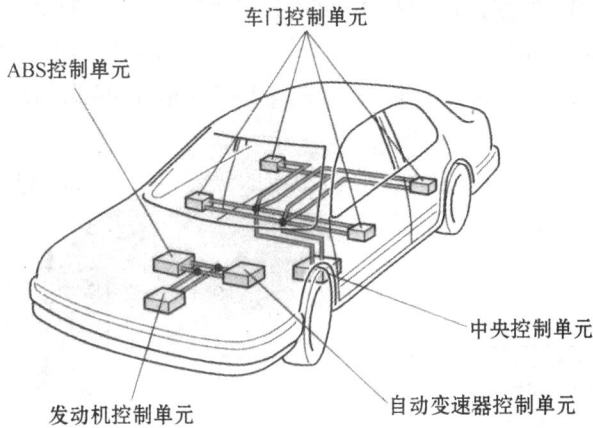

图 2-1-38　CAN-BUS 示意图

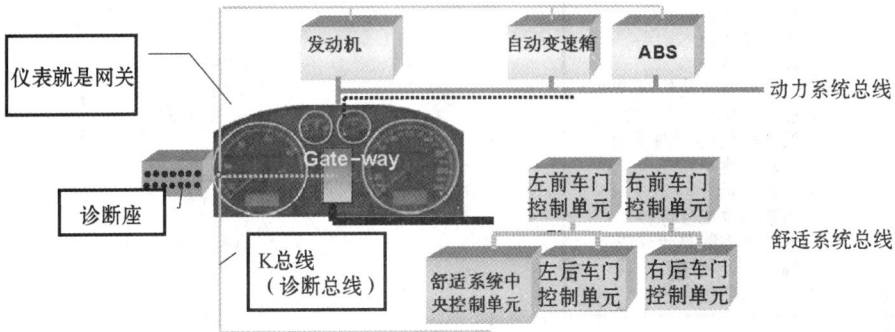

图 2-1-39　宝来车 CAN 总线拓扑结构

动力 CAN 数据总线连接 3 台电脑,如图 2-1-40 所示,它们是发动机、ABS/EDL 及自动变速器电脑(动力 CAN 数据总线实际可以连接安全气囊、四轮驱动与组合仪表等电脑)。总线可以同时传递 10 组数据,发动机电脑 5 组、ABS/EDL 电脑 3 组和自动变速器电脑 2 组。数据总线以 500 Kbit/s 速率传递数据,每一数据组传递大约需要 0.25 ms,每一电控单元 7～20 ms 发送一次数据。优先权顺序为 ABS/EDL 电控单元、发动机电控单元、自动变速器电控单元。

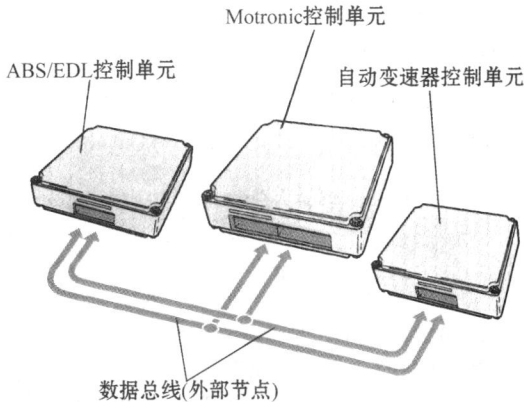

图 2-1-40　动力 CAN 结构图

在动力传动系统中,数据传递应尽可能快速,以便及时利用数据,所以需要一个高性能的发送器,高速发送器会加快点火系统间的数据传递,这样使接收到的数据立即应用到下一个点火脉冲中去。CAN 数据总线连接点通常置于控制单元外部的线束中,在特殊情况下,连接点也可能设在发动机电控单元内部。

图 2-1-41 所示,为动力总线中三个单元传送的信号,如果总线出现故障,则会造成行驶性能不良(自动变速器换档冲击)等故障。

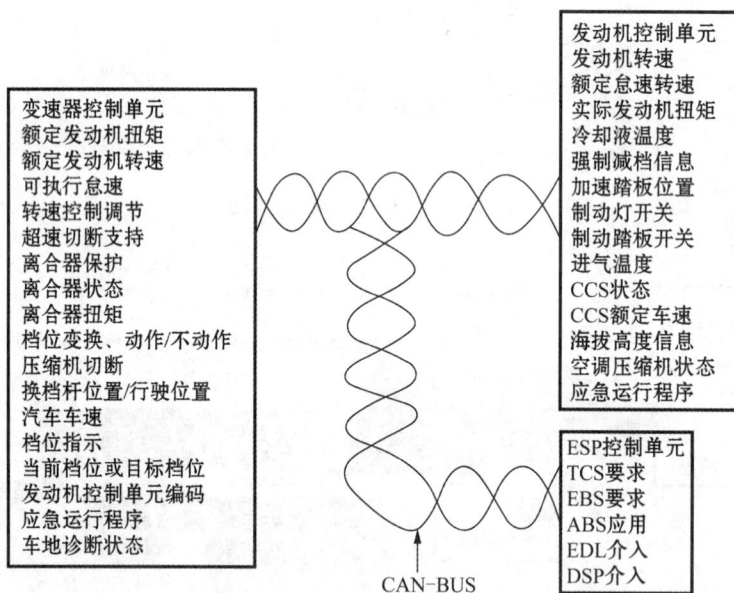

图 2-1-41　动力 CAN 传输的信息

2)动力 CAN 终端电阻的测量

关闭点火开关,拔开发动机控制单元插头,将专用线束测量盒 VAG1598/31 插到控制单元,此时不要连接线束插头。使用万用表测量 58 针与 60 针之间的电阻,这是数据传递终端的电阻值,规定值为 60~72 Ω,如不符合规定应更换发动机控制单元,如符合规定应按照电路图测量数据总线的故障点。

3)高速 CAN 数据传输系统故障码分析

可以使用 VAG1551、VAG1552 或 VAS5051 电脑诊断仪,分别进入 01、02、03 地址,对发动机、ABS/EDL 和自动变速器电控单元进行自诊断,再进入功能码 02 查询三块电控单元是否储存 CAN 数据传输故障码。高速 CAN 系统故障码见表 2-1-5。

表 2-1-5　与动力总线有关的故障码

序号	故障码	可能影响	可能故障	故障排除
1	01044:控制模块编码错误	1. 行驶性能不良(换挡冲击,负荷变化冲击) 2. 无行驶动力控制	1. 与数据总线相连的某控制模块编码错误 2. 与数据总线相连的某控制模块损坏	1. 读取数据流 2. 查询与数据总线相连的所有控制模块故障存储器,并排除故障 3. 检查并改正控制模块编码,如果需要,更换控制模块

续　表

序号	故障码	可能影响	可能故障	故障排除
2	01312:数据总线损坏	1. 行驶性能不良(换挡冲击,负荷变化冲击) 2. 无行驶动力控制 3. 仪表转速等显示故障	1. 数据线有故障 2. 数据总线在"Bus-off"状态	1. 读取数据流 2. 检查控制模块编码 3. 按照电路图检查数据总线 4. 更换损坏的控制模块
3	01314:发动机控制模块无法通信	1. 行驶性能不良(换挡冲击,负荷变化冲击) 2. 无行驶动力控制 3. 仪表转速等显示故障	发动机控制模块通过数据总线的数据接收不正常	1. 读取数据流 2. 查询发动机故障存储器并排除故障 3. 按照电路图检查发动机控制模块数据总线
4	01315:变速器控制模块无法通信	1. 行驶性能不良(换挡冲击,负荷变化冲击) 2. 无行驶动力控制	变速器控制模块通过数据总线的数据接收不正常	1. 读取数据流 2. 查询变速器控制模块故障存储器并排除故障 3. 按照电路图检查变速器控制模块的数据总线
5	01316:制动控制模块无法通信	1. 行驶性能不良(换挡冲击,负荷变化冲击) 2. 无行驶动力控制	ABS 控制模块通过数据总线的数据接收不正常	1. 查询 ABS 控制模块故障存储器并排除故障 2. 按照电路图检查 ABS 控制模块的数据总线
6	01317:组合仪表内控制模块(J285)无法通信	1. 行驶性能不良(换挡冲击,负荷变化冲击) 2. 无行驶动力控制 3. 仪表转速等显示故障	1. 控制模块数据线有故障 2. 控制模块损坏	1. 读取数据流 2. 查询与数据总线相连的所有控制模块的故障存储器并排除故障 3. 按照电路图检查数据总线

4) 编制控制单元代码

更换组合仪表后,应根据车上的装备给数据总线自诊断接口(地址码-19)编制代码。只有经过正确编码才能在有需要时进入自诊断系统。

(1) 输入地址码-19 在故障阅读仪显示屏显示:

快速数据传递	帮助
选择功能××	

的情况下,按"0"和"7"键选择"给控制单元编制代码",故障阅读仪显示屏显示:

快速数据传递	Q
07 给控制单元编制代码	

(2) 按 Q 键确认输入,故障阅读仪显示屏显示:

给控制单元编制代码	
输入代码×××××	(0-32000)

按照表2-1-6所列的代码表组合输入代码。

表 2-1-6　控制单元编码代码表

总线上的控制单元	代　码
自动变速器	00001
ABS	00002
安全气囊	00004

最后的代码应是一个加起来的值，例如：

安全气囊＋ABS＋自动变速器：00004＋00002＋00001＝00007

5）仪表总线相关数据块

（1）连接 VAG1551 故障阅读仪，选择"快速数据传递"，打开点火开关，输入地址码 17。

（2）按→键，故障阅读仪显示屏显示：

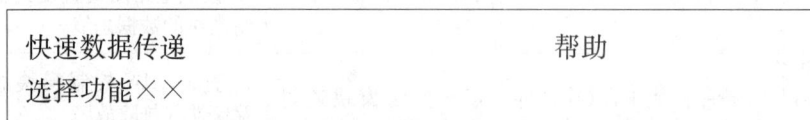

快速数据传递	帮助
选择功能××	

（3）按"0"和"8"键选择"读取测量数据块"，故障阅读仪显示屏显示：

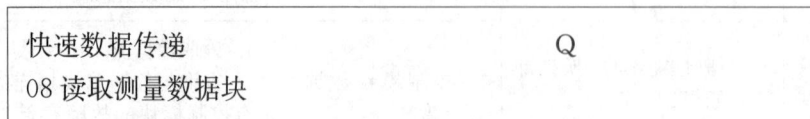

快速数据传递	Q
08 读取测量数据块	

（4）按 Q 键确认输入，故障阅读仪显示屏显示：

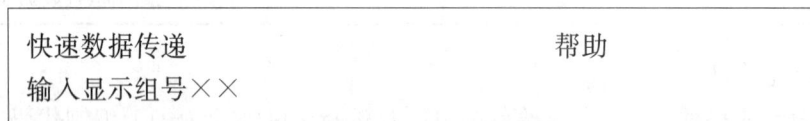

快速数据传递	帮助
输入显示组号××	

（5）按 0、0 和 1 键选择"显示组 125"，按 Q 键确认输入，故障阅读仪显示屏显示（1…4＝显示区）：

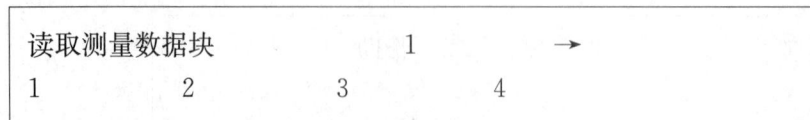

读取测量数据块	1	→
1　　　　2	3	4

（6）按 C 键后，故障阅读仪显示屏显示：

快速数据传递	帮助
输入显示组号××	

说明：显示屏显示的是传感器的实际值，组合仪表上的值已经修正，可能与此不同。显示组 125-127 显示的是数据总线的状态，对于不存在的控制单元，其显示区无显示。

显示组显示内容及相关解释如表 2-1-7 和表 2-1-8 所列。

表 2-1-7　显示组 125 的显示内容

显示组					
读取测量数据块				显示屏显示	
×××	×××	×××	×××	显示区	规定值
1	2	3	4	空	
			ABS 控制单元		1
		自动变速器控制单元			1
	发动机控制单元				1

空：表示显示区无显示。

表 2-1-8　显示组 125 的分析结果

显示区	名　称	显示内容	故障排除
1	发动机控制单元	Motor 1＝i. o. 发动机控制单元经数据总线的数据接收正常 Motor 0＝nicht i. o. 发动机控制单元经数据总线的数据接收不正常	如果数据接收不正常，则按照电路图检查控制单元的数据总线
2	自动变速器控制单元	Getr. 1＝i. o. 自动变速器控制单元经数据总线的数据接收正常 Getr. 0＝nicht i. o. 自动变速器控制单元经数据总线的数据接收不正常	
3	ABS 控制单元	ABS 1＝i. o. ABS 控制单元经数据总线的数据接收正常 ABS 0＝nicht i. o. ABS 控制单元经数据总线的无数据接收	

三、制订检修计划

制订汽车高速 CAN-BUS 系统故障检修计划如表 2-1-9 所示。

表 2-1-9　制订汽车高速 CAN-BUS 系统故障检修计划

1. 收集汽车 CAN-BUS 系统相关信息，分析高速 CAN-BUS 故障原因 2. 查阅车辆维修资料，制定汽车高速 CAN-BUS 系统检修流程 3. 通过使用故障诊断仪、万用表和示波器对高速 CAN-BUS 进行各种检测，判断故障原因，并排除故障恢复正常性能		
1. CAN-BUS 信息描述	CAN-BUS 分类	
	CAN-BUS 的组成	
	CAN-BUS 怎样传递信息	
	汽车 CAN-BUS 系统采用什么传输介质？为什么？	
	宝来动力总线由哪些单元组成	
	宝来动力总线的特点	
2. 汽车高速 CAN-BUS 系统故障现象描述		

笔记

3. 汽车高速 CAN-BUS 系统故障原因分析,画出鱼刺图		

	相关维修资料	
4. 汽车高速 CAN-BUS 系统故障检修工作准备	相关技术标准	
	相关检测工量具	
	相关维修、拆装工具	

	步骤	项　目	内　　容	检测结果	结　论
5. 汽车高速 CAN-BUS 系统故障检修流程	1	故障诊断仪检测	1. 读取故障代码		
			2. 读取数据流		
			3. 主动功能测试		
	2	万用表检测	1. 总线电压测量		
			2. 终端电阻测量		
			3. 数据线导通性测量		
	3	示波器检测	总线信号波形		

四、任务实施

高速 CAN-BUS 故障检修任务如表 2-1-10 所示。

表 2-1-10　高速 CAN-BUS 故障检修任务

本任务书以宝来动力总线的三种典型故障类型为检修任务(故障由教师根据表中故障原因进行设置)。学员根据"汽车高速 CAN-BUS 系统故障原因分析"和"汽车高速 CAN-BUS 系统故障检修流程",结合车辆实际情况,按照相关维修资料和技术标准,使用故障诊断仪、万用表和示波器对高速 CAN-BUS 系统进行各种检测,并分析判断故障原因,排除故障恢复正常性能

故障原因	故障现象描述	检测内容	判断依据和故障点	修复方法
高速 CAN-BUS 系统数据通信失效	1. 转速表失效 2. 3. 4. 5. 6.	诊断仪检测结果:		
		万用表检测结果:		
		示波器检测结果:		
高速 CAN-BUS 系统数据通信错误	1. 2. 3. 4. 5.	诊断仪检测结果:		
		万用表检测结果:		
		示波器检测结果:		

续　表

笔 记

故障原因	故障现象描述	检测内容	判断依据和故障点	修复方法
高速 CAN-BUS 系统某节点无通信	1. 2. 3. 4. 5.	诊断仪检测结果： 万用表检测结果： 示波器检测结果：		

五、检验评估

任务 2.1 的检验评估如表 2-1-11。

表 2-1-11　检验评估

检验与评价内容	检验指标	权重	自评	互评	总评
维修质量检验	各项控制功能恢复正常	4			
检查任务完成情况	1. 能描述汽车 CAN-BUS 的组成和工作原理 2. 能正确连接示波器并读取总线波形 3. 能使用万用表、故障诊断仪对 CAN-BUS 系统进行检测 4. 在小组完成任务过程中所起作用	4			
职业素养	1. 学习态度：积极主动参与学习 2. 团队合作：与小组成员一起分工合作，不影响学习进度 3. 现场管理：服从工位安排、执行实训室"5S"管理规定	2			

任务 2.2 低速 CAN-BUS 检修

任务描述	一辆大众宝来轿车按动中央门锁开关进行上锁开锁操作时,出现左前车门工作正常,其他三个车门不工作的故障现象,经查该车在中央门锁系统中采用了低速 CAN-BUS 进行通信。如果你接修,应如何进行维修? 本任务以大众宝来轿车舒适总线系统为检修对象,由老师在台架上设置低速 CAN-BUS 的相应故障,然后由各组学生通过使用示波器、万用表和故障诊断器等仪器对低速 CAN-BUS 进行故障诊断并排除故障,来完成对车载低速 CAN-BUS 系统的故障诊断与检修能力的掌握
任务目标	1. 能用故障诊断仪对系统进行读故障码、数据流、动作测试 2. 能用万用表对 CAN-BUS 数据总线进行测量 3. 能用示波器测量 CAN-BUS 总线数据波形 4. 能排除低速 CAN-BUS 网络的故障,恢复正常功能

一、维修接待

按照表 2-2-1 完成待修车辆的维修接待,并准确填写车载网络诊断接车问诊表。

表 2-2-1 车载网络诊断接车问诊表

车载网络接车问诊表

车牌号: _____ 车型: _____ 车 架 号: _____ 行驶里程: _____(km)

用户名: _____ 电话: _____ 来店时间: ____/____

车载网络类型:CAN-BUS

故障症状(与客户交谈的结果):

> 一辆大众宝来轿车按动中央门锁开关进行上锁开锁操作时,出现左前车门工作正常,其他三个车门不工作的故障现象。

接车员:_____

车间症状确认(技师对故障进行验证):

> 按动左前车门上的中央门锁开关,左前车门工作正常,其他三个车门不工作;按动电动窗主开关,也是如此。初步判断为低速 CAN-BUS 通信故障。

维修技师:_____

检查结果和所需更换维修项目:

接车员: _____   维修技师: _____   客户确认: _____

二、信息收集

按照表 2-2-2 完成任务 2.2 的信息收集。

表 2-2-2　信息收集

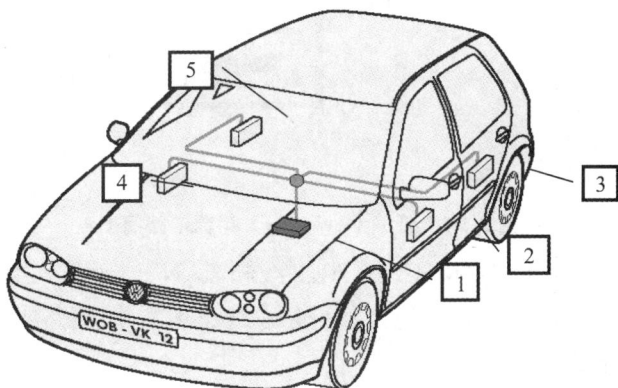

序号	部件名称	作　用
1		
2		
3		
4		
5		

1. 低速 CAN-BUS 有何特点？
2. 低速 CAN-BUS 的信号波形与高速 CAN-BUS 信号波形有何区别？
3. 大众宝来轿车舒适系统中央控制单元的作用是什么？

1. 低速 CAN-BUS 的数据传递

低速 CAN 通讯速率最高可达 125 Kb/s，通信数据格式与高速 CAN-BUS 是一样，不同处在于通信速率和外在故障保护上。高速 CAN 的两条网线只要其中一条网线出现断路或短路，则整个网络失效。而低速 CAN 的两条网线出现同样的问题时，还可用剩下的另一条完好网线进行数据传递（即单线功能）。

低速 CAN-BUS 主要应用在一些对实时性要求不高的系统中，如舒适系统，灯光系统等。

1）数据的发送

如图 2-2-1 所示，为低速 CAN-BUS 发射器的电路简图。低速 CAN 与高速 CAN 的发射器是不同的，其发送的电平信号也不一样。这是为了增强抗干扰性和降低电流消耗而做的一些改动。

首先，由于使用了单独的驱动器（功率放大器），这两个 CAN 信号就不再有彼此依赖的关系。与动力 CAN 数据总线不同，舒适/信息 CAN 数据总线的 CAN-High 线和 CAN-Low

笔记

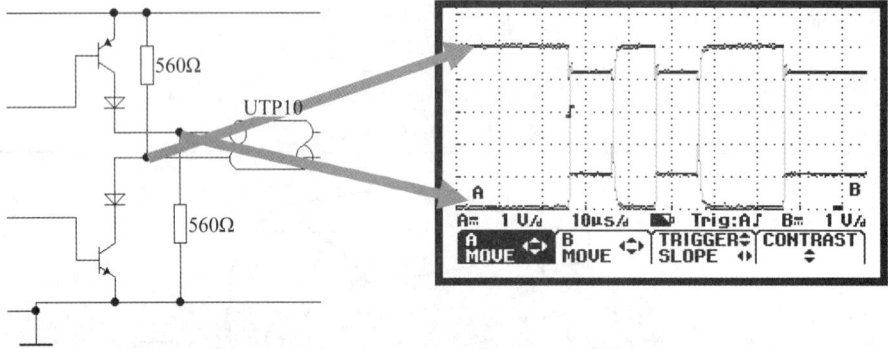

图 2-2-1　低速 CAN-BUS 发射器电路简图

线不是通过电阻相连的。也就是说,CAN-High 线和 CAN-Low 线不再彼此相互影响,而是彼此独立作为电压源来工作,也就是说当某一条总线出现断路、短路或相互短路时,还可以继续传送数据(单线模式)。

另外,其电压也发生了变化,在隐性状态(静电平)时,CAN-High 信号为 0V,在显性状态时不小于 3.6V;对于 CAN-Low 信号来说,隐性电平为 5V,显性电平不大于 1.4V,如图 2-2-2 所示。

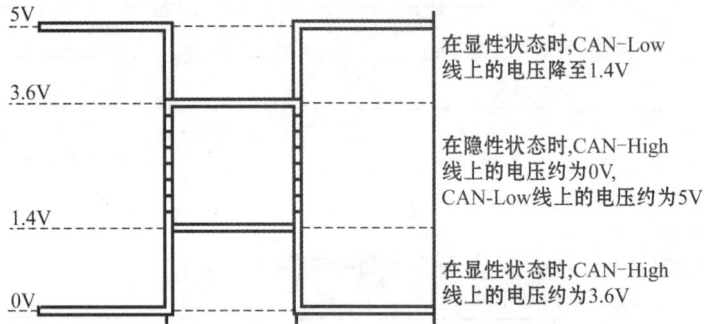

2-2-2　低速 CAN-BUS 信号电压变化

图 2-2-3 中所示的是一个真实的低速 CAN-BUS 数据波形变化图,与高速 CAN 数据总线相比,电压提升增大了,显性电平和隐性电平交替转换,在显性状态时 CAN-High 信号为 3.6 V,CAN-Low 信号为 1.4 V。在波形图中为清楚起见,CAN-High 信号和 CAN-Low 信号彼此分开了,从图 2-2-3 中所示的不同的零点即可看出这一点。

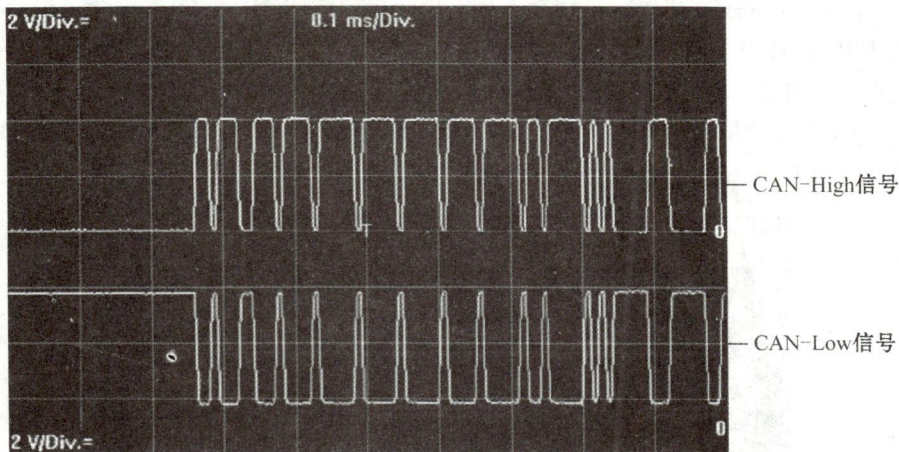

图 2-2-3 低速 CAN-BUS 实际波形示例

2）数据的接收

低速 CAN 数据总线的接收器如图 2-2-4 所示,其工作原理与动力 CAN 数据总线收发器基本是一样的,在正常的工作模式下,使用的是 CAN-High"减去"CAN-Low 所得的信号(差动数据传递)。

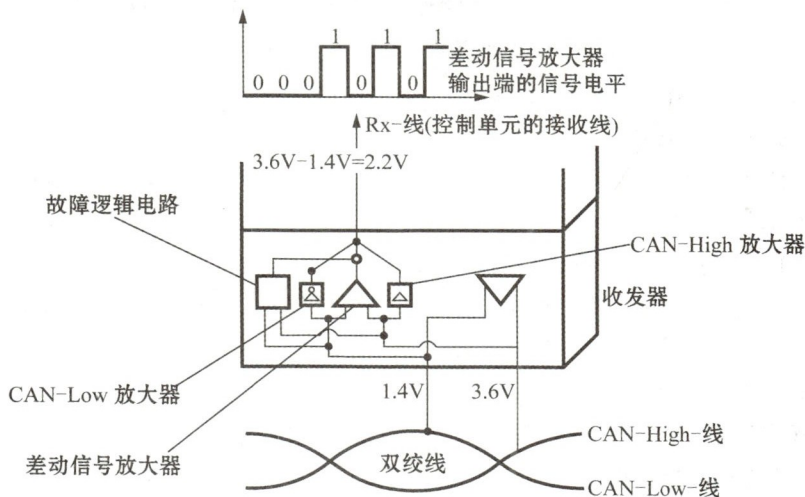

图 2-2-4 低速 CAN 接收器结构简图

低速 CAN 和高速 CAN 数据总线的收发器输出的电压电平不一样,而且低速 CAN 还可以在出现故障时切换到 CAN-High 线或 CAN-Low 线(单线工作模式)进行单线数据传输。另外 CAN-High 线和 CAN-Low 线之间的短路会被识别出来,并且在出现故障时会关闭 CAN-Low 驱动器,在这种情况下,CAN-High 和 CAN-Low 信号是相同的。

低速 CAN 数据总线 CAN-High 线和 CAN-Low 线上的数据传递,由安装在收发器内的故障逻辑电路来监控,故障逻辑电路检验两条 CAN 导线上的信号,如果出现故障(如某条 CAN 导线断路),那么故障逻辑电路会识别出该故障,从而使用完好的那一条导线(单线工

笔记

作模式)。这样就可将故障对舒适/信息 CAN 数据总线的两条导线的影响降至最低。

如果因断路、短路或与蓄电池电压相连而导致两条 CAN 导线中的一条不工作,那么就会切换到单线工作模式。在单线工作模式下,只使用完好的 CAN 导线中的信号,这样就使得舒适/信息 CAN 数据总线仍可工作。同时,控制单元记录一个故障信息:系统工作在单线模式。单线工作模式下的信号波形如图 2-2-5 所示。

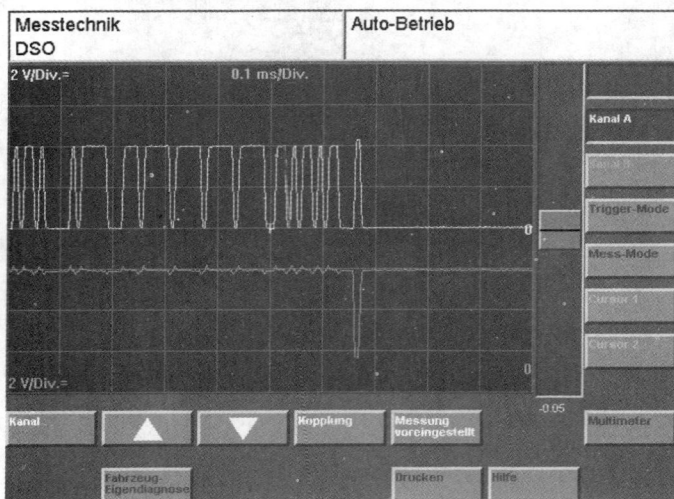

图 2-2-5　单线工作模式下信号波形变化图

2. 低速 CAN-BUS 的故障诊断

1) 故障诊断仪的使用

(1) 诊断仪读取测量数据块。

从测量数据块中可以得到如下信息:

➢ 控制单元间相互之间的 CAN 通信状态。

➢ CAN-工作状态类型"单线"或者"双线"。

➢ 从另一个控制单元的 CAN 输入信号。

(2) 诊断仪故障查询。

当车载网络系统出现故障时自诊断系统能识别的故障有:

➢ 一条或两条数据线断路。

➢ 两数据线同时断路。

➢ 数据线对地短路或对正极短路。

➢ 一个或多个电子控制单元(ECU)有故障。

如表 2-2-3 所示为低速 CAN 总线故障存储示例。

表 2-2-3　低速 CAN 总线故障存储

故障源	故障类型	说　明
集团性-舒适总线	故障	在故障存储记录中,当一个控制单元出现连续两次总线关闭状态时(这就是说既不发送 CAN 信息又不接受 CAN 信息)

续　表

故障源	故障类型	说　明
集团性-舒适总线或者总线显示	没有通信（或者没有信号）	1. 当没有接收信号记录持续 2 s 2. 当执行一项功能所需从另一个控制单元获得的信息超过 2 s 未接收到 3. 只接收到所需信息的一部分内容，这个故障类型为"不可靠信号" 4. 一个信息出现 Time-out
集团性-舒适总线或者总线显示	单线工作	1. CAN 总线单线工作超过 2 s 2. CAN 线断路 3. CAN 线短路
集团性-舒适总线或者总线显示（说明：带有 KWP 2000 才具备该功能）	电路电器故障	1. CAN 总线单线工作超过 2 s 2. 整体单线工作（断路） 3. 该故障称为"断路" 4. 所有控制单元都处于单线工作状态
集团性-舒适总线或者总线显示（说明：带有 KWP 2000 才具备该功能）	断路	1. 单线-断路状态（没有短路） 2. CAN 线断路 3. 一个控制单元处于单线工作状态
控制单元××× 例如：电器网络控制单元	没有通信	1. 当执行一项功能所需从另一个控制单元获得的信息超过 2 s 未接收到 2. 该控制单元出现 Time-out
集团性-舒适总线或者总线显示	没有通信	1. 当至少 2 s 没有接收信号 2. 一个控制单元没有接收到另一个控制单元的网络管理信息，则出现该故障类型
控制单元××× 例如：电器网络控制单元	读取故障存储	1. CAN 信息的发送控制单元，信息内容标明为故障信息，并有故障存储记录。每一个利用该信息的接收控制单元因此进入应急工作状态，在发送控制单元有警告提示 2. 在控制单元内的故障存储
Antrieb 总线	读取故障存储	在 CAN-Antrieb 上的一个控制单元有故障记录

2）用万用表测量低速 CAN 总线

在低速 CAN-BUS 中，每个节点都有数据传输终端，数据传输终端不是安装在 CAN 高位线和 CAN 低位线之间的，而是装在数据线与地之间，电源断开后，其电阻也断开了，因此用万用表对低速 CAN-BUS 进行测量，阻值为无穷大。

CAN-High 线信号在总线空闲时的电压约为 0 V，总线上有信号传输时，总线上的电压值在 0～5 V 之间高频波动，因此 CAN-High 线的主体电压应为 0 V，所以万用表的测量值为 0.35 V 左右。同理，CAN-Low 线信号在总线空闲时的电压约为 5 V。总线上有信号传输时，总线上的电压值在 0～5 V 之间高频波动，因此 CAN-Low 线的主体电压应是 5 V，所以万用表的测量值为 4.65 V 左右。

3）低速 CAN 总线示波器的设置

低速 CAN 总线示波器的设置如图 2-2-6。

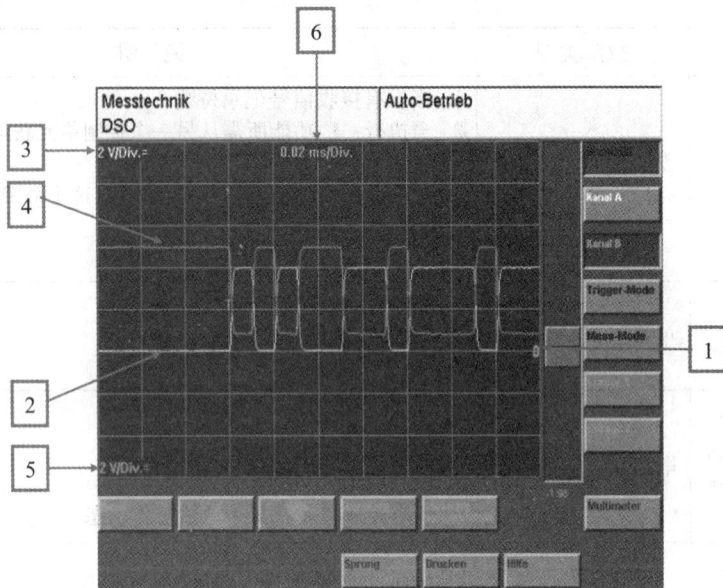

图 2-2-6　低速 CAN 总线示波器的设置

1——通道 A 和通道 B 的零坐标线等高。通道 A 的零标记被通道 B 所掩盖。在读取数值时,可以将零线相互分开。

2——通道 A 显示 CAN-High 信号。

3——通道 A 电压/单位的设定:在 2V/格的设定下,如此 DSO 的显示可被较好地利用。这便于电压值的读取。

4——通道 B 显示 CAN-Low 信号。

5——通道 B 电压单位值的设定应与通道 A 相符。这便于电压电位的比较分析。

6——时间单位值应尽可能选取得小。由于低速 CAN 的比特周期较长($10\,\mu s$),所以在 DSO 内可以显示一个比特。

4) 低速 CAN 总线故障波形分析

当故障存储记录"总线故障"时,用示波器进行检测是必要的,可以确定故障点的位置以及故障引发的原因,例如:线路短路。

此外低速 CAN 总线具有单线工作能力。这意味着,在故障存储记录中有"低速总线单线工作"故障时,可以用示波器进行检测,确定两条 CAN 总线中哪一条有故障。

(1) CAN-Low 线断路故障。

如图 2-2-7 所示 CAN-Low 线断路故障波形,CAN-High 线电压电位正常。在 CAN-Low 线上为 5V 的隐性电压电位和一个比特长的 1V 显性电压电位。当一个信息内容被正确地接受,则控制单元发送这个显性电压电位。"A"部分是信息的一部分,该信息被一个控制单元所发送。在"B"时间点接收到正确的信息内容,则接收控制单元用一个显性的电压电位给予答复。在"B"时间点因为收到正确的信息,则所有控制单元都同时发送一个显性的电压电位,正因为如此,该比特的电位差要大一些。

在图 2-2-8 中,用较大的时间单位值显示同一个故障。这里可以看出来,信息"1"仅在

CAN-High 线上被发送,但是在 CAN-Low 线上的"A"处也给予确认答复。同样信息 2 在 B 处给予答复。信息 3 在两条线被发送。CAN-Low 显示信息 3 的电压电位。A、B、D 为单线工作,C 为双线工作。

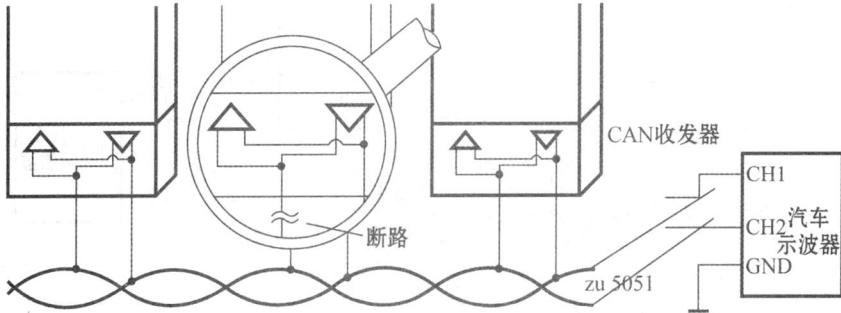

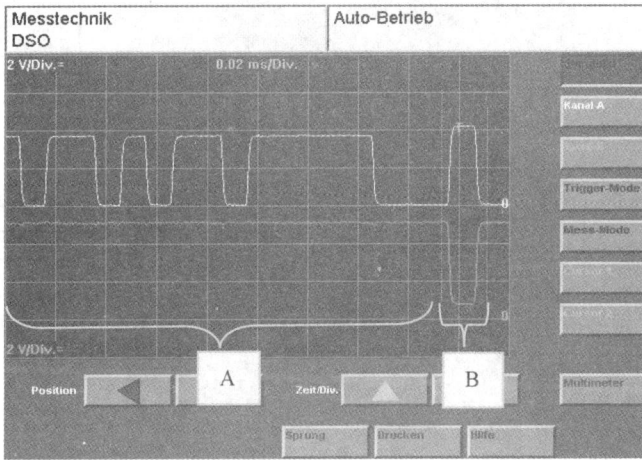

图 2-2-7 CAN-Low 线断路故障示意图和故障波形

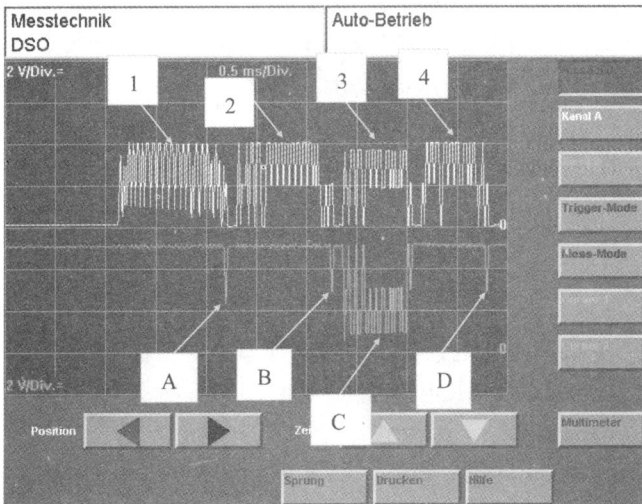

图 2-2-8 较大的时间单位值显示 CAN-Low 线断路故障波形

（2）CAN-High 线断路故障。

故障示意图和故障波形如图 2-2-9 所示。

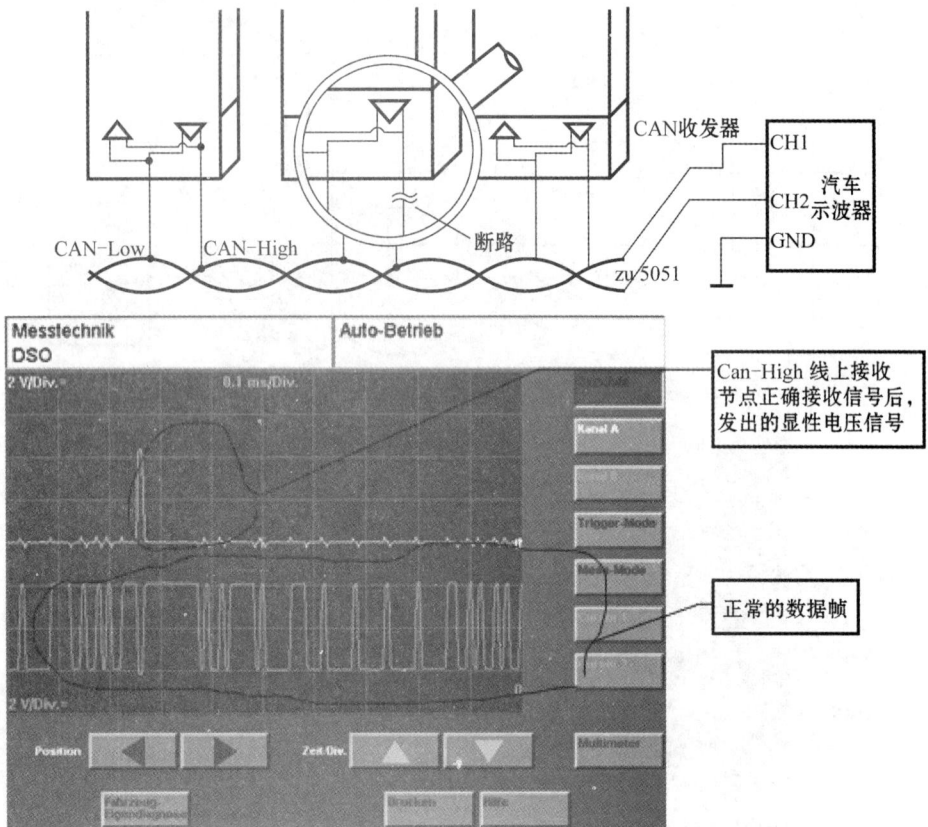

图 2-2-9　CAN-Low 线断路故障示意图和故障波形

（3）低速 CAN-BUS 数据线与电瓶短接故障。

故障示意图和故障波形如图 2-2-10 所示。

（4）低速 CAN-BUS 数据线与地短接故障。

故障示意图和故障波形如图 2-2-11 所示。

（5）低速 CAN-BUS 总线 CAN-Low 线与 CAN-High 线短接。

故障示意图和故障波形如图 2-2-12 所示。

CAN-High 和 CAN-Low 的电压电位相同。CAN-High 与 CAN-Low 之间短路影响所有的低速 CAN 总线通信。低速 CAN 总线因此而单线工作。这意味着，通信仅为一条线路的电压电位起作用。控制单元利用该电压电位对地值确定传输数据。

（6）低速 CAN-BUS 总线 CAN-Low 线与 CAN-High 线交叉连接。

故障示意图和故障波形如图 2-2-13 所示。

注：前面介绍的短路都是没有电阻连接的直接线路短路。在实际使用中经常出现由于破损的线束导致的短路，破损的线束靠近接地或者正极，经常还带有潮气。这将使该处产生连接电阻。下面示波器波形显示的为有连接电阻情况的短路。

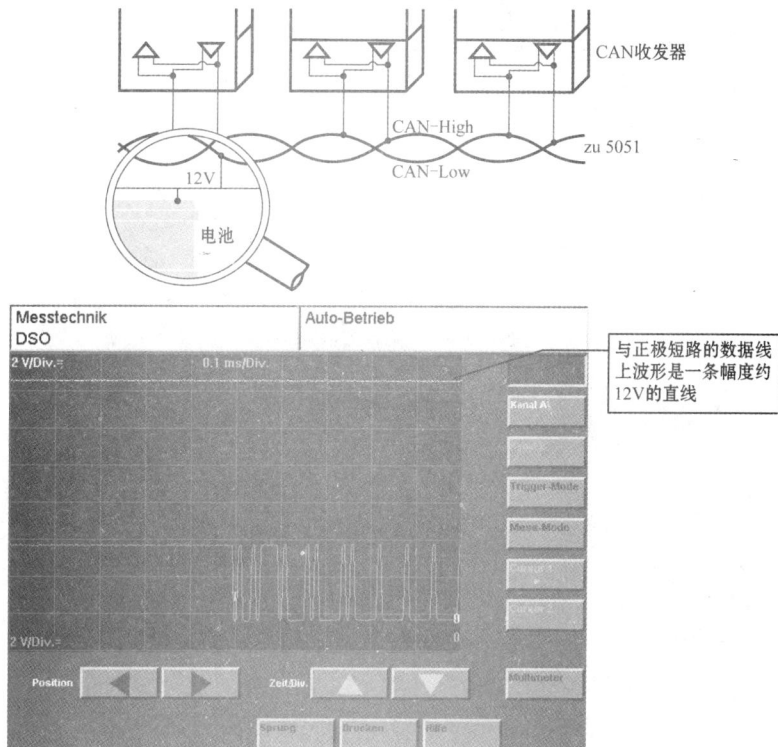

图 2-2-10 数据线与电瓶短接故障示意图和故障波形

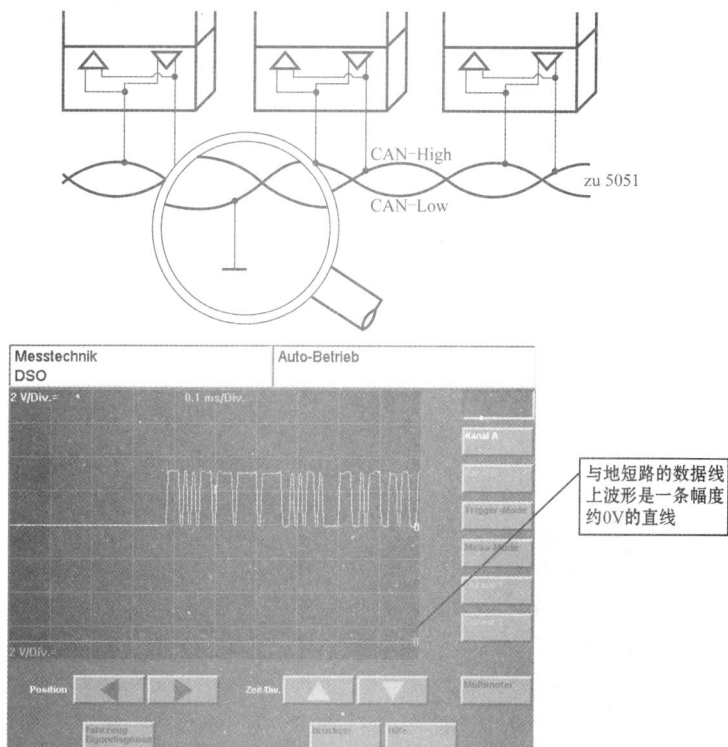

图 2-2-11 数据线与地短接故障示意图和故障波形

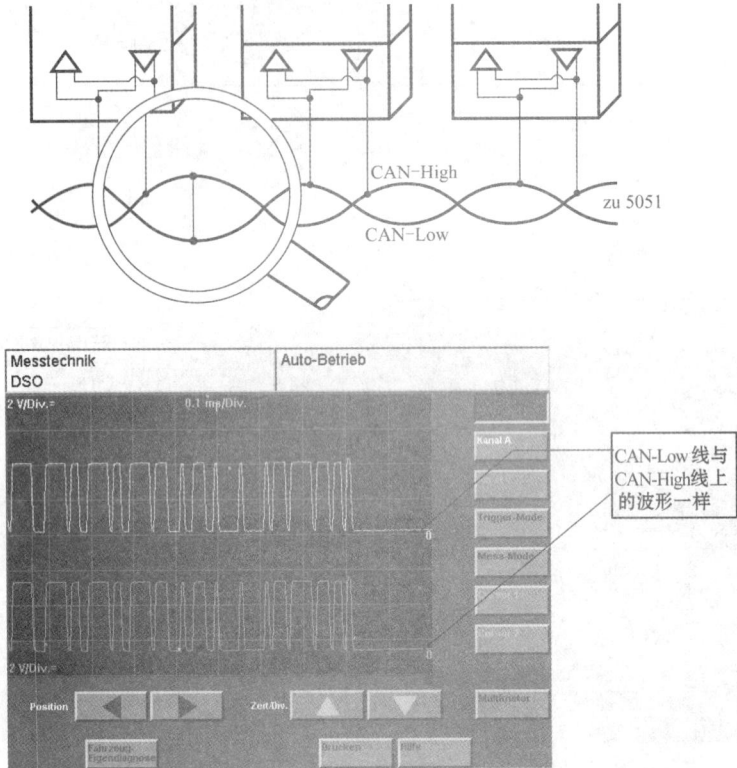

图 2-2-12　CAN-Low 线与 CAN-High 线短接故障示意图和故障波形

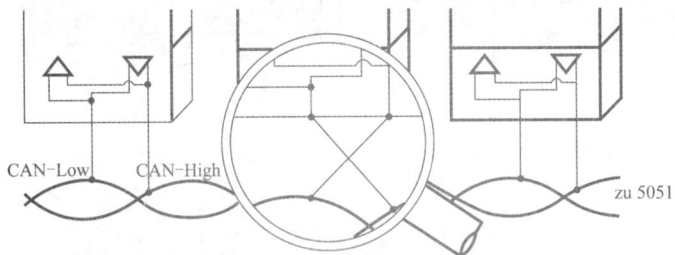

图 2-2-13　CAN-Low 线与 CAN-High 线交叉连接故障示意图和故障波形

（7）CAN-High 对地通过连接电阻短路。

故障示意图和故障波形如图 2-2-14 所示。

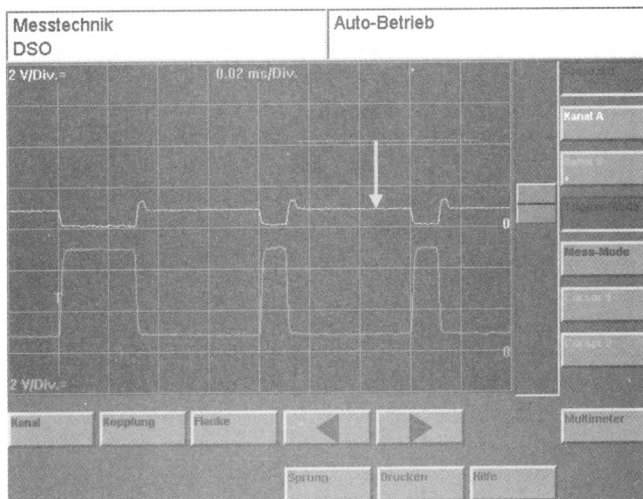

图 2-2-14 CAN-High 对地通过连接电阻短路的故障波形

CAN-High 的显性电位移向接地方向。在故障波形上可以看出来,CAN-High 的显性电压大约为 1V,正常的大约为 4V。1V 的电压是受连接电阻的影响造成的,电阻越小,则显性电压越小。在没有连接电阻的情况下短路,则该电压为 0V。

（8）CAN-Low 对正极通过连接电阻短路。

故障波形如图 2-2-15 所示。

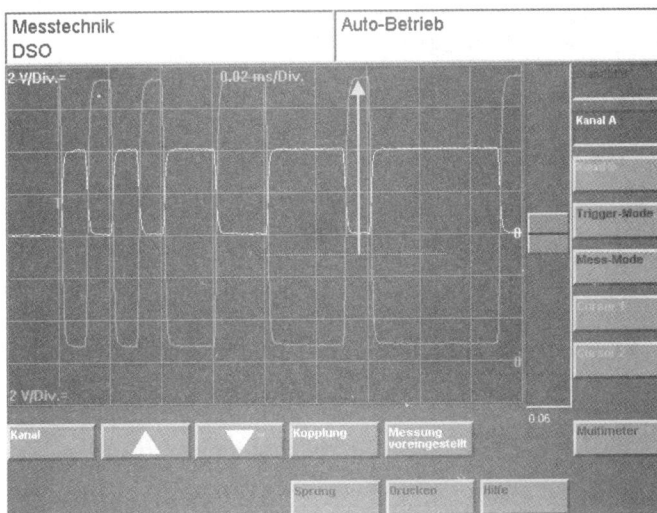

图 2-2-15 CAN-Low 对正极通过连接电阻短路的故障波形

CAN-Low 线的隐性电压电位拉向正极方向。在故障波形上可以看出,CAN-Low 隐性电压电位大约为 13 V,正常应为大约 5 V,该 13 V 电压是由于连接电阻引起的。电阻越小则隐性电压电位越大。在没有连接电阻的情况下,该电压值位于蓄电池电压。

（9）CAN-Low 通过连接电阻对地短路。

故障波形如图 2-2-16 所示。

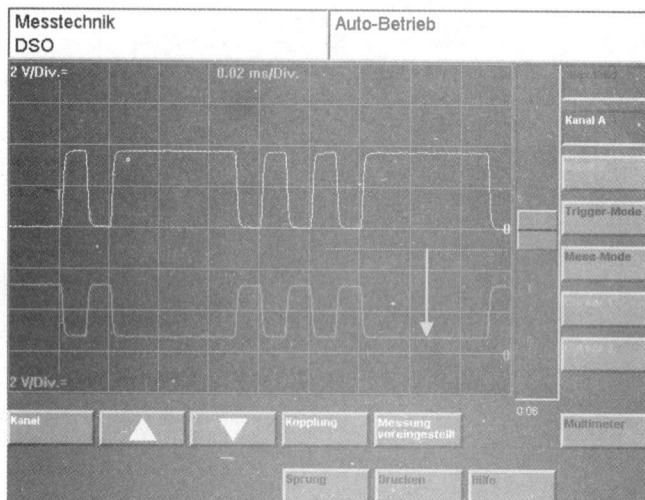

图 2-2-16　CAN-Low 通过连接电阻对地短路的故障波形

CAN-Low 线的隐性电压电位拉向 0 V 方向。在故障波形上可以看出，CAN-Low 隐性电压电位大约为 3 V，正常应为大约 5 V，该 3 V 电压是由于连接电阻引起的。电阻越小则隐性电压电位越小。在没有连接电阻的情况下，该电压值位于 0 V 电压。

（10）CAN-High 与 CAN-Low 之间通过连接电阻短路

故障波形如图 2-2-17 所示。

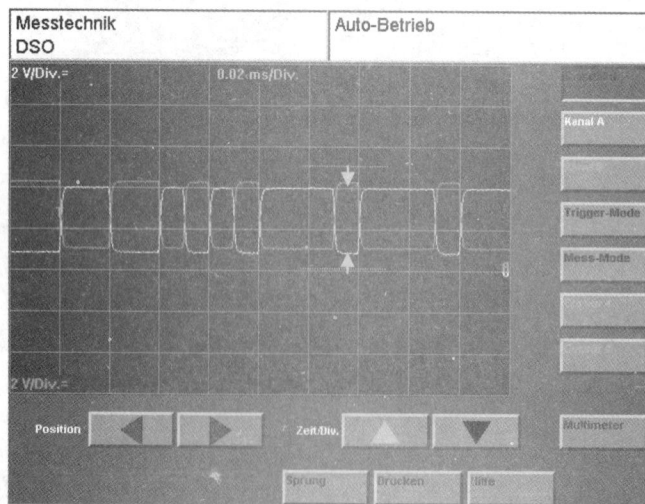

图 2-2-17　CAN-High 与 CAN-Low 之间通过连接电阻短路的故障波形

在通过连接电阻短路的情况下，CAN-High 与 CAN-Low 的隐性电压电位相互靠近。CAN-High 的隐性电压大约为 1 V，正常值为 0 V，CAN-Low 的电压大约为 4 V，正常值为 5 V。CAN-High 与 CAN-Low 的显性电压电位为正常。

（11）CAN-BUS 数据总线处于睡眠模式。

波形如图 2-2-18 所示。

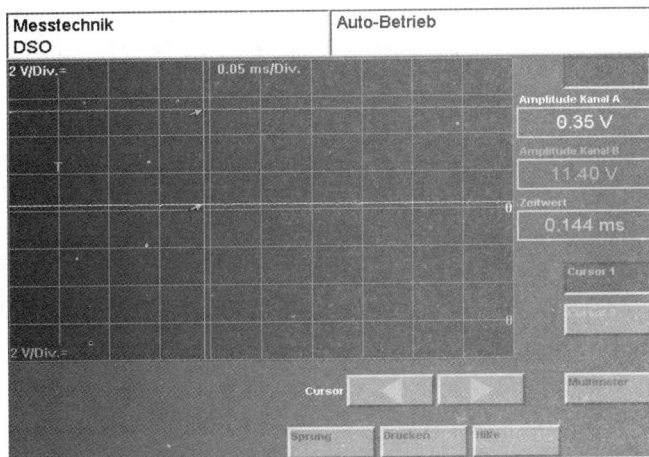

图 2-2-18　数据总线处于睡眠模式时的波形

3. 宝来轿车舒适 CAN 数据传输系统

舒适系统采用低速 CAN，由电源 30 号线供电，最大传输速率达到 125 Kbps。因为采用了常电供电，为了节约能源，当关闭钥匙和车门后舒适系统有休眠模式。在此模式，舒适系统 CAN 总线处于停止工作状态，由钥匙或遥控激活。

1）舒适 CAN 数据传输系统的组成

舒适 CAN 数据总线连接五块控制单元，安装位置见图 2-2-19，包括中央控制单元及四个车门的控制单元。舒适 CAN 数据传递有五个功能：中央门锁、电动窗、照明开关、后视镜加热及自诊断功能。控制单元的各条传输线以星状形成汇聚一点，这样做的好处是，如果一个控制单元发生故障，其他控制单元仍可发送各自的数据。

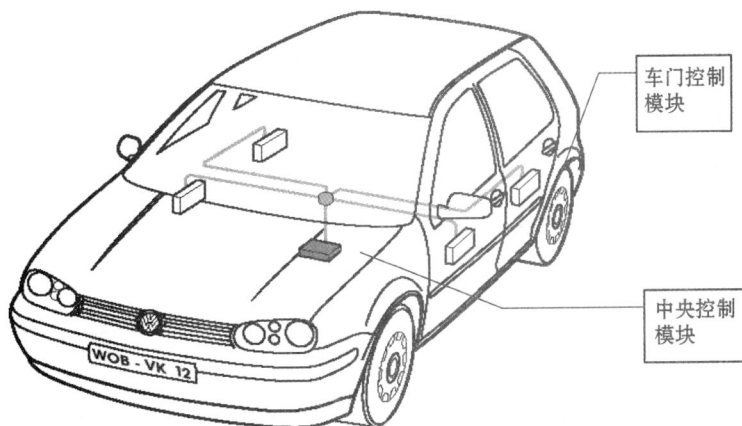

图 2-2-19　宝来轿车舒适 CAN 总线的结构

该系统使经过车门的导线数目减少，线路变得简单。如果线路中某处出现对地短路，对正极短路或线路间短路，CAN 系统会立即转为应急模式运行或转为单线模式运行。四个车门控制单元都是由中央控制单元控制，只需较少的自诊断线。

笔记

数据总线以 62.5 Kbit/s 速率传递数据,每一组数据传递大约需要 1 ms,每个电控单元 20 ms 发送一次数据,如图 2-2-20 所示。优先权顺序为:中央控制单元、驾驶员侧车门控制单元、前排乘客侧车门控制单元、左后车门控制单元、右后车门控制单元。由于舒适系统中的数据可以用较低的速率传递,所以发送器性能比动力传动系统发送器的性能低。

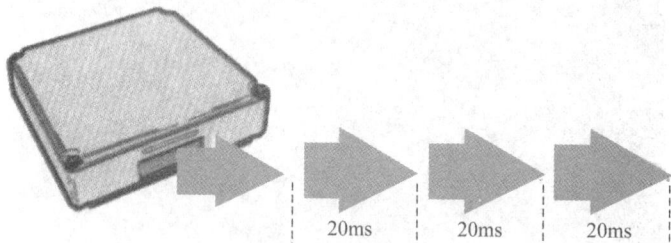

20ms   20ms   20ms

图 2-2-20   数据总线发送数据的时间间隔

舒适总线主要传输下面的功能控制信号:
➢ 开启/闭锁车门;
➢ 玻璃升降控制;
➢ 锁车时关闭车窗/顶窗(天窗);
➢ 车外后视镜调节;
➢ 座椅/后视镜位置记忆;
➢ 车内锁车功能;
➢ 后视镜收折功能。

2) 舒适 CAN 控制功能举例

所谓控制功能,就是为了执行某个功能,需要数个控制单元来进行数据交换才能达到目的。只有弄懂部件之间的连接以及控制信号的传递线路,才有可能顺利完成故障的查询。

例如:当驾驶员按下电动门窗主控开关上的右前玻璃开关,希望将右前玻璃降下时。主控开关给左前车门电脑一个右前玻璃下降信号弹,左前车门电脑将此信号发送到舒适系统 CAN-BUS 网络上,右前车门电脑收到此信号后,将右前玻璃降下,完成操作。

3) 舒适 CAN 数据传输系统故障码查询

可以使用 VAG1551、VAG1552 或 VAS5051 诊断仪,进入地址码 46,对舒适系统控制单元进行自诊断,进入功能码 02 查询舒适系统中央控制单元是否储存故障码。舒适 CAN 系统故障码见表 2-2-4。

表 2-2-4   与宝来轿车舒适 CAN 数据总线有关的故障码

故障码	可能故障	故障原因	故障排除
01328	舒适系统数据总线故障	1. 导线或插头故障 2. 控制单元损坏	1. 按照电路图检查导线和插头,确定导线完好后,拔下所有的车门主插头,再依次插好,同时观察数据流 2. 更换数据总线阻断的控制单元,新的故障被存储,这些故障码必须清除 3. 读取数据流:显示组 012、显示区 1

续 表

故障码	可能故障	故障原因	故障排除
01329	舒适系统数据总线处于紧急模式	导线或插头故障	1. 按照电路图检查导线和插头,确定导线完好后,拨下所有的车门主插头,再依次插好,同时观察数据流 2. 更换数据总线阻断的控制单元,新的故障被存储,这些故障码必须清除 3. 更换合适的控制模块 4. 读取数据流:显示组 012、显示区 1
01330	舒适系统的中央控制模块损坏、供电电压过高/过低	1. 舒适系统的中央控制模块损坏 2. 蓄电池损坏或没电 3. 电压调节器损坏 4. 发电机损坏	1. 更换舒适系统的中央控制模块 2. 按照电路图检查导线和插头 3. 读取数据流:显示组 015、显示区 1
01331	驾驶员侧车门控制模块损坏、无通信、供电电压过高/过低	1. 驾驶员侧车门控制模块损坏 2. 导线或插头故障 3. 蓄电池损坏或没电 4. 发电机损坏	1. 更换驾驶员侧车门控制模块 2. 按照电路图检查导线和插头 3. 系统正常,清除故障代码,执行功能检查 4. 读取数据流:显示组 12,显示区 20,可以检查是否安装了车门控制模块 5. 读取数据流:显示组 015、显示区 1
01332	前乘客侧车门控制模块损坏、无通信、供电电压过高/过低	1. 前乘客侧车门控制模块损坏 2. 导线或插头故障 3. 蓄电池损坏或没电 4. 发电机损坏	1. 更换前乘客侧车门控制模块 2. 按照电路图检查导线和插头 3. 系统正常,清除故障代码,执行功能检查 4. 读取数据流:显示组 12,显示区 20,可以检查是否安装了车门控制模块 5. 读取数据流:显示组 015、显示区 1
01333	左后车门控制模块损坏、无通信、供电电压过高/过低	1. 左后车门控制模块损坏 2. 导线或插头故障 3. 蓄电池损坏或没电 4. 发电机损坏	1. 更换左后车门控制模块 2. 按照电路图检查导线和插头 3. 系统正常,清除故障代码,执行功能检查 4. 读取数据流:显示组 12,显示区 3,可以检查是否安装了车门控制模块 5. 读取数据流:显示组 015、显示区 1
01334	右后车门控制模块损坏、无通信、供电电压过高/过低	1. 右后车门控制模块损坏 2. 导线或插头故障 3. 蓄电池损坏或没电 4. 发电机损坏	1. 更换前乘客侧车门控制模块 2. 按照电路图检查导线和插头 3. 系统正常,清除故障代码,执行功能检查 4. 读取数据流:显示组 12,显示区 3,可以检查是否安装了车门控制模块 5. 读取数据流:显示组 015、显示区 1
01335	驾驶员座椅/后视镜位置控制模块不确定信号、无通信	1. 导线或插头故障 2. 座椅记忆控制模块与车门控制模块诊断无通信	1. 按照电路图检查导线和插头 2. 读取数据流:显示组 12,显示区 5 3. 座椅存储器有自己的 K 线,可以通过地址码"36"读取

4) 舒适系统中央控制单元总线相关数据块

如表 2-2-5 所示,012 通道:中央控制单元——显示与 CAN 数据总线相关的 4 组数据区域。

笔记

表 2-2-5　中央控制单元总线相关数据块

（通道 012—中央控制单元）					
读测试数据块 12 　　　　　　　　　　→				◄显示器显示	
×××　　　×××　　　×××　　　×××					
1	2	3	4	◄显示区域	显示结果
				附件情况	故障记忆/空信息
			后排装备情况		左后车门 左、右后车门 右后车门 空
		前排装备情况			司机侧车门 前车两侧车门 前排乘客侧车门 空
	检测传递数据				传递 OK 传递 NOT OK

5）舒适系统电路图

宝来轿车舒适系统控制电路图如图 2-2-21 所示。

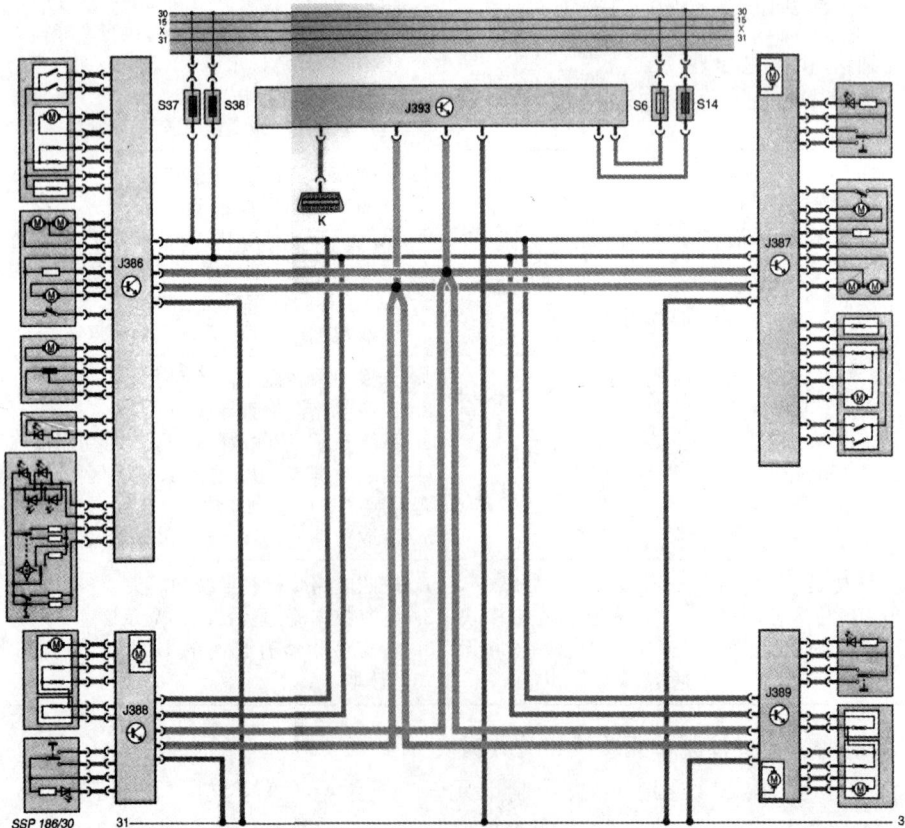

图 2-2-21　舒适系统电路图

三、制订检修计划

制订汽车低速 CAN-BUS 系统故障检修计划如表 2-2-6 所示。

表 2-2-6　制订汽车低速 CAN-BUS 系统故障检修计划

1. 收集汽车低速 CAN-BUS 系统相关信息,分析低速 CAN-BUS 故障原因 2. 查阅车辆维修资料,制定汽车低速 CAN-BUS 系统检修流程 3. 通过使用故障诊断仪、万用表和示波器对低速 CAN-BUS 进行各种检测,判断故障原因,并排除故障恢复正常性能		
1. 汽车低速 CAN-BUS 信息描述	低速 CAN-BUS 的特点	
	宝来舒适总线由哪些控制单元组成	
	宝来舒适总线在功能控制中起什么作用	
	由哪个控制单元对宝来舒适总线进行自诊断	
2. 汽车低速 CAN-BUS 系统故障现象描述		
3. 汽车低速 CAN-BUS 系统故障原因分析,画出鱼刺图		
4. 汽车低速 CAN-BUS 系统故障检修工作准备	相关维修资料	
	相关技术标准	
	相关检测工量具	
	相关维修、拆装工具	

步骤	项　目	内　容	检测结果	结　论
5. 汽车低速 CAN-BUS 系统故障检修流程				
1	故障诊断仪检测	1. 读取故障代码		
		2. 读取数据流		
		3. 主动功能测试		
2	万用表检测	1. 总线电压测量		
		2. 数据线导通性测量		
3	示波器检测	总线信号波形检测		

四、任务实施

低速 CAN-BUS 故障检修任务如表 2-2-7 所示。

表 2-2-7　低速 CAN-BUS 故障检修任务

本任务书以宝来舒适总线的四种典型故障类型为检修任务(故障由教师根据表中故障原因进行设置)。学员根据"汽车低速 CAN-BUS 系统故障原因分析"和"汽车低速 CAN-BUS 系统故障检修流程",结合车辆实际情况,按照相关维修资料和技术标准,使用故障诊断仪、万用表和示波器对低速 CAN-BUS 系统进行各种检测,并分析判断故障原因,排除故障恢复正常性能

笔记

笔记

故障原因	故障现象描述	检测内容	判断依据和故障点	修复方法
低速 CAN-BUS 系统数据通信失效	1. 中央门锁失效 2. 3. 4. 5. 6.	诊断仪检测结果： 万用表检测结果： 示波器检测结果：		
低速 CAN-BUS 系统数据通信错误	1. 2. 3. 4. 5.	诊断仪检测结果： 万用表检测结果： 示波器检测结果：		
低速 CAN-BUS 系统某节点无通信	1. 2. 3.	诊断仪检测结果： 万用表检测结果： 示波器检测结果：		
低速 CAN-BUS 系统单线通信状态		诊断仪检测结果： 万用表检测结果： 示波器检测结果：		

五、检验评估

任务 2.2 的检验评估如表 2-2-8 所示。

表 2-2-8　检验评估

检验与评价内容	检验指标	权重	自评	互评	总评
维修质量检验	各项控制功能恢复正常	4			
检查任务完成情况	1. 能描述汽车低速 CAN-BUS 的组成和工作原理	4			
	2. 能正确连接示波器并读取低速 CAN 总线波形				
	3. 能使用万用表、故障诊断仪对低速 CAN-BUS 系统进行检测				
	4. 在小组完成任务过程中所起作用				
职业素养	1. 学习态度：积极主动参与学习	2			
	2. 团队合作：与小组成员一起分工合作，不影响学习进度				
	3. 现场管理：服从工位安排、执行实训室"5S"管理规定				

项目三　LIN-BUS 数据总线故障检修

Description 项目描述	在现代车载网络系统子总线中 LIN-BUS 是国际标准,其应用最多最广。在本项目中通过布置"LIN-BUS 网络故障检修"任务书,学生分组后在老师的指导下经过信息收集、制定检修计划、实施任务等环节,利用万用表、示波器等工量具和 LIN-BUS 网络教学台架或 LIN-BUS 教学车,完成 LIN-BUS 网络系统的理论知识学习和检修任务,使学生真正掌握 LIN-BUS 网络检修的专业知识和职业技能。在本项目学习中以奥迪 LIN-BUS 为检修对象
Objects 项目目标	1. 了解 LIN 总线系统的组成和应用状况 2. 熟知 LIN 总线系统的数据通信原理和数据结构 3. 能用示波器、万用表和故障诊断器等仪器对 LIN 总线系统进行各种检测,具备分析判断能力,同时能对 LIN 总线系统的故障进行修复
Tasks 项目任务	任务:LIN-BUS 数据总线故障检修
Implementation 项目实施	

一、维修接待

按照表 3-1-1 完成待修车辆的维修接待,并准确填写车载网络诊断接车问诊表。

表 3-1-1　车载网络诊断接车问诊表

车载网络接车问诊表			
车牌号:_____	车型:_____	车架号:_____	行驶里程:_____(km)
用户名:_____	电话:_____	来店时间:____/____	

笔记

续　表

车载网络类型：LIN-BUS

故障症状(与客户交谈的结果)：

一辆奥迪 A6 轿车出现接通雨刮开关，刮水器不工作的故障现象

接车员：_____

车间症状确认(技师对故障进行验证)：

雨刮电机不工作，初步判断为雨刮开关与刮水器模块之间 LIN-BUS 通信故障

维修技师：_____

检查结果和所需更换维修项目：

接车员：_____　　维修技师：_____　　客户确认：_____

二、信息收集

按照表 3-1-2 完成任务 3.1 的信息收集。

表 3-1-2　LIN-BUS 信息收集

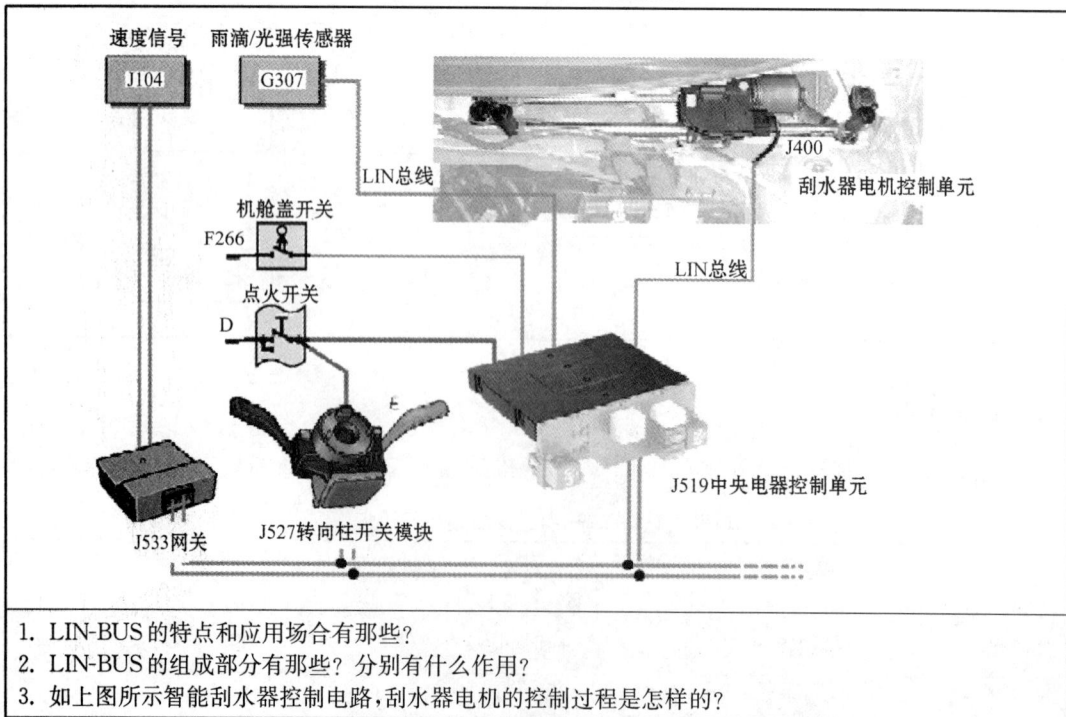

1. LIN-BUS 的特点和应用场合有那些？
2. LIN-BUS 的组成部分有那些？分别有什么作用？
3. 如上图所示智能刮水器控制电路，刮水器电机的控制过程是怎样的？

笔记

1. LIN 总线系统概述

LIN 总线(LIN-BUS)是一种新发展的汽车车载子总线系统,其应用成本较低,传输速率较低,适合应用在一些对时间要求不是那么严格的场合。目前主要应用于空调、车门、顶窗、刮水器等系统的控制传输上。LIN 总线的应用见图 3-1-1 奥迪 A8 示例。

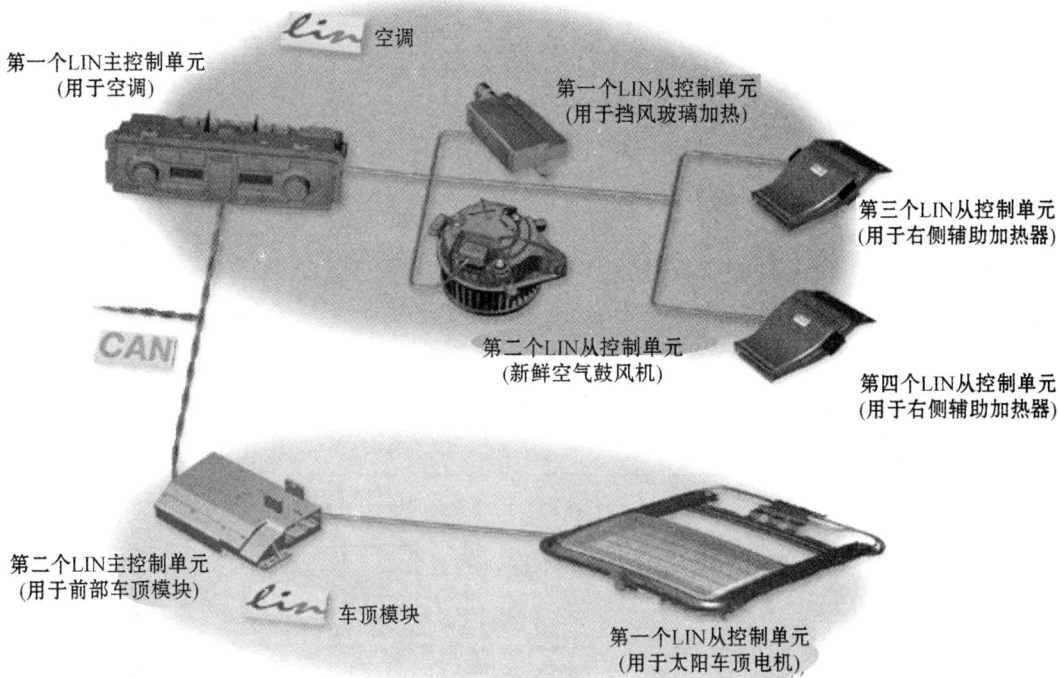

图 3-1-1　奥迪 A8 轿车 LIN 总线应用

LIN 是 Local Interconnect Network(局域连接网络)的缩写,表示所有的控制单元都装在一个有限的空间内(如车顶),所以它也被称为"局域子系统"。LIN 是用于汽车分布式电控系统的一种新型低成本串行通信系统,它是一种基于 SCI(UART)数据格式、主从结构的单线 12 V 的总线通信系统,主要用于智能传感器和执行器的串行通信。

LIN 总线系统采用低成本的单线连接,传输速度最高可达 20 Kb/s,它的媒体访问采用单主/多从的机制,不需要进行仲裁,在从节点中不需要晶体振荡器而能进行自同步,采用 8 位单片机,这极大地减少了硬件平台的成本。其主要目的是为现有汽车网络 CAN(Control Area Network)提供辅助功能,目标用于低端系统,无需 CAN 的性能、带宽以及复杂性。可以说 LIN 是一种辅助的总线网络。

如图 3-1-2 所示,LIN 总线与 CAN 总线组成车载网络系统,车上各个 LIN 总线系统之间的数据交换是由控制单元通过 CAN 数据总线实现的。

一个 LIN 网络通常由一个主节点、一个或多个从节点组成,如图 3-1-3 所示。所有节点都有一个通信任务,该通信任务分为发送任务和接收任务。主节点除此之外还有一个主发送任务。一个 LIN 网络上的通信总是由主发送任务所发起的。主控制器发送一个起始报文,该起始报文由同步断点、同步字、消息标志符所组成。

笔记

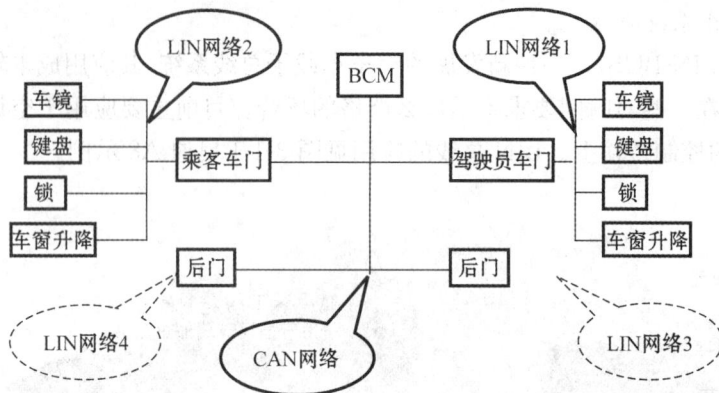

图 3-1-2　LIN 总线与 CAN 总线组成的车载网络

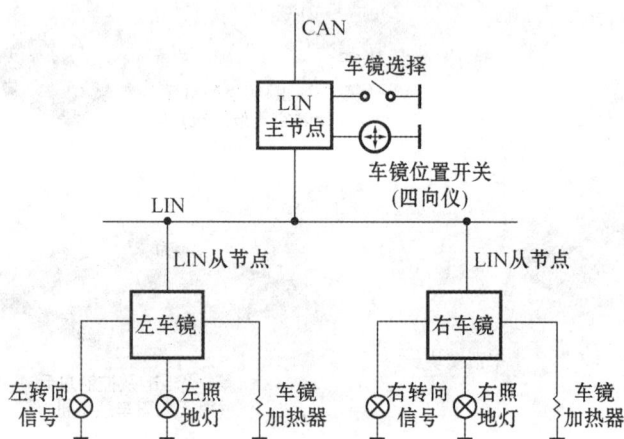

图 3-1-3　LIN 总线拓扑结构

LIN 网络特征：

1. 传输速率最大 20 Kb/s；

2. 一条数据线；

3. 主-从控制管理（最多 16 个从控制单元）；

4. 借助于 CAN 总线通过主控制单元进行 LIN 总线系统之间的数据交换；

5. 自诊断通过主控制单元的地址码。

　　2. LIN 总线的组成

1）LIN 主控制单元

LIN 主控制单元连接在 CAN 数据总线上，如图 3-1-4 所示，它执行 LIN 的主功能。

LIN 主控制单元的主要作用如下：

（1）监控数据传递和数据传递的的速率，发送信息标题。

（2）该控制单元的软件内已经设定了一个周期，这个周期用于决定何时将哪些信息发送到 LIN 数据总线上多少次。

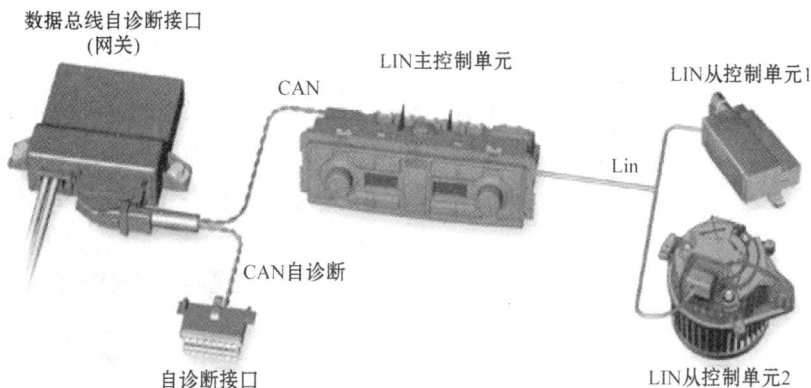

图 3-1-4 LIN 系统的组成示例

（3）该控制单元在 LIN 数据总线与 CAN 总线之间起"翻译"作用，它是 LIN 总线系统中唯一与 CAN 数据总线相连的控制单元。

（4）通过 LIN 主控制单元进行 LIN 系统自诊断。

2）LIN 从控制单元

在 LIN 总线系统中，LIN 从控制单元的通信受到 LIN 主控制单元的完全控制，只有 LIN 主控制单元发出命令的情况下，LIN 从控制单元才能通过 LIN 总线进行数据传输。

在 LIN 数据总线系统内，单个的控制单元（如新鲜空气鼓风机的控制单元）或传感器及执行元件（如水平传感器及防盗警报蜂鸣器）都可看做 LIN 从控制单元。传感器内集成有一个电子装置，该装置对测量值进行分析。测量值是作为数字信号通过 LIN 总线传递的。传感器和执行元件只使用 LIN 主控制单元插口上的一个针脚。

LIN 执行元件都是智能型的电子或机电部件，这些部件通过 LIN 主控制单元的 LIN 数字信号接受任务。LIN 主控制单元通过集成的传感器来获知执行元件的实际状态，然后就可以进行规定状态和实际状态的对比，如图 3-1-5 所示。

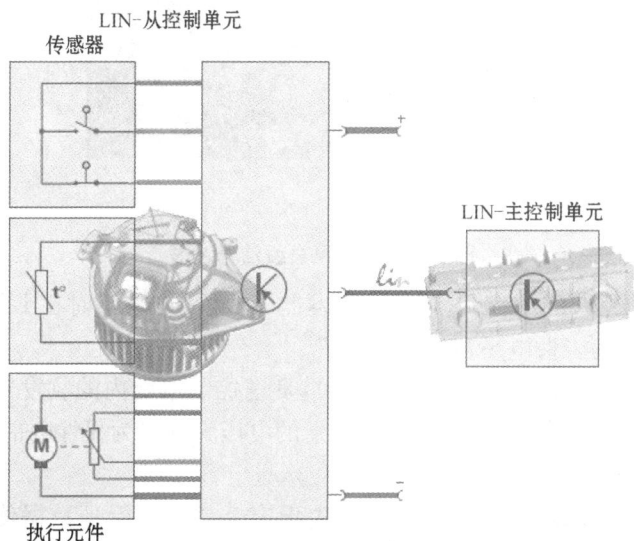

图 3-1-5 LIN 从控制单元的线路

3. LIN 的数据传输

1）传输原理

LIN 总线传输数据线是单线，数据线最长可达 40 m。在主节点内配置 1 kΩ 电阻端接 12 V 供电，在从节点内配置 30 kΩ 电阻端接 12 V 供电。各节点通过电池正极端接电阻向总线供电，每个节点都可以通过内部发送器拉低总线电压。LIN 总线驱动器物理结构如图 3-1-6 所示。

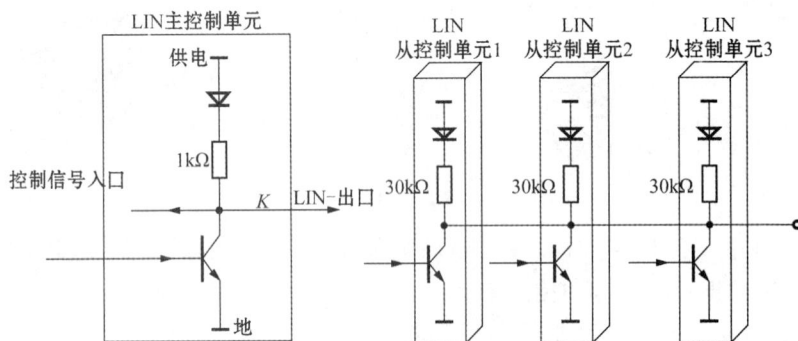

图 3-1-6　LIN 总线驱动器物理结构

（1）LIN 总线信号。

LIN 总线信号波形如图 3-1-7 所示。

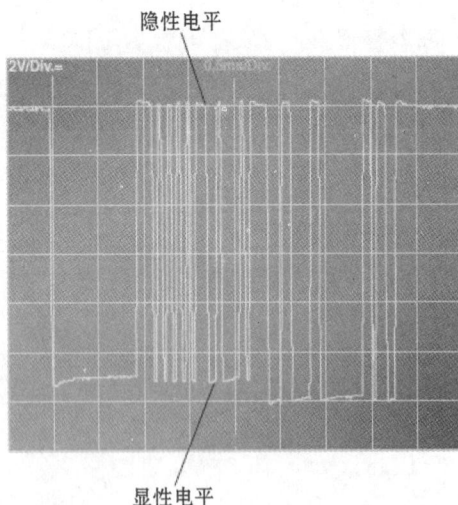

图 3-1-7　LIN 总线信号波形

隐性电平：如果所有节点都没有驱动收发器三极管导通，此时在 LIN 数据总线上的电压就是蓄电池电压，为隐性电平，表示逻辑"1"。

显性电平：当有节点需要向外发送信息时，发送控制单元内的收发器驱动三极管导通，将 LIN 数据总线导线接地，此时在 LIN 总线上的电压为 0V，为显性电平表示逻辑"0"。

（2）总线电平抗干扰设置。

在收发隐性电平和显性电平时，通过预先设定公差值来保证数据传输的稳定性，如图 3-1-8 所示。为了在有干扰辐射的情况下仍能收到有效的信号，接收信号的允许电压值要稍高一些，如图 3-1-9 所示。

笔记

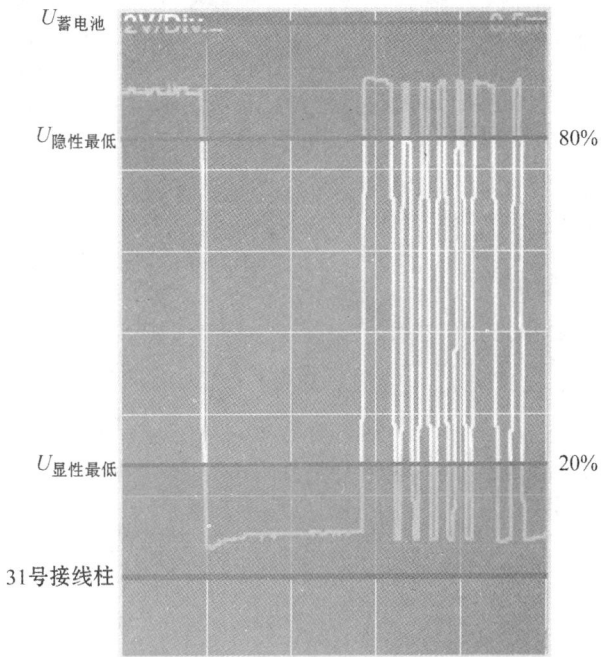

图 3-1-8 发送信号的电压范围

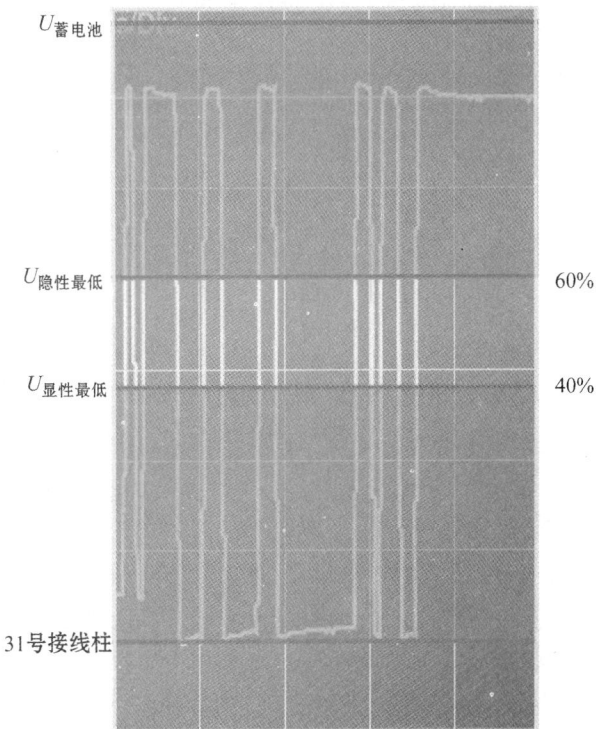

图 3-1-9 接收信号允许的电压范围

笔记

2）LIN 总线的数据格式

LIN 总线的数据格式如图 3-1-10 所示。

发送器:LIN主控制单元　　　　　　　发送器:LIN主控制单元或LIN从控制单元

信息标题　　　　　　　　　信息内容

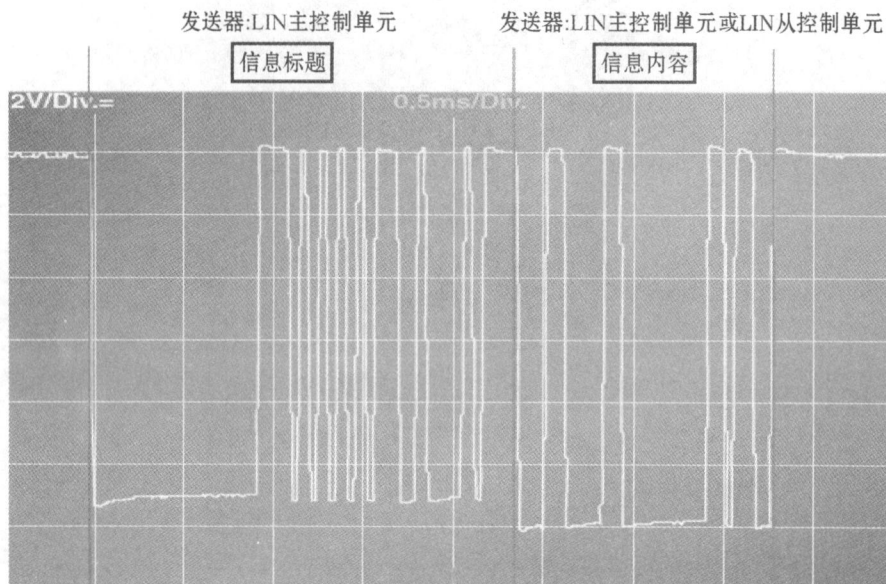

图 3-1-10　LIN 总线的数据格式

在 LIN 总线的信息中包含两个部分,一是由 LIN 主控制器发送的信息标题,一是由 LIN 主控制器或 LIN 从控制器发送的信息内容。发送的信息,所有连接在 LIN 总线上的节点都可以收到。

（1）信息标题。

信息标题由 LIN 主控制单元按周期发送。信息标题分为 4 部分,见图 3-1-11。

同步分界区　　　　　　　识别区

同步暂停区　　　　　　同步区

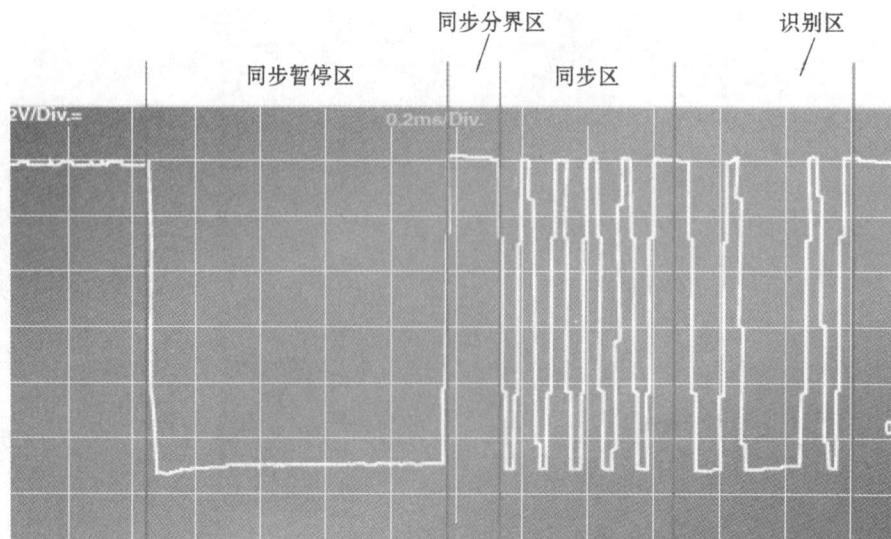

图 3-1-11　信息标题的格式

① 同步暂停区：

同步暂停区的长度至少为 13 位（二进制），以显性电平的形式进行发送。这 13 位的长度是必须的，这样才能准确地通知所有的 LIN 从控制单元有关信息起始点的情况。其他的信息是以最长为 9 位（二进制）的显性电平来一个接一个进行传递的。

② 同步分界区：

同步分界区至少为 1 位，且为隐性。

③ 同步区：

同步区由 0101010101 二进制位序构成，所有的 LIN 从控制单元通过这个二进制位序与 LIN 主控制单元进行匹配（同步）。

所有的控制单元同步对于保证正确的数据交换是非常必要的。如果失去了同步性，那么接受到的信息中的某一数位值就会发生错误，该错误会导致数据传递错误。

④ 识别区：

识别区的长度为 8 位，前 6 位是回应信息识别码和数据区的个数，回应数据区的个数在 0～8 之间；后两位是校验位，用于检查数据传递是否有错误。当出现识别码传递错误时，校验位可防止接受错误的信息。

（2）信息内容。

信息内容有两种类型。一是从控制单元收到主控制单元发来的信息标题中带有要求从控制单元回应的信息后，LIN 从控制单元根据识别码给这个回应提供的回应信息；二是由主控制单元发出的命令信号，相应的 LIN 从控制单元会使用这些数据去执行各种功能。

① 从控制单元回应信息：

如图 3-1-12 所示，是奥迪 A6 空调系统 LIN 总线的信息传递流程图，空调控制电脑（也是 LIN 总线主控制单元）在 LIN 总线上发送信息标题——查询鼓风机的转速，鼓风机读取标题后将当前的鼓风机转速信息发送到 LIN 总线上，空调控制电脑得于读取此信息。

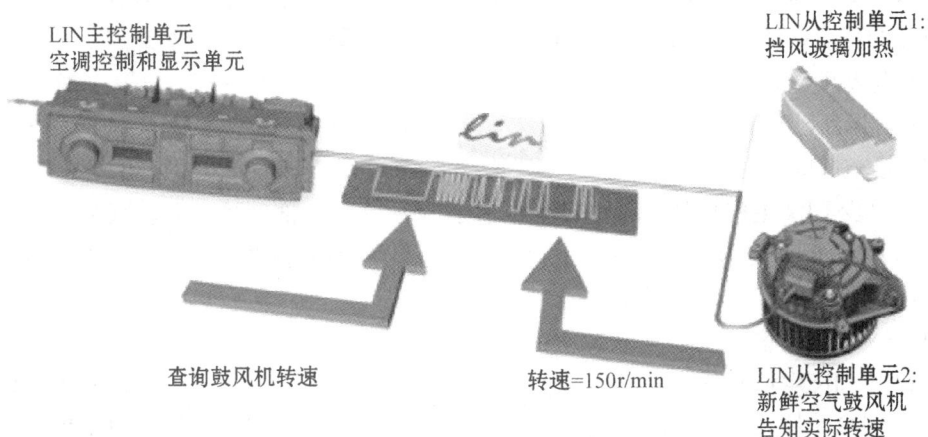

图 3-1-12 从控制单元回应信息传递流程

② 主控制单元命令信息：

如图 3-1-13 所示，是奥迪 A6 空调系统 LIN 总线的信息传递流程图，空调控制电脑（也是 LIN 总线主控制单元)在 LIN 总线上发送信息标题——调整鼓风机的转速到 200 r/min，鼓风机从 LIN 总线上读取标题后将当前的鼓风机转速，相应的从 150 r/min 调整到目标转速 200 r/min。

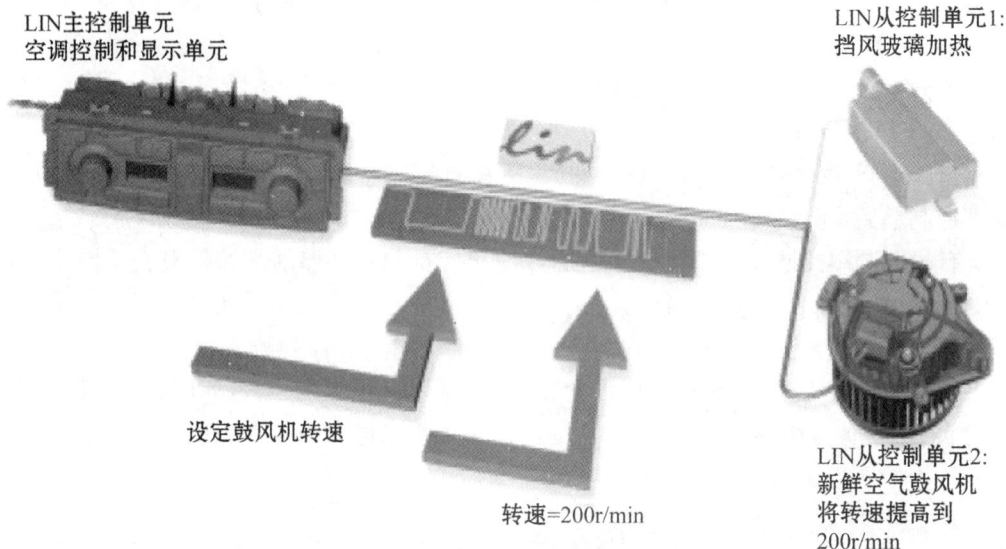

图 3-1-13　主控制单元命令信息传递流程

信息内容由 1～8 个数据区构成，每个数据区是 10 个二进制位，其中一位是显性起始位，一个是包含信息的字节，和一个隐性停止位。起始位和停止位是用于再同步从而避免传递错误的。波形见图 3-1-10。

3）LIN 总线信息的顺序

LIN 主控制单元的软件内已经设定了一个顺序，LIN 主控制单元就按这个顺序将信息标题发送至 LIN 总线上(若是主信息，则发送的是回应)。常用的信息会多次传递。LIN 主控制单元的环境条件可能会改变信息的顺序。环境条件举例如下：

（1）点火开关接通/关闭。

（2）自诊断已激活/未激活。

（3）停车灯接通/关闭。

为了减少 LIN 主控制单元部件的种类，主控制单元将全部装备控制单元的信息标题发送到 LIN 总线上，如果没有安装相应设备控制单元，那么在示波器屏幕上会出现没有回应的信息标题，但这并不影响系统的功能，如图 3-1-14 所示。

4）LIN 总线防盗功能

只有当 LIN 主控制单元发送出带有相应识别码的信息标题后，数据才会传至 LIN 总线。由于 LIN 主控制单元对所有信息进行全面监控，因此无法从车外对 LIN 导线进行控制。系统要求 LIN 从控制单元只能回应，这样就不会发生通过 LIN 总线打开车门的现象了。这种设置就使得在车外安装 LIN 从控制单元(如在前保险杠内的车库门开启控制单元)成为可能。LIN 总防盗功能示意见图 3-1-15。

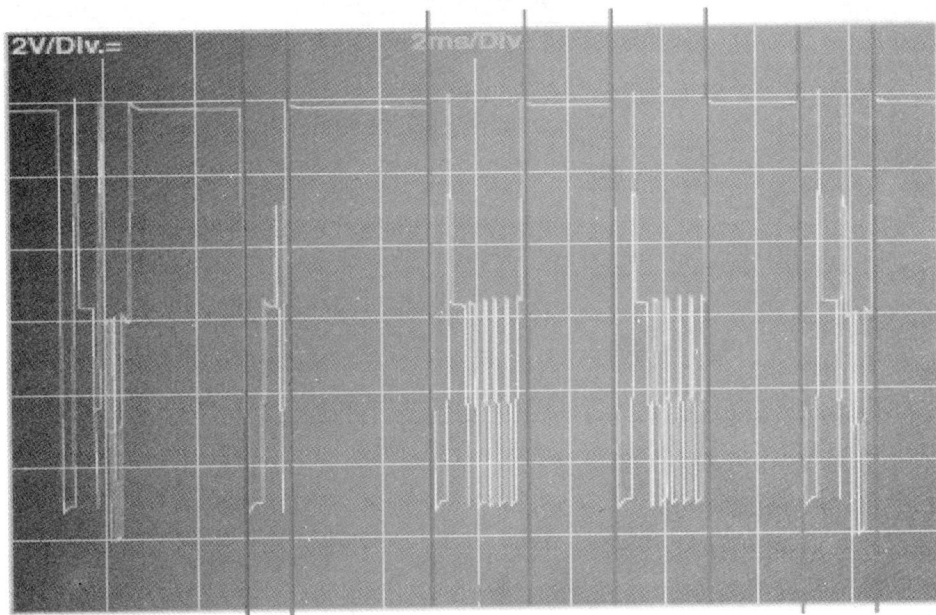

图 3-1-14 没有回应的信息标题

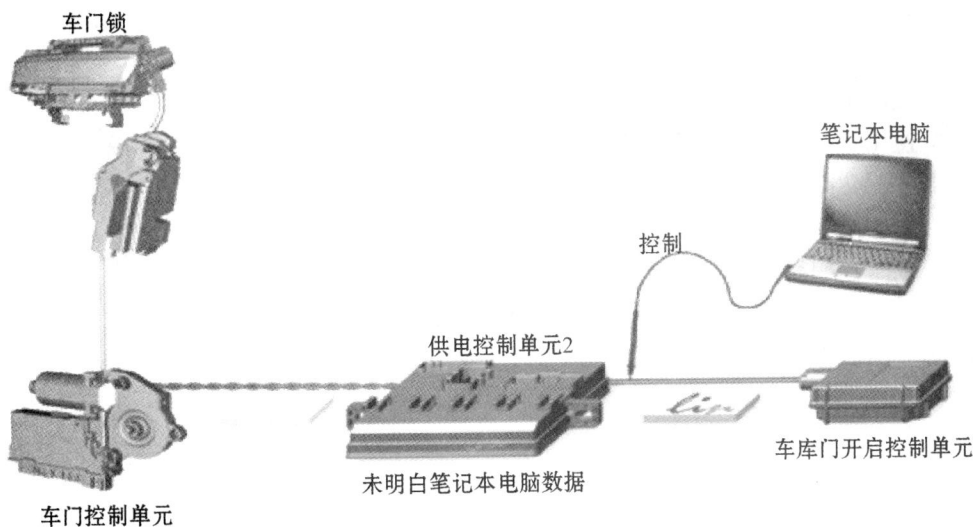

图 3-1-15 LIN 的防盗功能示意

5）LIN 总线自诊断

当 LIN 数据总线出现故障时，可使用示波器、诊断器等工量具进行波形分析、故障码诊断等。

对 LIN 数据总线系统进行自诊断需使用 LIN 主控制单元的地址码。自诊断数据经 LIN 总线由 LIN 从控制单元传至 LIN 主控制单元。在 LIN 从控制单元上可以完成所有的自诊断功能。LIN 数据总线系统故障列表见表 3-1-3。

笔记

表 3-1-3　LIN 数据总线系统故障列表

故障位置	故障内容	故障原因
LIN 从控制单元 例如:鼓风机调节器	无信号/无法通信	1. 在 LIN 主控制单元已规定好的时间间隔内,LIN 从控制单元数据传递有故障 2. 线断路或短路 3. LIN 从控制单元供电有故障 4. LIN 从控制单元或 LIN 主控制单元型号错误 5. LIN 从控制单元损坏
LIN 从控制单元 例如:鼓风机调节器	不可靠信号	1. 校验出错,传递的信息不完整 2. LIN 导线受到电磁干扰 3. LIN 导线的电容和电阻值改变了(例如插头壳体潮湿或脏污)软件故障(备件型号错误)

LIN 数据总线系统故障原因有 3 类:

(1) 节点故障,主控制单元或从控制单元故障造成 LIN 总线通信故障。

(2) LIN 数据线出现与电源短路或与地短路,造成 LIN 总线通信故障。

(3) LIN 数据线出现断路,造成其些节点无法通信的故障。

4. Audi A6 轿车 LIN-BUS

2005 款 C6 代 Audi A6 采用已在 03 款 Audi A8 车上使用过的高集成度电气网络结构,总体看来,C6 代 Audi A6 使用的新技术已经达到其"前辈"Audi A8 的水平。Audi A8 车上所拥有的豪华车的特点,现在首次在顶级车上也具备了。

1) 奥迪 A6 车载网络拓扑结构图

本车使用了最先进的网络技术,如 CAN、LIN、MOST 以及 Bluetooth(蓝牙),再加上相关的车辆分配功能,这一切标志着这个级别的车使用了新一代的汽车电子技术。车载网络系统拓扑结构图见图 3-1-16。

2) A6 LIN-BUS 数据总线结构

奥迪 A6 轿车装备的 LIN-BUS 数据总线结构见图 3-1-17。

在奥迪 A6 上将 LIN-BUS 数据总线应用在防盗报警、安全气囊、轮胎压力检控、多功能方向盘、智能刮水器这些系统中,在系统内作内部通信连接控制模块和智能传感器或执行器。LIN-BUS 数据总线具有以下特点:

➤ 最大传输率 19.2 Kbps 波单线。

➤ 基本色:紫色+标识色。

➤ 主-从控制器原理。

➤ LIN 系统间通信需要舒适系统总线的帮助并通过主控制器来完成。

➤ 用主控制器的地址来进行诊断。

3) 转向柱开关组模块(SMLS)与多功能方向盘 LIN-BUS 数据总线

转向柱开关组模块由转向柱电器系统控制单元、刮水器开关、带有转向角度传感器的卷簧等部件组成,其组成结构见图 3-1-18。在此开关组模块中应用了 LIN 总线和 CAN 总线,其电气连接见图 3-1-19。

笔记

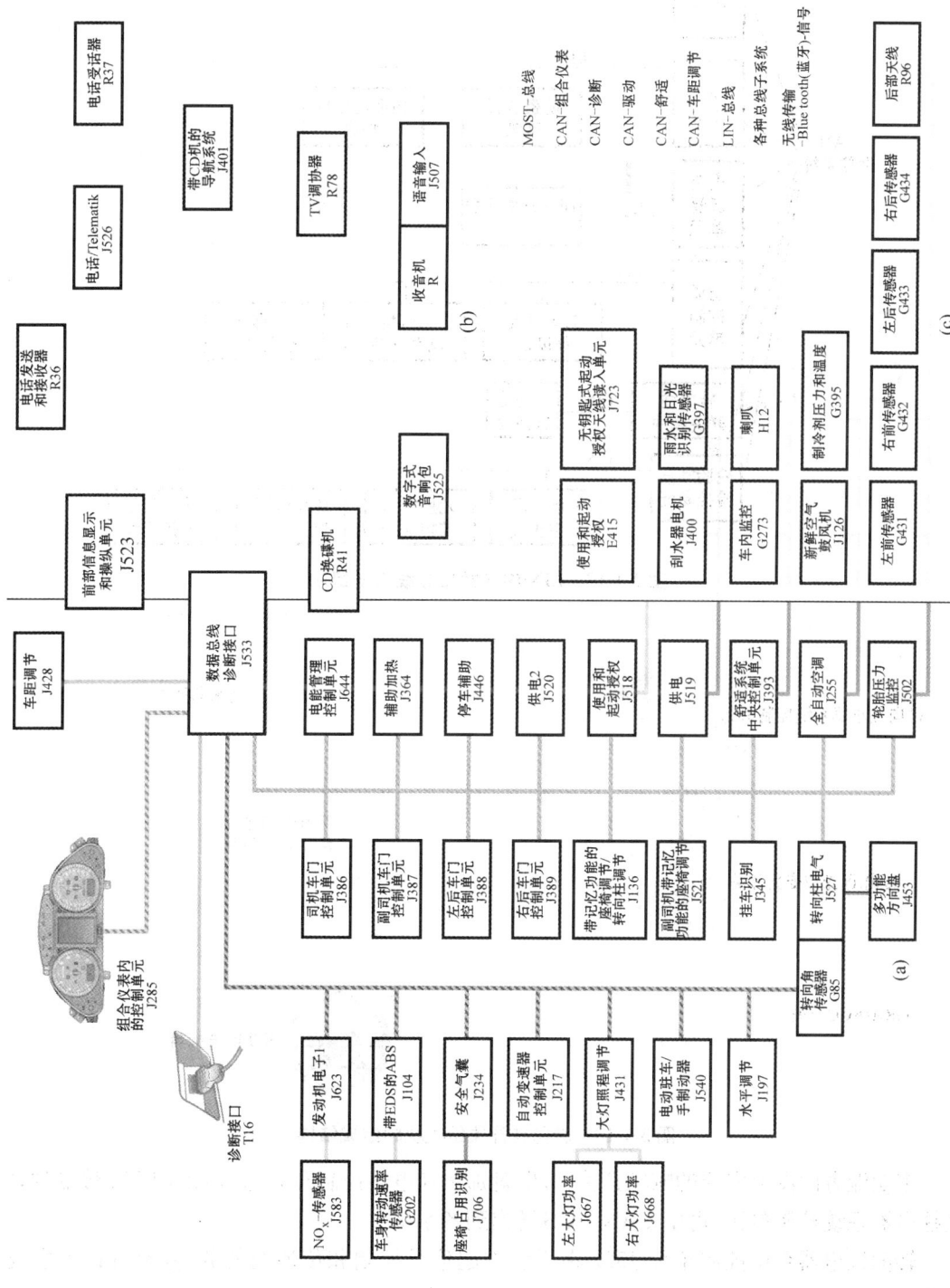

图 3-1-16 奥迪 A6 车载网络系统拓扑结构图

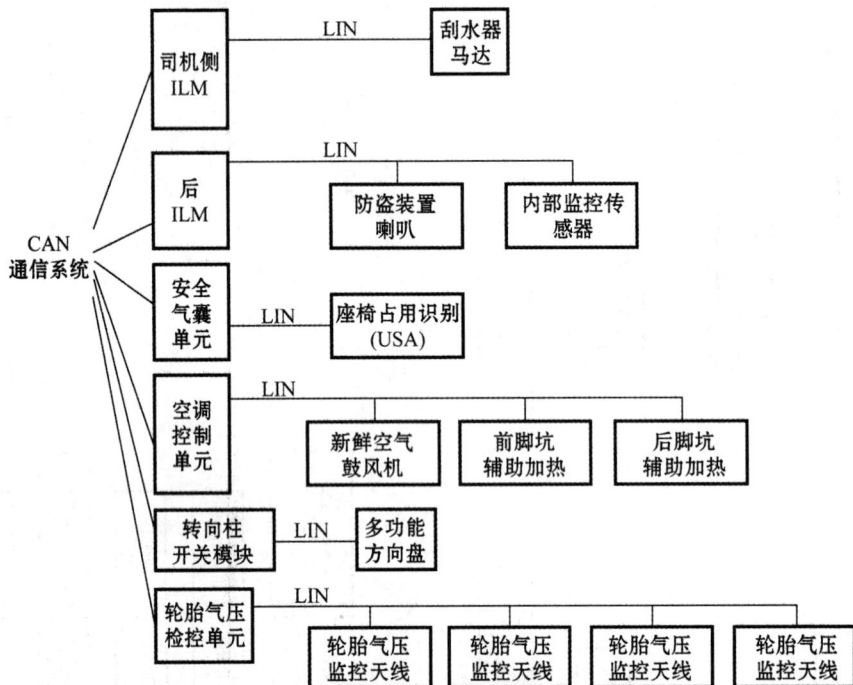

图 3-1-17　LIN-BUS 数据总线系统组成

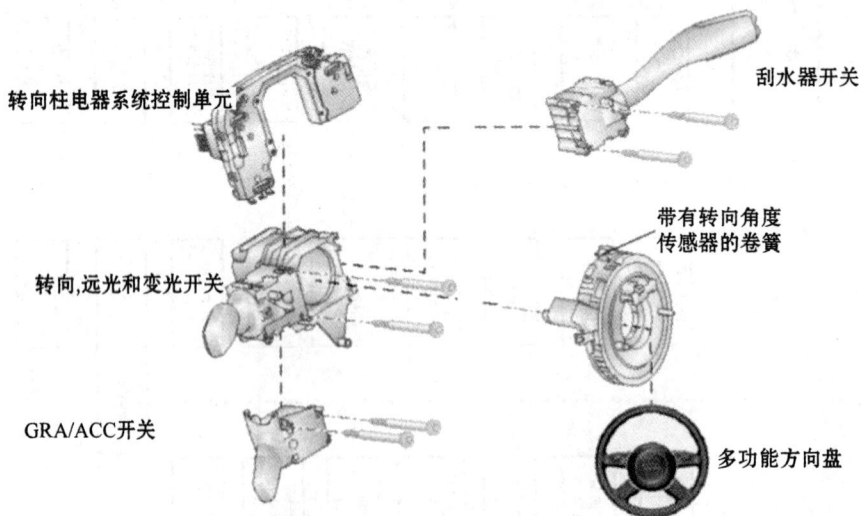

图 3-1-18　转向柱开关组模块的组成结构

　　多功能方向盘上安装的喇叭开关、方向盘加热和电器控制开关都由 LIN-BUS 传输到转向柱电器系统控制单元,再由 CAN-BUS 送出到各系统中。

　　转向柱电器系统控制单元 J527 在系统中起信号控制和传递的任务,其具有以下主要功能:

　　(1) 从舒适 CAN 总线上读取并传送下列数据信息:

　　➤　转向灯开关信号;

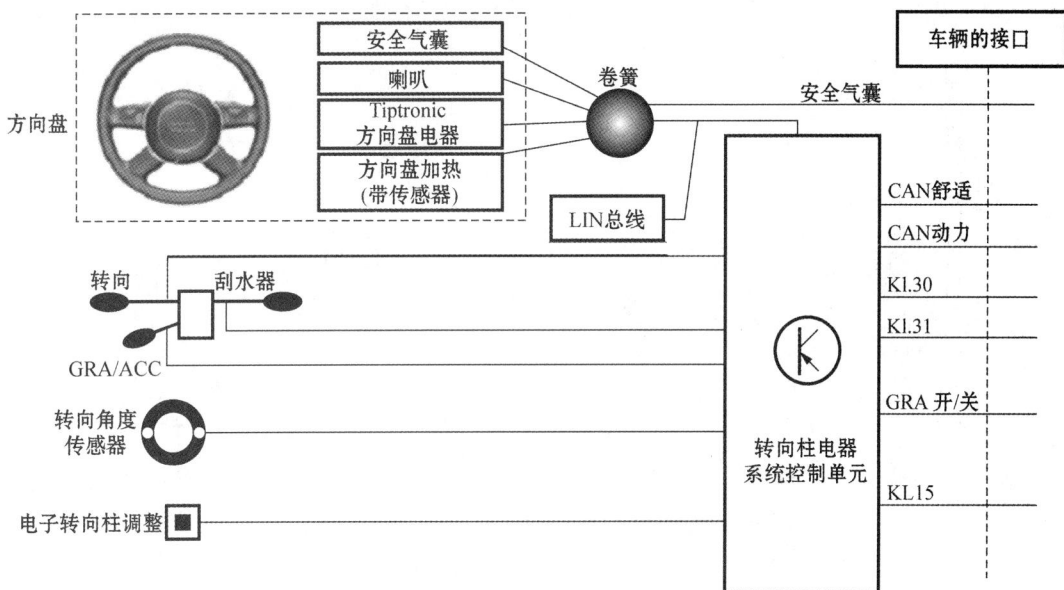

图 3-1-19　转向柱开关组模块的电气连接

- 远光灯开关信号；
- 变光灯开关信号；
- GRA 和 ACC 开关信号；
- 刮水器开关信号；
- 喇叭开关信号；
- 开关/滚轮(多功能方向盘)信号；
- 电子转向柱位置调整开关信号。

（2）从动力 CAN 总线上读取并传送下列数据信息：

- 转向角度传感器信号；
- 方向盘加热控制信号；
- 多功能方向盘按键开关照明控制信号。

4）智能刮水器控制

刮水器控制单元如图 3-1-20 所示，刮水器控制单元电路如图 3-1-21 所示。**刮水器控制单元控制功能如下：**

- 刮水器刮水角度功能控制；
- 风挡玻璃清洗泵控制；
- 停止位置；
- 在停止位置和折返点处缓启动-缓停止；
- 刮水器的速度和刮水角度调整；
- 识别过量负荷(例如:雪)；
- 阻碍保护。

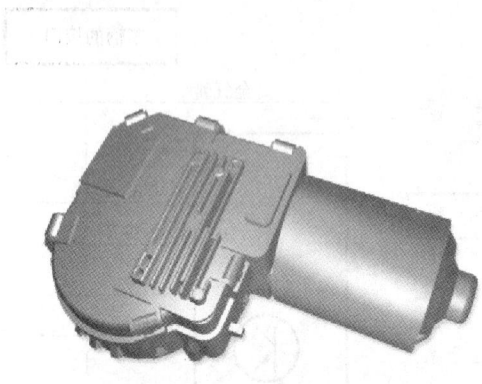

图 3-1-20　刮水器控制单元 J400

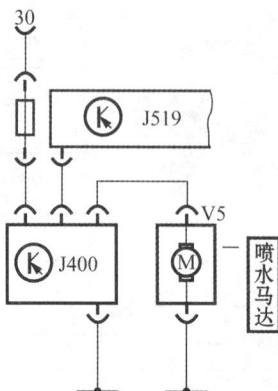

图 3-1-21　刮水器控制单元控制电路

　　刮水器电机控制过程见图 3-1-21 和图 3-1-22,转向柱电器控制单元读取刮水器开关信号,如打开刮水器 1 档则通过舒适 CAN 总线将 1 档刮水器启动信号送入电器网络控制单元 J519,电器网络控制单元 J519 通 LIN 总线将 1 档刮水器启动信号送入刮水器控制单元 J400,刮水器控制单元 J400 控制刮水器电机以 1 档工作。

　　5) 雨量/光线传感器 LIN-BUS 通信

　　雨量/光线传感器由光线传感装置和雨量传感器共同组成,雨量/光线传感器检测到的信号通过 LIN-BUS 数据总线传送到电器网络控制单元 J519,电器网络控制单元 J519 雨量信号和光线强度信号,自用或能过 CAN-BUS 送到需要的其他控制单元上。控制电路如图 3-1-23 所示。

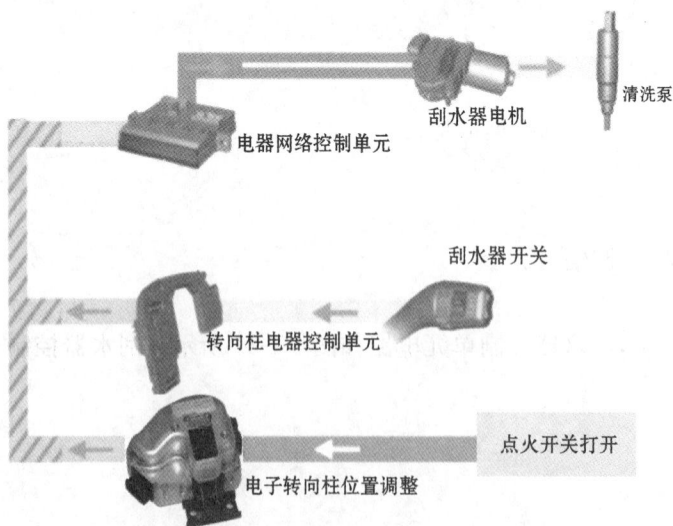

图 3-1-22　刮水器控制过程示意图

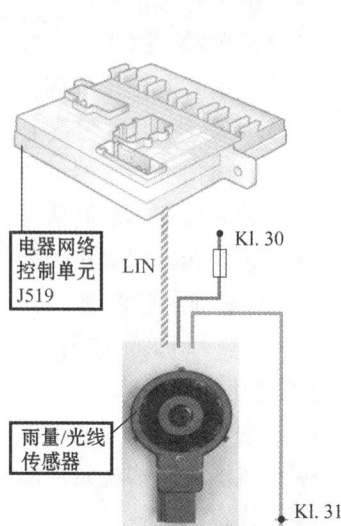

图 3-1-23　雨量/光线
传感器控制电路

　　光线传感装置具有以下功能:

➢ 自动打开/关闭行车灯;

➢ 激活回家/离家功能;

➢ 光线传感器识别白天/夜晚。

雨量传感器具有以下功能：

➢ 在 7 个档位下自动调整刮水器；

➢ 在下雨时自动激活行车灯；

➢ 依据前窗玻璃雨量的程度。

雨量传感器激活条件：

➢ 刮水器开关置于"间歇"档位；

➢ 间歇档控制 4 个灵敏度档。

6) 防盗警报控制

防盗警报控制示意图见图 3-1-24。

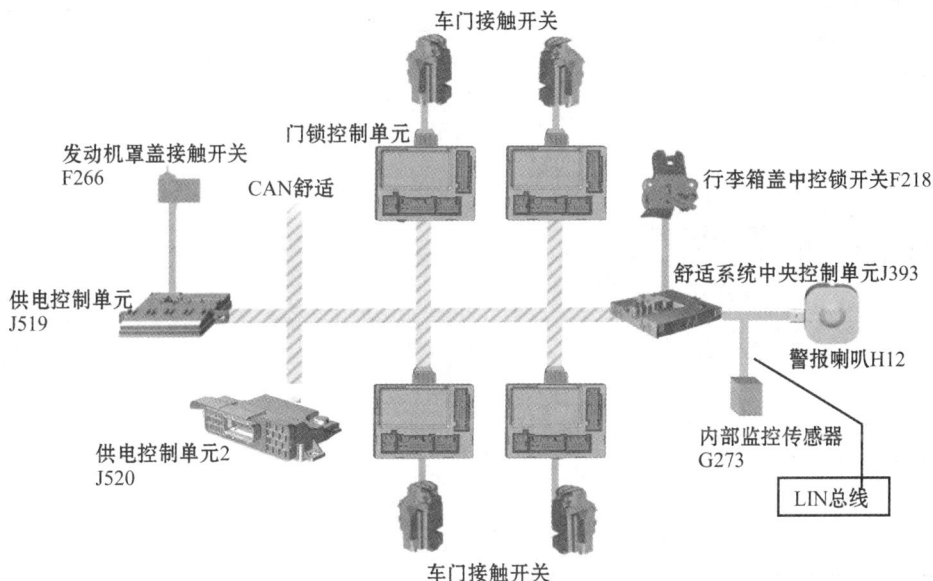

图 3-1-24　防盗警报控制示意图

当车辆进行防盗警戒状态后，舒适系统中央控制单元 J393 通过舒适 CAN 总线读取车门接触开关信号、发动机罩盖开关等信号，通过 LIN-BUS 读取车辆内部监控传感器 G273 的信号。如果车辆被非法进入，则通过声光的形式示警，警报喇叭 H12 的工作是由舒适系统中央控制单元 J393 通过 LIN-BUS 控制的。

三、制订检修计划

制订汽车 LIN-BUS 数据总线故障检修计划如表 3-1-4 所示。

表 3-1-4　制订汽车 LIN-BUS 数据总线故障检修计划

1. 收集汽车 LIN-BUS 数据总线相关信息，分析 LIN-BUS 数据总线故障原因
2. 查阅车辆维修资料，制定汽车 LIN-BUS 数据总线检修流程
3. 通过使用故障诊断仪、万用表和示波器对 LIN-BUS 数据总线进行各种检测，判断故障原因，并排除故障恢复正常性能

续　表

1. LIN-BUS 数据总线信息描述	LIN-BUS 数据总线的特点	
	LIN-BUS 数据总线由哪些部件组成,分别起什么作用	
	LIN-BUS 数据总线在系统功能控制中起到什么作用	
	LIN-BUS 数据总线怎样进行自诊断	
2. LIN-BUS 数据总线故障现象描述		
3. LIN-BUS 数据总线故障原因分析,画出鱼刺图		
4. LIN-BUS 数据总线故障检修工作准备	相关维修资料	
	相关技术标准	
	相关检测工量具	
	相关维修、拆装工具	

	步骤	项　目	内　容	检测结果	结　论
5. LIN-BUS 数据总线故障检修流程	1	故障诊断仪检测	1. 读取故障代码		
			2. 读取数据流		
			3. 主动功能测试		
	2	万用表检测	1. 总线电压测量		
			3. 数据线导通性测量		
	3	示波器检测	总线信号波形检测		

四、任务实施

LIN-BUS 数据总线故障检修任务如表 3-1-5 所示。

表 3-1-5　LIN-BUS 数据总线检修任务

本任务书分为两个内容,一是 LIN 总线测量任务,学员根据任务书所示检测项目,使用万用表、故障诊断仪和示波器对 LIN-BUS 数据总线进行各种测量;二是 LIN 总线检修任务,以 LIN-BUS 数据总线的三种典型故障类型为检修任务(故障由教师根据表中故障现象进行设置)。学员根据"LIN-BUS 数据总线故障原因分析"和"LIN-BUS 数据总线故障检修流程",结合车辆实际情况,按照相关维修资料和技术标准,使用故障诊断仪、万用表和示波器对低速 CAN-BUS 系统进行各种检测,并分析判断故障原因,排除故障恢复正常性能。本项目检修对象为奥迪 A6 轿车

LIN 总线测量任务		
操作项目	操作内容	检测结果
万用表检测	1. LIN 数据线对地电阻值	
	2. LIN 数据线静态时对地电压	
	3. LIN 数据线动态时对地电压	

续　表

笔记

操作项目	操作内容	检测结果
示波器检测	1. LIN 总线正常波形测量	画出波形简图:(标明幅度、时间)
	2. LIN 总线从节点断路时波形测量	画出波形简图:(标明幅度、时间)
	3. LIN 总线对地短路时波形测量	画出波形简图:(标明幅度、时间)
诊断器检测	LIN 数据总线处于失效状态时	故障代码: 数据流:

LIN 总线检修任务

故障现象描述	检测内容	判断依据和故障点	修复方法
刮水器电机失效	诊断仪检测结果:		
	万用表检测结果:		
	示波器检测结果:		
1 档刮水器控制失效,2 档形而正常	诊断仪检测结果:		
	万用表检测结果:		
	示波器检测结果:		
防盗警报喇叭无工作	诊断仪检测结果:		
	万用表检测结果:		
	示波器检测结果:		

笔记

故障现象描述	检测内容	判断依据和故障点	修复方法
刮水器间歇档间歇时间,无随雨量大小调节功能	诊断仪检测结果:		
	万用表检测结果:		
	示波器检测结果:		

五、检验评估

项目三的检验评估如表 3-1-6 所示。

表 3-1-6　检验评估

检验与评价内容	检验指标	权重	自评	互评	总评
维修质量检验	各项控制功能恢复正常	4			
检查任务完成情况	1. 能描述 LIN-BUS 数据总线的组成和工作原理	4			
	2. 能正确连接示波器并读取 LIN-BUS 数据总线波形				
	3. 能使用万用表、故障诊断仪对 LIN-BUS 数据总线进行检测				
	4. 在小组完成任务过程中所起作用				
职业素养	1. 学习态度:积极主动参与学习	2			
	2. 团队合作:与小组成员一起分工合作,不影响学习进度				
	3. 现场管理:服从工位安排、执行实训室"5S"管理规定				

项目四 丰田 BEAN 车身电子局域网络故障检修

Description 项目描述	丰田 BEAN(Body Electronic Area Network,车身电子局域网络),是丰田汽车专利的双向通信网络,它是一种多总线车身电子局域网,应用在丰田车系的车身控制系统中。在本项目中通过布置"丰田 BEAN 网络故障检修"任务书,学生分组后在老师的指导下经过信息收集、制定检修计划、实施任务等环节,利用万用表、示波器等工量具对丰田 BEAN 网络教学台架或丰田 BEAN 教学车进行各种检测维修,完成丰田 BEAN 网络的理论知识学习和检修任务,使学生真正掌握丰田 BEAN 车身电子局域网络检修的专业知识和职业技能。在本项目学习中以丰田锐志轿车为检修对象
Objects 项目目标	1. 了解 BEAN 车身电子局域网络的组成和应用状况 2. 熟知 BEAN 车身电子局域网络的数据通信原理和数据结构 3. 能用示波器、万用表和故障诊断器等仪器对 BEAN 车身电子局域网络进行各种检测,具备分析判断能力,同时能对 BEAN 车身电子局域网络的故障进行修复
Tasks 项目任务	任务:丰田 BEAN 车身电子局域网络故障检修
Implementation 项目实施	客户报修 → 维修接待 收集信息 → 信息处理 制订计划 → 制订计划 故障排除 → 实施维修 故障检验 → 实施维修 工作考核 → 检验评估

一、维修接待

按照表 4-1-1 完成待修车辆的维修接待,并准确填写车载网络诊断接车问诊表。

表 4-1-1　车载网络诊断接车问诊表

车载网络接车问诊表

车牌号：_____	车型：_____	车架号：_____	行驶里程：_____（km）
用户名：_____	电话：_____	来店时间：____/____	

车载网络类型：BEAN 车身电子局域网络
故障症状（与客户交谈的结果）：

　一辆丰田锐志轿车出现按动左前车门 MPX 主开关，左前车门车窗和两个后车门车窗不工作的故障现象

接车员：_____

车间症状确认（技师对故障进行验证）：

　两个后车门车窗电机和左前车门车窗电机不工作，右前车门正常，初步判断为左前车 MPX 主开关与 MPX 车身电脑之间的 BEAN 网络有通信故障

维修技师：_____

检查结果和所需更换维修项目：

接车员：_____　　　维修技师：_____　　　客户确认：_____

二、信息收集

1. 丰田锐志车载多路通信系统概述

丰田锐志轿车上配备了智能钥匙、智能 AFS、泊车辅助等丰富的系统，为实现网络化控制、智能化控制，在锐志轿车上采用了多路传输系统 MPX（Multiplex Communication）。由 CAN（控制器局域网）、AVC-LAN、BEAN（仪表）、BEAN（转向柱和车门总线）共同组成一个完整 MPX，其拓扑结构图见图 4-1-1。

2. BEAN 车身电子局域网络结构原理

1）BEAN 车身电子局域网络通信原理

BEAN（Body Electronic Area Network，车身电子局域网络），是丰田汽车专利的双向通信网络，它是一种多总线车身电子局域网。由仪表板 BEAN 系统、转向柱 BEAN 系统和车门 BEAN 系统组成。

BEAN 车身电子局域网络是时间分割多路双向通信系统，可使构成网络的所有 ECU 通过交错时间、使用单一通信线路（总线）来传输或接收数据。因此，ECU 可根据普遍适用的通信协议进行操作，保证了可靠畅通的通信。

BEAN 使用的数据由包括优先权（PER）、目的地（DST-ID）、数据类型（MES-ID）等信息的数据信号组成。嵌入 ECU 的 BEAN 通信电路按 10 Kbps 的速度发送这些信号。BEAN 通信原理和数据结构见图 4-1-2。

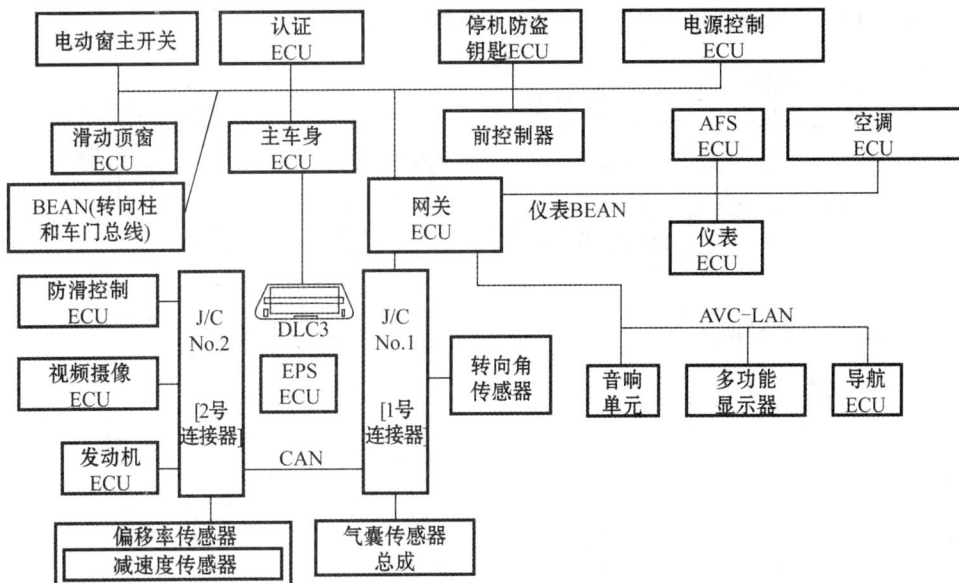

图 4-1-1 丰田锐志轿车 MPX 拓扑结构图

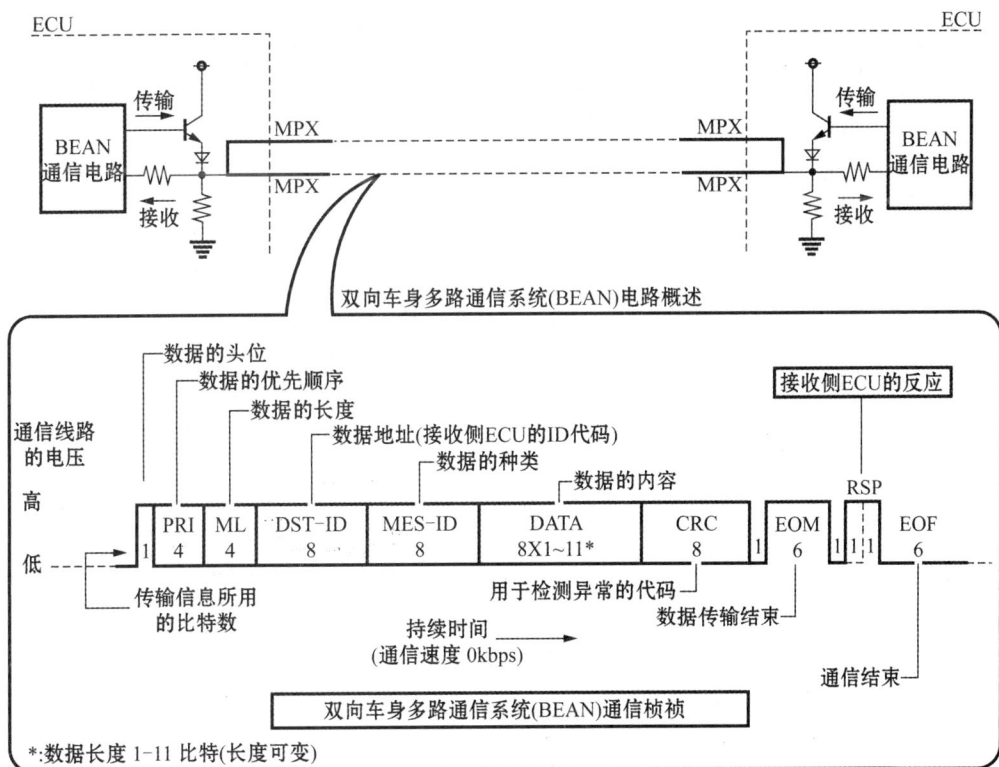

图 4-1-2 BEAN 通信原理和数据结构

从图 4-1-2 可知,BEAN 车身电子局域网络的通信链路采用了比较特殊的连接方式,因此 BEAN 的链路故障表现也与前面学习的 LIN-BUS 等总线有区别。BEAN 系统的链路的故障情形如图 4-1-3 所示,不同链路故障会出现不同通信故障表现。

断路故障1:有故障码输出　　　　　　短路故障:无法通信

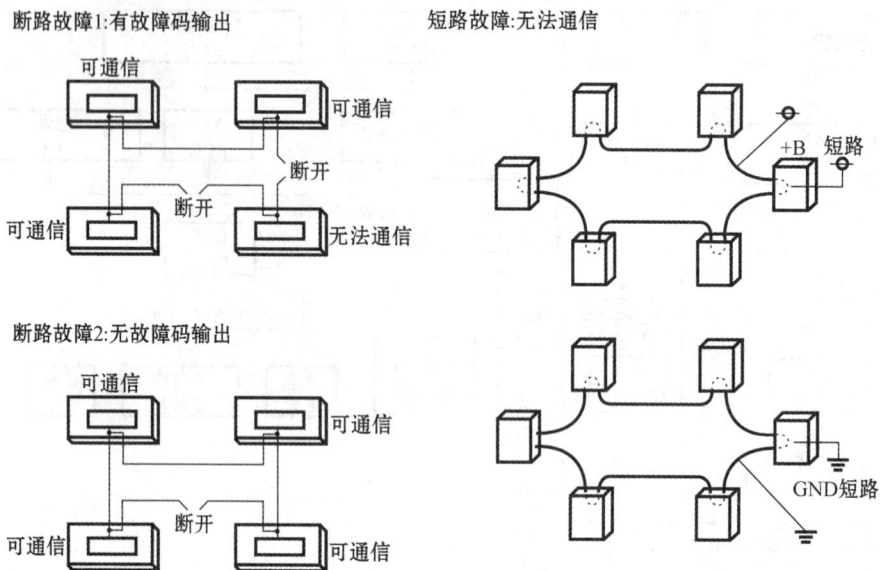

断路故障2:无故障码输出

图 4-1-3　BEAN 系统链路的故障示意图

2）锐志轿车 BEAN 车身电子局域网络的结构特点

（1）仪表板多路通信网络（BEAN 1）。

仪表板多路通信网络连接了仪表 ECU、空调 ECU、AFSECU 等控制单元,其网络拓扑结构见图 4-1-4,各控制单元功能见表 4-1-2。

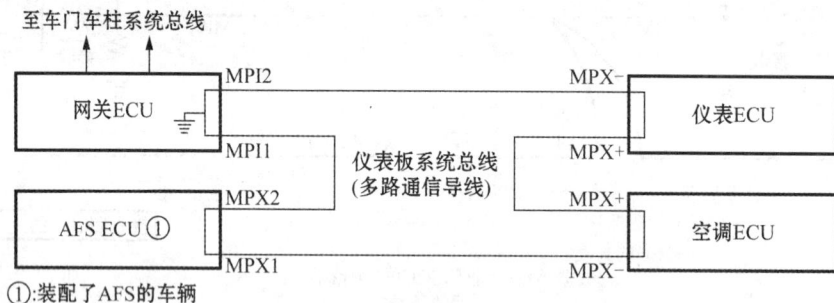

图 4-1-4　仪表板多路通信网络拓扑结构

表 4-1-2　仪表板多路通信网络各控制单元功能

ECU	主要功能
AFS ECU	控制 AFS 系统
仪表 ECU	控制仪表和计量表系统
空调 ECU	控制加热器和空调系统以及车窗除雾器系统
网关 ECU	在 CAN 通信和各车载多路通信之间转播数据

（2）车门车柱系统多路通信网络（BEAN 2）。

车门车柱系统多路通信网络连接车门控制单元、电动窗 MPX 开关等控制单元,其网络拓扑见图 4-1-5,控制单元安装位置见图 4-1-6,各控制单元功能见表 4-1-3。

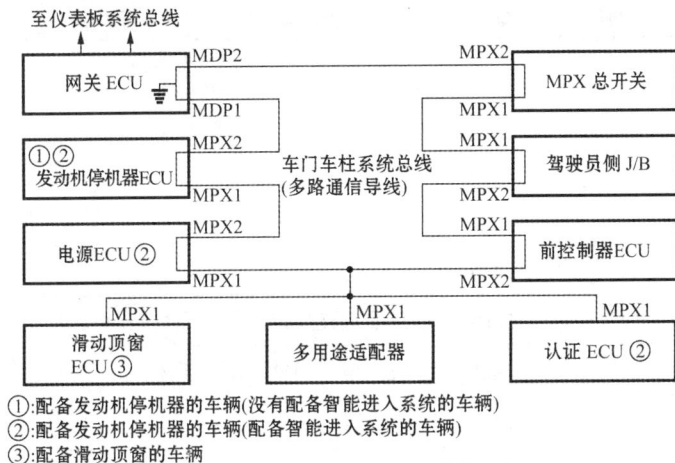

图 4-1-5 车门车柱系统多路通信网络拓扑

①:配备发动机停机器的车辆(没有配备智能进入系统的车辆)
②:配备发动机停机器的车辆(配备智能进入系统的车辆)
③:配备滑动顶窗的车辆

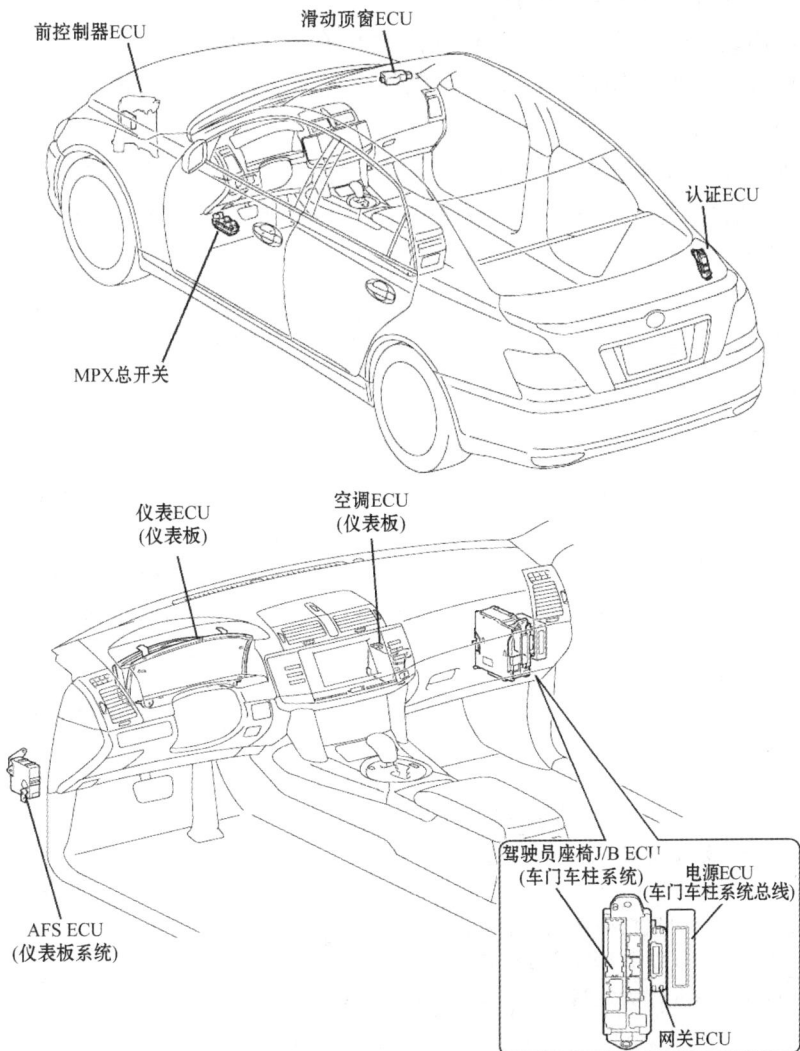

图 4-1-6 车门车柱系统多路通信网络控制单元安装位置

表 4-1-3　车门车柱系统多路通信网络各控制单元功能

ECU	主要功能
发动机停机器 ECU	控制防盗(停机器)系统
电源 ECU	控制按键起动系统
滑动顶窗 ECU	控制滑动顶窗系统
认证 ECU	控制智能进入和起动系统
前控制器 ECU	控制车灯(前照近光灯以外的前照灯)和喇叭
驾驶员侧 J/BECU	控制电动车窗、电子门锁和防盗系统
MPX 总开关	控制电动车窗系统
网关 ECU	在 CAN 通信和各车载多路通信之间转播数据

（3）BEAN 网络睡眠和叫醒功能。

车身多路通信系统(BEAN)中，ECU 在点火开关切换到 OFF 后不会停止控制(使用＋B 电源操作)，ECU 监测到用户已经离开车辆的情况，它会启动睡眠控制(改变为低电流消耗模式)，以便减少暗电流。

如果任何一个处于睡眠控制的 ECU 检测到指定给每个 ECU 的"控制起动状态"，该 ECU 会把"叫醒信号"通过车身电子区域网的通信线路传输给其他 ECU，从而起动整个车身电子区域网系统。

（4）定制功能。

通过把诊断工具连接到 DLC3 上，可以改写内置在各 ECU 的非易失存储器 IC，来调节各种功能(如改变设置值等)。如表 4-1-4 所示。

表 4-1-4　各控制单元可定制功能

控制 ECU	内　容	诊断工具名称	设置(初始设置为前缀)
空调 ECU	加热器和空调-通信系统		
	• 取消 FOOT/DEF 自动模式	FOOT/DEF 连动	可连动/无连动
	• 设置空调操作开关的蜂鸣器	声音设置 SW 操作蜂鸣器的声音	有该功能/无该功能
	• 设置进气口自动模式	车内温度的初始化设置	有该功能/无该功能
	• 设置压缩机自动模式	压缩机 AUTO 连动	可连动/无连动
	• 设置压缩机、进气口 DEF 连动控制	压缩机 DEF 连动	可连动/无连动
	• 设置压缩机外部可变容量控制	压缩机容量变更	有该功能/无该功能
	• 调整车外温度显示值(℃)	车外外温度显示值	0/＋1/＋2/＋3/－1/－2/－3
	• 调整预设温度(℃)	调节预设温度变化值	0/＋1/＋2/－1/－2
	• 设置冷气出风口模式(自动控制时脚底出风口处于 FACE 时模式)	脚部冷气泄漏	有该功能/无该功能
	• DEF 时风量增大控制	DEF 时风量增大	有该功能/无该功能

续　表

笔记

控制 ECU	内　容	诊断工具名称	设置（初始设置为前缀）
仪表 ECU	车身电气-组合仪表系统		
	·调整钥匙提醒蜂鸣器音量	钥匙提醒蜂鸣器音量	大/中/小
	·调整钥匙提醒蜂鸣器鸣响周期（ms）	钥匙提醒蜂鸣器周期	0.6秒/0.9秒/1.2秒
	·设置车速警告蜂鸣器	车速警告蜂鸣器	无该功能/有该功能
驾驶员侧 J/BECU	防盗-电子门锁系统/防盗-无线遥控模式控制系统		
	·无设置线反馈功能	无线反馈功能	有该功能/无该功能
	·设置行李箱开启器（通过发射器操作）	行李箱开启器	0.8ON/ON/2 次 ON/禁止
	·设置无线遥控主要功能	无线遥控主 SW	有该功能/无该功能
	·设置运行确认蜂鸣器功能	运行确认蜂鸣器	有该功能/无该功能
	·设置车门微开警告功能	车门微开警告	有该警告/无该警告
	车身电气-照明系统（进车照明系统）		
	·设置开锁时车内照明灯亮起的控制	开锁时顶灯亮起	亮起/不亮起
	·设置进车照明系统控制（除车内灯外）	照明灯亮起	有该功能/无该功能
	·调整进车照明系统的亮起时间（秒）	车内照明灯亮起	ACC OFF 15/7.5/30
	·点火钥匙转到 IG(ACC)OFF 时，设置车内照明灯亮起的控制	车内照明灯亮起时间	有该功能/无该功能
	·设置车顶大型照明灯亮起的控制	低光调整	有该功能/无该功能
	·设置车顶大型照明灯亮起（照明度）的控制	低光时的照明度	0～100%
	车身电气-照明系统（照明控制系统）		
	·光线控制传感器的感应度（%）的调整	调整照明控制的感应度±	0/−40/−20/+20/+40
	·选择尾灯亮起延迟时间照明控制	延迟时间	标准/长
	·显示屏变光（水平）的敏感度（DN:变光）的调整	显示屏变光开始水平	0/−2/−1/+1/+2
	·显示屏变光（水平）的敏感度（DF:变光取消）的调整	显示屏变光恢复水平	0/−2/−1/+1/+2
MPX 总开关	车身-电动车窗系统		
	·设置车门钥匙连动的电动车窗（上升）功能	车门钥匙连动的 P/W 上升	有该功能/无该功能
	·设置车门钥匙连动的电动车窗（下降）功能	车门钥匙连动的 P/W 下降	有该功能/无该功能
	·设置发射器连动的电动车窗（上升）功能	车门钥匙连动的 P/W 上升	有该功能/无该功能
	·传递器连动的电动车窗（下降）功能的设置	遥控器连动的 P/W 下降	有该功能/无该功能

续　表

控制 ECU	内　容	诊断工具名称	设置(初始设置为前缀)
滑动顶窗 ECU	车身-滑动顶窗系统		
	·设置车门钥匙连动滑动顶窗开启功能	车门钥匙连动开启	有该功能/无该功能
	·设置车门钥匙连动滑动顶窗关闭功能	车门钥匙连动关闭	有该功能/无该功能
	·设置发射器连动滑动顶窗开启功能	遥控器连动开启	有该功能/无该功能
	·设置发射器连动滑动顶窗关闭功能	遥控器连动关闭	有该功能/无该功能
	·选择车门钥匙连动滑动顶窗的操作	车门钥匙连动操作方向	滑动/倾斜
	·选择发射器连动滑动顶窗的操作	遥控器连动操作方向	滑动/倾斜
认证 ECU	防盗-智能进入和起动系统		
	·调整点火操作条件(钥匙检测范围)	进入点火	前后座椅/前排座椅
	·设置行李箱开启器的功能	进入行李箱开启器	有该功能/无该功能
	·设置电动车窗(上升)功能	进入电动车窗上升	有该功能/无该功能
	·设置将钥匙忘记在行李箱内的警告功能	防止行李箱钥匙被锁在车内	有该功能/无该功能
	·调整车外请求信号的定期发送间隔(秒)	驻车时车外认证信号发送间隔	0.3/0.15/0.45/0.6
	·调整驻车待机状态的待机时间(秒)	驻车状态的待机时间	2.5/0.5/1.5/5.0
	·设置并调整点火开关忘记关闭的警告时间(秒)	点火 SW 忘记关闭的警告	2/1/0:无
	·设置钥匙电池余量的警告	钥匙电池低容量的警告	有该功能/无该功能
	·设置点火操作时,在钥匙区域外的警告	钥匙不在区域内的警告	有该功能/无该功能
	·钥匙持出警告的无线蜂鸣器鸣响次数的调整以及设置	钥匙持出时的蜂鸣次数	3/5/7/0:无
	·设置在 P 档位时驾驶员将钥匙带出车外的警告	钥匙带出车外的警告(P 档位)	有该功能/无该功能
	·设置不在 P 档位时驾驶员将钥匙带出车外的警告	钥匙带出车外的警告(除 P 档位以外)	有该功能/无该功能
	·设置车上其他乘员将钥匙带出车外的警告	钥匙带出车外的警告(车辆上其他乘员)	有该功能/无该功能
	·设置将钥匙忘记在车内的警告	功能钥匙提醒蜂鸣器	2/1/0:无

3. 锐志轿车 BEAN 车身电子局域网络控制功能

1) 电动车窗系统

所有的车门玻璃均具有防夹机构和点火钥匙断开操作功能,并且所有车型标配有单触式自动电动车窗。另外,防夹机构不仅在自动上升操作时,即便是在手动上升操作时也起作用。

　　车门玻璃的遥控是利用嵌入式 MPX 车身 1 号 ECU 的 BEAN 车身多路通信系统来进行的,这就减少了线束的使用。

　　系统控制中通过脉冲传感器(霍尔 IC)来检测必须的车门玻璃位置/移动方向,以求系统的简化。另外,在实施检查、调整之后的情况下有必要进行初始化操作。

　　(1)电动车窗的组成部件。

　　电动车窗各部件的安装位置见图 4-1-7,部件控制功能见表 4-1-5,车窗控制开关结构见图 4-1-8。

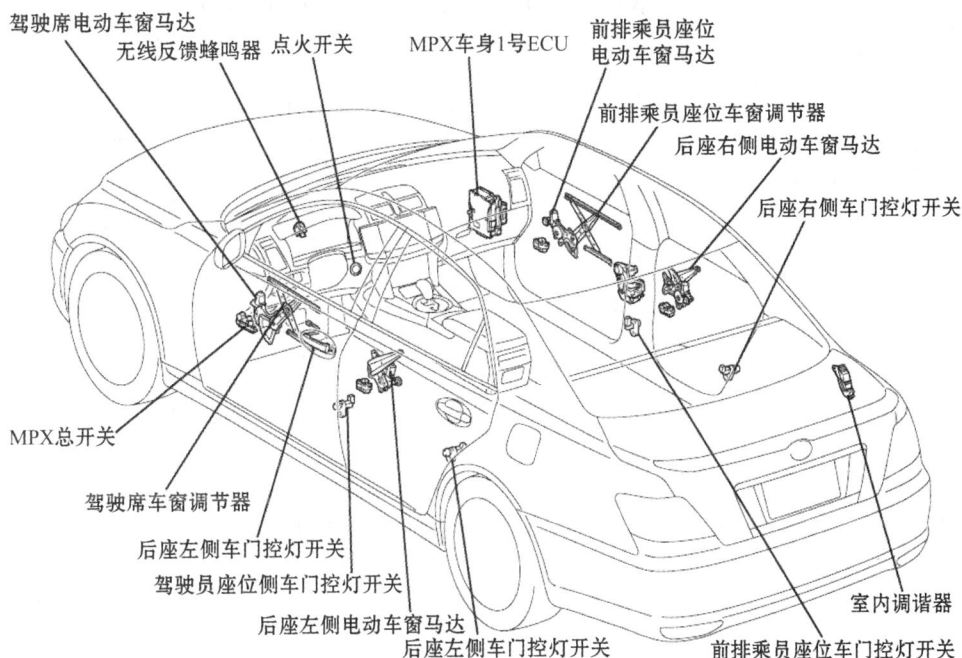

图 4-1-7　电动车窗各部件的安装位置

表 4-1-5　电动车窗系统的主要组成部件功能

组成部件	主要功能
车窗调节器	· 通过各个座位上的电动车窗马达的正转/反转,车门玻璃就能上升/下降
电动车窗马达	· 通过正转/反转,就能驱动各个座位上的车窗调节器 · 脉冲信号输出到 MPX 总开关、MPX 各个座位的车门玻璃开关上
MPX 总开关	· 进行电动车窗系统的主控 · 通过内置继电器,驱动驾驶员座椅电动车窗马达 · 各个座位上的车门玻璃的电动车窗遥控信号通过双向车身多路通信发送到 MPX 车身 1 号 ECU · 检测车窗锁定开关的状态信号,通过双向多路通信发送到 MPX 车身 1 号 ECU · 从驾驶员座椅 J/B、ECU 接受无线电动车窗控制信号 · 判定驾驶员座位车门玻璃夹物

笔记

组成部件	主要功能
MPX 车身 1 号 ECU（驾驶员侧 J/BECU）	·钥匙开锁提醒开关、驾驶员座位车门控灯开关等的状态信号通过双向车身多路通信发送到 MPX 总开关 ·接受从智能接收器发出的信号，通过双向车身多路通信把无线电动车窗信号发送到 MPX 总开关
MPX 前排乘员座椅、后座椅右侧、后座椅左侧车门玻璃开关	·通过内置继电器，驱动各个座位上的电动车窗马达 ·判定各个座位上的车门玻璃是否夹物
点火开关	·检测点火开关的状态（IG·ON/IG·OFF），输出到 MPX 总开关等
各座位（驾驶员座椅、前排乘员座椅、后座椅左侧、后座椅右侧）车门控灯开关	·检测出各座位车门的开闭状态（车门开：ON，车门关：OFF），传输到驾驶员侧 J/BECU。点火钥匙断开操作判定条件
驾驶员座位门锁总成	·检测内置的门锁控制开关（用于钥匙连动）以及驾驶员座位门锁位置开关的状态（闭锁时：OFF，开锁时：ON，输出到 MPX 总开关
室内调谐器	·接收、判断从智能钥匙发出的微弱电波（识别码），如果识别为本车码，便把各种操作信号发送到认证 ECU 中
钥匙	向室内调谐器发出微弱的电波（识别码）

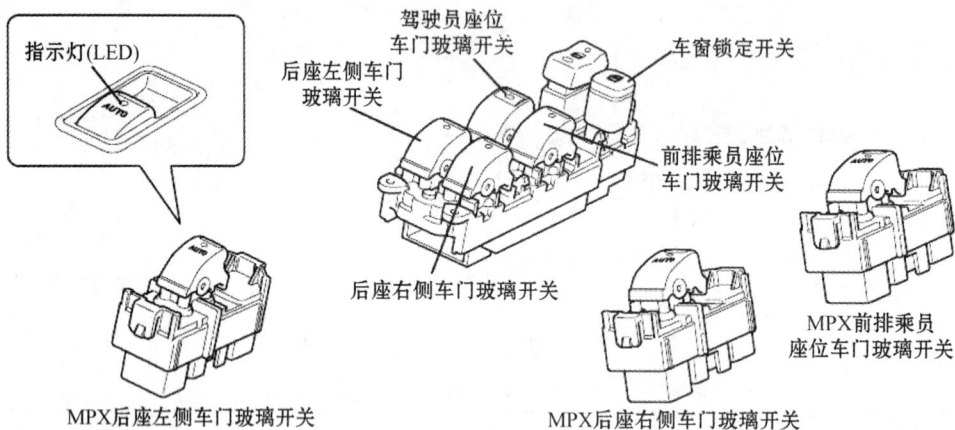

图 4-1-8　车门玻璃开关的构成

（2）电动车窗系统的电路控制。

电动车窗控制电路如图 4-1-9 所示。

① 手动上升和下降功能电路分析：

　　a. 通过各个座位的车门玻璃开关操作：打开点火开关，将 MPX 总开关的驾驶员座位车门玻璃开关或者 MPX 各个座位车门玻璃开关置于上升（下降）一方实行一级操作，通过内置的 CPU 向手动上升一方（下降一方）输入 ON，就使上升继电器（下降继电器）置于 ON。这时下降继电器（上升继电器）会形成接地电路，电流从 BDR1 端子→上升继电器（下降继电器）→DUP 端子（DDN 端子）→电动车窗马达→DDN 端子（DUP 端子）→下降继电器（上升继电器）→地线，各个座位的电动车窗马达便会转向各自的上升（下降）方。若 CPU 检测出开关 OFF，就把这时的上升继电器置于 OFF，停止电动车窗马达。

笔记

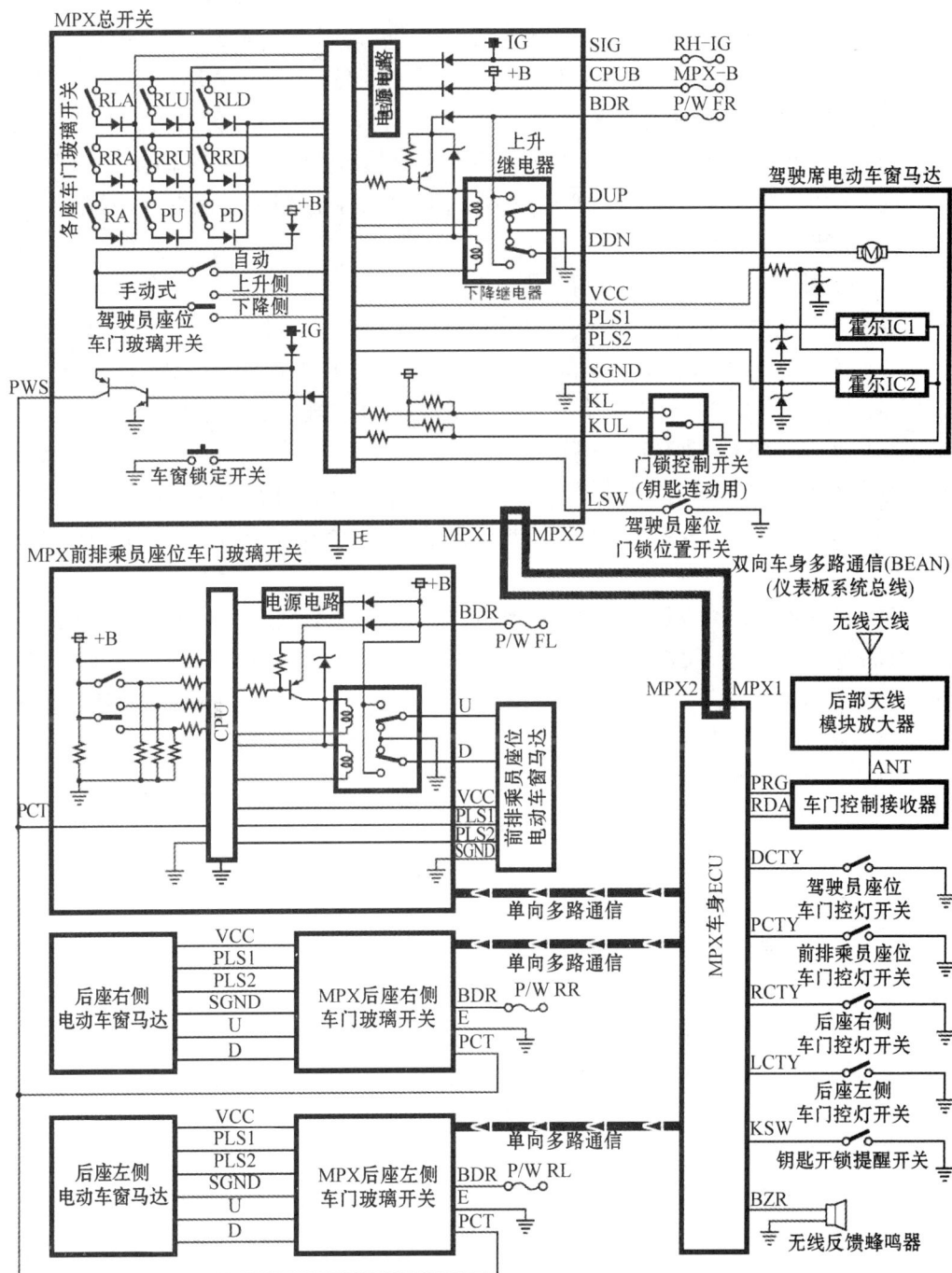

图 4-1-9　电动车窗电路图

注:MPX 后座右侧·后座左侧车门玻璃开关的内部电路是和 MPX 前排乘员座位车门玻璃开关同样的。

笔记

　　b. 通过 MPX 总开关进行遥控:打开点火开关,把 MPX 总开关的各个车门玻璃的开关在上升(下降)方进行 1 级操作,内置的 CPU 就会输入 UP 开关 ON。通过双向车身多路通信,把这作为该开关的"遥控上升(下降)"信号发送到 MPX 车身 1 号 ECU。MPX 车身 1 号 ECU 把接受的双向车身多路通信数据转换到单向多路通信数据,传送到 MPX 各个座位车门玻璃开关。该 MPX 车门玻璃开关接收"遥控自动上升(自动下降)"信号的过程中,通过各个座位的车门玻璃开关的手动操作一样地使电动车窗马达转向上升(下降)位置。把 MPX 总开关的各个座位的车门玻璃置于 OFF,这时,CPU 就会停止发送"遥控上升(下降)"信号,停止该车门玻璃开关操作。

　　② 自动上升和下降功能电路分析:

　　a. 通过各个座位的车门玻璃开关自动操作:打开点火开关,将 MPX 总开关的驾驶员座位车门玻璃开关或者 MPX 各个座位车门玻璃开关置于上升(下降)一方实行 2 级操作,内置的 CPU 在输入向手动上升一方(下降一方)ON 的同时,也会输入自动开关 ON。据此,和上升继电器置于 ON 进行手动上升(下降)操作同样,会使各个座位的电动车窗马达运转。这时内置的 CPU 对电动车窗内置的霍尔 IC 发出的脉冲信号进行计数,即便检查出开关 OFF,也会通过电动车窗马达的转数检查到车门玻璃到达全闭(全开)位置为止,将上升继电器持续置于 ON。

　　b. 通过 MPX 总开关进行遥控自动操作:打开点火开关,对于上升(下降)MPX 总开关的各个座位的车门玻璃开关进行上升(下降)方的 2 级操作,内置 CPU 输入 UP 开关 ON 以及自动开关 ON,通过双向车身多路通信,作为该开关的"遥控自动上升(下降)"信号发送到 MPX 车身 1 号 ECU。MPX 车身 1 号 ECU 把接受的双向车身多路通信数据转换到单向多路通信数据,传送到 MPX 各个座位车门玻璃开关。该 MPX 车门玻璃开关接收"遥控自动上升(自动下降)"信号,通过 MPX 各个座位的车门玻璃开关自动操作一样地转到电动车窗马达全闭(全开)位置。

　　存在以下条件之一的情况下,便停止自动操作。

　　· 自动操作控制中的开关能检测出车门玻璃的全闭(全开)。

　　· 自动操作控制中的开关,输入方向操作开关 ON。

　　· 从自动操作开始大约经过 10 s。

　　· 自动操作控制中的开关,通过单向多路通信接受反向的"遥控"信号或者"车窗锁定"信号。

　　③ 车门钥匙连动车门玻璃上升和下降功能电路分析:

　　把钥匙半插开关置于 OFF,门锁控制开关连续锁定(开锁)1.5 s 以上 MPX 总开关在经过 1.5 s 后就能检测到驾驶员座位车门锁定状态开关置于 OFF(ON),并开始车门钥匙连动控制。通过开始车门钥匙连动控制,MPX 总开关把上升继电器(下降继电器)置于 ON,让驾驶员座椅电动车窗马达转向上升(下降)一方。与此同时,通过双向车身多路通信把各个座位上的车门钥匙上升(下降)操作指示信号发送到 MPX 车身 1 号 ECU 中。

　　MPX 车身 1 号 ECU 如果接收了前排乘员座椅/后座椅右侧/后座椅左侧车门的无线电动车窗上升(下降)操作指示信号,就能把这些信号作为单向多路通信的数据,发送到该

MPX 各座位车门玻璃开关,和遥控手动操作一样,使各个座位的电动车窗马达旋转到上升(下降)一侧。

④ 发射器连动车门玻璃上升和下降功能电路分析:

MPX 总开关通过双向车身多路通信接收从驾驶员座椅 J/BECU 发出的无线电动车窗上升(下降)工作指示信号,把内置的上升继电器(下降继电器)设置为 ON,使驾驶席电动车窗马达向上升(下降)方向运转。与此同时,通过双向车身多路通信把各个座位上的车门无线电动车窗上升(下降)操作指示信号发送到 MPX 车身 1 号 ECU 中。

MPX 车身 1 号 ECU 如果接收了前排乘员座椅/后座椅右侧/后座椅左侧车门的无线电动车窗上升(下降)操作指示信号,就能把这些信号作为单向多路通信的数据,发送到该 MPX 各座位车门玻璃开关,和遥控手动操作一样,使各个座位的电动车窗马达旋转到上升(下降)一侧。

⑤ 电动车窗防夹控制:

防夹机构控制,由各个座位车门的电动车窗开关控制各自的车门玻璃。在手动上升或者是自动上升操作中,只要玻璃夹住了异物,车门玻璃就会自动地下降约 50 mm(或者是大约 1 s)。(车门玻璃在下降操作的时候,在下降 50 mm 之前车门玻璃就处于全开位置的情况下,这时候就停止操作),这时,车门玻璃的打开量还未达到约 200 mm 的情况下,就进行打开量为 200 mm(或者是大约 5 s)的下降操作。

出现电动车窗马达锁定、转速发生变化、脉冲紊乱、电压降低的任何一个情况发生后,电动车窗开关就会认为是夹物,进行反向旋转操作。为了防止误操作,车门玻璃位置处于规定区间内的情况下不被判断为夹物。

⑥ 电动车窗的初始化操作:

在检查和调试后,重新连接上蓄电池,(+B 电源初次投放使用的时候),或是中断电动车窗的连接的时候,因为系统所记忆的车门玻璃的位置信息丢失,有必要通过初始化操作向系统"学习"车门玻璃位置。在现在的车门玻璃位置无法向系统"学习"的情况下,防夹机构等一部分的功能将不起作用。

初始化操作步骤:

· 初始化操作需要使车门玻璃开度约大于 1/4 以上进行。

· 初始化操作需要对各个座位上的车窗玻璃进行操作(通过遥控操作无法进行初始化)。

· 打开点火开关,各个座位的车门玻璃开关保持在自动上升状态。在车门玻璃关闭后大约 1 s 内把开关置于自动上升状态,系统就把车门玻璃全闭状态作为基准位置(起始点 0)进行记忆。

2) 后视镜/后窗加热器系统

在 U 等级中标配有"带后视镜加热器功能的电动收拢遥控式车门后视镜"。另外,后视镜加热器开关也兼作后窗除霜器开关。

系统组成见图 4-1-10,各部件主要功能见表 4-1-6,系统原理框架图见图 4-1-11。

笔记

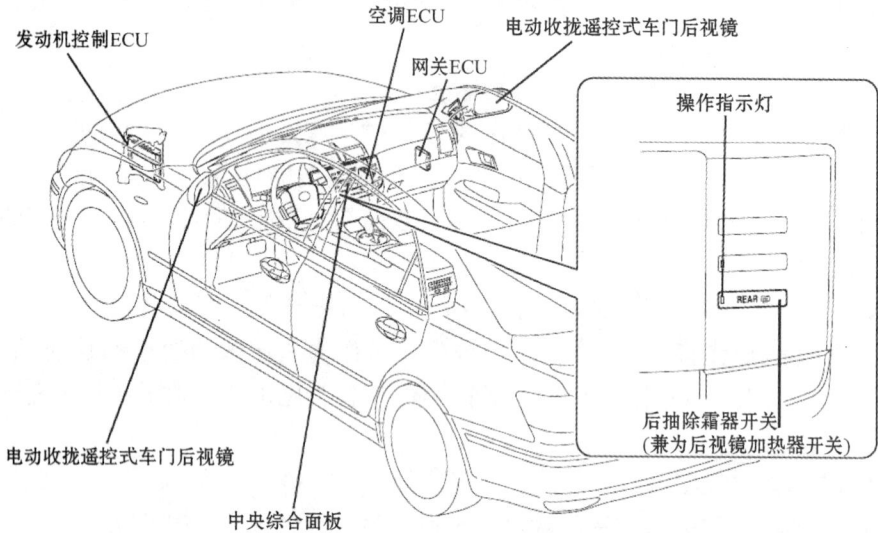

图 4-1-10　后视镜/后窗加热器系统部件安装位置

表 4-1-6　后视镜/后窗加热器系统各部件主要功能

组成部件	主要功能
带后视镜加热器功能的电动收拢遥控式后视镜	
网关 ECU	作为各通信网络(LIN 通信、双向车身多路通信/CAN 通信)的连接点,中继通信数据
综合控制面板向空调 ECU	发送后视镜加热器的操作要求信号
空调 ECU	将后视镜加热器继电器驱动要求信号发送到发动机控制 ECU 中
发动机控制 ECU	接受各个操作要求/状态信号,驱动后视镜加热器等

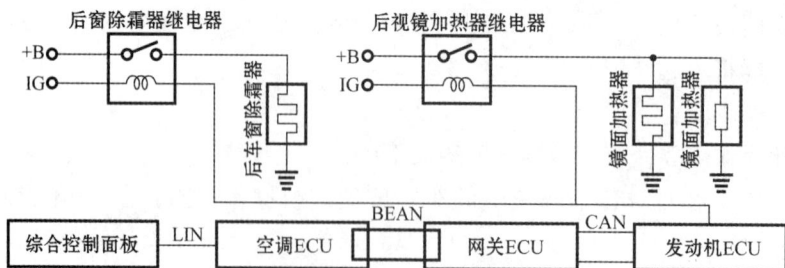

图 4-1-11　后视镜/后窗加热器系统原理框架图

(1) 后视镜加热器功能。

打开点火开关,把综合控制面板内的后窗除霜器开关(兼作后视镜加热器开关)置于 ON,通过 LIN 通信,向空调 ECU 发送后窗除霜器操作要求信号。接受到这个信号的空调 ECU,通过双向车身多路通信,把后视镜加热器继电器驱动信号发送到网关 ECU。网关 ECU 将这信号通过 CAN 通信发送到发动机 ECU,将后视镜加热器继电器置于 ON,使后视镜加热器发热。正时器时间的计数由空调 ECU 进行,后视镜加热器继电器驱动信号持续发送 15 min 后,停止信号的发送。

<<<< -

（2）后窗除霜功能。

打开点火开关时,把综合控制面板内的后窗除霜器开关(兼作后视镜加热器开关)置于 ON,通过 LIN 通信,向空调 ECU 发送后窗除霜器操作要求信号。接受到这个信号的空调 ECU,通过双向车身多路通信以及 CAN 通信,把后窗除霜器继电器驱动信号发送到发动机控制 ECU。发动机控制 ECU 接收到这个信号,把后窗除霜器继电器置于 ON,后窗除霜器就会发热。正时器时间的计数由空调 ECU 进行,后窗除霜器继电器驱动信号持续发送 15 min 后,停止信号的发送。

3）灯光系统

（1）照明系统控制电路。

使用多路通信线路控制照明系统的 ECU(包括 MPX 车身 1 号 ECU、MPX 车身 2 号 ECU 等),发送和接收进行各种照明控制所必需的信号,同时也接收来自连接在 MPX 车身 1 号 ECU 的各个开关的信号,对各种指示灯的点亮和熄灭进行控制。各控制部件安装见图 4-1-12,控制系统电路图见图 4-1-13 和图 4-1-14。

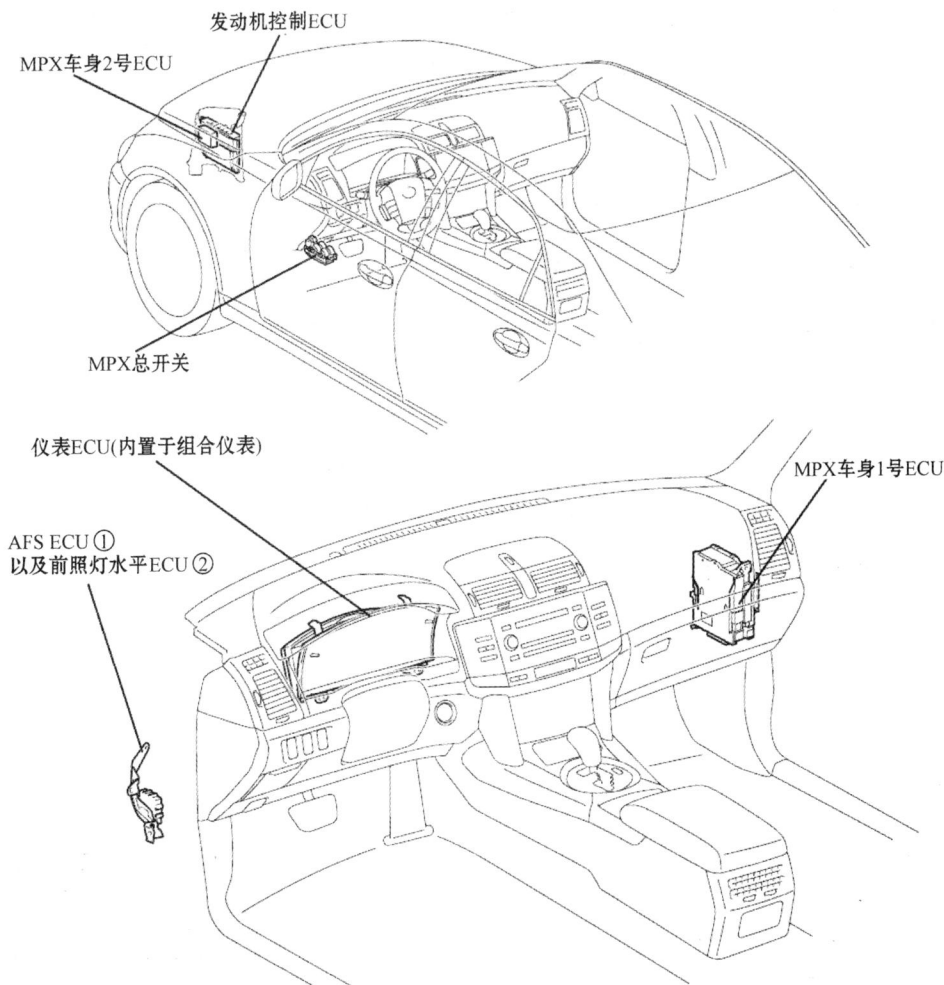

图 4-1-12 灯光控制系统各控制部件安装
① 配备智能 AFS 的车型 ② 没有配备智能 AFS 的车型

笔记

车外照明灯

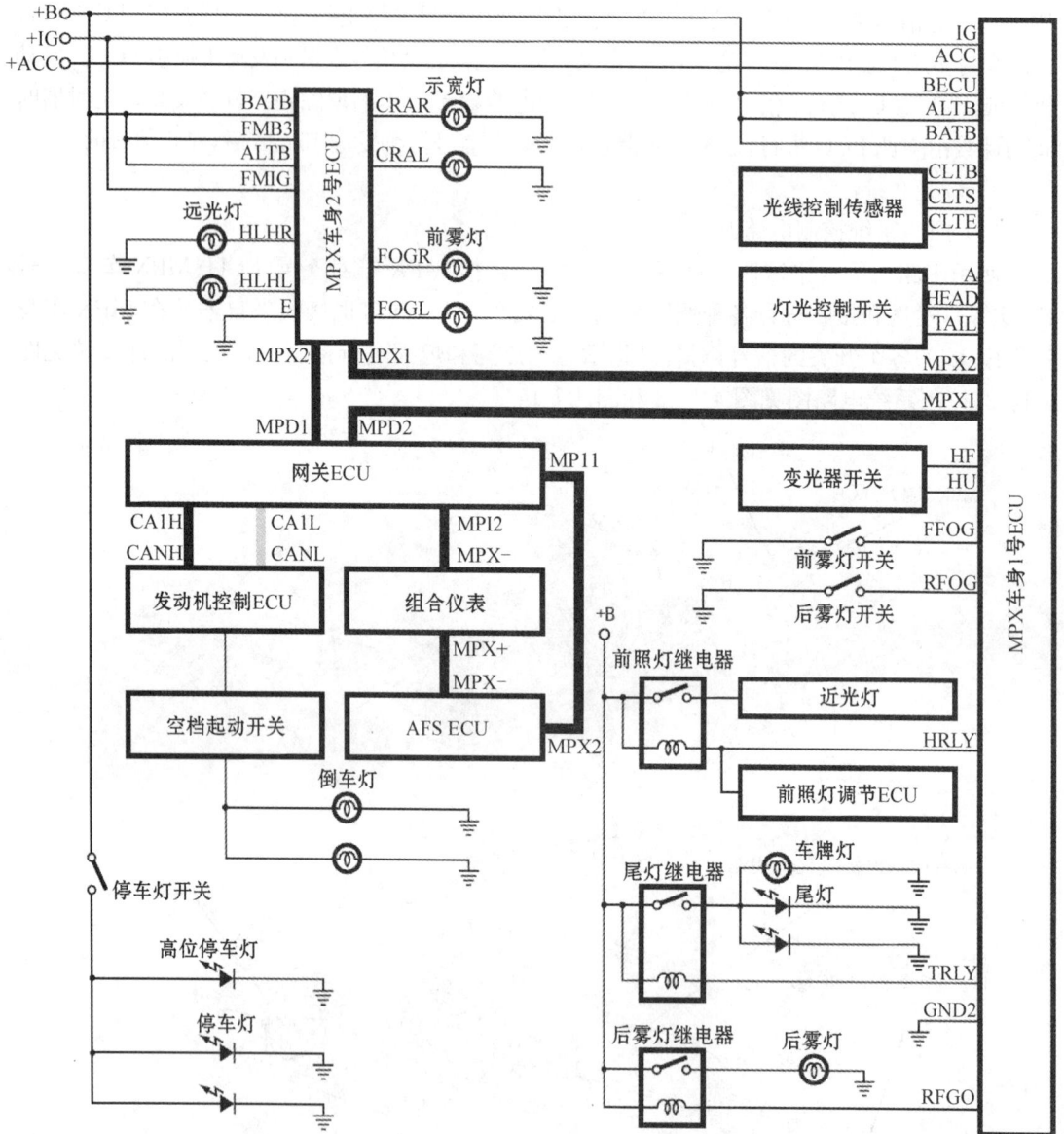

图 4-1-13　车外灯控制电路

（2）自动灯光控制系统。

所有车型标配有自动灯光控制系统，打开点火开关后，将灯光控制开关置于 AUTO 位置，检测到周围环境的明暗，便会自动地点亮尾灯以及前照灯。

MPX 车身 1 号 ECU 安装在副驾驶席侧的仪表板内部，自动灯光控制系统的电路内置于 ECU 内。在灯光控制系统的控制下，如果在前照灯熄灭后马上再次点亮前照灯时，该系统会延长灯光熄灭延迟时间，以阻止前照灯瞬间打开。

车内照明

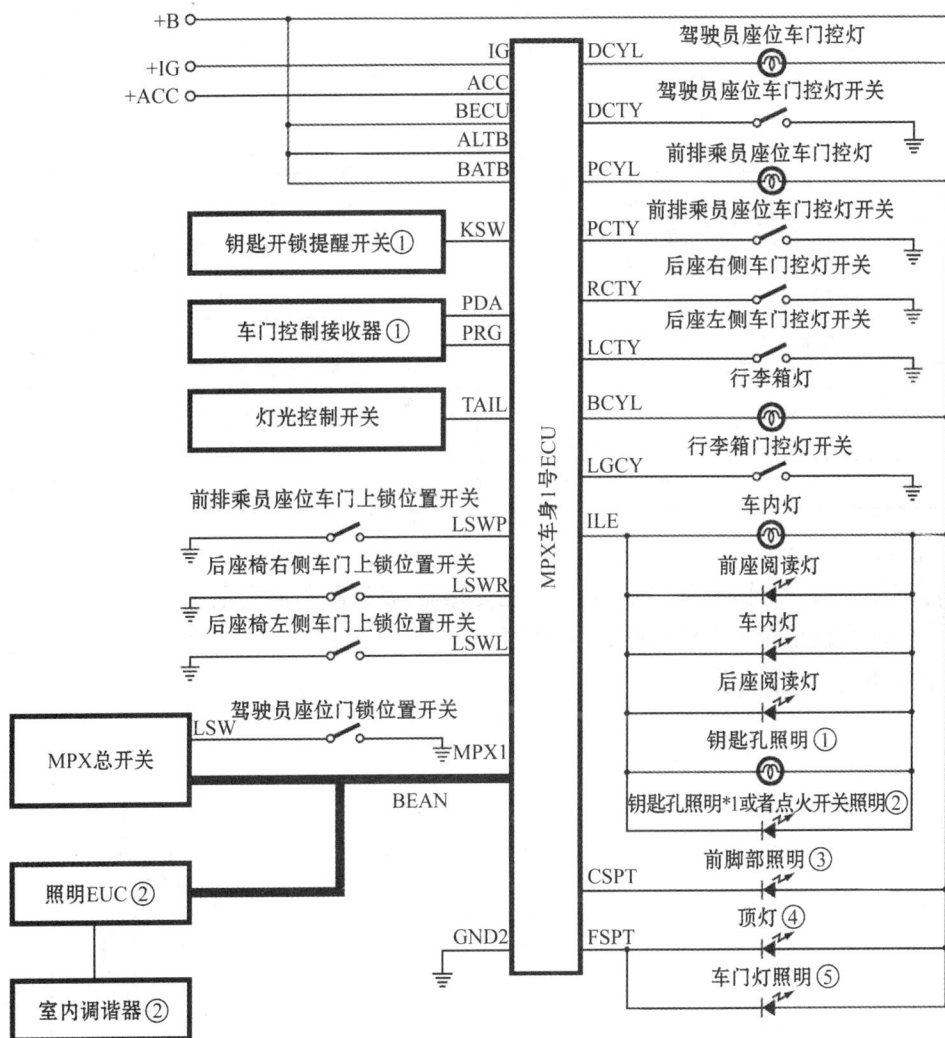

图 4-1-14 室内灯控制电路
① 未配置智能进入和起动系统的车型 ② 配备智能进入和起动系统的车型
③ 带前脚部照明的车型 ④ 带顶灯的车型 ⑤ 带门灯的车型

① 自动灯光控制系统功能。

灯光控制系统根据灯光控制开关的位置以及周围明暗等环境条件,如表 4-1-7 所示,进行尾灯、前照灯的控制。

表 4-1-7 自动灯光控制系统进行车灯操作

编号	灯光控制开关的位置	IG	驾驶员座位车门控灯开关	周围环境条件	尾灯大灯
1	OFF	—	—	—	熄灭熄灭
2	TAIL	—	—	—	亮起熄灭

续　表

编号	灯光控制开关的位置	IG	驾驶员座位车门控灯开关	周围环境条件	尾灯大灯
3	HEAD	—	—	—	亮起亮起
4	AUTO	ON	OFF	明亮	熄灭熄灭
5	↑	↑	↑	瞬间变暗	亮起熄灭
6	↑	↑	↑	昏暗	亮起熄灭
7	↑	↑	↑	暗	亮起亮起
8	↑	↑	↑	瞬间变亮	亮起亮起
9	↑	OFF	↑	暗	亮起亮起
10	↑	↑	ON	↑	熄灭熄灭
11	↑	↑	OFF	↑	熄灭熄灭
12	↑	ON	↑	↑	亮起亮起
13	↑	ON	↑	↑	亮起亮起

② 光线控制传感器。

该传感器包括一个扫描器部分（集成式光传感器）以检测车辆周围环境区域的亮度并以频率信号的形式输出至 MPX 车身 1 号 ECU。另外，该传感器位于仪表板上方前除霜器的中部。结构和安装位置见图 4-1-15。

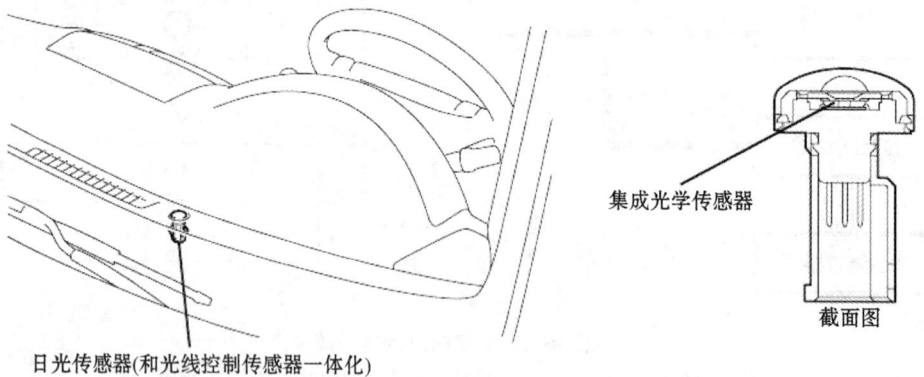

图 4-1-15　光线控制传感器结构和安装位置

③ 自动灯光控制系统功作原理。

灯光控制系统根据灯光控制开关的位置以及周围明暗等环境条件，进行尾灯、前照灯的控制。灯光控制系统的控制主要由 MPX 车身 1 号 ECU 进行，示宽灯的点亮是通过和双向车身多路通信连接的 MPX 车身 2 号 ECU 之间收发信号来控制的。控制电路见图 4-1-16，自动灯光控制系统的控制如表 4-1-8 所示（表中的编号是表 4-1-7 自动灯光控制系统进行车灯操作表中的编号）。

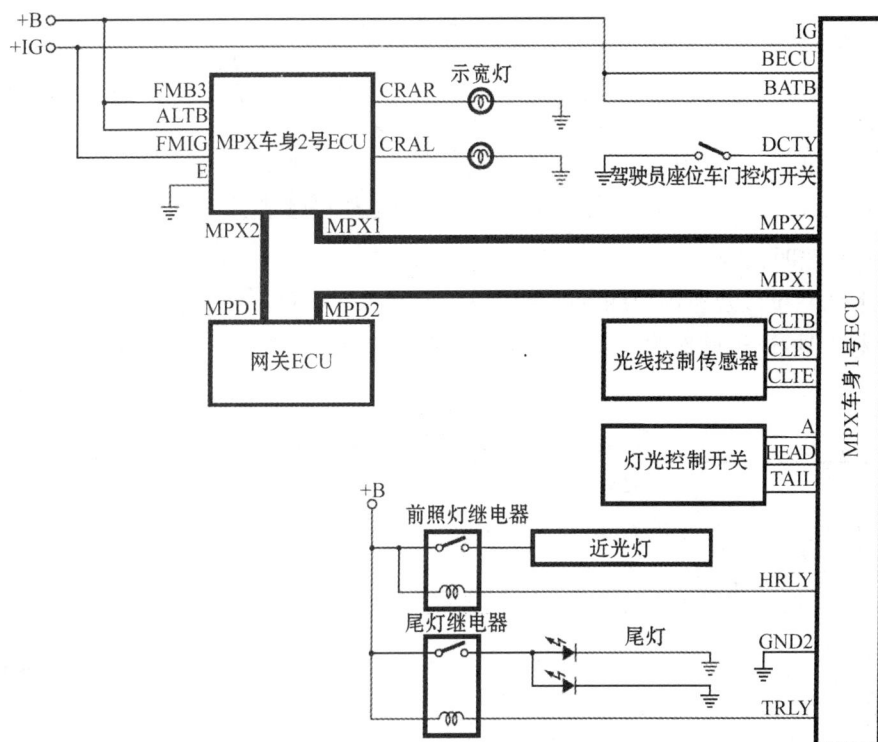

图 4-1-16　自动灯光控制电路

表 4-1-8　自动灯光控制系统的控制

操作条件	基本操作
周围环境明亮的情况下(4 号)	·周围亮度比尾灯熄灭亮度以及大灯(前照灯)熄灭亮度要明亮的情况下,尾灯和大灯同时熄灭
周围环境明亮时瞬间变暗的情况下(5 号)	·周围环境明亮时,由大灯熄灭照明度变为点亮照明度时,因为尾灯已经达到了点亮照明度,于是尾灯亮起,而大灯则不点亮。此外,如果过了延迟时间后还是暗于点亮条件的亮度,大灯会点亮,在过了延迟时间后亮于点亮条件的亮度时,大灯处于熄灭状态,这是为了防止在周围环境明亮时通过公路桥下面或者林荫道时,瞬间变暗时大灯突然点亮。不过,如果周围环境暗到需要大灯紧急点亮的照明度的情况下,大灯点亮
周围环境昏暗、很黑、突然变亮(6 号~8 号)	·周围环境比使尾灯点亮的亮度昏暗时,点亮尾灯(6 号) ·上述情况下如果比大灯点亮的亮度还要暗,大灯也会点亮(7 号) ·在大灯点亮时路灯等周围环境一下子明亮起来的情况下,大灯也不会熄灭(8 号)
关闭点火开关(9 号)	·从前述(6 号~8 号)的状态将关闭点火开关,尾灯以及大灯均保持点亮。在此状态下关闭灯光控制开关,然后再次打开到 AUTO,尾灯和大灯均熄灭
关闭点火开关,打开驾驶员侧车门的情况下,或之后关闭时(10 号、11 号)	·从前述(9 号)状态下打开驾驶员侧车门(驾驶员侧车门控灯开关置于 ON)时,尾灯和大灯均熄灭(10 号) ·从以上状态下关闭驾驶员座位车门(驾驶员才的车门控灯开关置于 OFF)时,尾灯和大灯均熄灭(11 号)

续　表

操作条件	基本操作
驾驶员侧车门处于半闭状态下，再次关闭点火开关时(12 号)	·从前述(10 号、11 号)状态再次打开点火开关时,如果周围环境较暗,尾灯和大灯均会点亮
前述(12 号)的状态再次打开驾驶员座位车门时(13 号)	·在前述(12 号)状态下再次打开驾驶员侧车门(驾驶员侧车门控灯开关置于 ON 时),如果周围环境较暗,则尾灯以及大灯均保持点亮

（3）进车照明系统。

进车照明系统以及车内照明的控制电路内置在 MPX 车身 1 号 ECU 中。进车照明系统可使用诊断工具,通过操作改变各个灯的点亮时间(约 7.5 s、15 s、30 s)。进车照明系统控制功能见表 4-1-9。

表 4-1-9　进车照明系统控制功能

编号	车辆状态	各灯的状态
1	点火开关位于 ACC 或 IG-OFF,所有车门关闭且所有车门锁定,对任意车门开锁时	在点亮大约 15 s 后,熄灭(渐暗)
2	点火开关在 ACC 或 IG-ON,关闭任意一个开启中的车门时	熄灯(渐暗)
3	所有车门关闭并且锁定,点火开关位于 ACC 或 IG-ON 时,关闭点火开关	在点亮大约 15 s 后,熄灭(渐暗)
4	点火开关在 ACC 或 IG-OFF,关闭任意一个开启的车门时	在亮起(包括渐亮)大约 15 s 后熄灯(渐暗)
5	点火开关在 ACC 或 IG-OFF,所有车门关闭且锁定,在车外识别智能钥匙时	在点亮大约 15 s 后,熄灭(渐暗)
6	点火开关在 ACC 或 IG-OFF,计时器将灯打开,点火开关位于 ACC 或 IG-ON 时	熄灯(渐暗)
7	点火开关在 ACC 或 IG-OFF,计时器将灯打开,然后所有车门关闭且锁定	熄灯(渐暗)
8	灯处于关闭状态,然后任一车门打开时	亮起(渐亮)

MPX 车身 1 号 ECU 接受来自各开关的信号,控制各个车灯的点亮/熄灭,以此进行照明进入、车内照明的控制。进车照明系统控制电路见图 4-1-17。

（4）前照灯自动水平调整系统。

在 Z 等级以及 Q 等级的 S Package 中,设置有在停车时光轴的自动调整功能(静态),在 U 等级中设置有保持上下方向的光轴不变的自动调整功能(动态),这是考虑到防止向对面汽车和往前行驶汽车发出眩目光线。

前照灯自动水平调整是指:在加速减速时(动态控制)和由于承载了货物等原因导致车辆姿态发生变化时,可以通过安装在后悬架梁的高度控制传感器检测出来,根据车辆姿态的变化,通过驱动安装在大灯上的大灯水平调节执行器,利用静态控制调整停车状态下的大灯光轴,利用动态控制保持在行驶过程中大灯的光轴自动地保持上下一定的角度。

前照灯自动水平调整系统的组成见图 4-1-18,各部件主要功能见表 4-1-10,系统控制原理框架图见图 4-1-19。

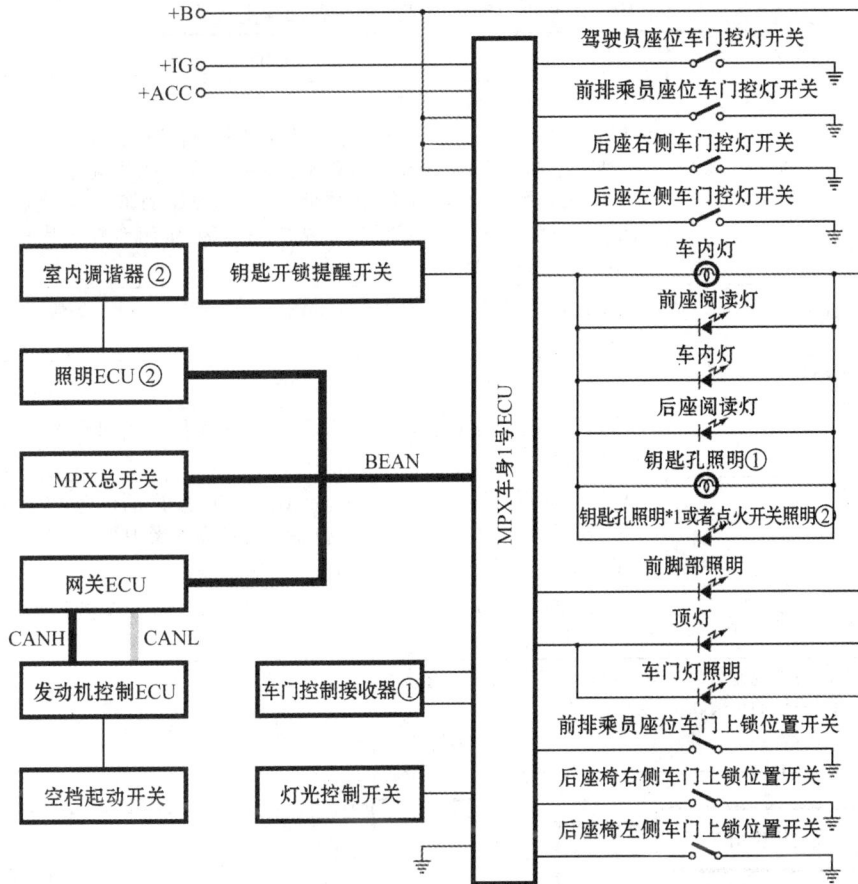

图 4-1-17　进车照明系统控制电路

① 未配置智能 AFS 系统的车型(Z 等级以及 Q 等级的 Spackage 超多运动版)

② 配备智能 AFS 系统的车型(U 等级)

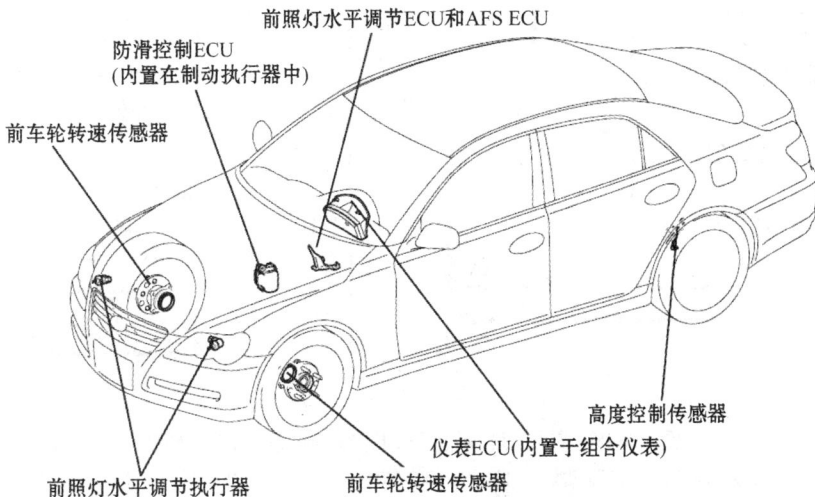

图 4-1-18　前照灯自动水平调整系统的组成

表 4-1-10　前照灯自动水平调整系统各部件主要功能

组成部件	功　能
前照灯水平调节 ECU① 以及 AFS ECU②	·控制自动水平调节功能 ·根据接收到的高度控制传感器、组合仪表或者防滑控制 ECU 发出的信号,判断车辆姿势和行驶的状态,控制前照灯水平调节执行器 ·如检测到系统异常,对于未配置智能 AFS 系统的车辆,点亮组合仪表内的指示灯;对于配置了智能 AFS 系统的车辆,则组合仪表内的 AFSOFF 操作指示灯将闪烁
高度控制传感器	·检测出车辆高度,向前照灯水平调节 ECU 或者 AFS ECU 输出车高变化信号
前车轮转速传感器	·检测出车速,输出到防滑控制 ECU
防滑控制 ECU	·输入前车轮转速传感器发出的信号,把车速信号输出到仪表板 ECU 或者 AFS ECU
仪表 ECU	·根据前照灯水平调节 ECU 或者 AFS ECU 发出的信号,前照灯自动调整警告指示灯或者 AFS OFF 操作指示灯点亮或者熄灭 ·车速信号输出到大灯水平调节 ECU 中
前照灯水平调节执行器	·通过从前照灯水平调节 ECU 或者 AFS ECU 发出的控制信号,上下方向调节近光灯

① 未配置智能 AFS 系统的车型(Z 等级以及 Q 等级的 S package)。
② 配备智能 AFS 系统的车型(U 等级)。

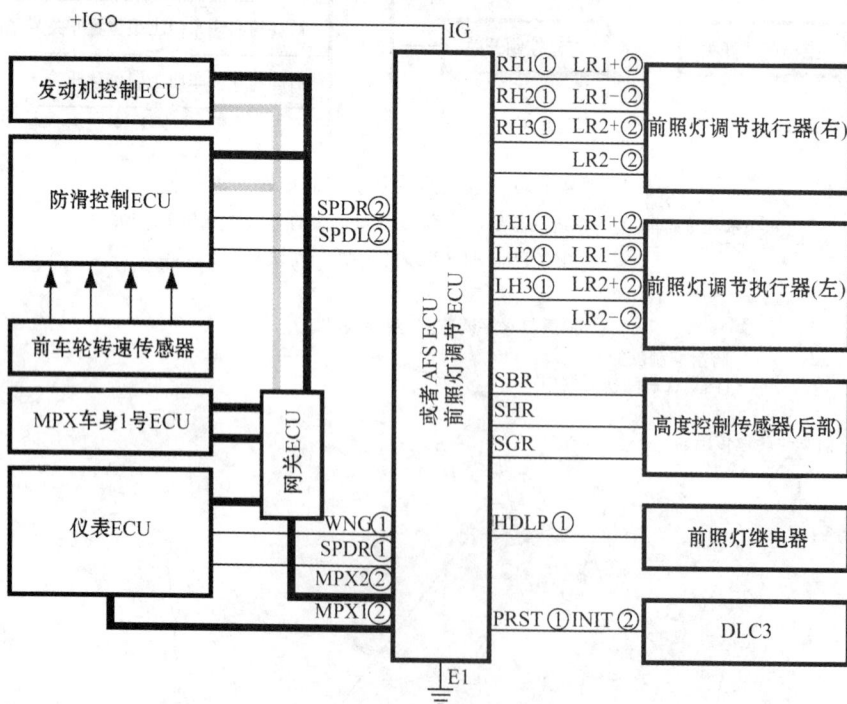

图 4-1-19　前照灯自动水平调整系统控制原理框架图

① 只连接前照灯调节 ECU　② 只连接 AFS ECU(插图只显示自动调整功能相关内容)

前照灯水平 ECU 或者 AFS ECU 接收到车轮转速信号和由高度控制传感器输出的车高信号。利用这些信号,可以求出车辆姿势的倾斜角的变化,根据该变化量驱动前照灯水平调节执行器,控制前照灯的光轴。

(5) 智能 AFS 系统。

在 U 等级中标配了智能 AFS 系统。智能 AFS 系统可以根据转向操作和车速自动改变近光灯左右方向的光轴,并且还可以自动水平调节上下方向的光轴(动态调节),所以能够配合各种行驶条件,获得最适合的前照灯照明光线。

① 智能 AFS 系统功能:

当车速大于 10 km/h,转向的操作角度大于 7.5°[①]时,系统可向转弯内侧改变近光灯的光轴,左侧最大 15°,右侧最大达到 5°,对弯道前方照明。光轴改变范围见图 4-1-20,智能 AFS 系统照明概念图见图 4-1-21。

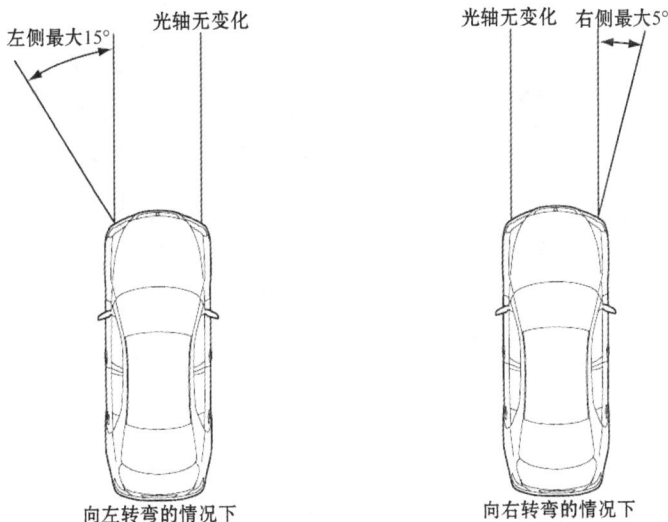

图 4-1-20　通过智能 AFS 系统,光轴的可变范围

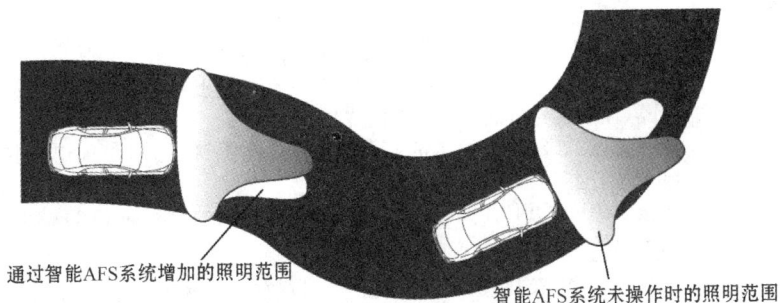

图 4-1-21　智能 AFS 系统照明概念

② 智能 AFS 系统结构:

智能 AFS 系统组成部件构成如图 4-1-22 所示。各部件功能见表 4-1-11。

① 因车速和转向操作角度而变化。

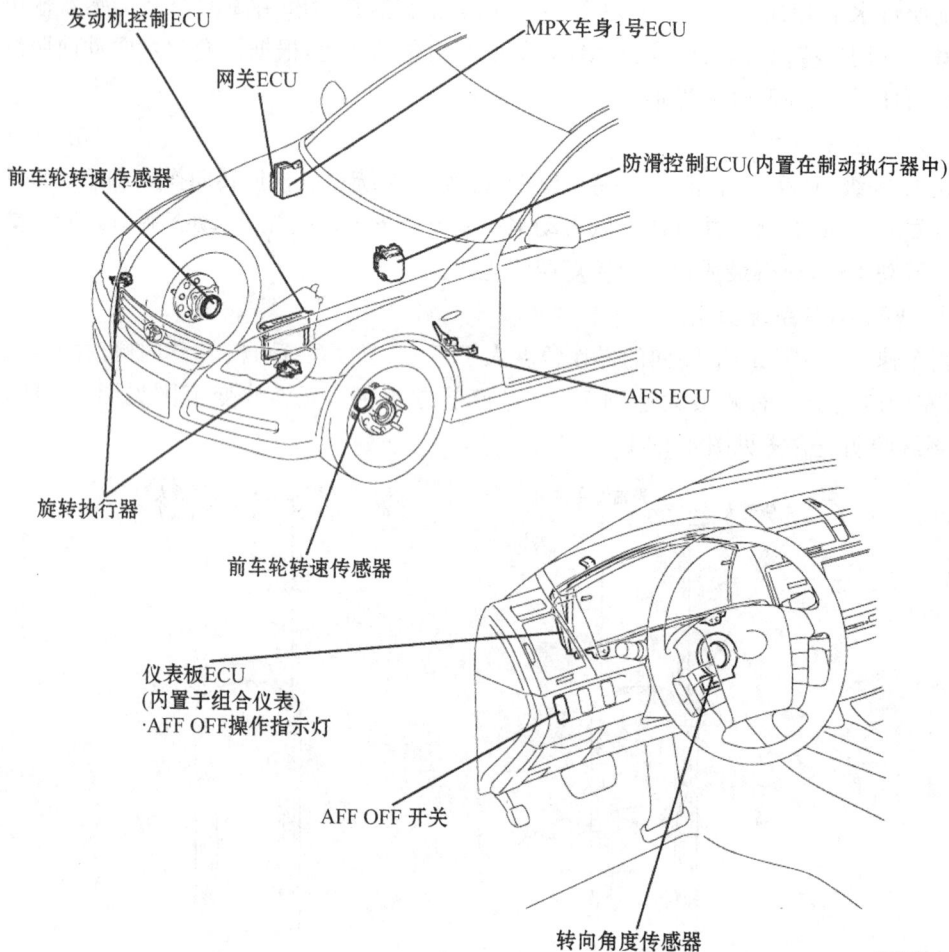

图 4-1-22　智能　AFS　系统组成部件安装位置

表 4-1-11　智能 AFS 系统各部件控制功能

组成部件	主要功能①
AFSECU	·对自动水平调整功能以及智能 AFS 系统进行控制 ·输入转向操作角度、车速等信号,通过判断行驶状态以及转弯半径,利用旋转执行器,控制近光灯的左右方向的光轴 ·在智能 AFS 系统发生故障的情况下,向 ECU 输出熄灭组合仪表内的 AFS OFF 操作指示灯的要求 ·按下 AFS OFF 开关后,禁止智能 AFS 系统的控制,向 ECU 输出点亮组合仪表内的 AFS OFF 操作指示灯的要求
旋转执行器	·利用 AFS ECU 发出的控制信号,向左右方向驱动近光灯,控制其光轴的方向
转向角度传感器	·检测出转向操作角度,把转向角度信号输出到 AFS ECU 中
前车轮转速传感器	·检测出车速,输出到防滑控制 ECU
防滑控制 ECU	·输入从前车轮转速传感器接收到的信号,作为车速信号输出到 AFS ECU 中 ·转向角度修正信号作为双向车身多路通信信号输出
AFS OFF 开关	·按下 AFS OFF 开关,取消智能 AFS 系统的控制(继续自动水平调整功能)

续　表

组成部件	主要功能①
仪表 ECU	·通过从 AFS ECU 发出的点亮要求信号,点亮组合仪表内部的 AFS OFF 操作的指示灯 ·根据 AFS ECU 发出的熄灭要求信号,熄灭(0.5 s ON/0.5 s OFF)AFS OFF 操作指示灯
MPX 车身 1 号 ECU	·将前照灯的 ON/OFF 信号作为双向车身多路通信信号输出
网关 ECU	·收发双向车身多路通信系统和 CAN 通信系统间的数据
发动机控制 ECU	·通过 CAN 通信系统输出档位信号

① 各种功能中,只记录智能 AFS 系统的旋转功能。有关自动水平调整功能,请参考自动水平调整组件的说明。

③ 智能 AFS 系统的控制:

a. 智能 AFS 系统操作:

AFS ECU 将从前轮转速传感器接收到的车速信号输出给防滑控制 ECU(内置在制动执行器中),把从转向角度传感器接收到的转向角度信号也输入进其中。此外,还可接收来自双向车身多路通信系统的前照灯 ON/OFF 信号、档位信号,进行执行器的控制。系统控制原理框架图见图 4-1-23。

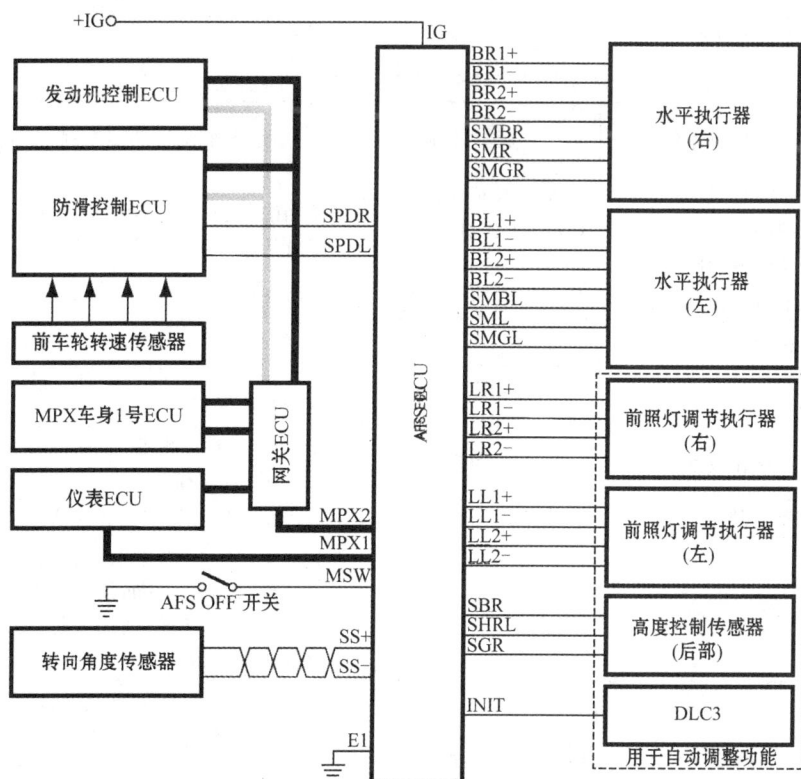

图 4-1-23　AFS 系统控制原理框架图

b. 智能 AFS 系统取消功能:

按下 AFS OFF 开关,可以取消智能 AFS 系统的旋转控制。此外,取消智能 AFS 系统

笔记

时,组合仪表内的 AFS OFF 操作指示灯会点亮。取消智能 AFS 系统后若再次按下 AFS OFF 开关,可恢复智能 AFS 系统,组合仪表内的 AFS OFF 操作指示灯熄灭。取消开关和指示灯见图 4-1-24。

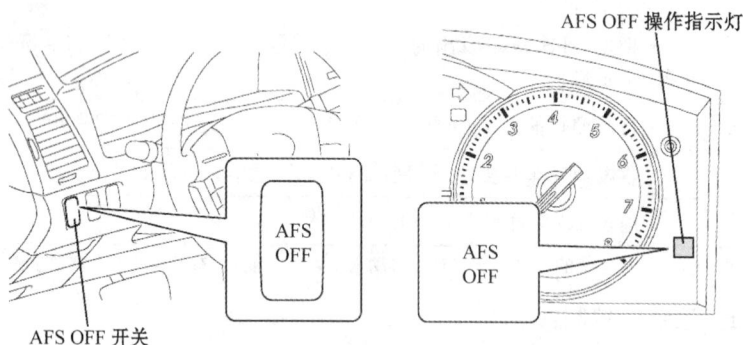

图 4-1-24　AFS 系统取消开关和指示灯

　　c. 智能 AFS 系统的失效保护功能:

　　AFS ECU 在检测出表 4-1-12 中(主要失效保护功能列表)所列出的异常时,执行失效保护,将请求闪亮 AFS OFF 操作指示灯的信号输出到仪表 ECU(内置在组合仪表中)。利用这一信号,仪表 ECU 使 AFS OFF 操作指示灯每隔 1 s 闪烁一次(0.5 s 亮起/0.5 s 熄灭),以提示 AFS 系统有故障。

表 4-1-12　AFS　系统的失效保护功能

项目	故障检测条件	旋转控制	自动水平调整功能控制	AFS OFF 操作指示灯
旋转执行器	开路、短路、过热	使大灯返回到直前光束(仅限于工作正常的一侧大灯)	从当前位置向下调整大灯(前照灯)0.65°,继续加以控制	闪烁
	齿轮故障			
	停止位置发生故障			
	传感器输入出现故障	使大灯返回到直前光束	继续控制	
转向角度传感器	故障信息	在当前所处位置停止,10 s 后返回到直前光束	从当前位置向下调整 0.65°继续控制,大灯返回到直前光束后恢复正常控制	闪烁
	通信故障			
车速信号	仅在一侧出现故障	使大灯返回到直前光束	用工作正常一侧 ECU 检测到的车速进行控制	闪烁
	两侧都有故障	使大灯返回到直前光束	对停止车辆继续进行控制	
高度控制传感器	开路、短路	使大灯返回到直前光束	如果大灯光束高于默认位置,返回到默认位置;如果大灯光束低于默认位置,则让大灯保持在当前位置	闪烁
大灯水平调节执行器	开路、短路、过热	使大灯返回到直前光束	如果大灯光束高于默认位置,则正常一侧的大灯向下调整,到默认位置时停止(异常一侧的大灯就停止在当前位置)	闪烁
通信	大灯信号、档位信号等	继续控制		闪烁
	发电机信号、车速信号			

4）仪表和计量表系统

组合仪表通过内置的仪表 ECU 接收并输入来自其他 ECU、传感器以及开关等信号，显示有关当前车辆状态的各种信息。组合仪表如图 4-1-25 所示。

笔记

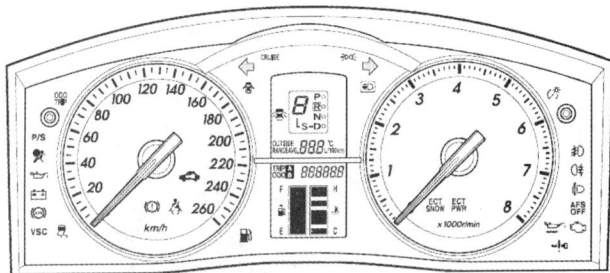

图 4-1-25 组合仪表

仪表 ECU 通过专线或总线读取各信号，电路连接见图 4-1-26，各信号输入方式见表 4-1-13。

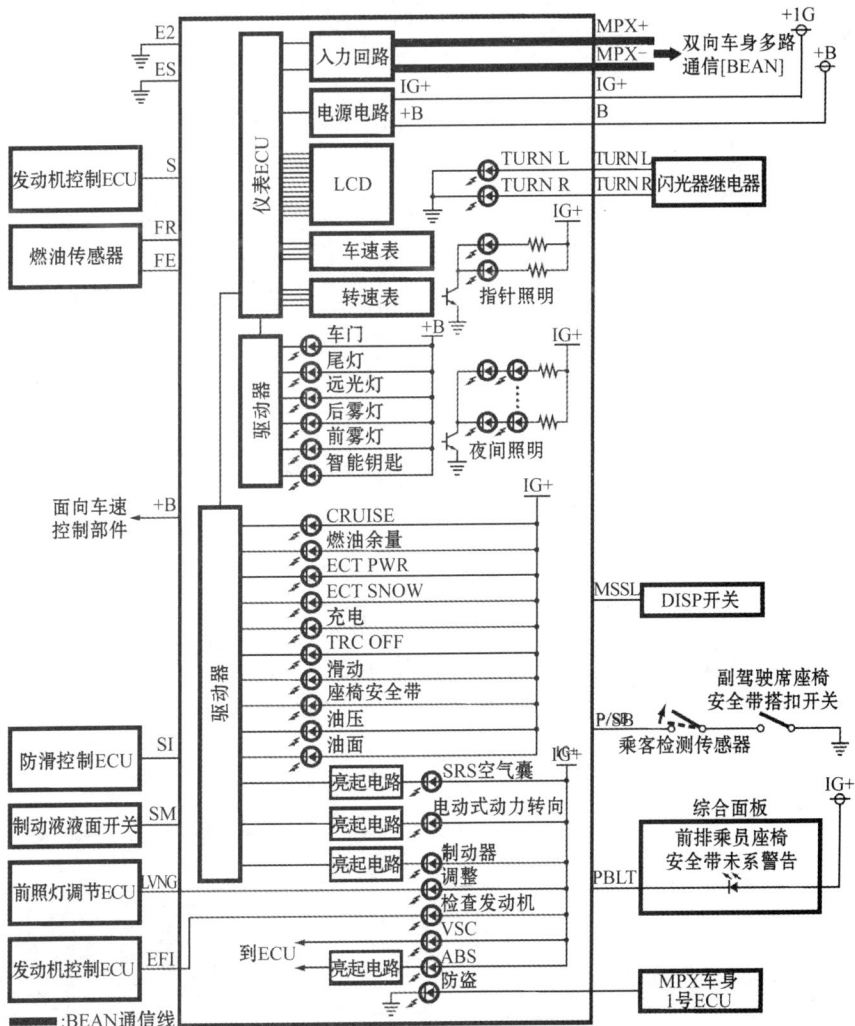

图 4-1-26 组合仪表信号电路连接方框图

表 4-1-13　组合仪表各信号输入方式

显示部位名称		连接部件名称	输入信号读取方式
车速表		防滑控制 ECU	专线
转速表		发动机控制 ECU	专线
燃油表		燃油传感器	专线
		发动机控制 ECU	通信
操 作/警告指示灯	转向操作	闪光器继电器	专线
	尾灯操作	MPX 车身 1 号 ECU	通信
	前雾灯操作	MPX 车身 1 号 ECU	通信
	后雾灯操作①	MPX 车身 1 号 ECU	通信
	远光操作	MPX 车身 1 号 ECU	通信
	ECT SNOW 操作	发动机控制 ECU	通信
	ECT POWER 操作	发动机控制 ECU	通信
	侧滑②	防滑控制 ECU	通信
	检查发动机警告	发动机控制 ECU	专线
	ABS 警告	防滑控制 ECU	通信
	AFS OFF 操作/警告③	AFS ECU	通信
	CRUISE 操作/警告③	发动机控制 ECU	通信
	燃油余量警告	与燃油表相同	—
	驻车制动操作/斜坡起动辅助控制操作②	防滑控制 ECU	通信
	制动液液面警告/EBD 系统警告	制动液液面开关	专线
	微开车门警告	MPX 车身 1 号 ECU	通信
	驾驶员座椅安全带未系警告	中央空气囊传感器总成	通信
	充电指示	发动机控制 ECU	通信
	电动式动力转向警告	电动式动力转向 ECU	通信
	SRS 空气囊警告	中央空气囊传感器总成	通信
	油压警告	发动机控制 ECU	通信
	油面警告	发动机控制 ECU	通信
	VSC 警告②	防滑控制 ECU	通信
	智能进入和起动系统警告⑤	智能钥匙 ECU	通信
	CRUISE 操作/警告③	发动机控制 ECU	通信
	前照灯调节警告⑥	前照灯调节 ECU	专线
	安全操作⑦	MPX 车身 1 号 ECU 或者认证 ECU	专线
巡航信息显示器	外部气温显示	空调 ECU	通信
	驾驶监视器⑧	防滑控制 ECU	专线
		发动机控制 ECU	通信
		燃油传感器	专线
多功能蜂鸣器	倒档警告	发动机控制 ECU	通信
	A/T 拒绝警告	发动机控制 ECU	通信
	驻车制动未解除行驶警告	防滑控制 ECU	通信
			专线
	车门未关行驶警告	MPX 车身 1 号 ECU	通信
		防滑控制 ECU	专线

续　表

显示部位名称		连接部件名称	输入信号读取方式
多功能蜂鸣器	滑动顶窗开启警告⑨	滑动顶窗控制 ECU	通信
	座椅安全带未系警告	中央空气囊传感器总成	通信
		前排乘员座椅座位安全带搭扣开关和乘客检测传感器	专线
		防滑控制 ECU	专线
	智能进入和起动系统警告▲	智能钥匙 ECU	通信
	车速警告	仪表 ECU	—

①配备后雾灯的车型；②配备 VSC 的车型；③配备智能 AFS 的车型；④配备巡航控制系统的车型；⑤配备智能进入和起动系统的车型；⑥配备放电前照灯但未配备智能 AFS 的车型；⑦配备发动机停机器系统的车型；⑧配备 EMV 的车型；⑨配备滑动顶窗的车型。

（1）车速表。

仪表 ECU 接收由防滑控制 ECU 发出的信号，该信号等同于传输旋转轴每旋转一周所输出的 4 个脉冲。接收到这些信号后，仪表 ECU 计算这些波形以检测车速。仪表 ECU 根据检测的车速，通过步进马达驱动电路来控制指针（步进马达的转子）的旋转角度、方向和速度从而显示车速。控制原理见图 4-1-27。

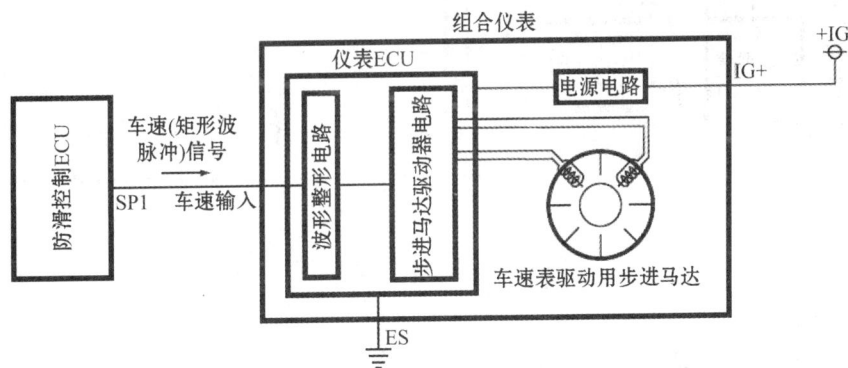

图 4-1-27　车速表控制原理图

（2）转速表。

发动机控制 ECU 输出发动机转速（矩形波脉冲）信号，等同于发动机每转动 2 周所输出的 4 个脉冲（或 V6 发动机上的 6 个脉冲）。接收到这些信号后，仪表 ECU 计算这些波形以检测发动机转速。仪表 ECU 根据检测到的发动机转速，通过步进马达驱动电路来控制指针（步进马达的转子）的旋转角度、方向和速度从而显示发动机转速。控制原理见图 4-1-28。

（3）燃油表。

燃油表采用了数字式燃油表，其 TN-LCD 有 10 段指示图，用点亮和熄灭的方式显示燃油量。

仪表 ECU 接收到燃油箱的余量和发动机的燃油使用量（双向车身多路通信的燃油喷射量数据）的信号，对此计算进行处理，从而算出显示燃油余量的数据。由此，在坡道行驶或转弯时，可抑制燃油液面的波动，进行比较正确的余量计算。仪表 ECU 根据算出的燃油余量数据，驱动 TN-LCD 驱动器，亮起该分段，从而显示燃油余量。控制原理见图 4-1-29。

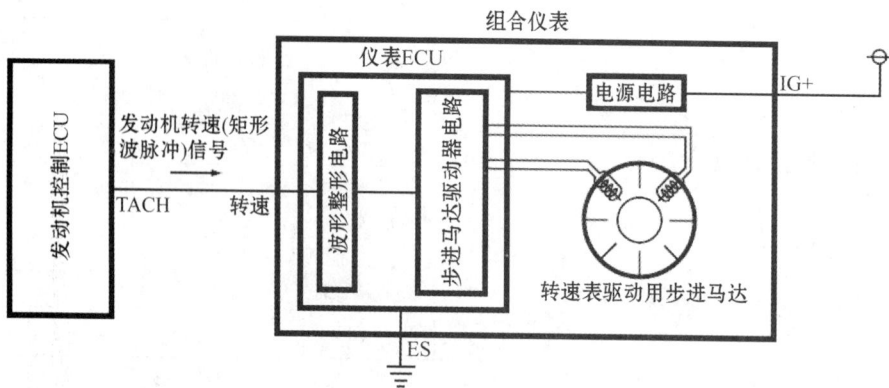

图 4-1-28   转速表控制原理图

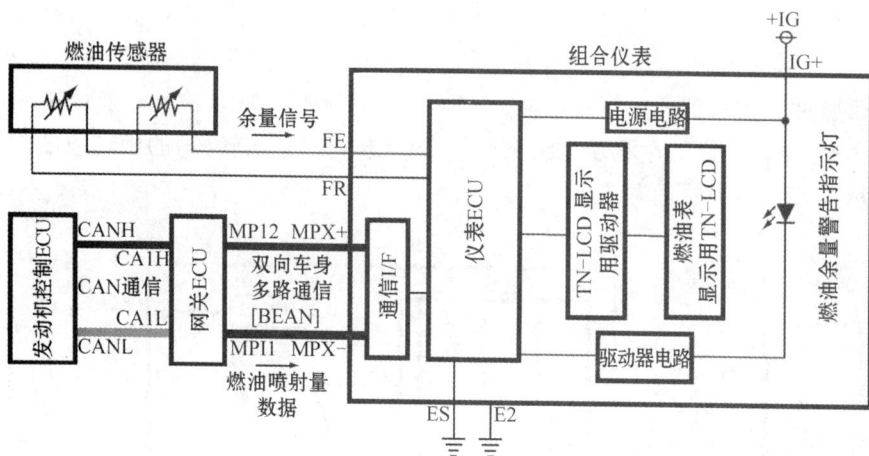

图 4-1-29   燃油表控制原理图

（4）水温表。

水温表采用数字式显示，用 TN-LCD 上的 7 段显示器的点亮和熄灭，来表示发动机冷却液温度。

发动机控制 ECU 接收到水温传感器检测出的电阻变化，并将水温信号作为 CAN 通信信号发送到网关 ECU。仪表 ECU 把水温信号作为从网关 ECU 发出的双向车身多路通信信号进行接收，驱动 TN-LCD 驱动器，亮起该分段，从而显示发动机冷却液温度。控制如图 4-1-30 所示。

（5）仪表背景灯光控制。

灯光控制变阻器开关安装在组合仪表的右上部，通过操作开关，可以调整仪表亮度。

MPX 车身 1 号 ECU 根据由灯光控制开关发出的尾灯 ON/OFF 信号和灯光控制传感器发出的周围亮度检测信号来判断昼夜，并将昼夜判定数据作为双向车身多路通信信号发送到仪表 ECU。仪表 ECU 输入这些数据的同时，接收变阻器 ON 信号，对应昼夜判定数据调整仪表背景灯光亮度。控制原理见图 4-1-31。

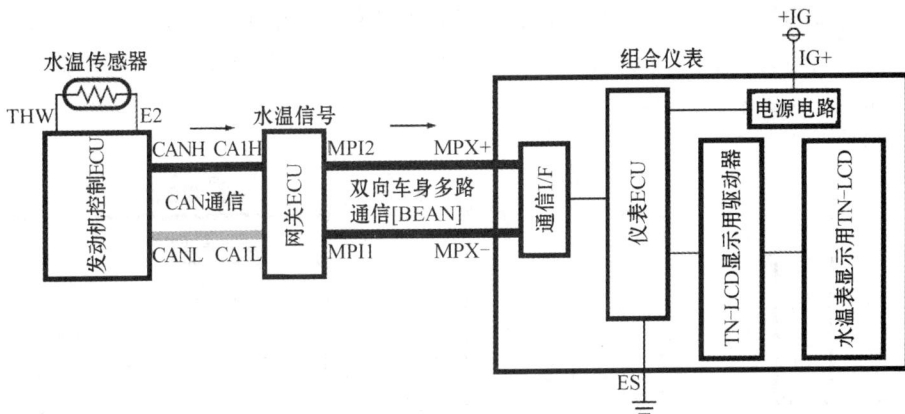

图 4-1-30　水温表控制原理图

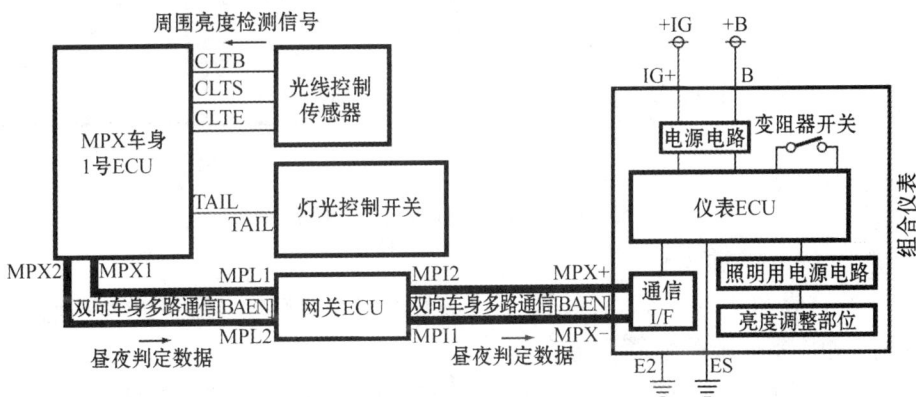

图 4-1-31　仪表背景灯光控制原理图

（6）档位指示器。

档位指示器安装在组合仪表的中部,通过 TN-LCD(液晶显示器),显示当前的档位和档域。档位指示器如图 4-1-32 所示。

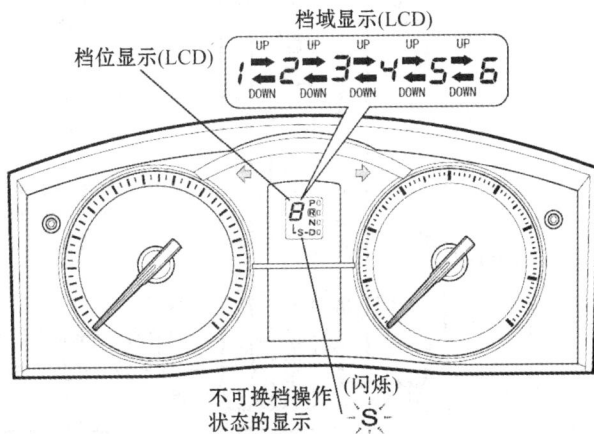

图 4-1-32　档位显示器

笔记　　　　　发动机控制 ECU 接收空档起动开关发出的档位信号,并作为 CAN 信号发送到网关 ECU。仪表 ECU 将此信号从网关 ECU 作为双向车身多路通信信号接收,并亮起该档位指示器。控制原理见图 4-1-33。

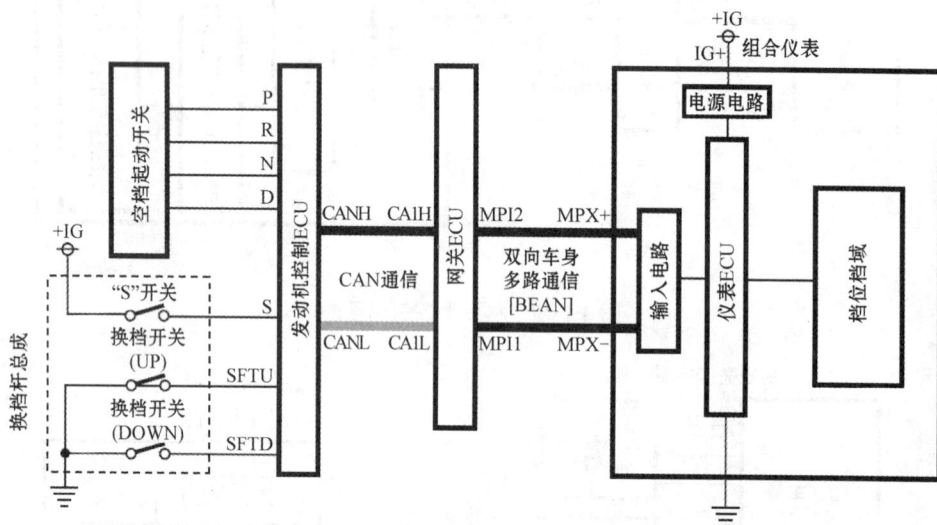

图 4-1-33　档位显示器控制原理图

(7) 警告指示器有源电路。

如果组合仪表和某些 ECU 之间的连接出现接线或通信故障,有源电路可使组合仪表施加控制,点亮相应系统的操作/警告指示灯。

有源电路设置在 SRS 空气囊、ABS、刹车、电动式动力转向和 4WD(4WD 车)的各指示灯内,在组合仪表和各系统之间发生连接器半合、线束啮合以及开路等接线异常或者通信异常时,其通过仪表的控制从而亮起该系统的操作/警告指示灯以告知异常。控制原理见图 4-1-34。

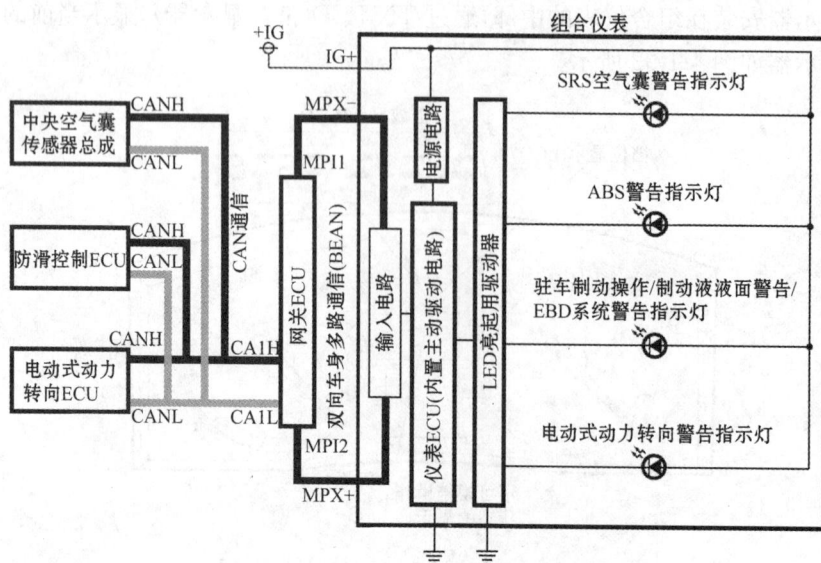

图 4-1-34　警告指示器有源电路控制原理图

（8）车辆信息画面显示。

所谓的车辆信息画面显示是指根据从组合仪表得到的各种信息,通过安装在仪表板中央上部的多功能显示器显示油耗或者行驶距离等信息,如图 4-1-35 所示。

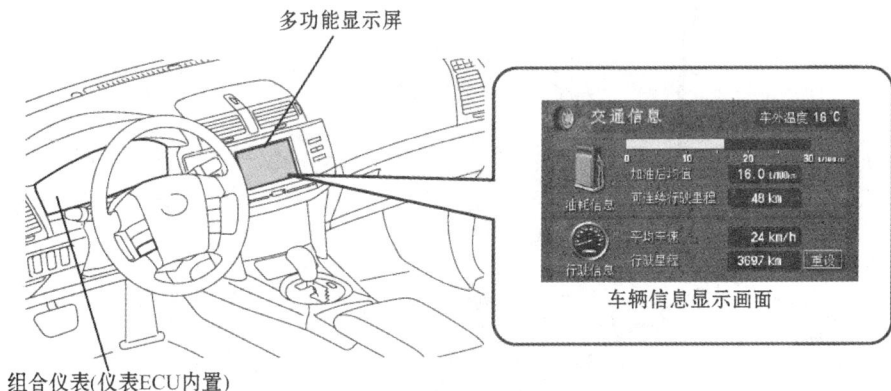

图 4-1-35　车辆信息画面显示

仪表 ECU 读取从防滑控制 ECU 发出的车速信号、发动机控制 ECU 发出的燃油喷射量数据和燃油传感器发出的燃油箱内余量信号等,据此算出燃油经济性和行驶信息显示数据。仪表 ECU 通过音频与视频机器通信 AVC-LAN 向显示器 ECU 发送这些数据信息。显示器 ECU 接收到这些数据,根据开关操作信号,驱动画面驱动器,在多功能显示器上显示油耗和行驶信息,控制示意图见图 4-1-36。

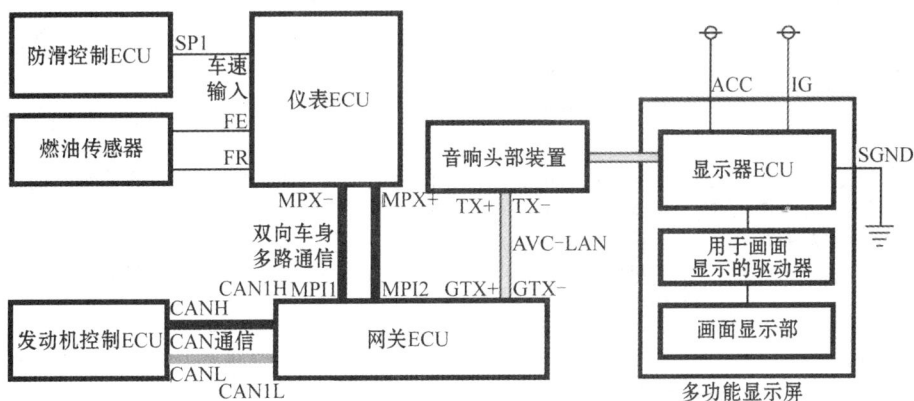

图 4-1-36　车辆信息画面显示控制原理图

5）电子门锁系统

在所有车型上标配了"车门钥匙连动门锁",它具备钥匙锁入防止功能以及碰撞感应车门上锁解除功能等。车门上锁总成采用了保护器一体式外壳、驾驶员座位车门钥匙筒和车门锁止总成联机化以及车门内侧手柄的拉索式连接等,确保部件件数削减以及防止被盗。电子门锁系统主要组成部件见图 4-1-37,各部件主要控制功能见表 4-1-14。

笔记

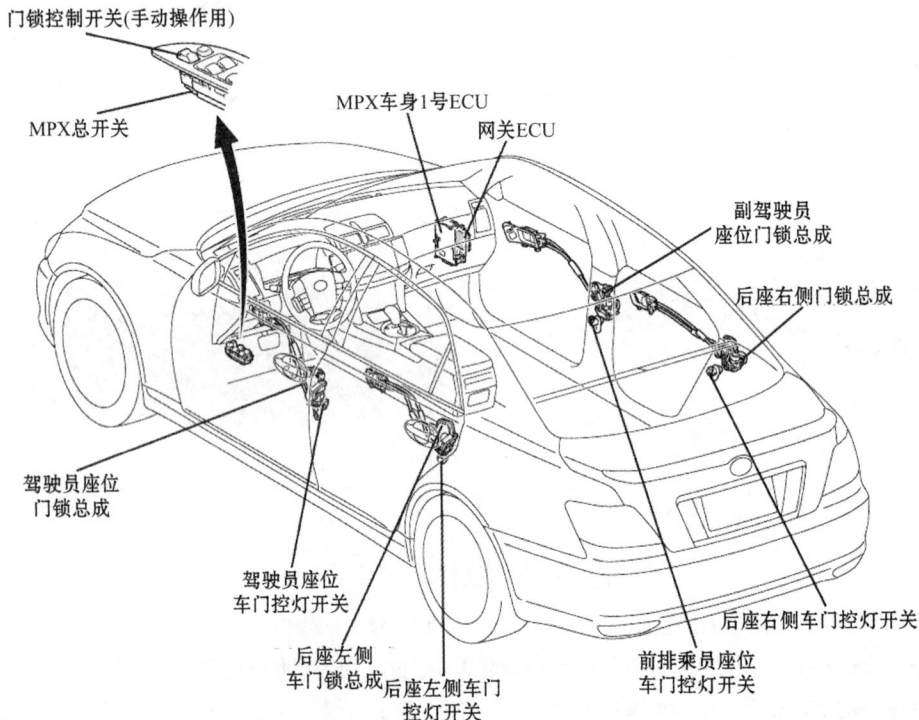

门锁控制开关(手动操作用)

MPX总开关

MPX车身1号ECU

网关ECU

副驾驶员
座位门锁总成

后座右侧门锁总成

驾驶员座位
门锁总成

驾驶员座位
车门控灯开关

后座左侧
车门锁总成

后座左侧车门
控灯开关

前排乘员座位
车门控灯开关

后座右侧车门控灯开关

图 4-1-37   电子门锁系统组成部件

表 4-1-14   电子门锁系统各部件主要控制功能

组成部件	主要功能
MPX 车身 1 号 ECU(驾驶员侧 J/B ECU)	·使用各种开关、车速、碰撞检测、双向车身多路通信的数据等检测汽车状态,并根据内置继电器驱动所有座位车门上锁马达
各座位车门上锁总成(驾驶员座椅、前排乘员座椅、后座椅右侧、后座椅左侧)	·通过内置的各座位车门上锁马达的正转或逆转,对各座位的车门分别上锁或开锁 ·通过内置的各座位车门上锁位置开关,分别检测各座位车门的上锁或开锁状态(上锁:OFF,开锁:ON) ·检测出内置的门锁控制开关(用于钥匙连动)状态,将上锁或开锁的要求信号输出到 MPX 总开关。(只是驾驶员座椅)(车门钥匙连动上锁和开锁功能)
MPX 总开关	·检测出各门锁控制开关(手动操作用)和驾驶员座位车门上锁位置开关的状态,根据双向车身多路通信,发送到驾驶员侧 J/BECU
各座位车门控灯开关(驾驶员座椅、前排乘员座椅、后座椅右侧、后座椅左侧)	·检测出各座位车门的开闭状态(车门开:ON,车门关:OFF),输出到驾驶员侧 J/BECU(钥匙锁入防止功能等)
网关 ECU	·作为各通信网络(双向车身多路通信/CAN 通信)的连接点,中继通信数据
中央空气囊传感器总成	·检测到通过各空气囊传感器发出的信号以及使用内置的碰撞检测传感器检测到的加在车辆上的碰撞,并将其传输到驾驶员侧 J/BECU(碰撞感应车门上锁解除功能)
各空气囊传感器	·检测到碰撞,并将其传输到中央空气囊传感器总成(碰撞感应车门上锁解除功能)

（1）电子门锁系统控制功能。

a. 手动上锁和开锁功能：

·按下门锁控制开关（手动操作用）的上锁或开锁，可使用所有车门连动进行上锁或开锁。

b. 车门钥匙连动上锁和开锁功能：

·将机械式钥匙插入驾驶员座位车门钥匙筒，向车前或车后转动，可通过所有车门连动进行上锁或开锁。

·驾驶员座椅安全带系上时，取消①上述操作中的车门钥匙连动上锁或开锁操作。

c. 防止钥匙锁入车内功能：

·钥匙扳插在点火钥匙筒②，驾驶员座位车门打开时，通过控制使门锁控制开关（手动操作用或者钥匙连动用）和车门上锁捏手使其不能上锁，从而防止将钥匙锁入到车内。

d. 碰撞感应车门上锁解除功能：

·车辆碰撞时自动解除所有车门的车门上锁（开锁），在意外时容易脱困或容易进行救助作业。

e. 车门上锁安全功能：

·如果由无线遥控（含自动上锁）以及智能车门上锁功能上锁，就会设定车门上锁安全功能，从而禁止③通过门锁控制开关（手动操作用）进行的开锁操作。

车门上锁安全设定条件：

·驾驶员座位车门钥匙连动上锁。

·通过无钥匙上锁（用驾驶车内车门上锁捏手上锁，并关闭车门）操作对驾驶员座位车门上锁。（但是，在 0.25 s 后，只能在驾驶员座位车门上锁状态而且车门关闭时设定）

·通过无线遥控或者是智能车门上锁（包括30 s 自动上锁功能）上锁。

车门上锁安全取消条件：

·IG OFF→IG ON。

·驾驶员座位车门钥匙连动开锁。

·通过无线遥控系统或者是智能车门上锁进行开锁。

·对驾驶员座位车门上锁捏手开锁后，通过门锁控制开关（手动操作用）开锁。

（2）电子门锁系统控制原理。

电子门锁系统控制框架图见图 4-1-38。

① 手动上锁（开锁）操作：

如果将 MPX 总开关的门锁控制开关（手动操作用）操作为上锁（开锁），MPX 总开关发出的驾驶员座椅手动上锁（开锁）开关信号就会由双向车身多路通信传输到驾驶员侧 J/

---

① 驾驶员座椅安全带系上时，可判断为乘客在车内，当车门收到碰撞时，可以不按照用户的意图，禁止钥匙连动功能启动。

② 配备智能进入和起动系统的车型，钥匙在车内的状态。

③ 忘记关闭车门玻璃时等，从车门门框和车门玻璃的缝隙用棒等操作门锁控制开关（手动操作用），以防止车门开锁。

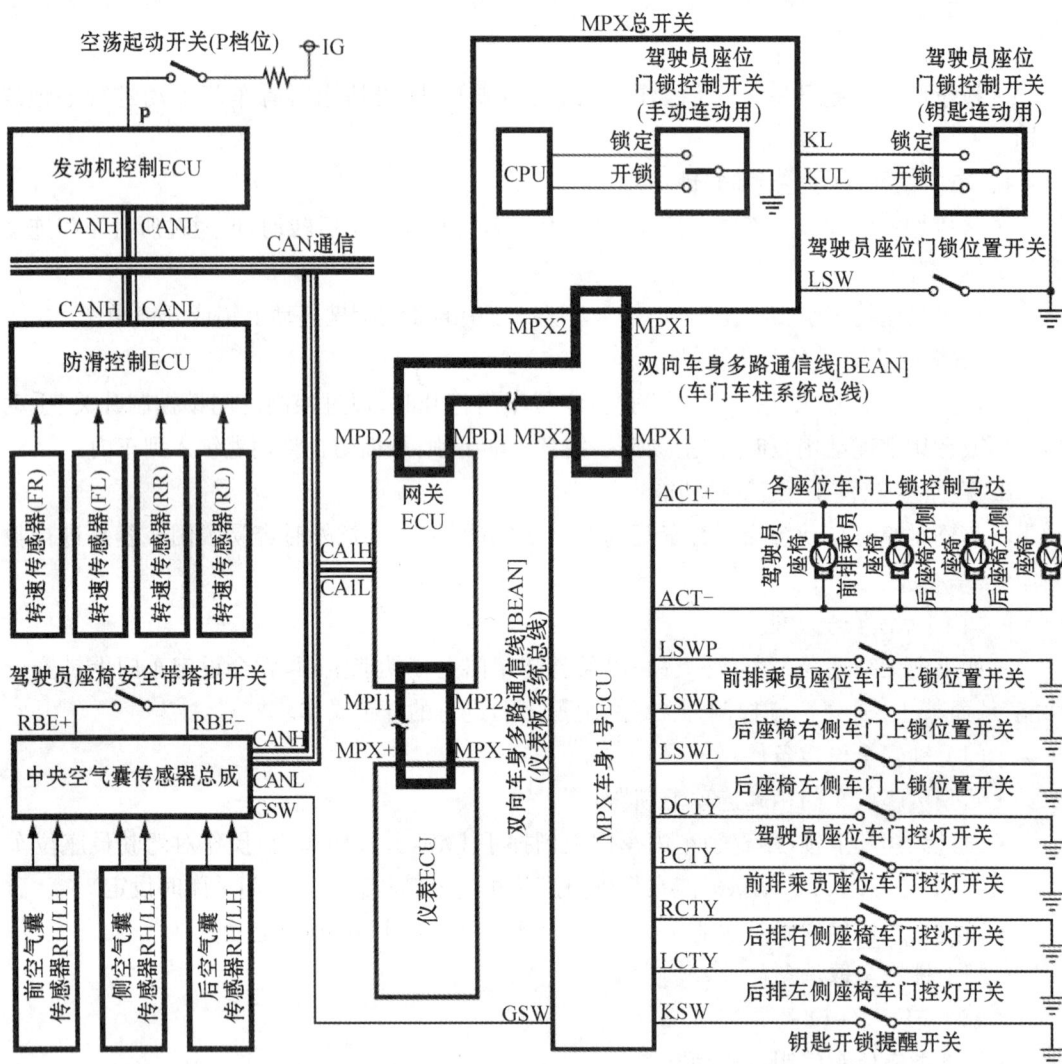

图 4-1-38　电子门锁系统控制原理图

BECU。接收此信号的驾驶员侧 J/BECU 就会打开上锁(开锁)继电器,驱动各座位车门上锁马达,对车门上锁(开锁)。

　　② 车门钥匙连动上锁(开锁)操作:

　　如果将机械式钥匙插入驾驶员座位车门钥匙筒,操作为上锁(开锁)门锁控制开关(钥匙连动用)就在上锁(开锁)侧打开。由此,MPX 总开关发出的驾驶员座位车门钥匙连动上锁(开锁)开关信号就会由双向车身多路通信输出到驾驶员侧 J/BECU,和手动上锁(开锁)操作相同,对各座位车门上锁(开锁)。

　　③ 钥匙锁入防止操作:

　　在钥匙开锁提醒开关以及驾驶员座位车门控灯开关 ON 的信号输入到驾驶员侧 J/BECU 的状态下,收到从仪表 ECU 发出的约 5km/h 以下的车速信号时,如果将驾驶员座位车门上锁捏手操作为上锁,MPX 总开关就会检测到驾驶员座椅上锁位置开关的 OFF 状态。

<<<< -

笔记

接收此信号的驾驶员侧 J/BECU 就会打开开锁继电器,分别驱动车门上锁马达,对车门开锁。

④ 碰撞感应车门上锁解除操作:

驾驶员侧 J/BECU 根据从中央空气囊传感器总成接收到的碰撞检测信息对所有座位车门开锁控制。工作过程如下:IG ON 时,或者从 IG ON→IG OFF 起 4 s 内,如果有决定值以上的碰撞施加在汽车上,中央空气囊传感器总成检测到后,将碰撞检测信号输出到驾驶员侧 J/BECU。如果驾驶员侧 J/BECU 输入了从中央空气囊传感器总成发出的碰撞检测信号,在经过碰撞感应开锁延迟时间(约 10 s)后,就会打开开锁继电器,驱动各座位车门上锁马达,对车门开锁①。驾驶员侧 J/BECU 从 IG ON 起约 5 内判定碰撞检测传感器的正常或异常,判定为异常时,禁止所有的自动上锁操作。

6) 智能进入和起动系统

智能进入和起动系统标配在 U 等级,根据从智能钥匙和车辆的无线通信得到的电子 ID 代码认证结果进行各种控制,不是用手去做而是能够"智能"处理。智能进入和起动系统控制功能见表 4-1-15,系统主要控制部件见图 4-1-39,各部件主要控制功能见表 4-1-16。

表 4-1-15　智能进入和起动系统控制功能

控制功能	参　考
智能车门开锁功能	· 如果握住驾驶员座椅或前排乘员座位车门外侧手柄,可对车门开锁
智能点火功能	· 如果按下点火开关,就会起动或停止发动机
智能车门上锁功能	· 如果按下上锁开关,就会对车门上锁
进入电动车窗功能	· 如果持续按住上锁开关,电动车窗就会关闭
智能行李箱箱盖开启功能	· 如果按下行李箱门开启开关(车外),行李箱门就会打开

表 4-1-16　智能进入和起动系统各部件主要控制功能

组成部件(简称)	主要功能
车门外侧手柄(驾驶员座椅,前排乘员座椅)	· 通过内置天线,发送车外发射器发出的要求信号,从而形成检测区域 · 将上锁开关状态(ON/OFF)向认证 ECU 输出(智能车门上锁功能) · 内置接触式传感器(智能车门开锁功能)
车外、行李箱外发射器	· 发送认证 ECU 发出的要求代码,并在车外形成检测区域
车内(前、后)和行李箱内发射器	· 发送认证 ECU 发出的要求代码,并在车内和行李箱舱内形成检测区域
认证 ECU	· 分辨和认证从智能接收机发出的 ID 代码,将对应实行功能的信号发送到各 ECU(控制系统整体) · 向各发射器发送要求代码 · 发送智能进入和起动系统上的车门上锁/开锁命令

---

① 驾驶员侧 J/BECU 在开锁操作后 1 s 内,输入各座位的上锁位置状态,在任一个车门收到上锁信号时,就会再次发送开锁要求信号。

笔记

组成部件(简称)	主要功能
驾驶室内调谐器和行李箱内接收器	·接收钥匙发出的智能进入和起动系统发送代码/无线发送代码,发送到认证ECU
MPX车身1号ECU(驾驶员侧J/BECU)	·各座位车门控灯开关ON或OFF信号通过多路通信发送到认证ECU等 ·各座位(除驾驶员座椅)车门上锁位置开关ON或OFF信号通过多路通信发送到认证ECU等 ·确认所有车门上锁或开锁操作完成,并输出反馈信息(驱动闪光器继电器和无线反馈蜂鸣器鸣响) ·接收到车门上锁或开锁信号,就会控制各座位车门上锁总成 ·通过认证ECU发出的行李箱门开启信号,驱动行李箱门开启器马达
MPX总开关	·驾驶员座位车门上锁位置开关ON或OFF信号通过多路通信发送到认证ECU等
行李箱门开启开关(车外)	·在操作智能行李箱门开启时按下,开关ON/OFF信号就会发送到驾驶员侧J/BECU
行李箱门上锁总成	·通过内置的行李箱门闭合马达的正转,打开行李箱门
闪光器继电器	·通过驾驶员侧J/BECU的控制,在反馈时危险警告灯闪烁(反馈功能)
无线反馈蜂鸣器	·通过驾驶员侧J/BECU的控制,在反馈时或者警告时鸣响
动力源控制ECU(电源ECU)	·驱动电源用(ACC,IG1,IG2)继电器 ·将发动机起动信号发送到发动机ECU ·接收各种开关和通信的信号,从而控制系统整体
认证ECU	·接收钥匙的ID代码信号,并和汽车登录ID认证 ·将ID代码认证结果发送到电源ECU ·将发动机许可信号发送到发动机ECU
档位控制ECU(档位ECU)	·检测档位"P"的状态 ·将档位信号发送到电源ECU
发动机控制ECU(发动机ECU)	·从ID代码BOX接收防盗锁止设定或不设定的命令
转向锁止ECU(转向锁止ECU)	·接收认证ECU发出的"转向锁止解除"的信号,解除转向锁止
仪表ECU(仪表ECU)	·随着认证ECU的操作指示信号,进行警告(智能警告指示灯或仪表内多功能蜂鸣器鸣响) ·将车速信号发送到电源ECU
IG1,IG2,ACC继电器	·通过电源ECU的控制,进行ON/OFF操作,并向各系统供电
停车灯开关	·检测到踩了制动器(ON),将信号发送到电源ECU
各车门上锁总成	·通过正转或逆转内置的门锁控制马达,对各座位车门上锁或开锁 ·内置的车门上锁位置开关检测车门的上锁或开锁(上锁:OFF;开锁:ON),并发送到驾驶员侧J/BECU

MPX总开关

车外发射器

车内发射器(前)

MPX车身1号ECU

网关ECU

车门外侧手柄

闪光器继电器

车外发射器

驾驶员座位门锁总成

驾驶员座位
车门控灯开关

后座左侧门控灯开关

后座左侧门锁总成

行李箱开启开关

车门外侧手柄

副驾驶员座位门锁总成

前排乘员座位车门控灯开关

后座右侧门锁总成

后座右侧门控灯开关

室内调谐器

车内发射器(后)

认证ECU

行李箱内接收器

行李箱内发射器

行李箱外发射器

行李箱外天线

行李箱门上锁总成

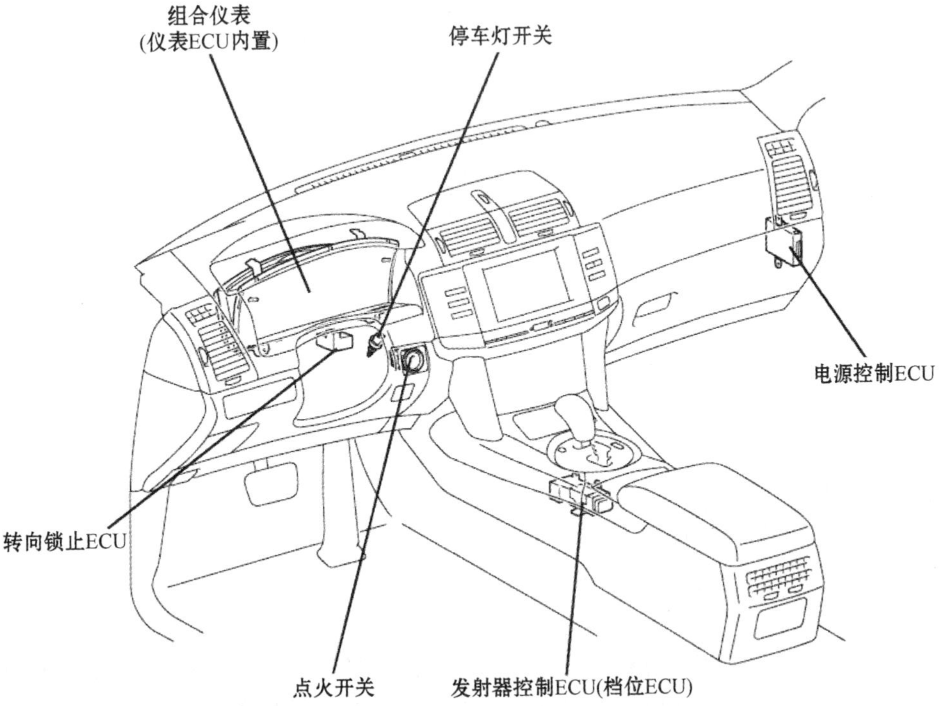

组合仪表
(仪表ECU内置)

停车灯开关

电源控制ECU

转向锁止ECU

点火开关

发射器控制ECU(档位ECU)

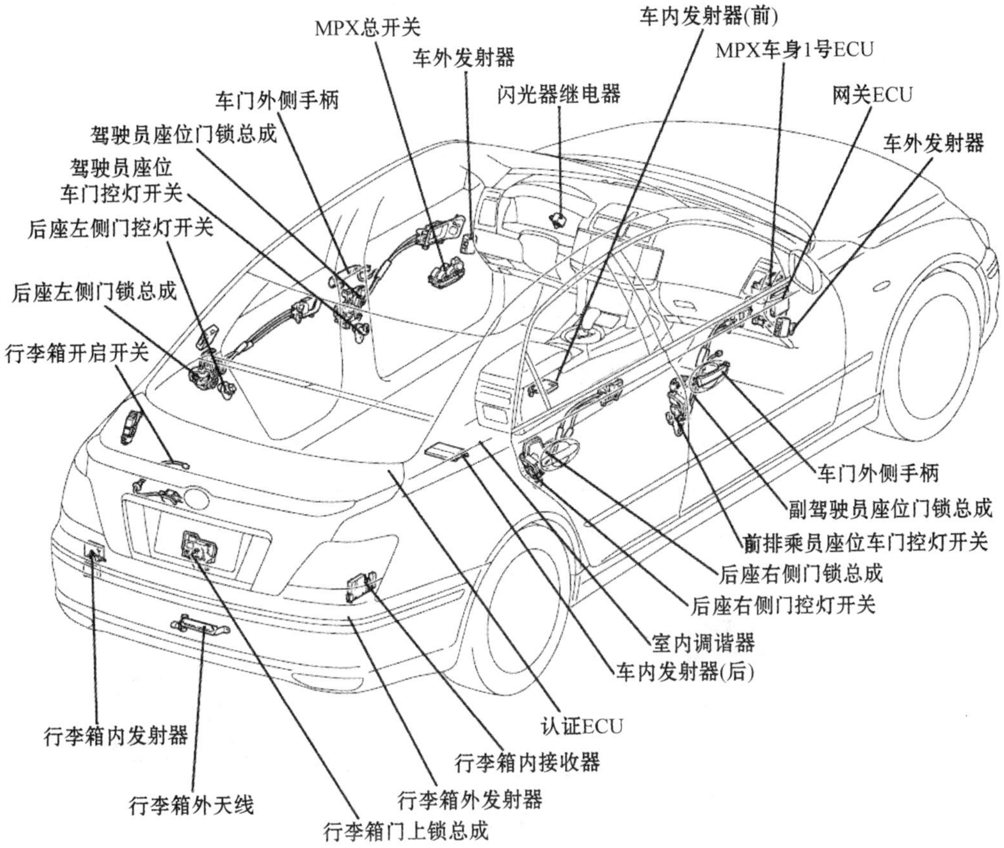

图 4-1-39　智能进入和起动系统主要控制部件

（1）智能进入和起动系统钥匙信号的传输。

为实现智能进入与起动，认证 ECU 需进行"与智能钥匙的 ID 代码认证"、"智能钥匙（或者钥匙携带者）位置确认"等操作，因而将钥匙要求信号发送到车内或车外、行李箱内或行李箱外发射器上。如果从接收到要求信号的智能钥匙上收回含反应代码的 ID 代码，就会进行分辨和认证，然后将对应功能的操作指示信号发送到各 ECU。

根据通过钥匙和汽车的无线双向通信发出的在车内外的 ID 代码的认证结果，认证 ECU、MPX 车身 1 号 ECU（驾驶员侧 J/BECU）、电源控制 ECU（电源 ECU）等通过双向车身多路通信从而控制系统。原理框架图见图 4-1-40。

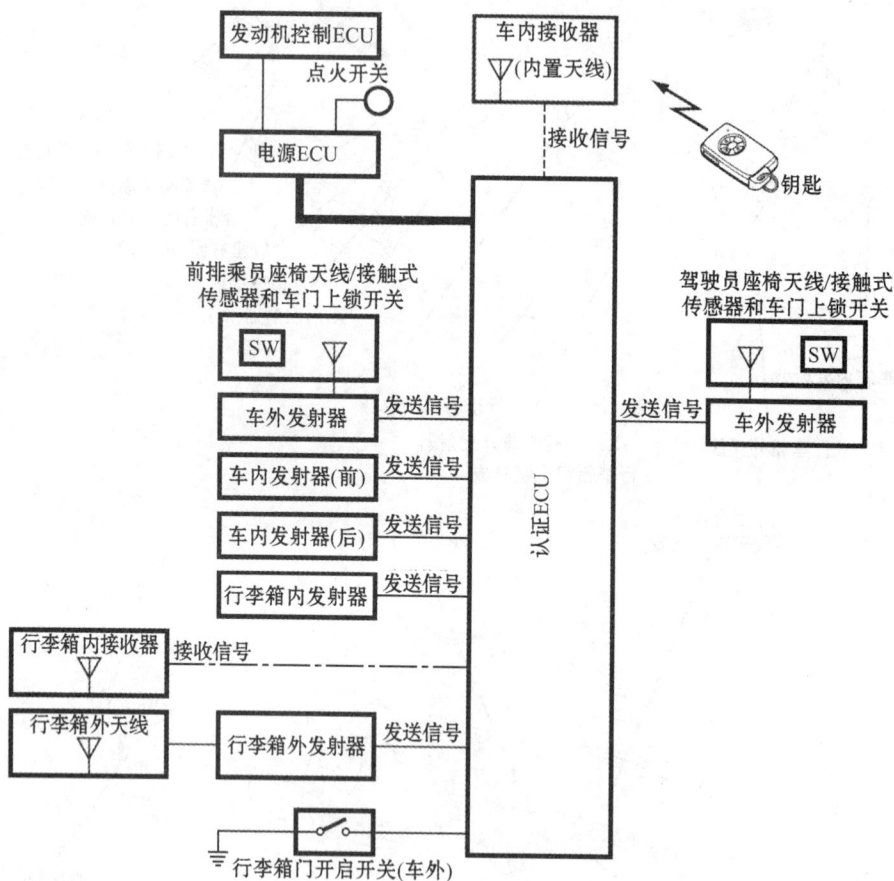

图 4-1-40　智能进入和起动系统钥匙信号的传输原理图

（2）智能进入和起动系统的检测区域。

认证 ECU 发送的要求信号通过各发射器从天线发送，进而形成智能钥匙的检测区域。通过车外和行李箱外发射器形成的检测区域，在离驾驶员座椅或前排乘员座位车门外侧手柄以及后保险杠中间大约 0.7～1.0 m 处。钥匙检测示意图见图 4-1-41。

车外发射器的检测区域是在停车状态（点火开关 OFF，车门上锁状态）时通过每 0.3 s 定期发送要求信号形成的，通常在此区域内能够感应到智能钥匙（钥匙携带者）的接近。另外，智能车门上锁时，上锁开关打开形成此区域，从而能够检测到智能钥匙（钥匙携带者）在车外。

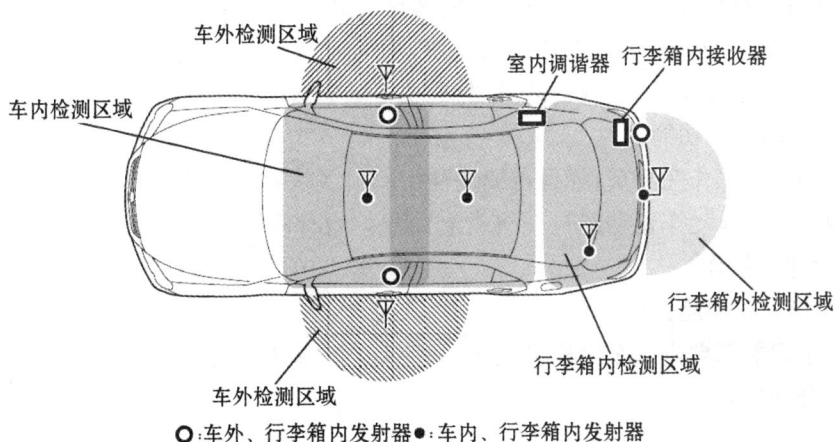

图4-1-41　智能进入和起动系统的钥匙检测区域

在智能行李箱门开启时,智能行李箱门开启开关打开,形成了行李箱外发射器的检测区域。行李箱内发射器的检测区域是在关闭行李箱门或按下行李箱门开启开关(车外)时形成的。

车内检测区域,在智能点火时、各种警告所需条件成立时以及上锁开关打开时形成,故可以检测到智能钥匙(钥匙携带者)在车内。

(3) 智能进入和起动系统的控制功能。

① 智能车门开锁功能:

如果在车外检测区域携带智能钥匙,并握住驾驶员座椅或前排乘员座位车门外侧手柄(触及内侧),就会对所有车门开锁。所有座位车门开锁后,作为反馈,危险警告灯闪烁两次。

② 智能车门上锁功能:

携带智能钥匙下车,关闭所有车门时,如果在车外检测区域按下驾驶员座椅或前排乘员座位车门外侧手柄的上锁开关,就会对所有车门上锁。所有座位车门上锁后,作为反馈,危险警告灯闪烁一次。

③ 行李箱门开启功能:

如果在行李箱门外检测区域,携带智能钥匙,并按下行李箱门开启开关(车外),就会打开行李箱门。

④ 智能点火功能:

通过在车内检测区域携带智能钥匙,结合制动操作,按下点火开关,就可以切换电源。另外,在钥匙的电池用光时,将钥匙的装饰部插向点火开关,如果蜂鸣器发出"嘀"的鸣响,在5s内脚离开制动器,按下点火开关就会启动同样功能。

如果不踩制动踏板按下点火开关,电源位置就会OFF→ACC→IG ON→OFF→(反复)改变。

如果踩住制动踏板,按下点火开关,发动机就会起动。

车停时,在发动机操作中,如果按下点火开关,电源位置就会变化到OFF。

⑤ 防盗锁止功能:

车辆停止后,如果按下点火开关,发动机就会停转,电源关闭,综合仪表板右下部的安全指示灯以约2.0s为周期(0.2s ON/1.8s OFF)经常闪烁,此表示防盗锁止系统已设置。

如果携带钥匙乘车,钥匙就会收到从天线发送到车厢内的电磁波。据此,钥匙内置的应答器(通信芯片)发射 ID 代码,并和登录了钥匙孔的 ID 代码认证。

只有 ID 代码一致时才会解除停机器系统,熄灭安全指示灯,进而允许发动机起动。由此,在不能读取钥匙发送的 ID 代码或 ID 代码不一致时,就会禁止起动发动机。

⑥ 进入电动车窗功能:

智能车门上锁操作完成后,如果持续按住上锁开关大约 3 s 以上,电动车窗就会开始关闭操作。由于智能电动车窗功能是在按住上锁开关的时候持续操作的手动操作,一旦手离开开关,就会停止操作。

⑦ 照明灯亮起功能:

如果携带智能钥匙进入车内检测区域,车内灯(车内灯开关在"DOOR"位置时)和钥匙孔照明就会分别亮起。

⑧ 警告功能:

由于智能进入和起动系统的便利,驾驶员也许会忽视钥匙的存在。由此,可能会引起"没有注意到智能钥匙被带往车外(同乘者带出)"、"开着发动机,驾驶员下车"、"档位在 P 以外驾驶员下车"等问题。警告功能在遇到上述问题前,通过仪表内置多功能蜂鸣器、无线反馈蜂鸣器和智能警告指示灯向驾驶员和同乘者发出警告。

⑨ 节电功能:

a. 车载蓄电池节电功能。

由于智能进入和起动系统通过每 0.3 s 定期发射要求信号形成了检测区域,所以如果车辆长时间放置,车载蓄电池就会放电。因此为了防止蓄电池放电设定下述控制:

· 在 5 天以上无智能钥匙发出的应答时,要求信号的定期发送间隔延长。

· 在 14 天以上无智能钥匙发出的应答时,要求信号的定期发送(检测区域的形成)就会停止。

b. 钥匙的电池节电功能。

如果在车外检测区域长时间放置智能钥匙,由于钥匙持续向驾驶室内调谐器发送 ID 代码,钥匙的电池会有用光的可能。因此为了防止蓄电池放电设定下述控制:

· 智能钥匙在车外检测区域超过 10 min 时,要求信号的定期发送(检测区域的形成)就会停止。

(4) 智能进入的控制原理。

智能开锁、上锁都是由认证 ECU 确认钥匙合法后,通过多路通信向驾驶员侧 J/BECU 发出开锁或上锁信号来完成操作的,控制原理图见图 4-1-42。

① 智能车门开锁操作:

如果钥匙(或者钥匙携带者)进入车外检测区域,认证 ECU 就会分辨和认证通过驾驶室内调谐器收到的钥匙的 ID 代码。如果认证成功,认证 ECU 就会通过车外发射器向认证成功的座位起动车门外侧手柄内的接触式传感器,使车辆处于车门开锁待机状态①。

————————————

① 从车门开锁待机状态到接触式传感器有信号输入,每 3 s 实行车外认证,认证成功后将再次等待接触式传感器的输入。另外,在 10 min 以上没有信号输入时成为停止认证的待机状态,通过无线遥控功能(除了行李箱门开启功能)和车门上锁开关 ON 产生的上锁操作和车门钥匙连动上锁或开锁的各信号,可再次成为能够进行智能车门开锁操作的状态(解除待机状态)。

笔记

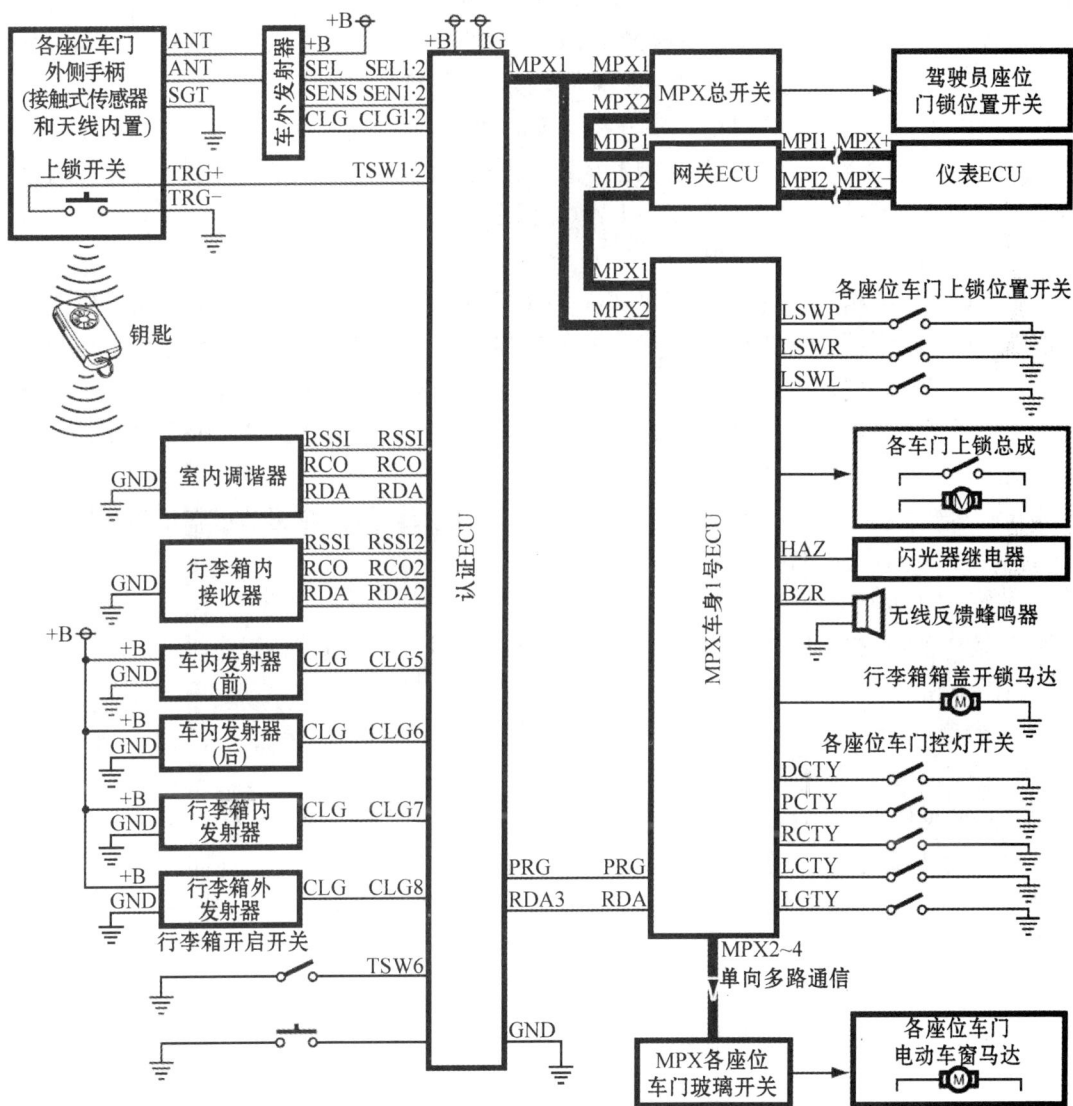

图 4-1-42　智能进入的控制原理图

在车门开锁待机状态,如果通过接触式传感器检测到车门外侧手柄的接触,认证 ECU 就会接收接触式传感器 ON 的信号。认证 ECU 通过多路通信向驾驶员侧 J/BECU 发送车门开锁控制信号。接收了车门开锁控制信号,驾驶员侧 J/BECU 对车门开锁(车门上锁位置开关 ON)[①]。

② 智能车门上锁操作:

在点火开关 OFF、所有车门控灯开关 OFF(所有座位车门"关")以及驾驶员座位门锁控制开关(钥匙连动用)OFF 的状态下,如果打开任一车门上锁开关,认证 ECU 就会收到已打

---

① 驾驶员侧 J/BECU 接收到车门上锁位置开关 ON 信号,确认车门开锁后,进行反馈输出。另外,在 30 s 内车门没有打开(车门控灯开关 ON)时,就会对所有车门输出车门上锁信号对车门上锁。

笔记

开车门的车门上锁开关 ON 信号。如果认证 ECU 接收到车门上锁开关 ON 信号,就会发送要求信号。接收到此信号的车外发射器和车内发射器(前和后)在车内外形成检测区域。然后,认证 ECU 分辨并认证通过驾驶室内调谐器接收的钥匙的 ID 代码。

如果认证 ECU 通过认证检测[①]到车外认证成功,车内和行李箱内认证失败并确认钥匙在车外,就会通过多路通信向驾驶员侧 J/BECU 发送车门上锁要求信号。如果驾驶员侧 J/BECU 接收到此信号,就会对所有车门上锁(车门上锁位置开关 OFF)[②]。

③ 智能行李箱箱盖开启操作:

按下智能行李箱门开启开关,如果认证 ECU 收到智能行李箱门开关信号,就会输出要求信号并通过行李箱外发射器、行李箱内发射器和车内发射器在行李箱内和车内形成检测区域。然后,进行分辨并认证(行李箱认证)[③]智能接收器和行李箱内接收器收到的 ID 代码。如果行李箱外认证成功,车内和行李箱内认证失败,就会通过多路通信将行李箱门开启输出要求信号发送到驾驶员侧 J/BECU。

如果驾驶员侧 J/BECU 收到行李箱门开启输出要求信号,就会驱动行李箱门开启工具马达,从而打开行李箱门。

④ 智能电动车窗操作(只上升):

智能车门上锁操作完成后,在下述前提条件全部成立时,可以进行智能电动车窗操作。

前提条件:

·智能车门上锁完成后,如果大约 3 s 内持续按住上锁开关,就会连续发送上锁开关 ON 信号。

·如果 MPX 总开关接收到连续的车门上锁开关 ON 信号,就会判断对智能电动车窗实行控制,然后通过多路通信将"无线电动车窗控制"信号和"要求无线反馈蜂鸣器鸣响"信号发送到驾驶员侧 J/BECU。以后的操作,与电动车窗系统的发射器连动上升操作相同。

(5)智能点火操作。

智能点火控制过程示意见图 4-1-43,电源转换控制见表 4-1-17。

---

① 将智能钥匙忘在车内,在按下车门上锁开关时,"忘记钥匙"的警告功能(无线反馈蜂鸣器在 2 s 内鸣响)就会起动。另外,智能钥匙在车外,在靠近车门按下车门上锁开关的时候,"忘记钥匙"的警告功能也会起动。另外,即使车外认证才成功,车内认证失败,在任一车门控灯开关打开的时候如果判断为车门微开也会起动警告功能。

② 如果驾驶员侧 J/BECU 接收到车门上锁位置开关 OFF 信号,就会进行反馈输出。另外,上锁后,拉拽车门手柄希望确认上锁时,从驾驶员座位车门上锁后,到为了智能车门开锁而进行车外认证为止,设置了大约 3 s 的待机时间。

③ 由于考虑到有离行李箱门非常近的(0~30 cm 左右)地点和比较远的地点按下开启开关的两种模式,行李箱外认证通过智能接收器和行李箱内接收器接收智能钥匙的 ID 代码的信号。另外,行李箱内认证考虑到了钥匙锁入的情况。所有车门关闭并上锁的状态下,在关闭行李箱门后,就会实行行李箱内认证,并检测钥匙的锁入情况。在此状态下,按下行李箱开启开关时,将通过行李箱内认证再次检测钥匙。这些认证每一个都才成功时,就会打开行李箱门。

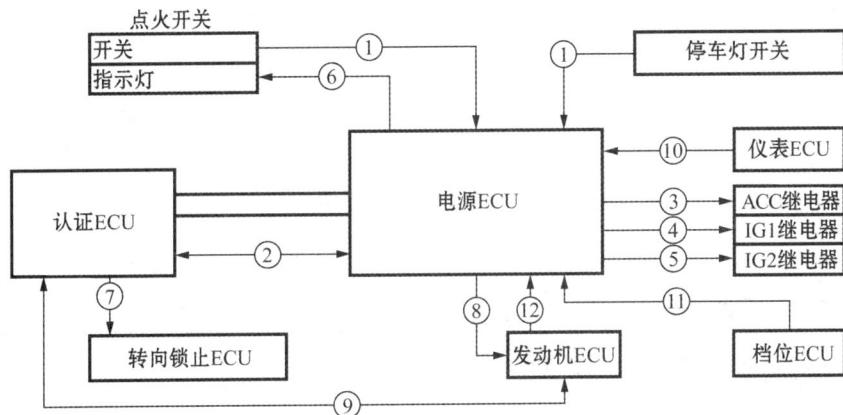

图 4-1-43　智能点火控制过程示意图

表 4-1-17　汽车电源转换表

① OFF→ACC 操作,见表 4-1-18。

表 4-1-18　OFF→ACC 操作

编　号	操　作	控　制
1	不踩制动踏板按下点火开关	电源 ECU 检测到点火开关 ON,停车灯开关 OFF
2	对认证 ECU,电源 ECU 确认 ID 认证结果	
2	从认证 ECU 到电源 ECU 应答 ID 认证结果	
3	电源 ECU 打开 ACC 继电器	
6	指示灯亮起(绿色)	
7	认证 ECU 发出"转向锁止解除"信号,解除转向锁止	

② ACC→IG ON 操作,见表 4-1-19。

表 4-1-19　ACC→IG ON 操作

编　号	操　作	控　制
从电源位置 ACC 状态起		
1	不踩制动踏板按下点火开关	电源 ECU 检测到点火开关 ON,停车灯开关 OFF
4・5	电源 ECU 分别打开 IG1 继电器和 IG2 继电器	
6	指示灯亮起(橙色)	

③ 发动机起动(OFF→发动机起动),见表 4-1-20。

表 4-1-20　OFF→发动机起动

编　号	操　作	控　制
1	踩住制动踏板,同时按下点火开关	电源 ECU 检测到点火开关 ON,停车灯开关 ON
2	对认证 ECU,电源 ECU 确认 ID 认证结果	
2	从认证 ECU 到电源 ECU 应答 ID 认证结果	
3・4・5	电源 ECU 分别打开 ACC 继电器、IG1 继电器和 IG2 继电器	
7	认证 ECU 发出"转向锁止解除"信号,解除转向锁止	
8	从电源 ECU 向发动机 ECU 发送启动信号	
6	指示灯亮起(橙色)	
9	在发动机 ECU 和认证 ECU 之间,实行起动许可通信	
12	从发动机 ECU 向电源 ECU 发送发动机转速信号	
6	熄灭指示灯	

④ 发动机起动 IG ON→OFF 操作,见表 4-1-21。

表 4-1-21　IG ON→OFF 操作

编　号	操　作	控　制
1・10	在车辆停车时按下点火开关	电源 ECU 检测到点火开关 ON,车速未满 5 km/h
11	电源 ECU 确认"P"档位	
3・4・5	电源 ECU 控制并分别关闭 ACC 继电器、IG1 继电器和 IG2 继电器	
6	熄灭指示灯(只在 IG ON→OFF 时)	

三、制订检修计划

制订丰田 BEAN 车身电子局域网络故障检修计划如表 4-1-22 所示。

表 4-1-22　制订丰田 BEAN 车身电子局域网络故障检修计划

1. 收集丰田 BEAN 车身电子局域网络相关信息,分析丰田 BEAN 车身电子局域网络故障原因
2. 查阅车辆维修资料,制定丰田 BEAN 车身电子局域网络检修流程
3. 通过使用故障诊断仪、万用表和示波器对丰田锐志 BEAN 车身电子局域网络进行各种检测,判断故障原因,并排除故障,恢复正常性能

笔记

续 表

1. 丰田 BEAN 车身电子局域网络信息描述	丰田 BEAN 车身电子局域网络的特点？	
	丰田 BEAN 车身电子局域网络组成部分？在车身控制中起到什么作用？	
2. 丰田 BEAN 车身电子局域网络故障现象描述		
3. 丰田 BEAN 车身电子局域网络故障原因分析,画出鱼刺图		
4. 丰田 BEAN 车身电子局域网络故障检修工作准备	相关维修资料	
	相关技术标准	
	相关检测工量具	
	相关维修、拆装工具	

	步骤	项 目	内 容	检测结果	结 论
5. 丰田 BEAN 车身电子局域网络故障检修流程	1	故障诊断仪检测	1. 读取故障代码		
			2. 读取数据流		
			3. 主动功能测试		
	2	万用表检测	1. 总线电压测量		
			2. 数据线导通性测量		
	3	示波器检测	总线信号波形检测		

四、任务实施

丰田 BEAN 车身电子局域网络故障检修任务如表 4-1-23 所示。

表 4-1-23 丰田 BEAN 车身电子局域网络检修任务

本任务书以丰田锐志轿车 BEAN 车身电子局域网络的几个典型故障为检修任务(故障由教师根据表中故障现象进行设置)。学员根据"丰田 BEAN 车身电子局域网络故障原因分析"和"丰田 BEAN 车身电子局域网络故障检修流程",结合车辆实际情况,按照相关维修资料和技术标准,使用故障诊断仪、万用表和示波器对丰田 BEAN 车身电子局域网络进行各种检测,并分析判断故障原因,排除故障恢复正常性能

故障现象描述	检测内容	判断依据和故障点	修复方法
开前照灯,无远近光	诊断仪检测结果:		
	万用表检测结果:		
	示波器检测结果:		

笔记

故障现象描述	检测内容	判断依据和故障点	修复方法
按动左前车门 MPX 主开关,左前车门车窗和两个后车门车窗不工作	诊断仪检测结果:		
	万用表检测结果:		
	示波器检测结果:		
组合仪表工作失常,水温表、燃油表、波箱档位显示等均失效	诊断仪检测结果:		
	万用表检测结果:		
	示波器检测结果:		
智能钥匙系统的无钥匙进入功能失效	诊断仪检测结果:		
	万用表检测结果:		
	示波器检测结果:		

五、检验评估

项目四的检验评估如表 4-1-24 所示。

表 4-1-24　检验评估

检验与评价内容	检验指标	权重	自评	互评	总评
维修质量检验	各项控制功能恢复正常	4			
检查任务完成情况	1. 能描述丰田 BEAN 车身电子局域网络的组成和工作原理	4			
	2. 能使用故障诊断仪对丰田 BEAN 车身电子局域网络进行读取故障码、数据流、主动功能测试等操作				
	3. 能使用万用表、示波器对丰田 BEAN 车身电子局域网络的电压、波形等进行检测				
	4. 在小组完成任务过程中所起作用	2			
职业素养	1. 学习态度:积极主动参与学习				
	2. 团队合作:与小组成员一起分工合作,不影响学习进度				
	3. 现场管理:服从工位安排、执行实训室"5S"管理规定				

项目五　Class-2 串行通信网络故障检修

Description 项目描述	J1850 通信协议是美国车系广泛应用的一种协议标准,本项目以通用汽车公司的 Class-2 串行通信网络进行学习。在本项目中通过布置"Class-2 串行通信网络故障检修"任务书,学生分组后在老师的指导下经过信息收集、制定检修计划、实施任务等环节,利用万用表、示波器等工量具和 Class-2 串行通信网络教学台架或 Class-2 串行通信网络教学车,完成 Class-2 串行通信网络的理论知识学习和检修任务,使学生真正掌握 Class-2 串行通信网络检修的专业知识和职业技能。在本项目学习中以 2002 款别克老君威为检修对象
Objects 项目目标	1. 熟知 Class-2 串行通信网络的数据通信原理和数据结构 2. 能识别故障原因是普通电气电路还是 Class-2 串行通信网络 3. 能用示波器、万用表和故障诊断器等仪器对 Class-2 串行通信网络进行各种检测,具备分析判断能力,同时能对 Class-2 串行通信网络的故障进行修复
Tasks 项目任务	任务:Class-2 串行通信网络故障检修
Implementation 项目实施	

一、维修接待

按照表 5-1-1 完成待修车辆的维修接待,并准确填写车载网络诊断接车问诊表。

表 5-1-1　车载网络诊断接车问诊表

车载网络接车问诊表			
车牌号：_____　车型：_____　车　架　号：_____　行驶里程：_____(km)			
用户名：_____　电话：_____　来店时间：____/____			
车载网络类型：Class-2 串行通信网络 故障症状(与客户交谈的结果)： 　一辆 2002 款别克君威轿车组合仪表显示出现转速表不转、波箱档位不显示等故障现象 　　　　　　　　　　　　　　　　　　　　　　　　　　　　　接车员：_____			
车间症状确认(技师对故障进行验证)： 　组合仪表多项显示内容不正常,初步判断为组合仪表 Class-2 串行通信网络通信故障 　　　　　　　　　　　　　　　　　　　　　　　　　　　　维修技师：_____			
检查结果和所需更换维修项目： 			
接车员：_____　维修技师：_____　客户确认：_____			

二、信息收集

1. J1850 通信协议标准概述

J1850 总线是 1994 年由美国汽车工程师协会(Society of Automotive Engineers;SAE)所颁布的标准,属于 B 级(Class B)总线,之后普及运用于美国车厂的汽车中,如福特(Ford)、通用汽车(General Moter;GM)、克赖斯勒(Chrysler)等,虽然美国车厂多实行 J1850 标准,但各厂的实际作法各有不同,Ford 的实体层设计与 GM、Chrysler 不同,而 GM 与 Chrysler 的实体层虽相同,但更上层的讯框格式却不同,等于 3 家车厂有 3 种协议。

J1850 支持两种信号传输方式,一种是以脉宽调变(Pulse Width Moduleated;PWM)方式传送,运用两条线路以差动方式进行传输,最高速率为 41.6 Kbps,被美国福特汽车公司采用,又称 SCP 协议;另一种是可变脉宽(Variable Pulse Width;VPW)方式,此方式仅使用 1 条线路就可传输,最高速率为 10.4 Kbps,为美国通用汽车公司和美国克莱斯勒汽车公司采用,又称 Class-2 协议。

在逻辑准位方面,J1850 的高准位电压约在 4.25～20 V 间,而低准位电压则低于 3.5V。要注意的是,1 个高电压(或低电压)并不代表输出 1 个 bit 的信息,而是 1 个"bit symbol",1 个"bit symbol"最少可以携带 1 个 bit 的信息,但也可以更多,视调变作法而定。此外,每个"bit symbol"的传递有其时间限制,以单线方式传输而言 1 个 Symbol 的传递时间为 64 μs 或 128 μs。

在实体线路上,J1850 总线平时会连接 1 个微弱的下拉式电阻,当总线被驱动时则会将线路电压拉至高准位,拉至高准位的同时也等于取得总线的主导权、使用权。若发生争抢总线主导权的情形,则 J1850 使用 CSMA/CR 方式对争抢进行仲裁,以决定总线上某个节点有权先使用总线。

至于最远传输距离与最多的节点数等表现,VPW 型的 J1850 最远能有 35 m 传输,最多能在 1 个 J1850 总线内设置 32 个节点。在故障诊断连接器(connector)方面,许多应用案例中 J1850 是使用 OBDⅡ(On-Board Diagnostics Ⅱ)的连接器,虽然 ODBⅡ是另一套通信接口与通信协议,但通常使用 J1850 作为 ODBⅡ通信连接。

2. 2002 款别克君威 Class-2 串行通信网络的结构原理

1) Class-2 串行数据总线的特点

Class-2 串行数据总线是通用的第二代串行数据传输总线,它采用单线制线路,传输速率为 10.4 Kb/s。Class-2 串行数据线的静态电压为 0 V,传递数据电压为 7V。系统传送数据采用的是可变脉宽,每一位信息都可能有两种长度,或长或短。当点火开关拨至 RUN 位置时,Class-2 串行数据网络上的模块每两秒钟会发送一个 SOH 信息来确保模块工作正常,当一个模块停止传递信息时,例如一个模块失去电源和搭铁,就不能发送 SOH 信息,那么在 Class-2 串行数据网络上等着接受 SOH 信息的其他模块就会感知并设置与模块(不能传递信息的模块)失去通信的故障码(DTC),对于不能传递信息的模块来说,DTC 是唯一的,例如,当 BCM 的 SOH 信息消失了其他的几个模块会设置 DTC U1064,注意的是当存在失去通信的 DTC 时并不是代表产生 DTC 的模块有问题。Class-2 串行通信波形如图 5-1-1 所示。

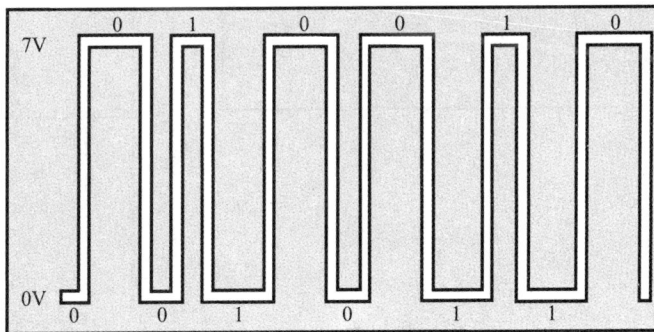

图 5-1-1　Class-2 串行通信波形

2) Class-2 串行通信网络的结构

2002 款别克君威轿车采用了 Class-2 串行通信网络,由一根数据线将不同的电子控制模块相连,实现数据共享。Class-2 串行数据总线允许故障诊断和测试。

2002 款别克君威 Class-2 串行通信网络由动力系统控制模块(PCM)、车身控制模块(BCM)、电子制动控制模块(EBCM)安全气囊控制模块(SDM)、组合仪表(IPC)、空调控制(A/C)、音响控制(舒适、娱乐 E&C)、钥匙确认系统(PK3)、诊断座(DLC)组成,不同的控制模块接在一条串行数据总线上,称之为 Class-2 二级数据总线,这些控制模块之间的通信和它们与检测工具 TECH 2 之间的通信都通过这条数据总线进行。系统拓扑图见图 5-1-2,2002 款君威数据链路通信连接器和网络组合件端子含义见表 5-1-2,Class-2 串行通信故障代码见表 5-1-3。

笔 记

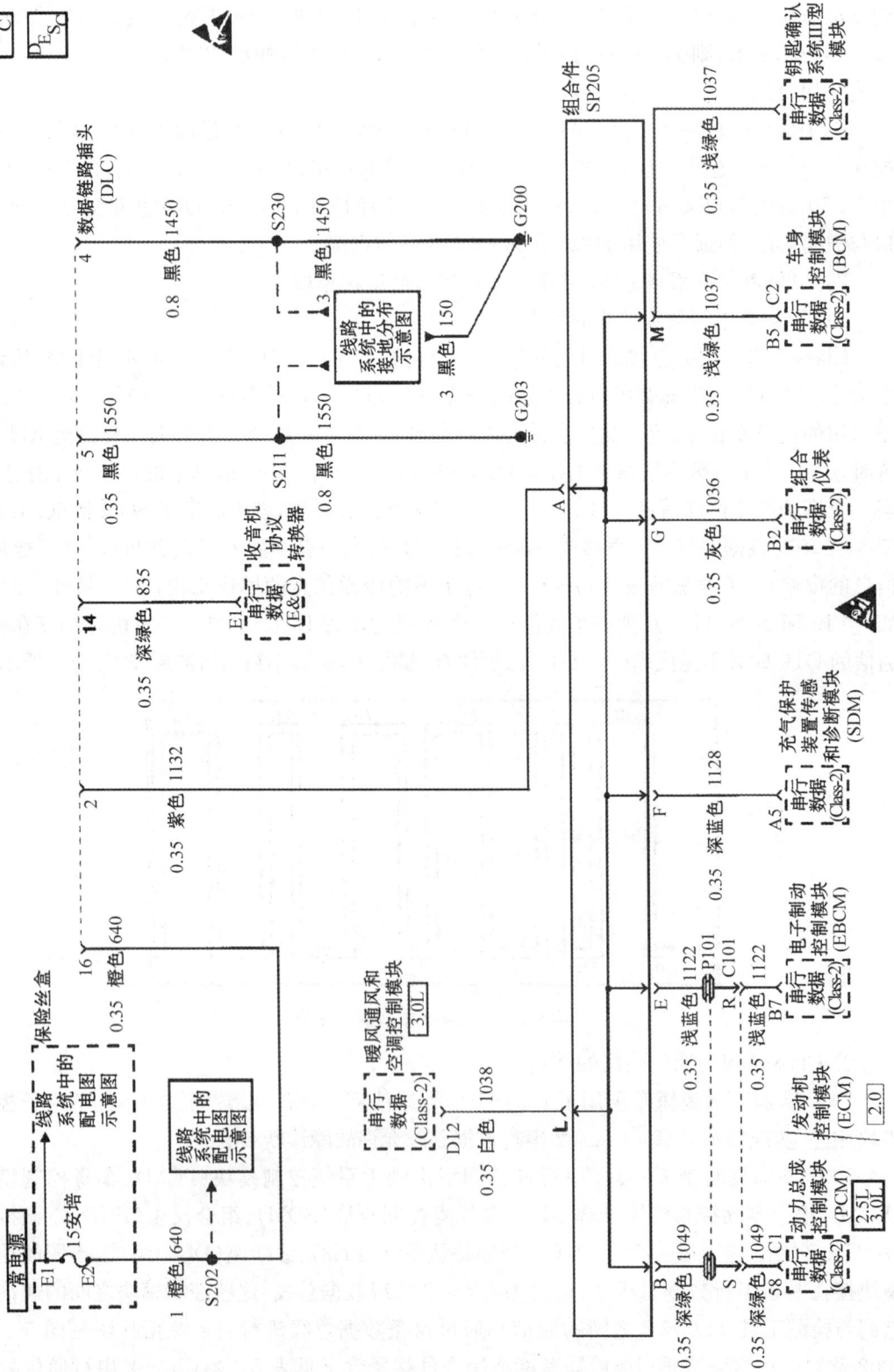

图 5-1-2　2002 款君威 Class-2 串行通信网络拓扑图

表 5-1-2　2002 款君威数据链路通信连接器和组合件 SP205 端子含义

端子号	功　能	端子号	功　能
2	Class-2 串行数据口	A	数据链路插头 Class-2 串行数据口
4	接地	B	动力总成控制模块 Class-2 串行数据口
5	接地	E	电子制动控制模块 Class-2 串行数据口
14	E&C 串行数据口	F	组合仪表 Class-2 串行数据口
16	常电	L	空调控制模块 Class-2 串行数据口
		M	车身控制模块和钥匙确认系统模块 Class-2 串行数据口
		G	安全气囊 Class-2 串行数据口

表 5-1-3　2002 款君威 Class-2 串行通信故障代码列表/类型

说　明	模　块
DTC U1000 Class-2 数据链路故障	BCM、EBCM、IPC、SDM、PK3
DTC U1016 与动力总控制模块失去通信	BCM、EBCM、IPC、SDM
DTC U1040 与电子制动控制模块失去通信	IPC
DTC U1088 与安全气囊模块失去通信	IPC
DTC U1096 与组合仪表失去通信	SDM
DTC U1192 与钥匙确认系统模块失去通信	PCM/ECM
DTC U1255Class-2 数据链路故障	BCM、HCM、PK3
DTC U1300 Class-2 数据链路低电平	BCM、EBCM、IPC、SDM
DTC U1301 Class-2 数据链路高电平	BCM、EBCM、IPC、SDM

（1）Class-2 串行数据链路。

Class-2 串行数据链路允许如下模块之间相互通信数据：

· 车身控制模块；

· 电子制动控制模块；

· 暖风通风与空调系统控制模块 3.0 L；

· 充气式保护装置传感和诊断模块；

· 组合仪表；

- 动力总成控制模块(2.5 L,3.0 L);
- 发动机控制模块(2.0 L)
- 钥匙确认系统Ⅲ型模块。

此外 Class-2 串行数据链路允许故障诊断仪与这些模块通信来达到诊断和测试目的, Class-2 串行数据链路位于数据链路插头端子 2 上。

(2)娱乐系统和舒适性 E&C 串行数据链路。

娱乐系统和舒适性 E&C 串行数据链路允许故障诊断仪与收音机通信来达到诊断和测试目的,音响娱乐系统和舒适性串行数据链路位于数据链路接头端子 14 上。

3. 2002 款君威 Class-2 串行通信网络的控制功能

1)仪表信息传输

仪表组件的信息除少部分是由仪表通过专线与传感器相连读取外,大部分信号是由仪表通过二级串行通信总线从各控制单元读取的,如发动机转速表、燃油表、冷却液温度表、变速器档位显示等信息由动力系统控制模块 PCM 通过二级数据总线向仪表组件传送数据;气囊警告指示灯由气囊电脑通过二级数据总线向仪表组件传送数据;防抱死指示灯、牵引力过低指示灯、牵引力关闭指示灯由电子制动控制模块通过二级数据总线向仪表组件传送数据;扣紧安全带指示灯由车身控制模块 BCM 通过二级数据总线向仪表组件传送数据。仪表系统电路图见图 5-1-3～图 5-1-5。

2)车身控制模块 BCM

本车配有车身控制模块 BCM,车身控制模块执行多种车身控制功能和发动机控制功能。车身控制模块 BCM 能够完成多种车身控制功能,与车身控制模块直接连接的部件由车身控制模块控制。车身控制模块基于两种信息来控制输出,一是从与车身控制模块直接连接的传感器和开关获得的输入信息;二是通过 Class-2 串行数据总线从其他车辆系统获得的信息。

车身控制模块对接收的信息进行评价,通过控制输出接通或关闭控制特定的车身系统。对于未于车身控制模块直接连接和/或控制的功能,车身控制模块通过在 Class-2 串行数据连接上发送特定的信息来完成这一任务,能够执行这一功能的车辆系统将对车身控制模块信息作出响应。系统电路图见图 5-1-6～图 5-1-13。车身控制模块执行如下功能:

(1)保持附件电源 RAP。

当点火开关从 RUN 运行或 ACC 附件转到 LOCK 锁止或 OFF 关闭位置时,保持附件电源 RAP 允许 10 min,支持电气附件的操作。

(2)声响警告。

通过 Class-2 串行数据总线,向仪表声响警告系统发送警告信息,执行如下功能:

- 钥匙插入点火开关提示;
- 系好座椅安全带提示;
- 驻车制动提示;
- 转向信号提示;
- 燃油过低提示;
- 前照灯接通提示。

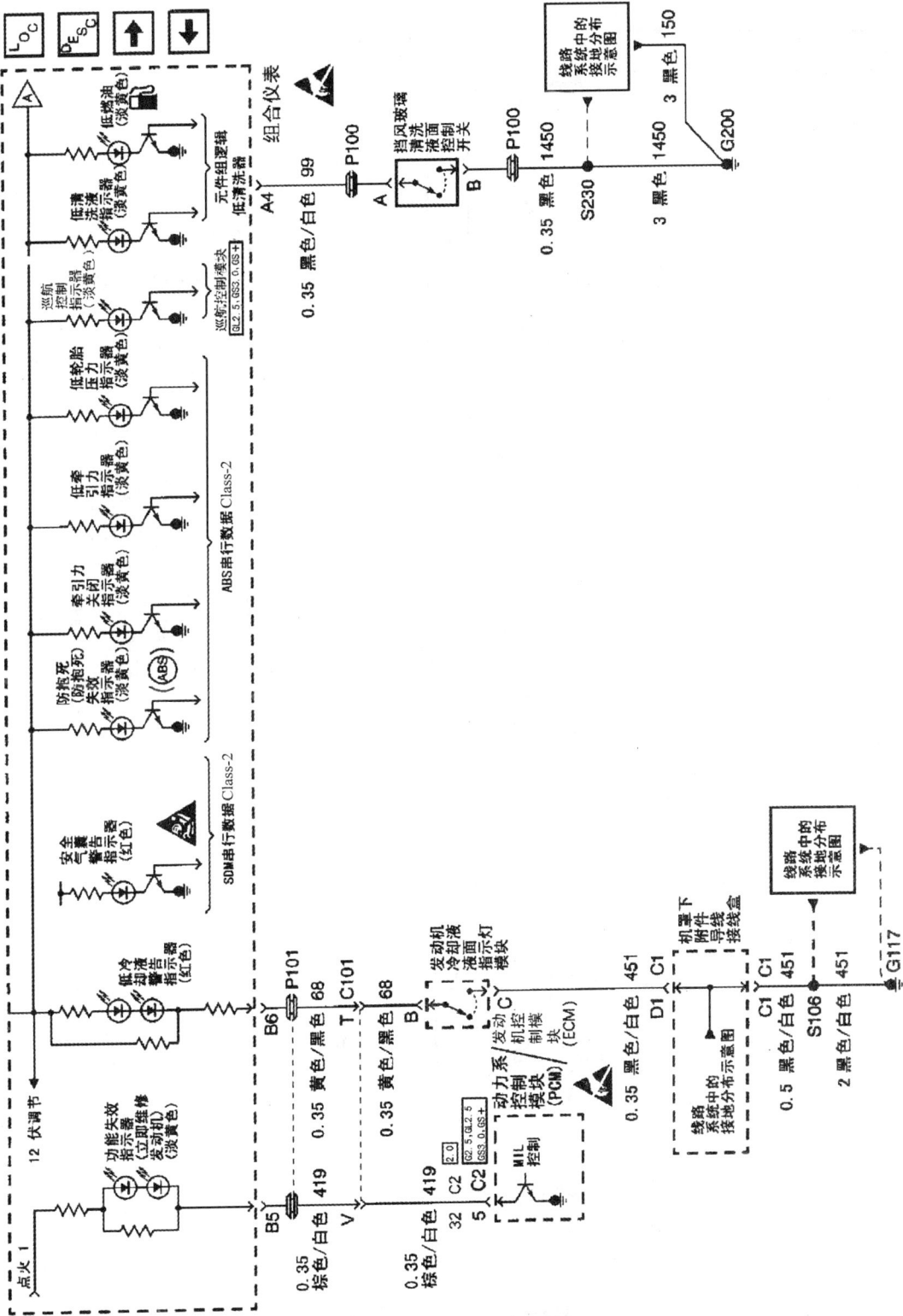

图 5-1-3 PCM、发动机冷却液面指示灯模块、挡风玻璃清洗液面开关

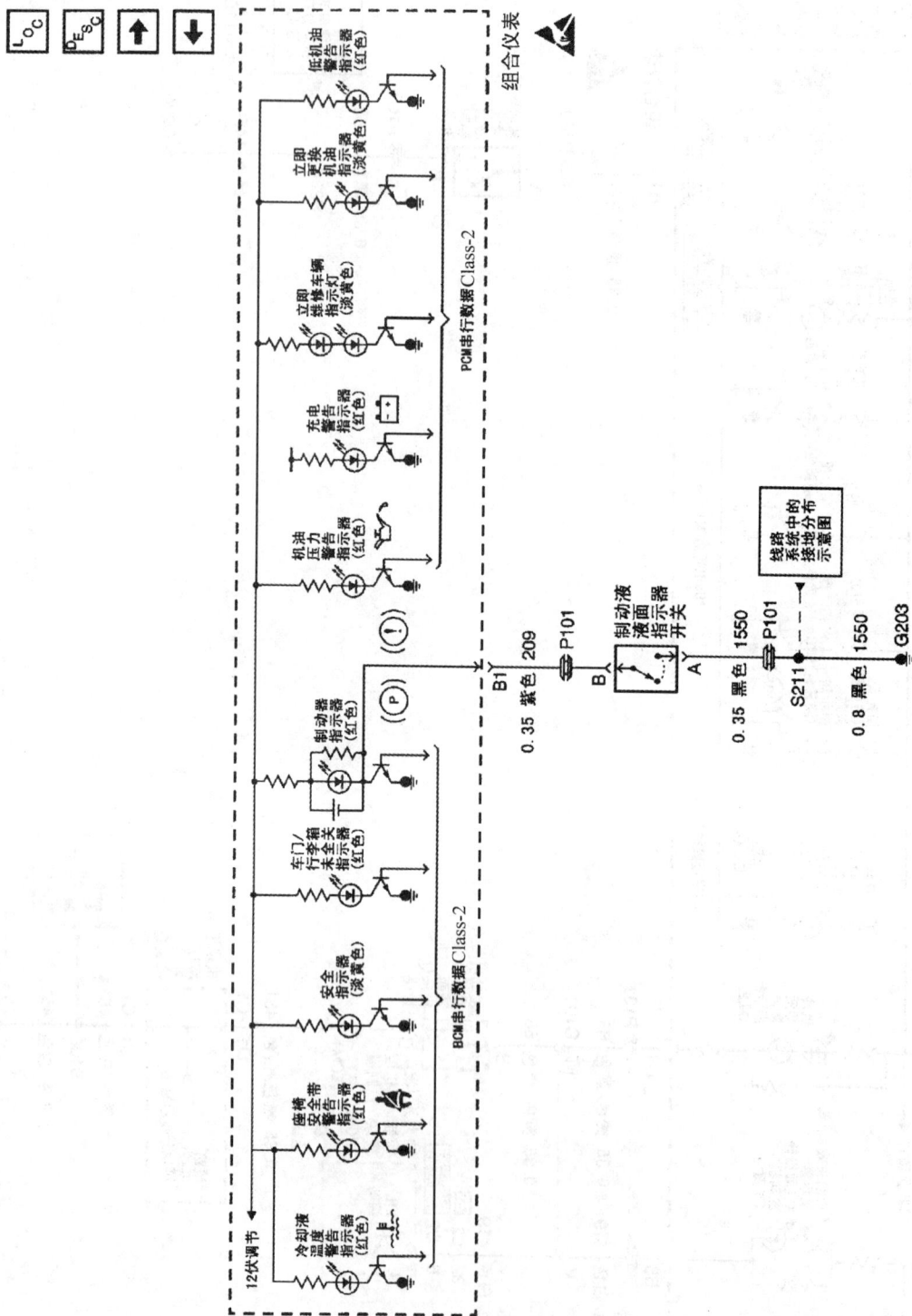

图 5-1-4　制动液液面开关

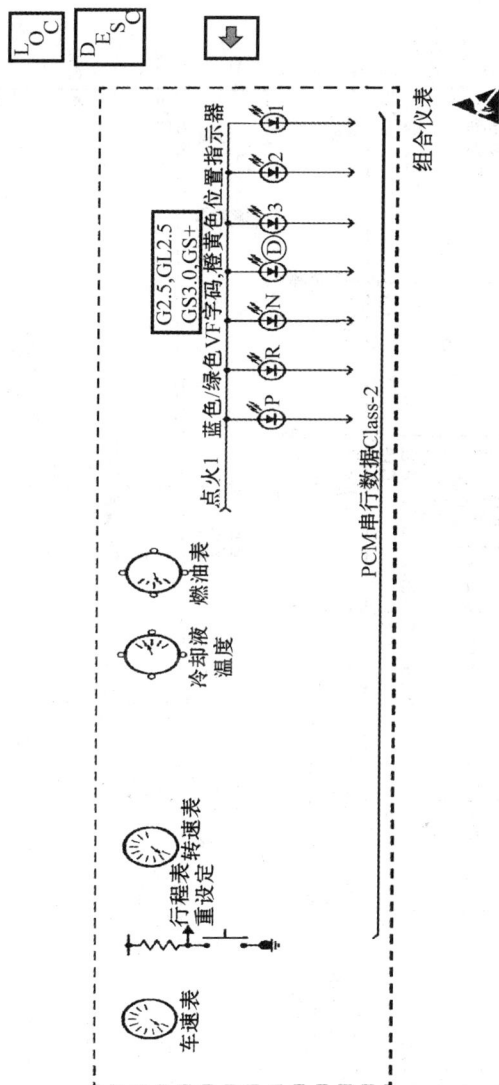

图 5-1-5 仪表通过 Class-2 得到的信息

笔记

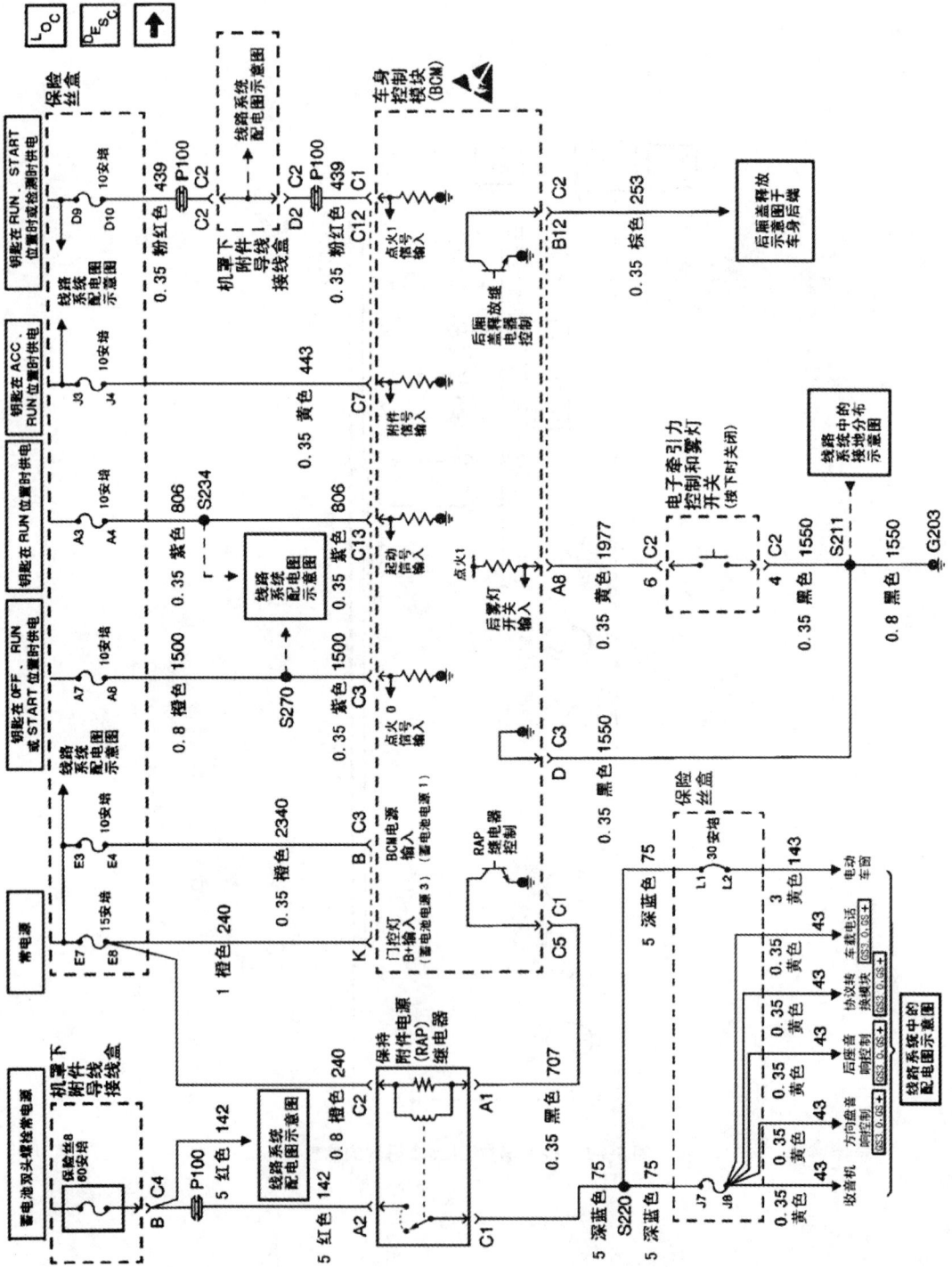

图 5-1-6　BCM 电路 1(电源、接地、保持附件电源、牵引力控制开关)

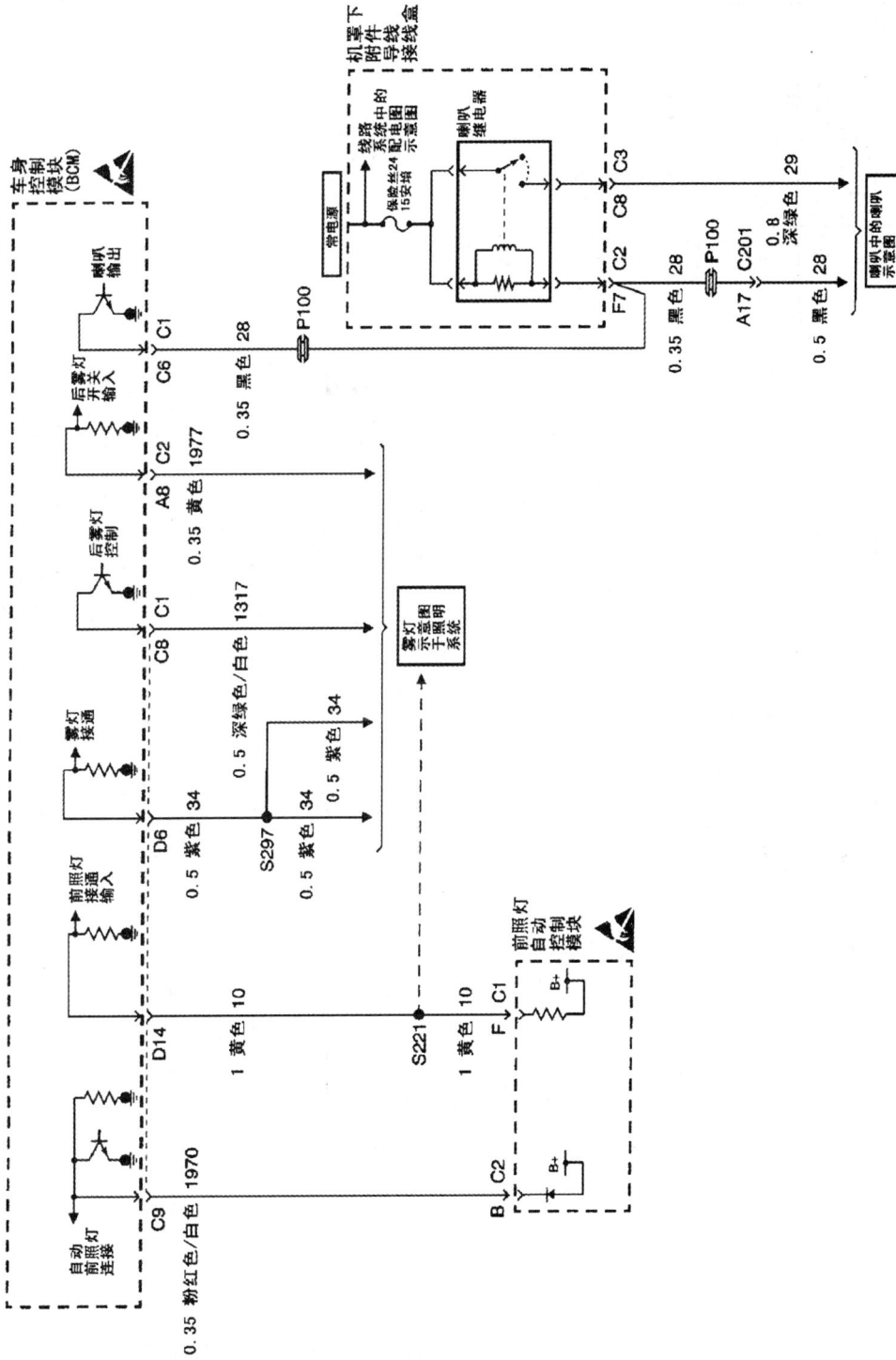

图 5-1-7　BCM 电路 2(喇叭、车外灯)

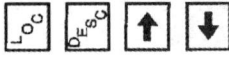

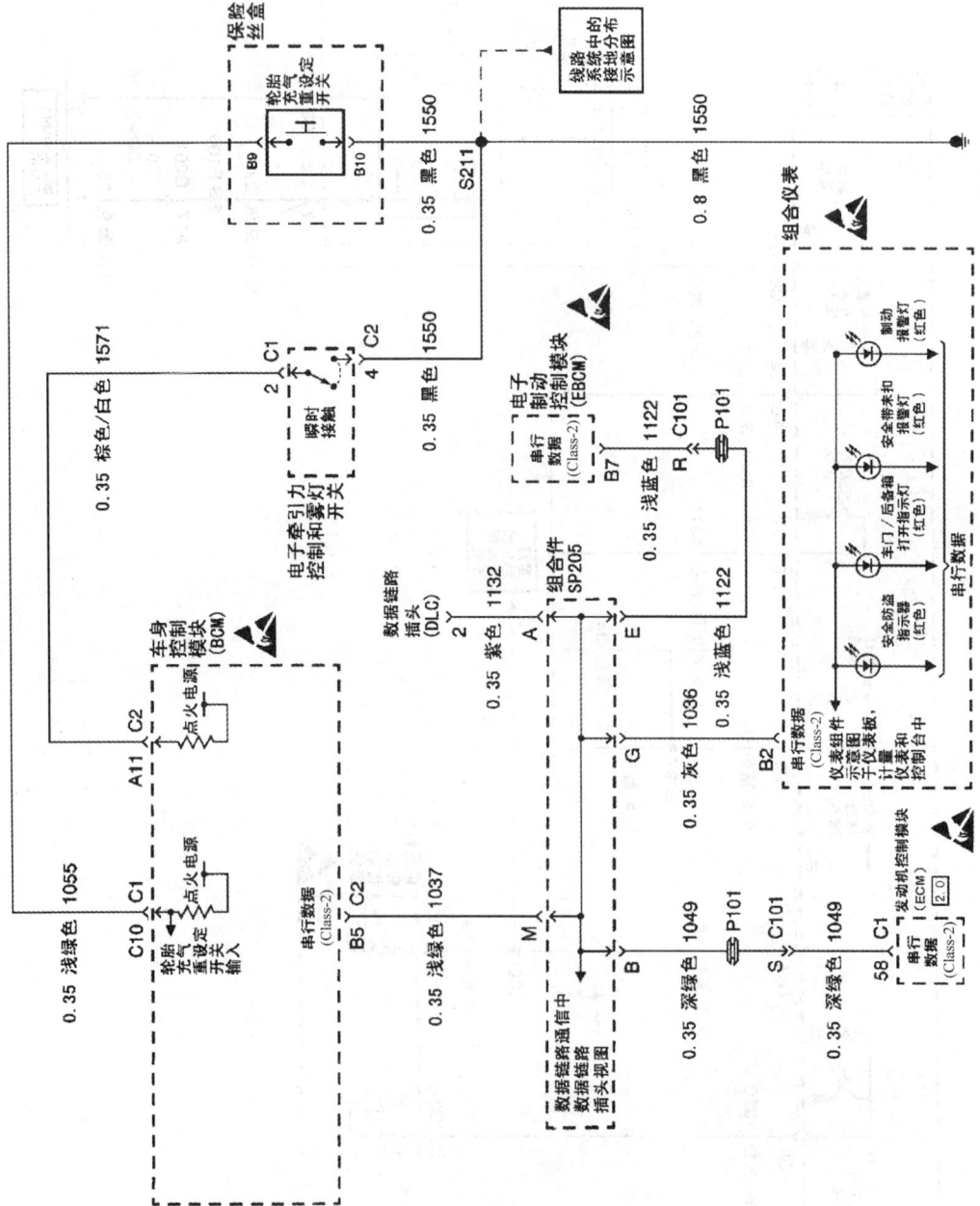

图 5-1-8　BCM 电路 3(增强型牵引力开关、TIM 重设开关、串行通信)

笔 记

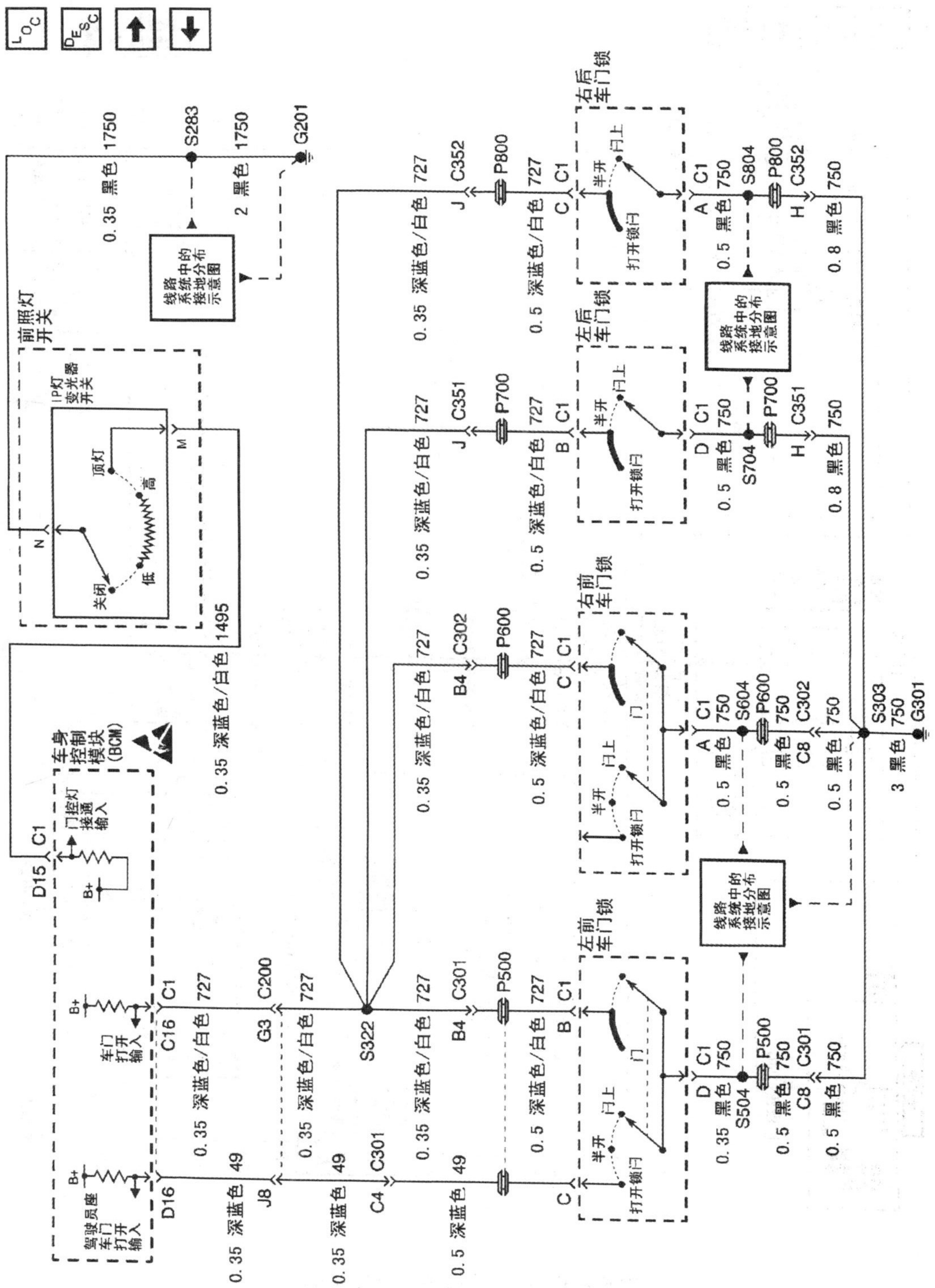

图 5-1-9　BCM 电路 4(车内灯输入)

笔记

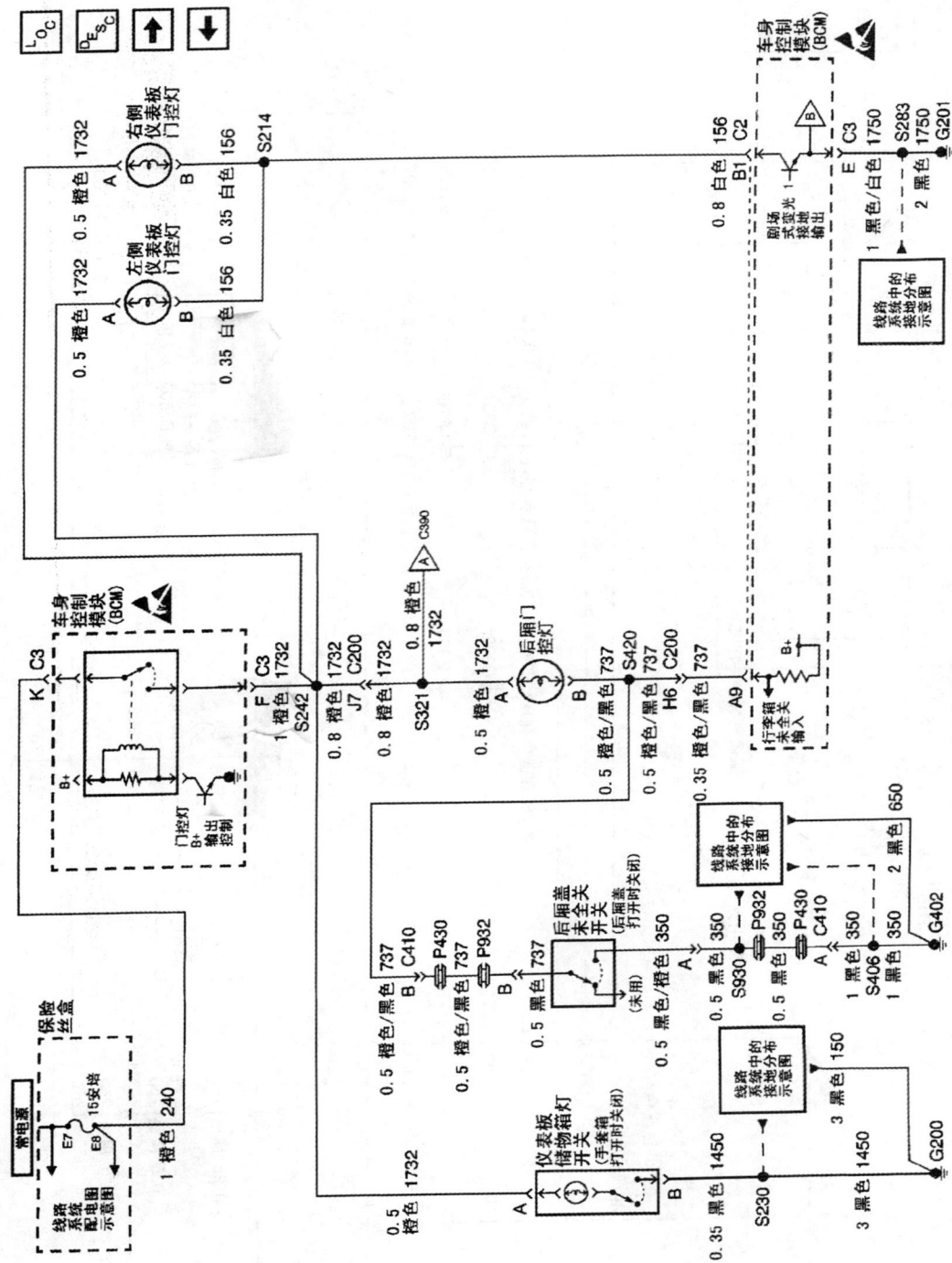

图 5-1-10　BCM 电路 5(车内灯输出)

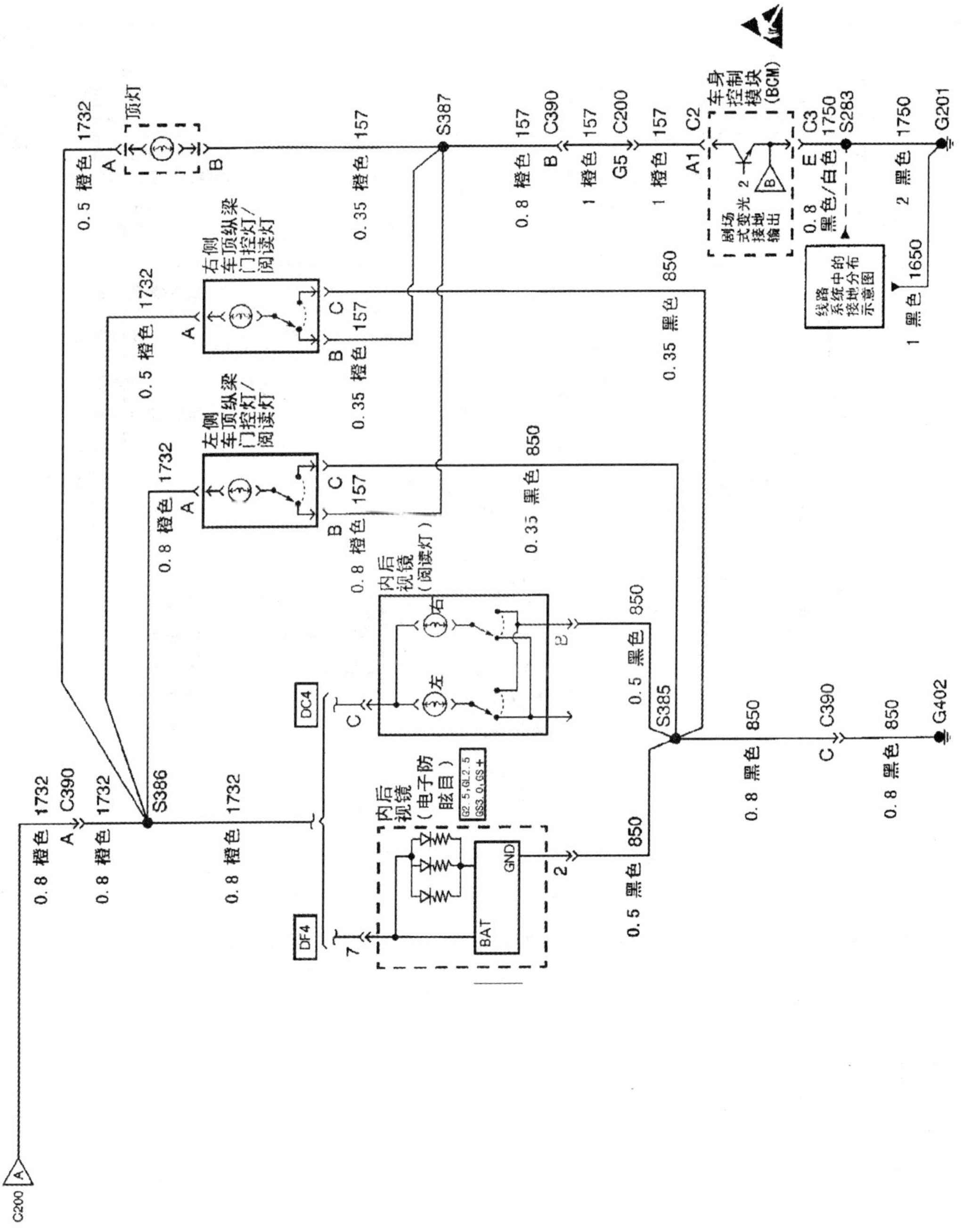

图 5-1-11　BCM 电路 6(车内灯输出)

笔记

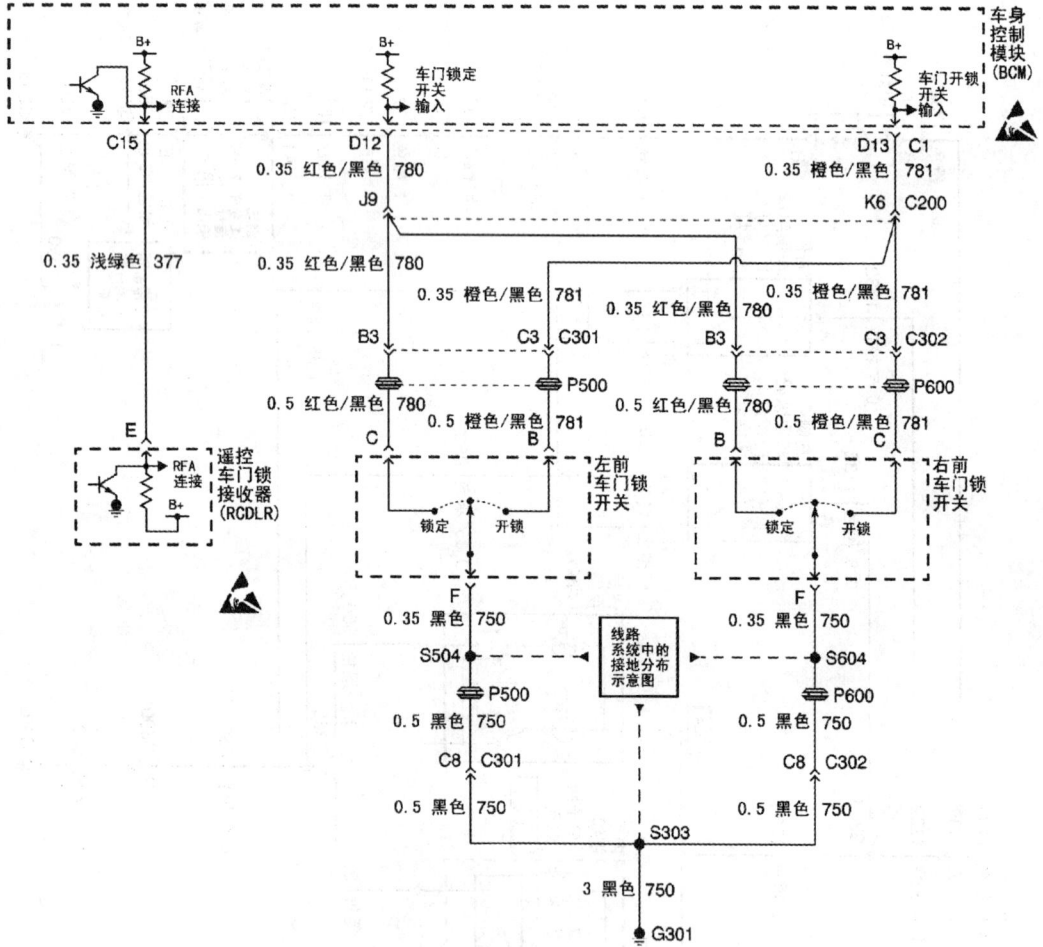

图 5-1-12　BCM 电路 7(门锁开关输入、遥控门锁接收器)

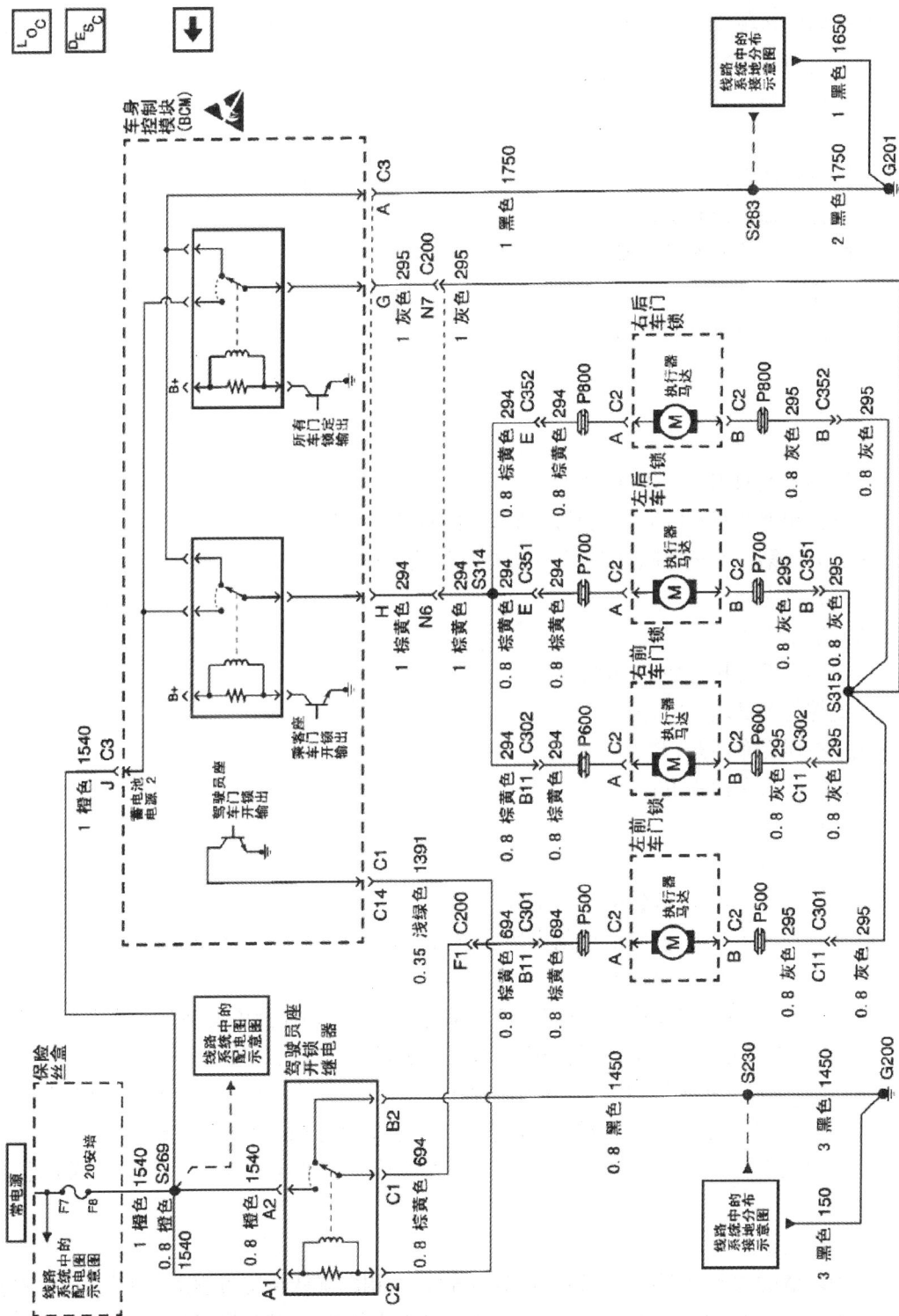

图 5-1-13　BCM 电路 8(门锁控制输出)

（3）车内照明。

车内照明系统执行如下功能：

- 车内照明控制；
- 延迟照明；
- 退出照明；
- 剧场式调光；
- 遥控门锁解锁照明；
- 附加载荷蓄电池耗尽保护。

（4）自动门锁。

自动门锁系统执行如下功能：

- 所有车门打开；
- 所有车门锁上；
- 防止锁止；
- 换档至 PARK 驻车档开门（2.5 L,3.0 L 型）；
- 点火钥匙转至 OFF（关闭）位置所有车门打开（2.0 L）；
- 点火后第一次车速超过 13 Kph 所有车门锁上（2.0 L）；
- 打开行李箱。

（5）遥控门锁。

遥控门锁系统执行如下功能：

- 遥控驾驶员座车门开；
- 遥控所有车门开；
- 遥控所有车门锁上；
- 遥控操作确认；
- 遥控警告。

（6）其他 Class-2 串行数据总线控制。

驻车制动指示灯控制：车身控制模块基于根据驻车制动开关的状态，通过 Class-2 串行数据总线控制制动器指示灯的状态。

日间/夜间模式转换感应：车身控制模块通过前照灯自动控制模块确定环境光照操作模式，车身控制模块通过 Class-2 串行数据连接与仪表板组合仪表通信。

车门/行李箱开指示灯控制：车身控制模块基于车门和后备厢门输入开关的状态，通过在 Class-2 串行数据总线向仪表板组合仪表发送信息控制车门/行李箱开指示灯。

牵引力控制开关（2.5 L,3.0 L 型）：车身控制模块接收电子牵引力控制开关的接地信号。

3）防盗系统

车辆防盗的功能由钥匙确认系统Ⅲ型系统提供，钥匙确认系统Ⅲ型由点火钥匙、镶嵌在钥匙头上的收发器、防盗控制器/励磁器模块总成和动力总成控制模块组成。系统电路见图5-1-14，防盗钥匙确认系统Ⅲ型模块端子见表5-1-4。

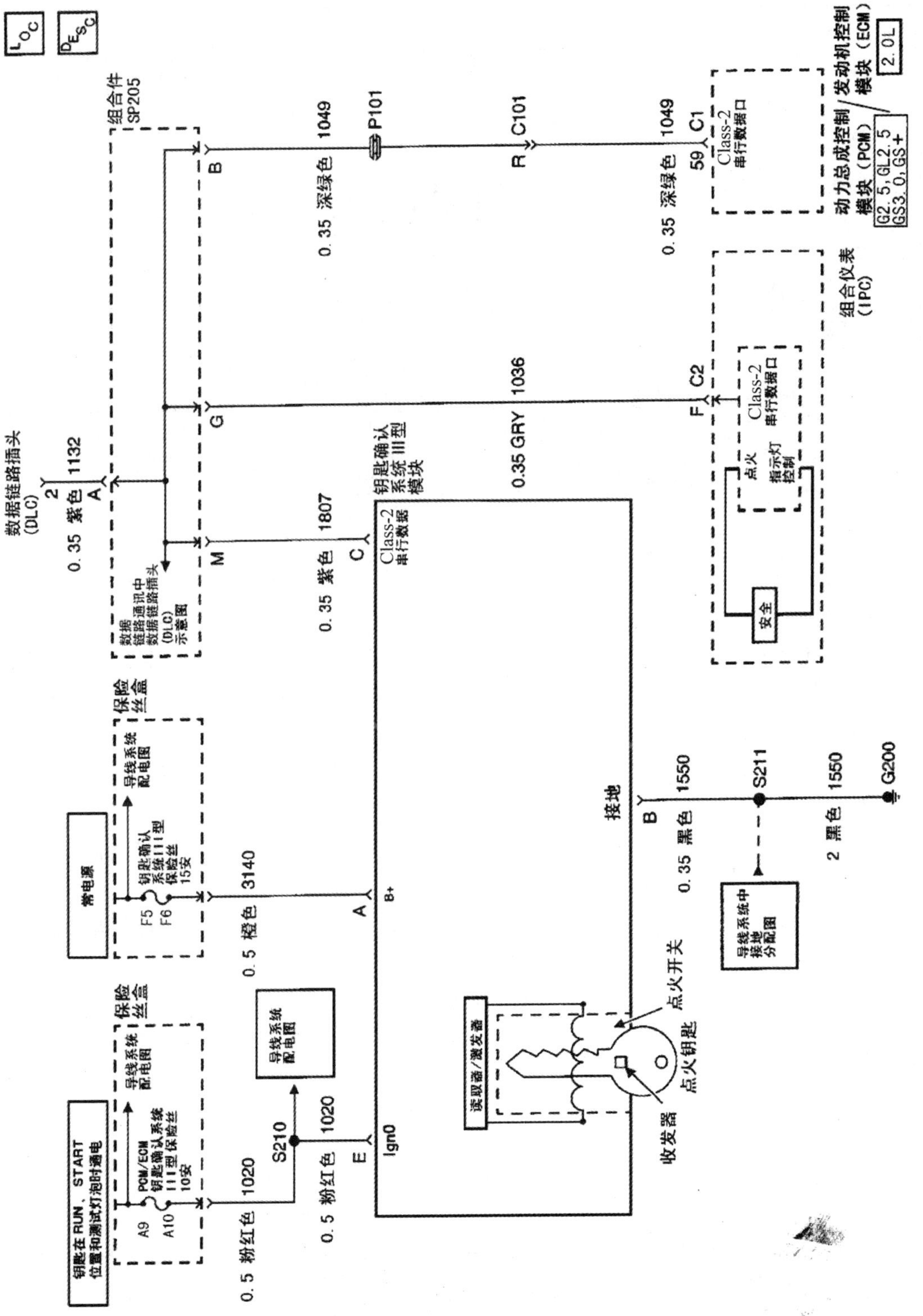

图 5-1-14　防盗系统电路图

表 5-1-4　防盗钥匙确认系统Ⅲ型模块端子

接插件信息		• 12064762 • 6-路 F 型 Metric-Park 150 系列(灰色)	
管脚	导线颜色	线路号	功　能
A	橙色	3140	常电源
B	黑色	1550	接地
C	紫色	1807	Class-2 串行数据
D	—	—	未使用
E	粉红	1020	Ign 0 电源
F	—	—	未使用

当把点火钥匙插入点火锁芯时,嵌入钥匙头的收发器由绕在点火开关锁芯周围的励磁器线圈通电,通电的收发器传送含有唯一数值的信号由车辆防盗模块接收,然后防盗模块将该值与内存中存储的数值进行比较,并执行如下功能之一:

• 如果收发器值正确,防盗模块通过 Class-2 串行数据线,向动力总成控制模块发出一条含有模块唯一启用密码的 Class-2 信息。

• 如果收发器值不正确,防盗模块通过 Class-2 串行数据线向动力总成控制模块发出一条含有中止点火密码的 Class-2 信息。

• 如果防盗模块在 1 s 内不能测量点火钥匙收发器值,通过 Class-2 串行数据线向动力总成控制模块发出一条含有中止点火密码的 Class-2 信息。

注意:如果在车辆起动后,动力总成控制模块不能与防盗模块通信(遗失 Class-2)。该模块将认为自身故障并进入失败启用状态,启亮安全指示灯此时车辆不会失速或停止运行,但下次起动时将不能起动。

三、制订检修计划

制订 Class-2 串行通信网络故障检修计划如表 5-1-5 所示。

表 5-1-5　制订 Class-2 串行通信网络故障检修计划

1. 收集 Class-2 串行通信网络相关信息,分析 Class-2 串行通信网络故障原因
2. 查阅车辆维修资料,制定 Class-2 串行通信网络检修流程
3. 通过使用故障诊断仪、万用表和示波器对别克君威 Class-2 串行通信网络进行各种检测,判断故障原因,并排除故障恢复正常性能

笔记

1. Class-2 串行通信网络信息描述	Class-2 串行通信网络的特点	
	2002 款别克君威 Class-2 串行通信网络连接哪些控制单元	
2. Class-2 串行通信网络故障现象描述		
3. Class-2 串行通信网络故障原因分析,画出鱼刺图		
4. Class-2 串行通信网络故障检修工作准备	相关维修资料	
	相关技术标准	
	相关检测工量具	
	相关维修、拆装工具	

	步骤	项目	内容	检测结果	结论
5. Class-2 串行通信网络故障检修流程	1	故障诊断仪检测	1. 读取故障代码		
			2. 读取数据流		
			3. 主动功能测试		
	2	万用表检测	1. 总线电压测量		
			2. 数据线导通性测量		
	3	示波器检测	总线信号波形检测		

四、任务实施

Class-2 串行通信网络故障检修任务如表 5-1-6 所示。

表 5-1-6　Class-2 串行通信网络检修任务

本任务书以 2002 款别克君威 Class-2 串行通信网络的几个典型故障为检修任务(故障由教师根据表中故障现象进行设置)。学员根据"Class-2 串行通信网络故障原因分析"和"Class-2 串行通信网络故障检修流程",结合车辆实际情况,按照相关维修资料和技术标准,使用故障诊断仪、万用表和示波器对 2002 款别克君威 Class-2 串行通信网络进行各种检测,并分析判断故障原因,排除故障恢复正常性能

故障现象描述	检测内容	判断依据和故障点	修复方法
组合仪表显示出现转速表不转、波箱档位不显示等多项显示故障	诊断仪检测结果:		
	万用表检测结果:		
	示波器检测结果:		

续　表

故障现象描述	检测内容	判断依据和故障点	修复方法
牵引力控制系统工作失效	诊断仪检测结果：		
	万用表检测结果：		
	示波器检测结果：		
发动机无法正常着车,防盗警告灯点亮	诊断仪检测结果：		
	万用表检测结果：		
	示波器检测结果：		

五、检验评估

项目五的检验评估如表 5-1-7 所示。

表 5-1-7　检验评估

检验与评价内容	检验指标	权重	自评	互评	总评
维修质量检验	各项控制功能恢复正常	4			
检查任务完成情况	1. 能描述 2002 款别克君威 Class-2 串行通信网络的组成和工作原理	4			
	2. 能使用故障诊断仪对 2002 款别克君威 Class-2 串行通信网络进行读取故障码、数据流、主动功能测试等操作				
	3. 能使用万用表、示波器对 2002 款别克君威 Class-2 串行通信网络的电压、波形等进行检测				
	4. 在小组完成任务过程中所起作用				
职业素养	1. 学习态度：积极主动参与学习	2			
	2. 团队合作：与小组成员一起分工合作,不影响学习进度				
	3. 现场管理：服从工位安排、执行实训室"5S"管理规定				

项目六　MOST 光纤网络故障检修

Description 项目描述	MOST 光纤网络主要应用在高档车上的信息娱乐系统中,在本项目中通过布置"MOST 光纤网络故障检修"任务书,学生分组后在老师的指导下经过信息收集、制定检修计划、实施任务等环节,利用万用表、示波器等工量具和 MOST 光纤网络教学台架或 MOST 光纤网络教学车,完成 MOST 光纤网络的理论知识学习和检修任务,使学生真正掌握 MOST 光纤网络检修的专业知识和职业技能。在本项目学习中以大众奥迪为检修对象
Objects 项目目标	1. 理解 MOST 光纤网络的数据通信原理和数据结构 2. 熟知 MOST 光纤网络损坏造成的系统故障现象 3. 能用光学故障检测仪、万用表和故障诊断器等仪器对 MOST 光纤网络进行各种检测,具备分析判断能力,同时能对 MOST 光纤网络的故障进行修复
Tasks 项目任务	任务:MOST 光纤网络故障检修
Implementation 项目实施	客户报修 → 维修接待 收集信息 → 信息处理 制订计划 → 制订计划 故障排除 → 实施维修 故障检验 → 实施维修 工作考核 → 检验评估

一、维修接待

按照表 6-1-1 完成待修车辆的维修接待,并准确填写车载网络诊断接车问诊表。

表 6-1-1　车载网络诊断接车问诊表

车载网络接车问诊表

车牌号:_____　车型:_____　车架号:_____　行驶里程:_____(km)

用户名:_____　电话:_____　来店时间:____/____

续　表

车载网络类型：MOST 光纤网络
故障症状（与客户交谈的结果）：
一辆 2003 款奥迪 A8 轿车出现无法播放 CD 故障现象

接车员：_____

车间症状确认（技师对故障进行验证）：

组合仪表多项显示内容不正常,初步判断为组合仪表 Class-2 串行通信网络通信故障

维修技师：_____

检查结果和所需更换维修项目：

接车员：_____　　　维修技师：_____　　　客户确认：_____

二、信息收集

1. 光纤传输原理

1）光纤传输的优点

在当今高档车中数据语言和图像的传输方面要传输的数据量越来越大,光纤能传输大量数据,还有重量轻、维修方便的优势。

使用铜导线进行数据传输时,数据传输率较高时会形成很强的电磁辐射,这些辐射会干扰车辆的电控系统的正常工作。

光纤传输的是光线,借助光波在显著提高传输速度的同时,仅需要较少的缆线。与铜导线传输的电信号相比,光波的波长十分短,不会产生电磁干扰,而且对电磁干扰不敏感。这种传输方式使光纤具有较高的传输速率和抗干扰能力。

产生出的光波波长为 650 nm,是可见红光,如图 6-1-1 所示。

图 6-1-1　光纤传输的 650 nm 的可见红光

2）光学传输原理

（1）光纤控制单元的内部结构。

光纤控制单元的内部结构如图 6-1-2 所示。

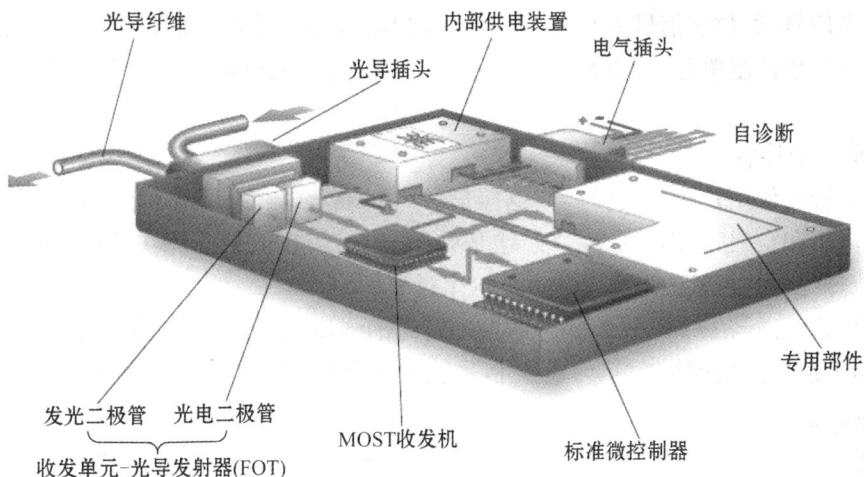

图 6-1-2 光纤控制单元的内部结构

光纤插头：光信号通过该插头进入控制单元，或产生的光信号通过该插头传往下一个总线用户。

电气插头：该插头用于供电、自诊断以及输入/输出信号。

内部供电装置：由电气插头送入的电再由内部供电装置分送到各个部件。这样就可单独关闭控制单元内某一部件，从而降低了静态电流。

收发机：由发射机和接收机两个部件组成。发射机将要发送的信息作为电压信号传至光导发射器。接收机接收来自光导收发器的电压信号并转换成相关的数据传至控制单元内的"标准微控制器"（CPU）。

收发单元-光导发射器（FOT）：该装置由一个光电二极管和一个发光二极管构成。到达的光信号由光电二极管转换成电压信号后传至 MOST 收发机。发光二极管的作用是把 MOST 收发机的电压信号再转换成光信号，产生出的光波波长为 650 nm，是可见红光。

（2）光信号的发送。

如图 6-1-3 所示，光信号的传输类似于电信号的传输，发光二极管将收发机送来的数字

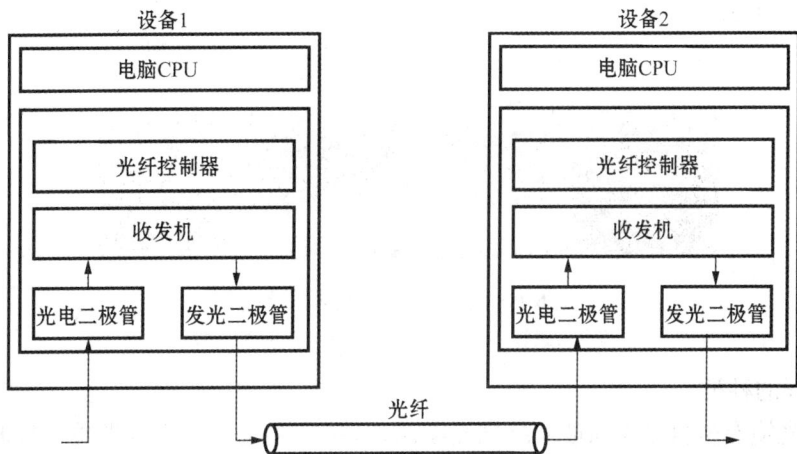

图 6-1-3 光信号的传输

信号转化为光信号(如数字信号为010101,转化成光信号为亮灭亮灭亮灭)。这些光信号通过光纤传到下一个控制单元后,由该控制单元内部的光电二极管将光信号重新转化为数字信号。

(3) 光信号的接收。

光电二极管的作用是将光波转换成电压信号。如果光或红外线辐射照到 PN 结上,就会产生自由电子和空穴,从而形成一个穿越 PN 结的电流。也就是说,作用到光电二极管上的光越强,流过光电二极管的电流就越大。这个过程称为光电效应。

光电二极管反向与一个电阻串联。如果照射光的强度增大,流过光电二极管的电流增大,那么电阻上的压降也就增大了,于是光信号就被转换成电压信号,如图 6-1-4 所示。

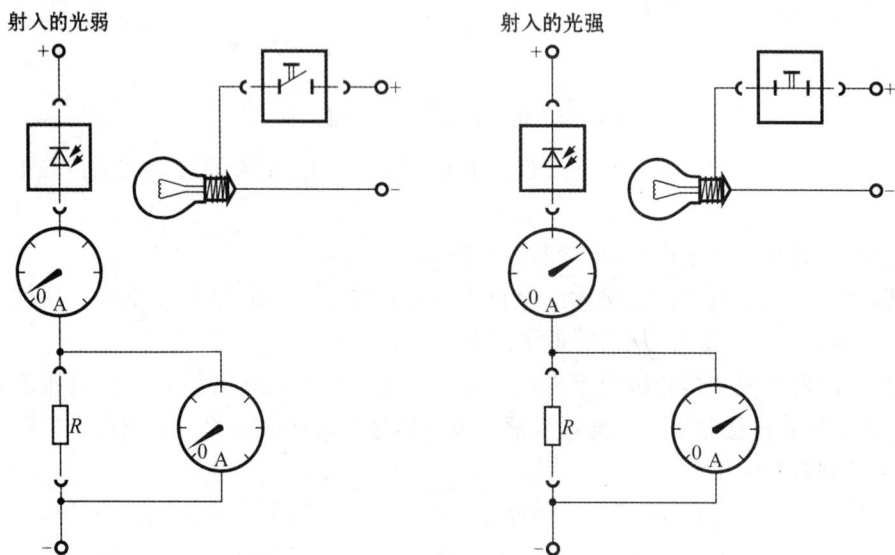

图 6-1-4　光信号转为电信号

3) 光导纤维

光导纤维的任务是将某一控制单元发射器内产生的光波传送到另一个控制单元的接收器,如图 6-1-5 所示。

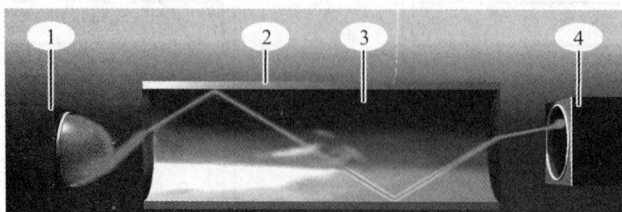

图 6-1-5　光信号在光纤内的传输
1—发射二极管　2—外壳　3—光纤　4—接收二极管

(1) 光纤的种类。

常用的光缆有塑料光缆和玻璃纤维光缆两种,在汽车应用了塑料光缆。与玻璃纤维相比(G-LWL)相比塑料光缆(K-LWL)具有以下优点:

笔记

① 光纤横断面较大。

② 制造过程简单。

③ 更易于使用,因为塑料不会像玻璃一样脆弱。

④ 更容易加工处理,在导线束制造时以及在进行售后服务维修时具有较大的优势。

(2) 车载光导纤维的特点。

为了传送光信号,光导纤维应该具有下述特点:

① 光波在光导纤维中传送时的衰减应小。

② 光波应能通过弯曲的光导纤维来传播。

③ 光导纤维应是柔性的。

④ 在−40~85℃的温度范围内,光导纤维应能保证性能。

(3) 光导纤维的结构。

光导纤维的结构如图 6-1-6 所示,光纤由 4 个部分制作而成:

① 纤芯是光导纤维的核心部分,它是用有机玻璃制成的,是光导线。纤芯内的光根据全反射原理几乎无损失地传导。

② 透光的涂层是由氟聚合物制成,它包在纤芯周围,对全反射起关键作用。

③ 黑色包层是由尼龙制成,它用来防止外部光照射。

④ 彩色包层起到识别、保护及隔温作用。

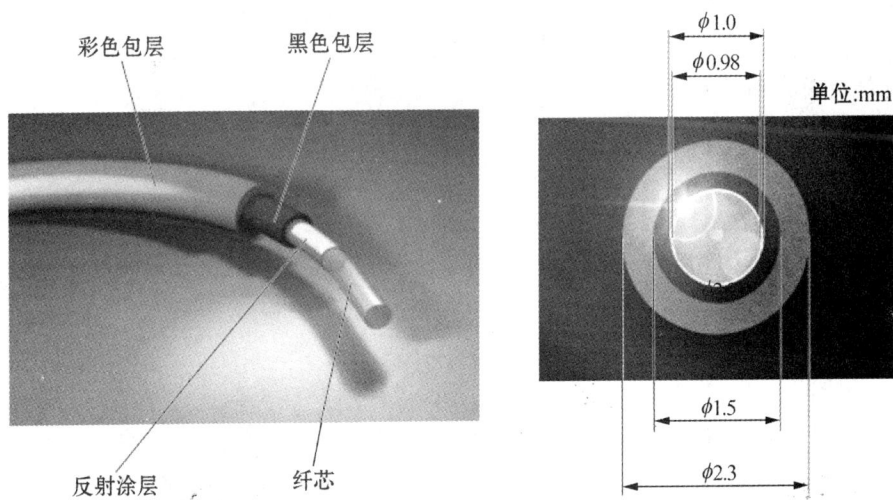

图 6-1-6 光导纤维的结构

(4) 光波在光导纤维中的传送。

① 在直的光导纤维中传送:

光信号在光纤里以全反射的方式传递,光导纤维将一部分光波沿直线传送,绝大部分光波是按全反射原理在纤芯表面以之字形曲线传送的,如图 6-1-7 和图 6-1-8 所示。

② 在弯的光导纤维中传送:

光波通过全反射在纤芯的涂层界面上反射,从而可以弯曲传送,如图 6-1-9 所示。

图 6-1-7 光信号在光纤里以全反射的方式传递

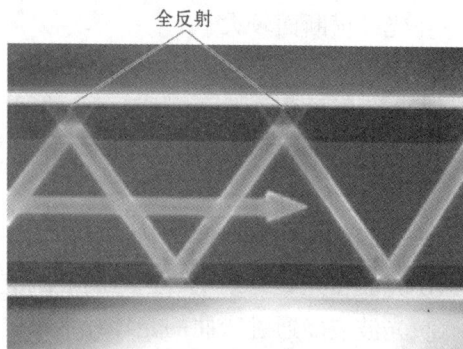

图 6-1-8 光波在直的光导纤维中传送

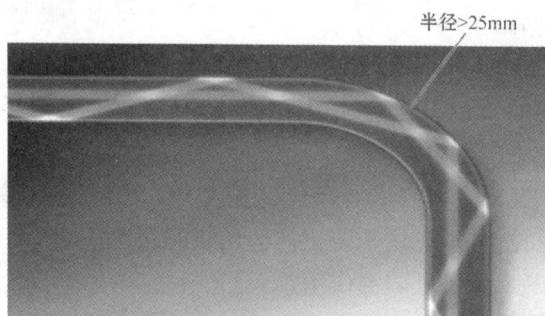

图 6-1-9 光波在弯的光导纤维中传送

2. 光纤使用中的注意事项

进行车辆导线束方面的工作时必须非常细心,因为与铜导线相比,光缆损坏时可能不会导致故障立即发生,而是在客户以后使用车辆时才表现出来。

光纤内光脉冲的发射距离越大功率损失也越大,这种自然形成的功率损失被称为衰减。衰减量不允许超过某个规定值,否则相应控制单元内的接收模块将无法处理这个光脉冲。

有两种基本形式的衰减:

➢ 自然衰减;

➢ 故障衰减。

自然衰减是由光脉冲从发射模块至接收模块走过的距离而产生的(为防止衰减过度,严禁使用过长的光纤)。故障衰减是因为光脉冲传输区域有缺陷而产生的。如图 6-1-10 所示。

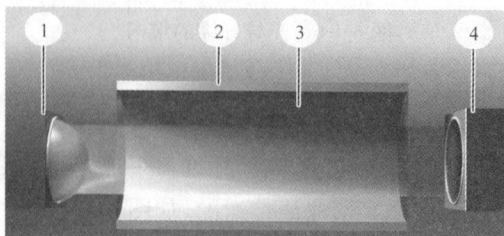

图 6-1-10 光缆内光线的衰减

1—发射二极管 2—外壳 3—光纤 4—接收二极管

信号质量好坏的一个标准是衰减程度,为防止光纤信号衰减过大,使用中应注意以下事项:

1) 弯折半径不准过小

如图 6-1-11 所示,塑料光缆的弯折半径不允许小于 50 mm,这个尺寸相当于一个饮料罐的直径。塑料光缆的弯折半径小于该尺寸时,会影响光缆的功能或导致塑料光缆毁坏。在弯折半径过小的位置处光线将从光缆中射出。

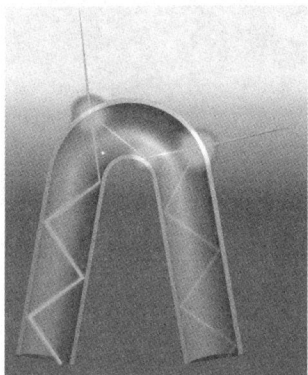

6-1-11　弯折半径过小时光线射出

2) 不准对折

如图 6-1-12 所示,装配时绝不允许将光缆对折,这样会损坏包层和光纤光线,将在对折位置处出现局部散射,结果造成传输速度降低,即使短时对折一下也会毁坏光缆。

图 6-1-12　因对折而毁坏的光缆

3) 不准挤压光纤

如图 6-1-13 所示,因为挤压可以使导光的横断面永久变形,所以还必须避免出现任何挤压,否则会丧失光线传输能力。过紧的导线扎带也会在光缆上形成这样的严重挤压。

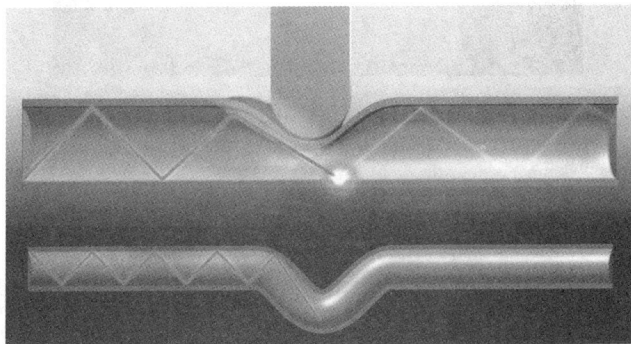

图 6-1-13　光缆上的压痕

4）严禁摩擦光纤

如图 6-1-14 所示，光纤与铜导线不同的是光缆磨坏时不会造成短路，但会导致光线损失或外部光线射入系统受到干扰或完全失灵。

图 6-1-14　光缆上的磨痕及光线射出

5）严禁过度拉伸光缆

如图 6-1-15 所示，光缆过度拉伸时，会毁坏光缆。光缆受拉后芯线伸长光线横断面减小，结果光线通过能力减小，衰减严重。

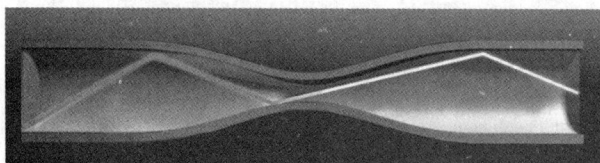

图 6-1-15　光缆过度拉伸

6）光纤端面不得有污物或刮痕

如图 6-1-16 和图 6-1-17 所示，光线端部的污物阻止光束通过，这些污物将光线隔绝由此造成衰减过大。端部刮痕使射至其上的光束发生散射，这样到达接收器的光量较少。

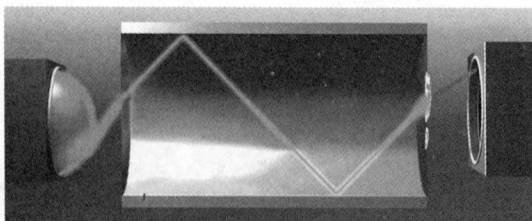

图 6-1-16　有污物的光缆端面

图 6-1-17　有刮痕的光缆端面

笔记

7）不准光缆过热

因为光缆会受热损坏，所以在使修补漆干燥时必须注意最大允许温度不可超过 85℃。

3. 光导纤维的维护

1）光导纤维的防弯折装置

在铺设光导纤维时，安装了防弯折装置（波形管），用以保证最小 25 mm 的曲率半径，如图 6-1-18 所示。

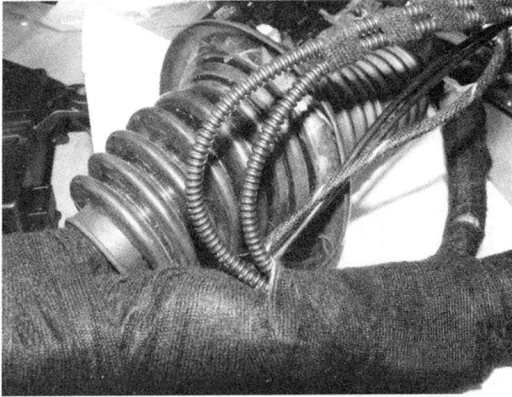

图 6-1-18 光导纤维的防弯折装置

2）光纤插头连接要规范

为了使光波在光纤插头中无大的衰减，在连接插头时一定要规范，不能有端面错位（插头壳体碎裂）、端面未对正（角度不对）、光导纤维的端面与控制单元的接触面之间有空隙（插头壳体碎裂或未定位）和端套变形的现象。光纤插头结构见图 6-1-19。

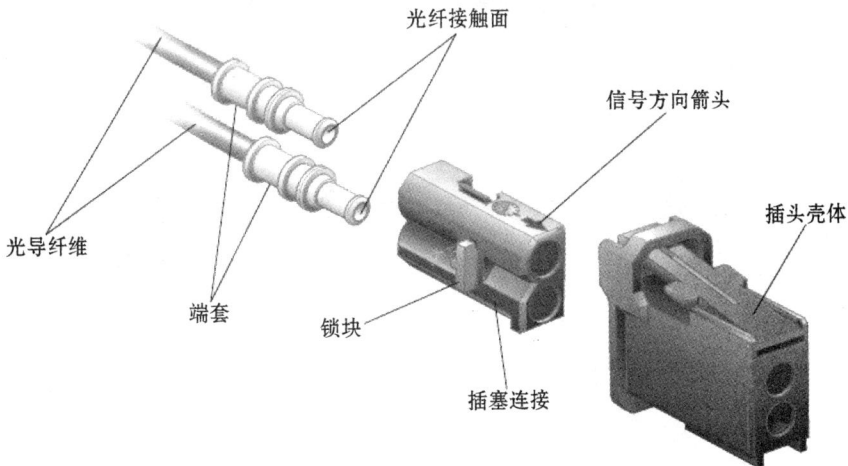

图 6-1-19 光纤插头结构

3）只能用专用工具切割光纤

光纤在维修和使用中，为了能使传输过程中的损失尽量小，光导纤维的端面应该：

➢ 光滑；

➢ 垂直；

➤ 洁净。

要达到这种要求只能使用专用光纤切割工具来实现。切削面上的污垢和刮痕会加大传送损失(衰减)。

4) 维护注意事项

维护光导纤维及其构件时应注意如下几点:

(1) 不允许用热处理之类的维修方法,如钎焊、热粘结及焊接。

(2) 不允许用化学及机械方法,如粘贴、平接及对接。

(3) 不允许将两条光导纤维线绞合在一起,或者一根光导纤维与一根铜线绞合在一起。

(4) 不允许对包层打孔、切割、压缩变形等,另外装入车内时不可有物体压到包层。

(5) 端面上不可脏污,如液体、灰尘、工作介质等,只有在插接和检测时才可小心地取下保护盖。

(6) 在车内铺设光纤时不可打结,更换时注意其正确的长度。

4. 奥迪 MOST 光纤网络系统检修

1) MOST 系统概述

MOST 是 Media Oriented Systems Transport 的缩写,表示"多媒体传输系统",是一种用于多媒体数据传送的网络系统,该技术用于信息娱乐系统的数据传递。例如:奥迪 03 款 A8 和 05 款 A6 的 Infotainment 系统,Infotainment 系统能提供很多信息及娱乐多媒体服务,如图 6-1-20 所示。

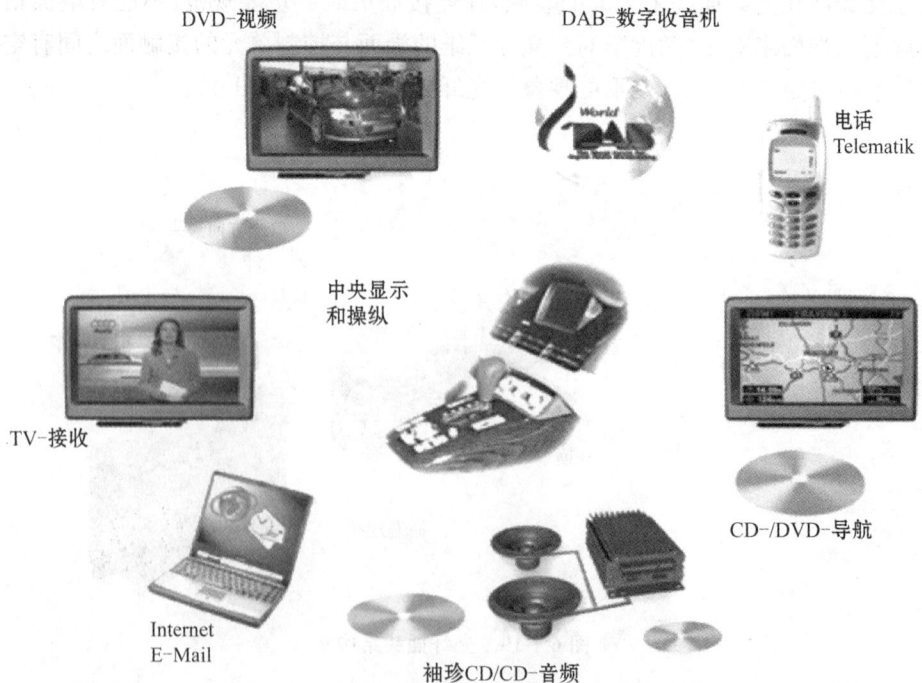

图 6-1-20　03 款奥迪 A8 装备的 MOST 光纤系统

MOST 光纤系统数据传输对于实现信息系统的所有功能具有重要意义,因为以前所使用的 CAN 数据总线系统的传输速度是不够快的,无法满足相应数据量的传送。视频和音频所要求的数据传输率达数 Mb/s。仅仅是带有立体声的数字式电视信号,就需要约 6 Mb/s 的传输速度。MOST 总线的传输速率可达 21.2 Mb/s。

以前的视频和音频信号都只能作为模拟信号来传送,这就使得线束的用量很大,如图 6-1-21 所示。CAN 总线系统的最大传输速率为 1 Mb/s,因此,CAN 总线只能用来传递控制信号。

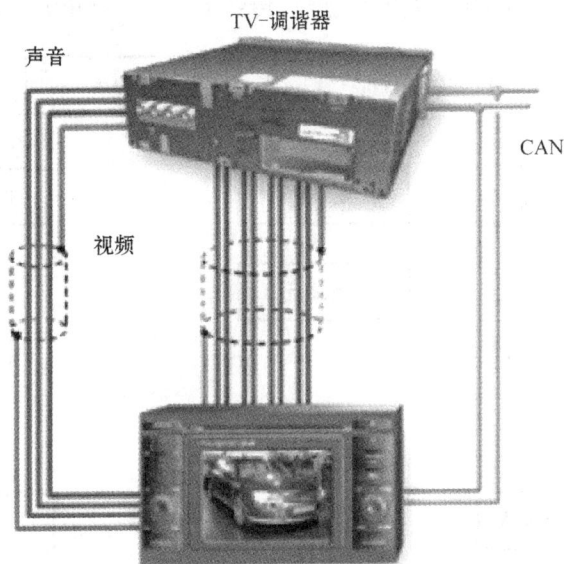

图 6-1-21　传统的视频和音频信号传输

MOST 总线中,相关部件之间的数据交换是以数字方式来进行的。通过光波进行数据传递,具有导线少且重量轻的优点,另外传输速度也快得多,如图 6-1-22 所示。

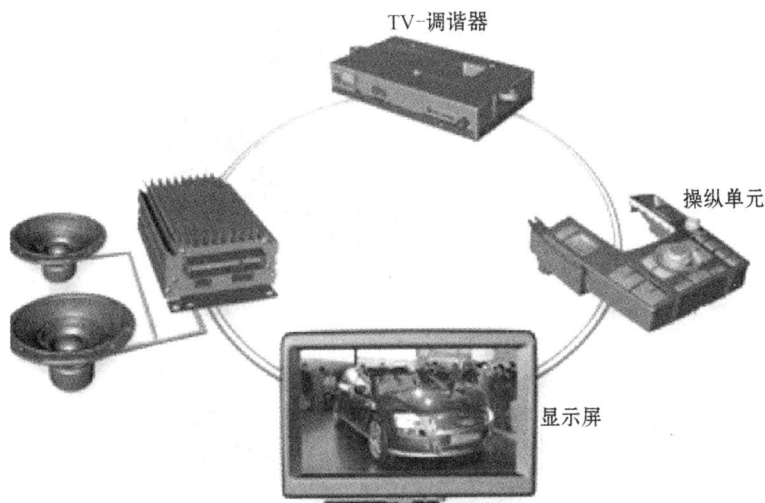

图 6-1-22　多媒体的 MOST 总线传输

与无线电波相比,光波的波长更短,因此它不会产生电磁干扰,同时对电磁干扰也不敏感。这些特点决定了其传输速率很高且抗干扰性也很强。

2）奥迪 MOST 系统拓扑结构

MOST 总线系统的一个重要特征就是它的环形结构，如图 6-1-23 所示。控制单元通过光导纤维沿环形方向将数据发送到下一个控制单元。这个过程一直在持续进行，直至首先发出数据的控制单元又接收到这些数据为止，这就形成了一个封闭环。光纤上的数据流就如同一列火车，数据流到达某一控制单元，该控制单元从中收取所需的信息，并且把自己处理的信号也发送到数据流中，构成新的数据流，传到下一个控制单元去，如图 6-1-24 所示。

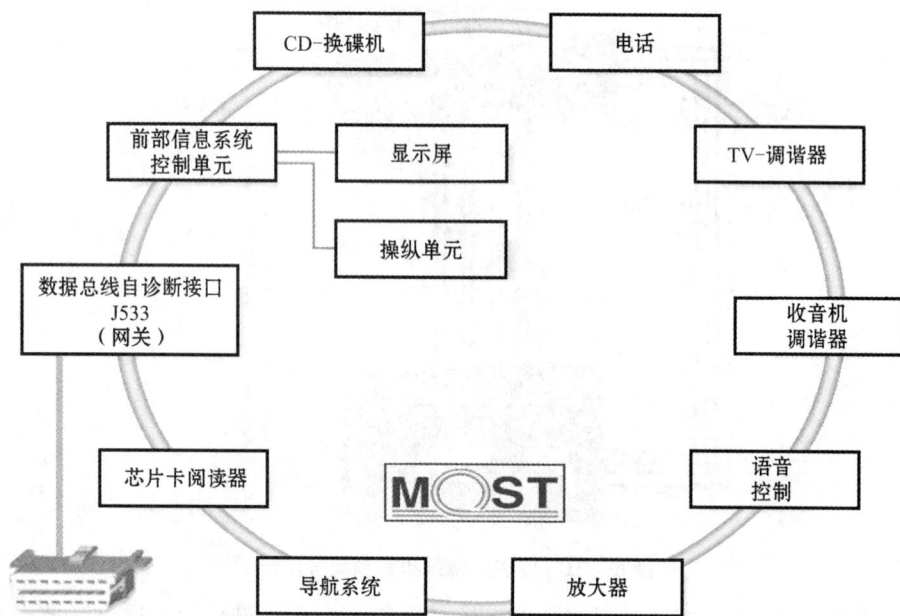

图 6-1-23　MOST 总线的环型结构

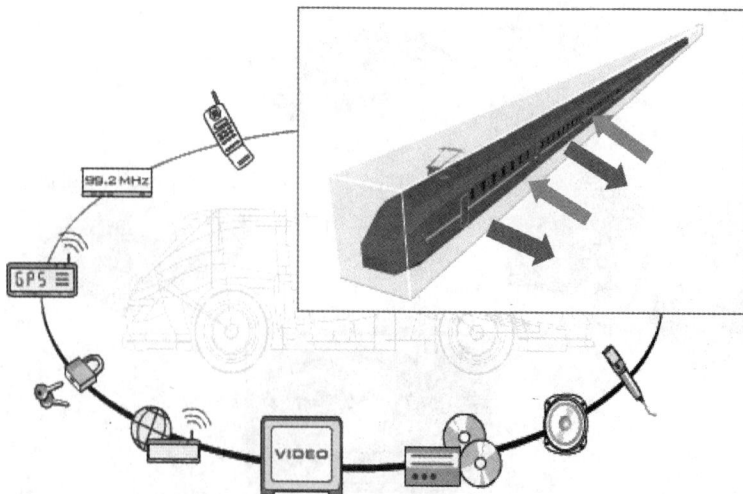

图 6-1-24　MOST 总线数据流示意

3）MOST 网络环型结构的特点

（1）MOST 系统中只要有一个节点或者有一节光纤出现故障，就会影响到整个网络系统。

（2）MOST 网络系统可利用即插即用原则，非常简单地通过增加部件扩展系统。

（3）通过数据总线自诊断接口和诊断 CAN 来对 MOST 总线进行诊断。

4）MOST 总线系统工作状态

（1）休眠模式。

休眠模式见图 6-1-25。休眠模式下，MOST 总线内没有数据交换，装置处于待命状态，只能由系统管理器发出的光启动脉冲来激活，且静态电流被降至最小值。休眠模式的激活条件如下：

① MOST 总线系统上的所有控制单元都已准备好要切换到休眠状态。

② 其他总线系统没有通过网关提出任何要求。

③ 自诊断未激活。

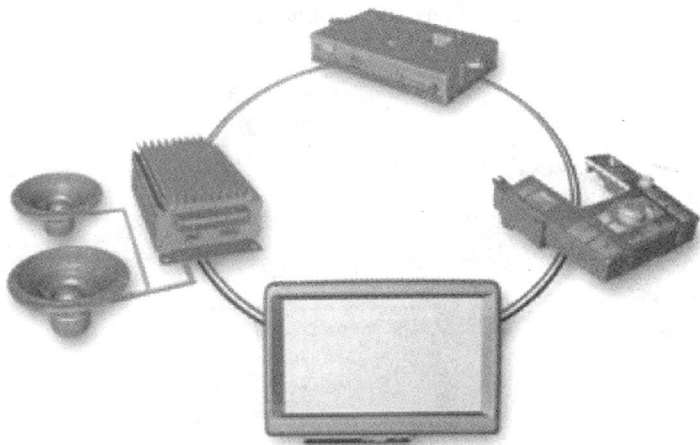

图 6-1-25　休眠模式

在上述的条件下，MOST 总线可通过下述方法切换到休眠状态：

① 在启动蓄电池放电时，由蓄电池管理器经网关激活。

② 通过自诊断仪器激活"传输模式"。

（2）备用模式。

备用模式见图 6-1-26。备用模式下，系统无法为用户提供任何服务，好像是系统已经关闭一样。虽然 MOST 总线系统在后台运行，但所有的输出介质（如显示屏、收音机放大器等）都不工作或不发声。这种模式在启动及系统持续运行时被激活，激活条件如下：

① 由其他数据总线通过网关激活，如司机侧车门的开锁/开门、点火开关的接通。

② 由 MOST 总线上的某个控制单元来激活，如打入的电话。

（3）通电模式。

通电模式见图 6-1-27。通电模式下，控制单元完全接通，MOST 总线上有数据交换，用户可使用所有的功能。进入通电模式的前提条件如下：

① MOST 总线处于备用状态。

② 其他数据总线通过网关激活，如 S 触点、显示屏工作。

③ 通过用户的功能选择来激活，如通过多媒体操纵单元。

图 6-1-26　备用模式

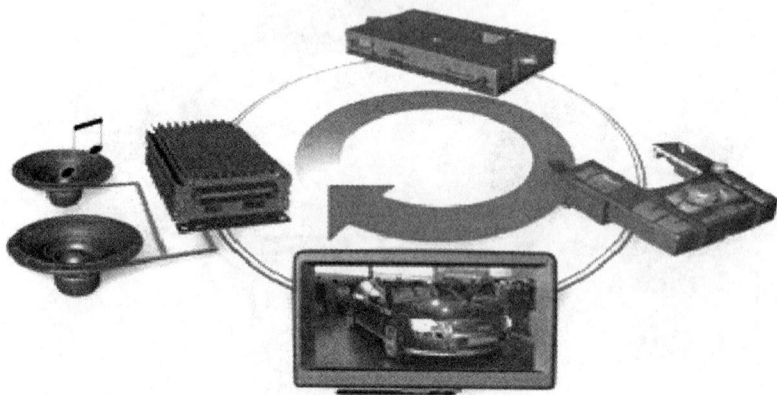

图 6-1-27　通电模式

5）MOST 系统的数据结构

如图 6-1-28 所示，一个 MOST 信息帧的大小为 64 字节，可分成以下几部分（1 个字节等于 8 位）。

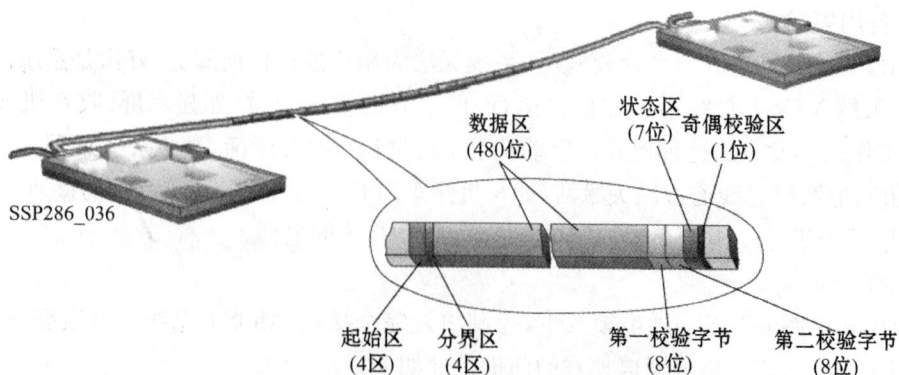

SSP286_036

数据区
（480位）

状态区
（7位）

奇偶校验区
（1位）

起始区
（4区）

分界区
（4区）

第一校验字节
（8位）

第二校验字节
（8位）

图 6-1-28　MOST 信息帧的结构

（1）起始区：表示一个信息帧的开始，每段信息帧都有自己的起始区。

（2）分界区：用于区分起始区和紧跟着的数据区。

（3）数据区：MOST 总线在数据区最多可将 60 个字节的有效数据发送到控制单元。MOST 数据区结构如图 6-1-29 所示。

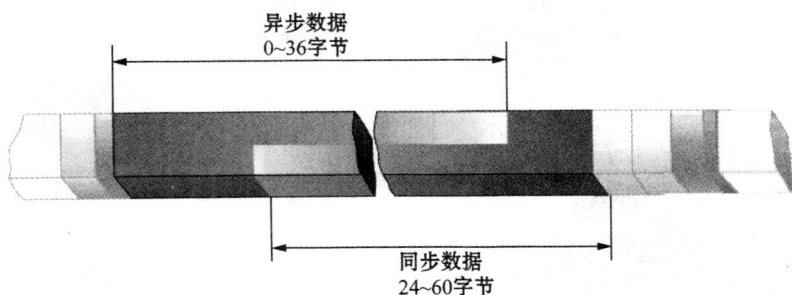

图 6-1-29　MOST 数据区的结构

数据分为两种类型：

➤ 声音和视频作为同步数据；

➤ 图片、用于计算的信息及文字作为异步数据。

数据区的分配是可变的，数据区的同步数据在 24～60 个字节之间，同步数据的传递具有优先权。

（4）校验字节：两个校验字节传递以下信息：

➤ 发射器/接收器地址（标识符）；

➤ 接收器的控制指令（如放大器声大/声小）。

内包含有控制和诊断数据，这些数据由发射器传送到接收器，称之为根据地址进行的数据传递。

（5）状态区：包含用于给接收器发送信息帧的信息。

（6）奇偶校验区：用于最后检查数据的完整性，该区的内容将决定是否需要重复一次发送过程。

6）MOST 总线的故障自诊断

（1）诊断管理器。

除系统管理器外，MOST 总线还有一个诊断管理器。该管理器执行环形中断诊断，并将 MOST 总线上的控制单元诊断数据传给诊断控制单元。在 03 款奥迪 A8 车上，数据总线诊断接口 J533 执行自诊断功能。

（2）系统故障。

如果数据传递在 MOST 总线上的某位置处中断，由于总线是环形结构，因此就称之为环形中断。发生环形中断的原因如下：

① 光导纤维断路。

② 发射器或接收器控制单元的供电有故障。

③ 发射器或接收器控制单元损坏。

（3）环形中断诊断。

环形中断诊断见图 6-1-30。

如果 MOST 总线上出现环形中断，那么就无法进行数据传递了，因此使用诊断线来进

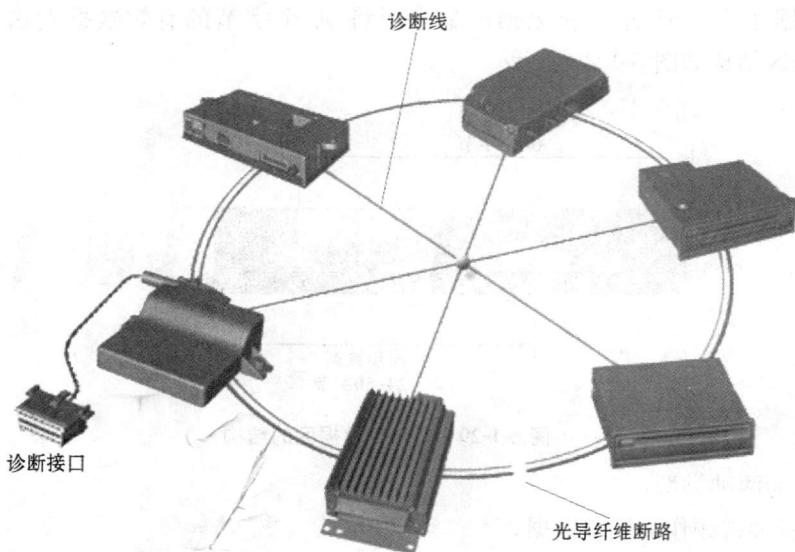

图 6-1-30   环形中断故障自诊断

行环形中断诊断。诊断线通过中央导线连接器与 MOST 总线上的各个控制单元相连。要想确定环形中断的具体位置,就必须进行环形中断诊断。环形中断诊断是诊断管理器执行元件诊断内容的一部分。环形中断的影响如下:

① 音频和视频播放终止。

② 通过多媒体操纵的单元无法进行控制和调整。

③ 诊断管理器的故障存储器中存有故障记录"光纤数据总线断路"。

环形中断诊断开始后,诊断管理器通过诊断线向各控制单元发送一个脉冲。这个脉冲使得所有控制单元用光导发射器内的发射单元发出光信号。在此过程中,所有控制单元检查功能如下:

① 自身的供电及其内部的电控功能。

② 从环形总线上的前一个控制单元接收光信号。

MOST 总线上的控制单元在一定时间内会应答,这个时间的长短由控制单元软件来确定。环形中断诊断开始后到控制单元作出应答有一段时间间隔,诊断管理器根据这段时间的长短就可判断出哪一个控制单元已经作出了应答。

环形中断诊断开始后,MOST 总线上的控制单元发送以下两种信息:

① 控制单元电气方面正常,也就是说本控制单元的电控功能正常,如供电情况。

② 控制单元光学方面正常,也就是说,本控制单元的光电二极管接收到环形总线上位于其前面的控制单元发出的光信号。

诊断管理器通过以上这些信息就可识别以下问题:

① 系统是否有电气故障。

② 哪两个控制单元之间的光导数据传递中断了。

(4)衰减增大的环形中断诊断。

信号衰减增大的环形中断诊断见图 6-1-31。

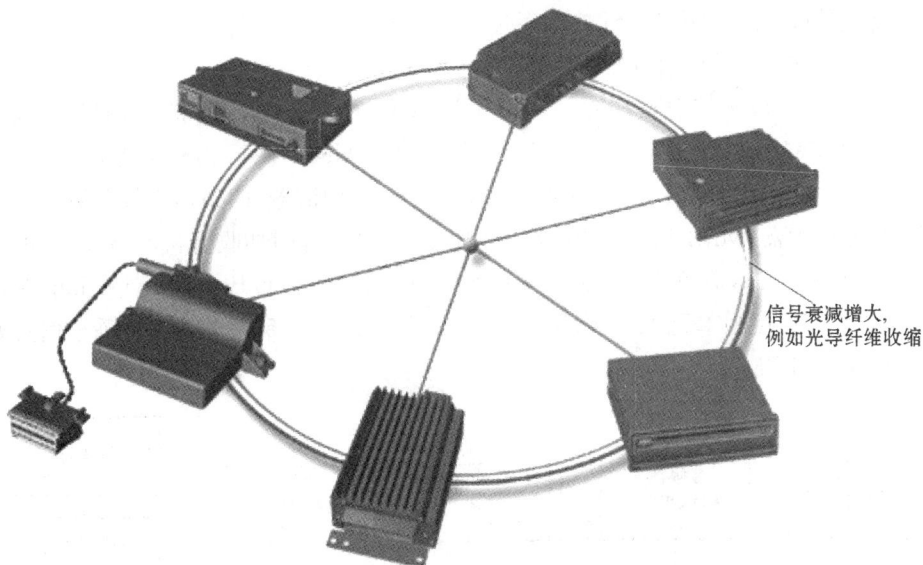

图 6-1-31 信号衰减增大的环形中断诊断

环形中断诊断只能用于判定数据传递是否中断。诊断管理器的执行元件诊断还有一项功能,就是通过降低光功率来进行环形中断诊断,用于识别增大的信号衰减,其过程与上述方法是相同的。

但有一点是不同的:控制单元接通光导发射器内的发光二极管时会有 3 dB 的衰减,也就是说光功率降低了一半。如果光导纤维信号衰减增大,那么到达接收器的光信号就会非常弱,接收器会报告"光学故障",于是诊断管理器就可以识别出故障点,并且在用检测仪查寻故障时会给出相应的帮助信息。

7) MOST 总线的检查

当装备 MOST 总线的信息娱乐系统出现音频、视频和导航等故障,首先要进行 MOST 总线系统检查。通过上面的学习可知,当 MOST 总线系统任一节点或任一光纤出现故障时,都会造成整个总线系统失效,从而产生音频、视频的故障。

(1) 故障诊断仪检测。

MOST 总线有故障时,首先用故障诊断仪进入 MOST 诊断管理器,启动环路中断诊断和环路衰减诊断,通过 MOST 诊断管理器可以自诊断出具体到故障出现的节点。造成环路中断的原因有:

➤ MOST 总线的节点故障(节点供电或者节点本身损坏);

➤ MOST 总线的光纤故障(断路或衰减过度)。

(2) 汽车光学网络检测仪。

汽车光学网络检测仪如图 6-1-32 所示,另外各汽车厂家都有专用的光纤检测仪。汽车光学网络检测仪可以测量 MOST 总线中光信号传输的衰减值。通过

图 6-1-32 汽车光学网络检测仪

笔记

测量出的衰减值,可以判断是光纤故障还是节点故障。

8) 05 款奥迪 A6 轿车信息娱乐系统

05 款奥迪 A6 轿车信息娱乐系统(Infotainment)根据装备情况装有 MMI Basic、MMI Basic Plus 和 MMI Basic Navigation 三种不同形式。MMI Basic 为标准型,标准装备包括 MMI Basic、7″单色显示器(J685)、集成的模拟式收音机调谐器、四通道天线分频器、CD 机和 两个 20 W 的放大器;MMI Basic Plus 在 MMI Basic 型上再附加收音机和音响方面的功能; MMI Basic Navigation 在 MMI Basic Plus 型的基础上,再加上 Basic Navigation(基本导航 系统),为此在信息控制单元 J523 内集成了一个导航模块。05 款奥迪 A6 轿车信息娱乐系 统的结构如图 6-1-33 所示。

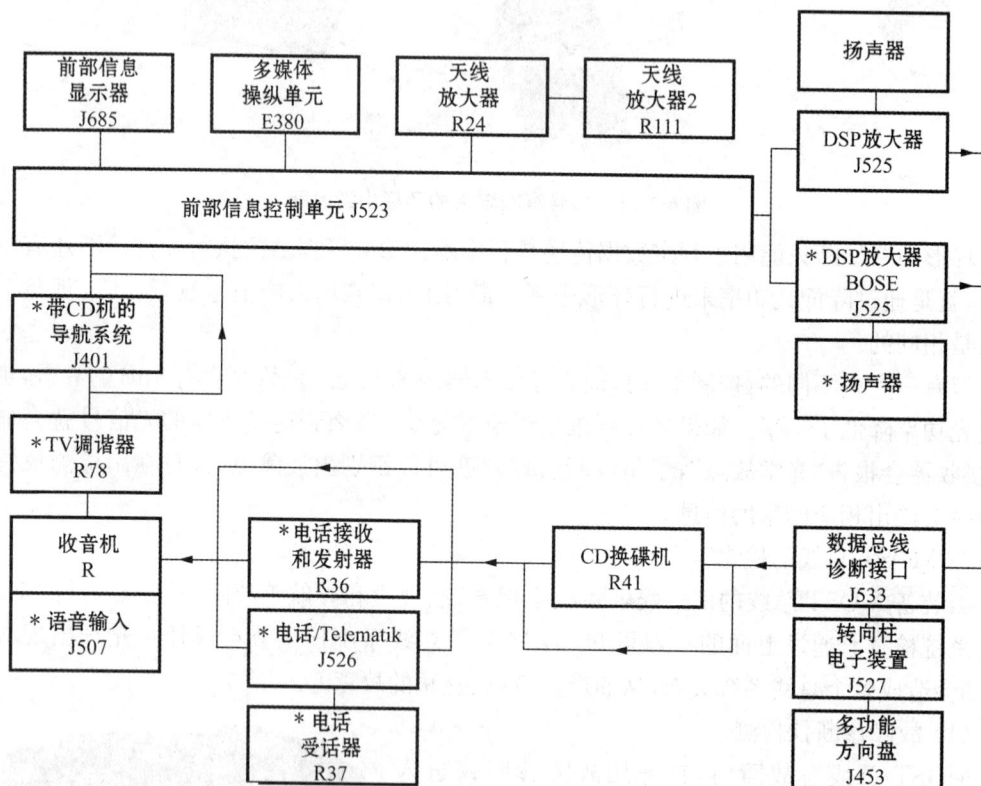

图 6-1-33   05 款奥迪 A6 轿车信息娱乐系统的结构

带 * 号的模块表示可以选装的设备,如果缺少某个选装设备,只需沿着箭头标出的路径 来关闭 MOST 环形总线即可。

(1) 信息控制单元 J523。

故障诊断仪对信息控制单元 J523 进行诊断,使用的单元内模块地址码见表 6-1-2,各模 块具有的诊断功能如表 6-1-3 所示,各个模块可用的测量数据块如表 6-1-4 所示。

表 6-1-2   系统模块地址码

控制模块	前部信息控制单元 J523	放大器	收音机 R	CD 机 R92	带 CD 机的导航系统 J401
地址码	07	47	56	0E	37

表 6-1-3 各模块具有的诊断功能

诊断功能 控制模块	前部信息控制 单元 J523	放大器 2×20 W	收音机 R	CD 机 R92	带 CD 机的 导航系统 J401
控制单元识别			√		
测量数据块			√		
基本设定					
执行元件诊断					
编制代码	√	√			
自适应	√			√	√
闪存编程			√		
读取故障存储器			√		
清除故障存储			√		

表 6-1-4 各个模块可用的测量数据块

模　块	内　容
所有模块的通用数据块	公共的:蓄电池电压,接线柱状态
	MOST:地址,MOST FOT 温度,光信号衰减
	环形中断诊断线状态
	控制单元识别
	序列号,闪存数据,硬件和软件版本
前部信息控制单元 J523	多媒体操纵单元 E380:主按钮状态,旋/压按钮状态
	音量调节器状态
	显示器:LCD 温度
	信号:接线柱 58D,接线柱 58S
集成的放大器 2×20 W	转换输入口状态,静音线状态,车速(GALA),温度
收音机 R	遥控天线:断路,正常,短路
	遥控中波(ZF)输出:断路,正常,短路
	发射器接收电平(0···100 dBμV)
CD 机 R92	CD 状态:按钮状态(播放、停止等),弹出键状态,功能状态(重播、浏览等)
带 CD 机的导航系统 J401	道路信息:车速,行驶方向
	GPS:卫星接收,GPS 遥控天线状态正常,短路,断路
	GPS FIX:用于卫星接收和定位的 GPS 信息
	播放机:CD 机状态,没放入或放错导航 CD,装载—弹出—错误,
	CD 机温度过高
	导航 CD 状态
	校正经度:弧度,弧分,弧秒
	校正纬度:经度,经分,经秒
	校正高度和方向角:高度单位是 m,方向角单位是(°)
	GPS-日期:日、月、年或"无效"(无 GPS-接收器)
	GPS-时间:小时、分、秒或"无效"(无 GPS-接收器)
	前桥距离脉冲,状态
	第一级 GPS:接收效果最好和次好的卫星 ID
	第二级 GPS:接收效果次次好的卫星 ID

笔记

（2）数字音响系统控制单元 J525。

数字音响系统控制单元 J525 管理前车门内的三向系统、前车门内的两个超低音扬声器、后车门内的双向系统以及仪表板内集成的中央扬声器。使用故障诊断议还是通过地址码 47 来进入系统，除了读取测量数据块和故障存储器外，还可以对所有的扬声器进行执行元件诊断。数字音响系统控制单元 J525 数据块如表 6-1-5 所示。

表 6-1-5　数字音响系统控制单元 J525 数据块

测量数据块	名　称
01	公共的:蓄电池电压,接线柱状态
02	MOST:MOST 地址,FOT 温度,光信号衰减(0 dB,-3 dB)
03	环形中断诊断线状态
04	系统:放大器模拟/数字元件温度,风扇转速
05	麦克风:麦克风输入电压
50	控制单元识别:生产日期,生产厂代码
51	控制单元识别:序列号

三、制订检修计划

制订 MOST 光纤网络故障检修计划如表 6-1-6 所示。

表 6-1-6　制订 MOST 光纤网络故障检修计划

1. 收集 MOST 光纤网络相关信息,分析 MOST 光纤网络故障原因		
2. 查阅车辆维修资料,制定 MOST 光纤网络检修流程		
3. 通过使用故障诊断仪、万用表和汽车光学检测仪对奥迪 MOST 光纤网络进行各种检测,判断故障原因,并排除故障恢复正常性能		
1. MOST 光纤网络 信息描述	MOST 光纤网络的特点	
	MOST 光纤网络是怎样传输信号的	
2. MOST 光纤网络 故障现象描述		
3. MOST 光纤网络 故障原因分析,画出 鱼刺图		
4. MOST 光纤网络 故障检修工作准备	相关维修资料	
	相关技术标准	
	相关检测工量具	
	相关维修、拆装工具	

续　表

笔记

	步骤	项　目	内　容	检测结果	结　论
5. MOST 光纤网络故障检修流程	1	故障诊断仪检测	1. 读取故障代码		
			2. 读取数据流		
			3. 主动功能测试		
	2	万用表检测	系统模块供电电压和搭铁状况测量		
	3	汽车光学检测仪检测	MOST 光衰减度		

四、任务实施

MOST 光纤网络故障检修任务如表 6-1-7 所示。。

表 6-1-7　MOST 光纤网络检修任务

本任务书分为两个内容,一是 MOST 光纤网络测量任务,学员根据任务书所示检测项目,使用汽车光学检测仪对 MOST 光纤网络进行各种测量;二是 MOST 光纤网络检修任务,以 MOST 光纤网络出现环路断路故障为检修任务(故障由教师进行设置)。学员根据"MOST 光纤网络网络故障原因分析"和"MOST 光纤网络故障检修流程",结合车辆实际情况,按照相关维修资料和技术标准,使用故障诊断仪、万用表和汽车光学检测仪对 2005 款奥迪 A6 轿车信息娱乐系统进行各种检测,并分析判断故障原因,排除故障恢复正常性能

MOST 光纤网络测量任务		
操作项目	操作内容	检测结果(写出各节点的衰减值)
汽车光学网络检测仪	MOST 总线正常时	
	挤压光纤时	
	光纤转变角度过小时	

MOST 光纤网络检修任务			
故　障	故障现象描述	检测内容	判断结果和依据
MOST 总线通信失效		诊断仪检测结果:	
		汽车光学网络检测仪检测结果:	

五、检验评估

项目六的检验评估如表 6-1-8 所示。

表 6-1-8　检验评估

检验与评价内容	检验指标	权重	自评	互评	总评
维修质量检验	各项控制功能恢复正常	4			

续 表

检查任务 完成情况	1. 能描述 05 款奥迪 A6 轿车信息娱乐系统的组成和工作原理	4			
	2. 能使用故障诊断仪对 05 款奥迪 A6 轿车信息娱乐系统进行读取故障码、数据流、主动功能测试等操作				
	3. 能使用汽车光字检测仪对 05 款奥迪 A6 轿车信息娱乐系统进行检测				
	4. 在小组完成任务过程中所起作用				
职业素养	1. 学习态度:积极主动参与学习	3			
	2. 团队合作:与小组成员一起分工合作,不影响学习进度				
	3. 现场管理:服从工位安排、执行实训室"5S"管理规定				

<<<<

项目七 各车系车载网络系统故障检修

Description 项目描述	本项目为前面内容的一个总结,以日本车系和欧美车系为学习对象,整合前面所学的各种总线知识和技能,使学员掌握实际工作所要求的专业知识和职业技能
Objects 项目目标	1. 了解各车系车载网络系统的组成结构和特点 2. 对车载网络系统在各系统的控制功能中起到的作用有深刻认识,能区别是由于普通线路故障引起还是由于车载网络故障引起的控制功能故障 3. 能使用各种工量具对车载网络系统进行各种测量,并能对测量结果进行分析判断 4. 能使用故障诊断仪对各车系车载网络系统进行读取故障代码、数据流分析、主动功能测试等操作 5. 能排除汽车车载网络系统故障,恢复正常性能
Tasks 项目任务	任务 7.1:日本车系车载网络系统检修,以丰田、本田和日产为学习对象 任务 7.2:欧美车系车载网络系统检修,以宝马、奔驰、雪铁龙/标致和别克为学习对象
Implementation 项目实施	

任务 7.1 日本车系车载网络系统检修

任务描述	本任务学习日本车系车载网络系统检修。通过使用万用表、示波器、故障诊断仪等工量具,对在中国销量较多的丰田、日产和本田车辆进行各种测量分析、排除故障等操作。使学员对日本车系车载网络系统的组成特点、网络在各系统功能控制中起到的作用等都有较深的了解;能对车载网络系统引起的各种故障作出正确判断,并具备检修能力

笔 记

任务目标	1. 了解日本各车系车载网络系统的组成结构和特点 2. 对车载网络系统在各系统的控制功能中起到的作用有深刻认识,能区别是由于普通线路故障引起还是由于车载网络故障引起的控制功能故障 3. 能使用各种工量具对车载网络系统进行各种测量,并能对测量结果进行分析判断 4. 能使用故障诊断仪对日本车系车载网络系统进行读取故障代码、数据流分析、主动功能测试等操作 5. 能排除日本车系车载网络系统故障,恢复正常性能

一、维修接待

按照表 7-1-1 完成待修车辆的维修接待,并准确填写车载网络诊断接车问诊表。

表 7-1-1　车载网络诊断接车问诊表

<table>
<tr><td colspan="4" align="center">车载网络接车问诊表</td></tr>
<tr><td>车牌号:＿＿＿＿＿</td><td>车型:＿＿＿＿＿</td><td>车 架 号:＿＿＿＿＿</td><td>行驶里程:＿＿＿＿＿(km)</td></tr>
<tr><td>用户名:＿＿＿＿＿</td><td>电话:＿＿＿＿＿</td><td colspan="2">来店时间:＿＿＿/＿＿＿</td></tr>
<tr><td colspan="4">车载网络类型:
故障症状(与客户交谈的结果):

　一辆日产天籁轿车出现前置灯、小灯、刮水器都工作失常的故障现象

　接车员:＿＿＿＿＿</td></tr>
<tr><td colspan="4">车间症状确认(技师对故障进行验证):

前置灯、小灯、刮水器和变光控制都失控,初步判断为车身模块 BCM 与智能电源控制模块之间 CAN-BUS 通信故障。

　维修技师:＿＿＿＿＿</td></tr>
<tr><td colspan="4">检查结果和所需更换维修项目:

</td></tr>
<tr><td colspan="2">接车员:＿＿＿＿＿＿＿＿</td><td>维修技师:＿＿＿＿＿＿＿</td><td>客户确认:＿＿＿＿＿＿＿</td></tr>
</table>

二、信息收集

1. 丰田车载网络系统

丰田车系多路传输系统缩写为 MPX(Multiplex Communication),新一代丰田车系在车载网络系统中使用了 3 种通信电路,即 CAN,BEAN,AVC-LAN。这 3 种电路的通信速率,见表 7-1-2。

笔记

表 7-1-2　丰田 3 种通信总线结构表

项　目	CAN	BEAN	AVC-LAN
通信速度(Kbps)	500	10	17.8
通信导线	双绞线	单线	双绞线
电气信号种类	差分电压	单线电压	差分电压
数据长度/字节	1～8(可变)	1～11(可变)	0～32(可变)

CAN、BEAN、AVC-LAN 这些总线的通信协议不同,为了实现数据交换采用了网关,网关从各总线接收到数据,接收到需要通过不同的总线再发送出去的数据时,按照各通信协议把该数据变换后发送出去。网关内部结构见图 7-1-1。

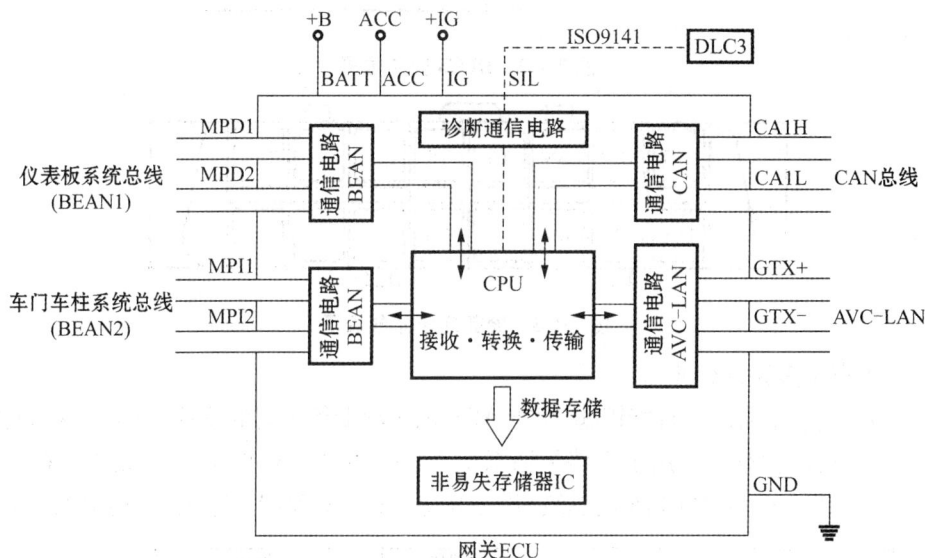

图 7-1-1　网关内部结构示意图

注:用串行通信(ISO9141)作为诊断工具和车载 ECU 间的诊断数据通信,符合 ISO(国际标准化组织)的标准

将诊断工具连接到车辆上的连接器(DLC3:数据链连接器 3)上,可以经由网关 ECU 和各种多路通信线路接入到各 ECU。由此,可以输出故障诊断代码;进行数据监控(ECU 数据的确认等),主动测试(随意操作执行器),自定义功能的设置(通过改变控制程序的设置)等。DLC3 安装位置见图 7-1-2,诊断连接器各端子见图 7-1-3。

CAN 总线是符合国际标准化组织 ISO 标准的串行数据通信网络。应用在动力传动等实时性要求高的场合。其结构原理与前面所说一样。

AVC-LAN(Audio Visual Communication-Local Area Network,音响视听局域网络),主要用于音频和视频设备中的通信网络,传输音响视听控制信号的传输。

BEAN(Body Electronic Area Network,车身电子局域网络),是丰田汽车专利的双向通信网络。它是一种多总线车身电子局域网,由仪表板 BEAN 系统、转向柱 BEAN 系统和车门 BEAN 系统组成。

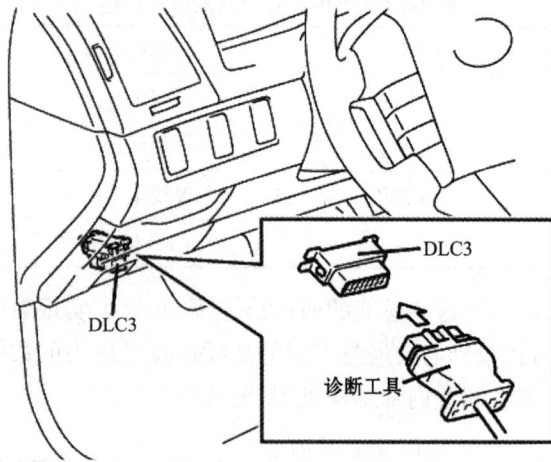

图 7-1-2   DLC3 安装位置

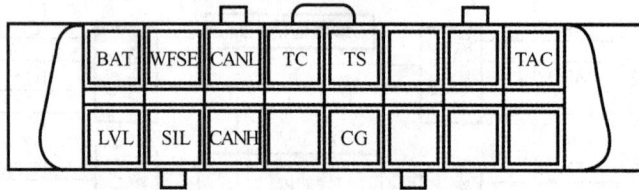

图 7-1-3   诊断连接器各端子

1）锐志车载多路通信系统

丰田锐志轿车上备配了智能钥匙、智能 AFS、泊车辅助等丰富的系统，为实现网络化控制、智能化控制在锐志轿车上采用了多路传输系统 MPX。由 CAN（控制器局域网）、AVC-LAN、BEAN（仪表）、BEAN（转向柱和车门总线）共同组成一个完整 MPX，其拓扑结构图见图 7-1-4。

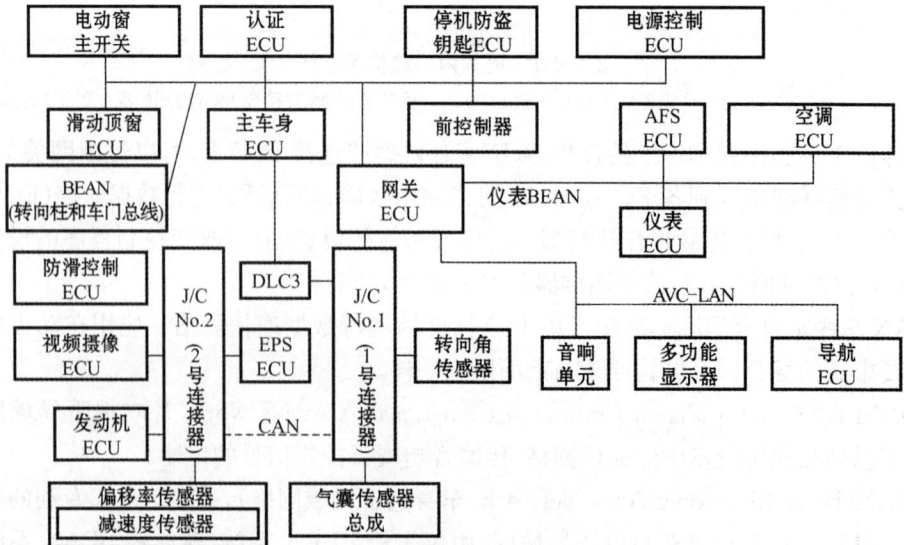

图 7-1-4   丰田锐志轿车 MPX 拓扑结构图

（1）CAN 通信网络。

CAN 总线传输位速率为 500 Kbps，应用在实时性要求高的动力、底盘和安全等系统中，其网络拓扑结构见图 7-1-5，控制部件安装见图 7-1-6，CAN 总线上各节点名称和功能表 7-1-3。

笔记

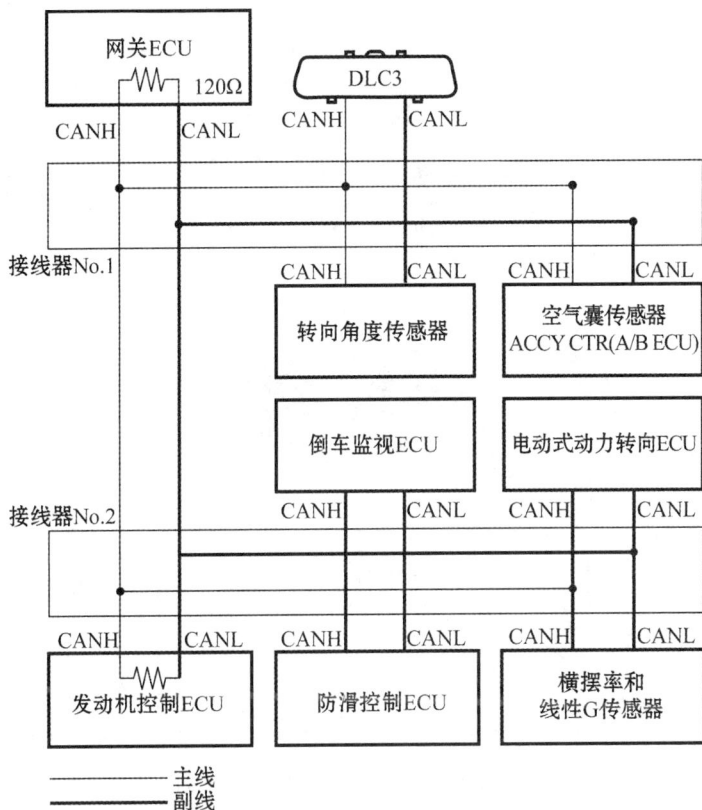

图 7-1-5　CAN 通信网络拓扑结构

表 7-1-3　CAN 总线上各节点名称和功能

ECU 和传感器的名称	主要功能
防滑控制 ECU	控制 ABS、制动助力等
横摆率和线性 G 传感器	检测车辆在前后以及两边方向的正确减速速度
网关 ECU	在 CAN 通信和各车载多路通信之间转播数据
中央空气囊传感器 ASSY	提供碰撞感知和空气囊打开等的数据
电动式动力转向 ECU	控制电动式动力转向系统
转向角度传感器	检测方向盘的转向角度和方向
发动机控制 ECU	提供诸如发动机转速等的数据
倒车监视 ECU	控制倒车监视器系统
DLC3（数据链连接器 3）	用诊断工具检查 CAN 通信

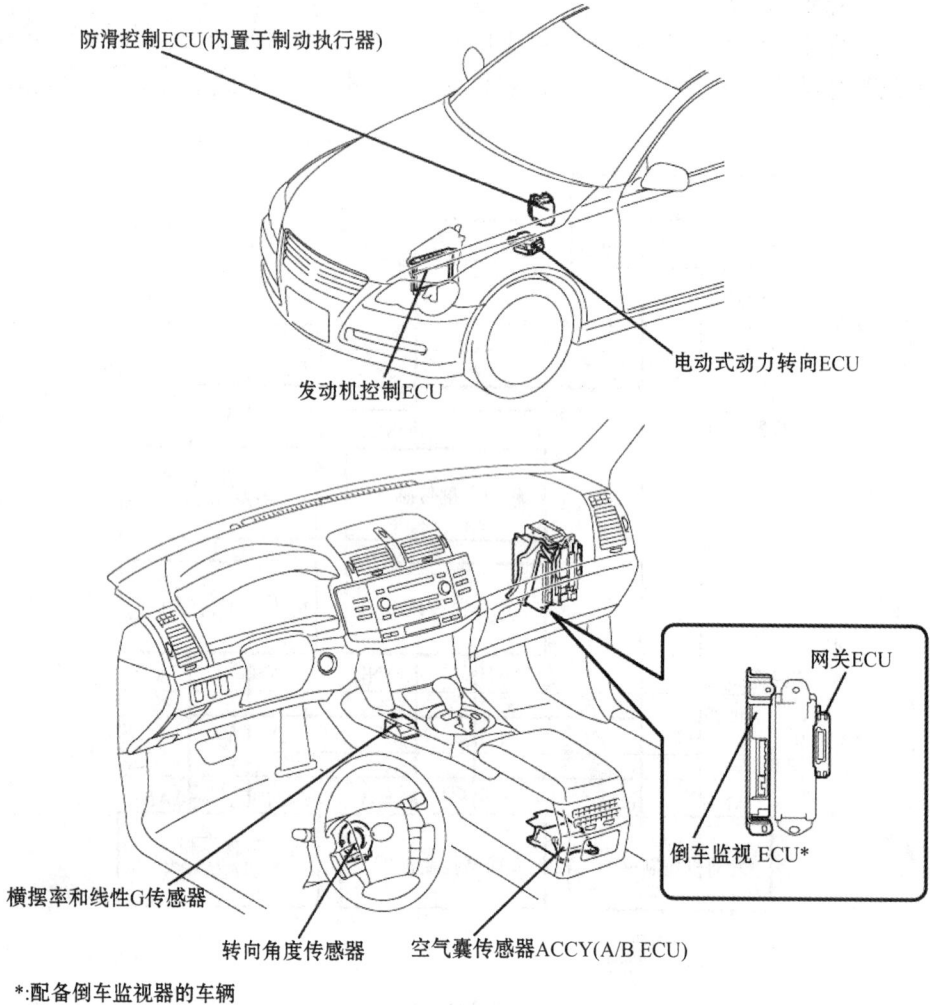

防滑控制ECU(内置于制动执行器)

电动式动力转向ECU

发动机控制ECU

网关ECU

倒车监视 ECU*

横摆率和线性G传感器

转向角度传感器　　空气囊传感器ACCY(A/B ECU)

*:配备倒车监视器的车辆

图 7-1-6　控制部件安装位置

(2) 车身多路通信系统。

车身多路通信系统(BEAN)通过扩展控制对象,使其更为多功能化,提高了控制数据量。另外,它是一种多总线车身电子区域网,由 2 个系统(仪表板系统、转向柱和车门系统)组成。这减少了线束中的导线数量和电子控制系统的厚度。

车身多路通信系统(BEAN)是时间分割多路双向通信系统,可使构成网络的所有 ECU 通过交错时间、使用单一通信线路(总线)来传输或接收数据。因此,ECU 可根据普遍适用的通信协议进行操作,保证了可靠畅通的通信。

BEAN 使用的数据由包括优先权(PER)、目的地(DST-ID)、数据类型(MES-ID)等信息的数据信号组成。嵌入 ECU 的 BEAN 通信电路按每秒 10 Kbps 的速度发送这些信号。

① 仪表板多路通信网络(BEAN1)。

仪表板多路通信网络连接了仪表 ECU、空调 ECU、AFSECU 等控制单元,其网络拓扑结构见图 7-1-7,各控制单元功能见表 7-1-4。

笔记

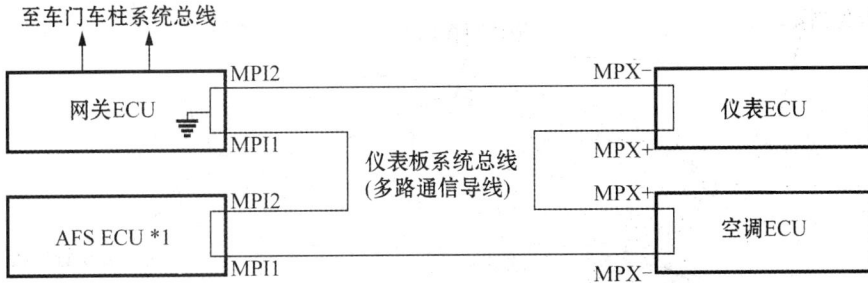

*1:装配了AFS的车辆

图 7-1-7　仪表板多路通信网络拓扑结构

表 7-1-4　仪表板多路通信网络各控制单元功能

ECU	主要功能
AFSECU	控制 AFS 系统
仪表 ECU	控制仪表和计量表系统
空调 ECU	控制加热器和空调系统以及车窗除雾器系统
网关 ECU	在 CAN 通信和各车载多路通信之间转播数据

② 车门车柱系统多路通信网络(BEAN2)。

车门车柱系统多路通信网络连接车门控制单元、电动窗 MPX 开关等控制单元,其网络拓扑见图 7-1-8,控制单元安装位置见图 7-1-9,各控制单元功能见表 7-1-5。

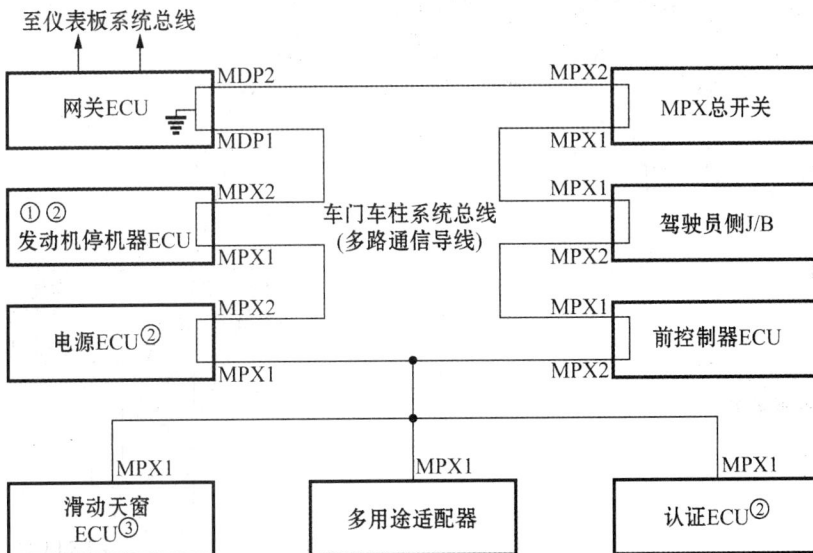

①:配备发动机停机器的车辆(没有配备智能进入系统的车辆)
②:配备发动机停机器的车辆(配备智能进入系统的车辆)
③:配备滑动天窗的车辆

图 7-1-8　车门车柱系统多路通信网络网络拓扑

笔记

前控制器ECU

滑动顶窗ECU

认证ECU

MPX总开关

仪表ECU
(仪表板)

空调ECU
(仪表板)

驾驶员座椅
J/B ECU
(车门车柱系统)

电源ECU
(车门车柱
系统总线)

AFS ECU
(仪表板系统)

网关ECU

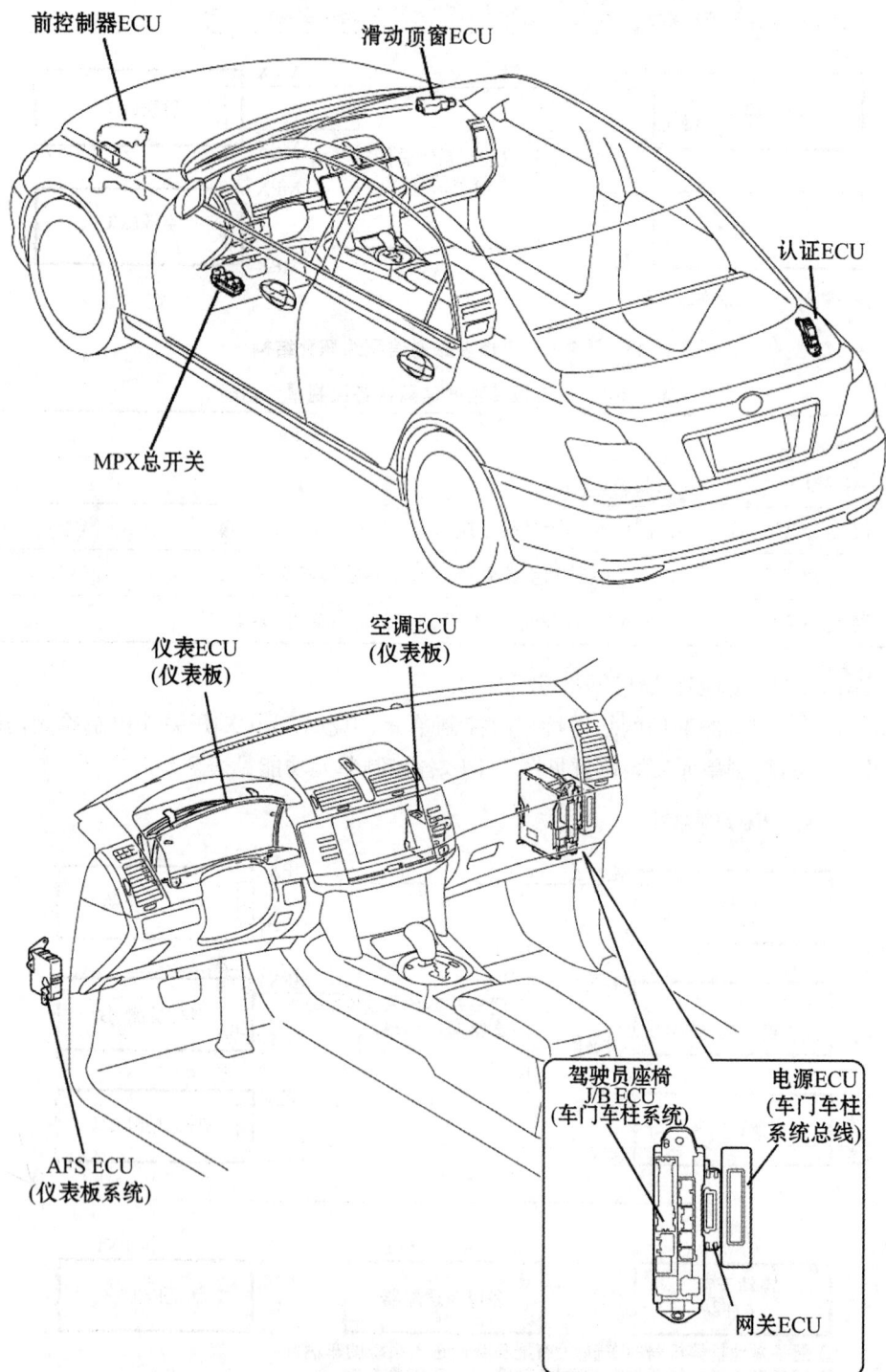

图 7-1-9　车门车柱系统多路通信网络控制单元安装位置

表 7-1-5　车门车柱系统多路通信网络各控制单元功能

ECU	主要功能
发动机停机器 ECU	控制防盗(停机器)系统
电源 ECU	控制按键起动系统
滑动顶窗 ECU	控制滑动顶窗系统
认证 ECU	控制智能进入和起动系统
前控制器 ECU	控制车灯(前置近光灯以外的前置灯)和喇叭
驾驶员侧 J/BECU	控制电动车窗、电子门锁和防盗系统
MPX 总开关	控制电动车窗系统
网关 ECU	在 CAN 通信和各车载多路通信之间转播数据

（3）AVC-LAN 音响视听局域网络。

锐志音响/视频系统由表板嵌入式 DVD 换碟机、MD 一体式 AM/FM 电子调谐器、功率放大器及 9 扬声器组成的超级现场音响系统组成,在这些部件之间通过 AVC-LAN 传输控制信号。系统组成见图 7-1-10。各控制部件主要控制功能见表 7-1-6。

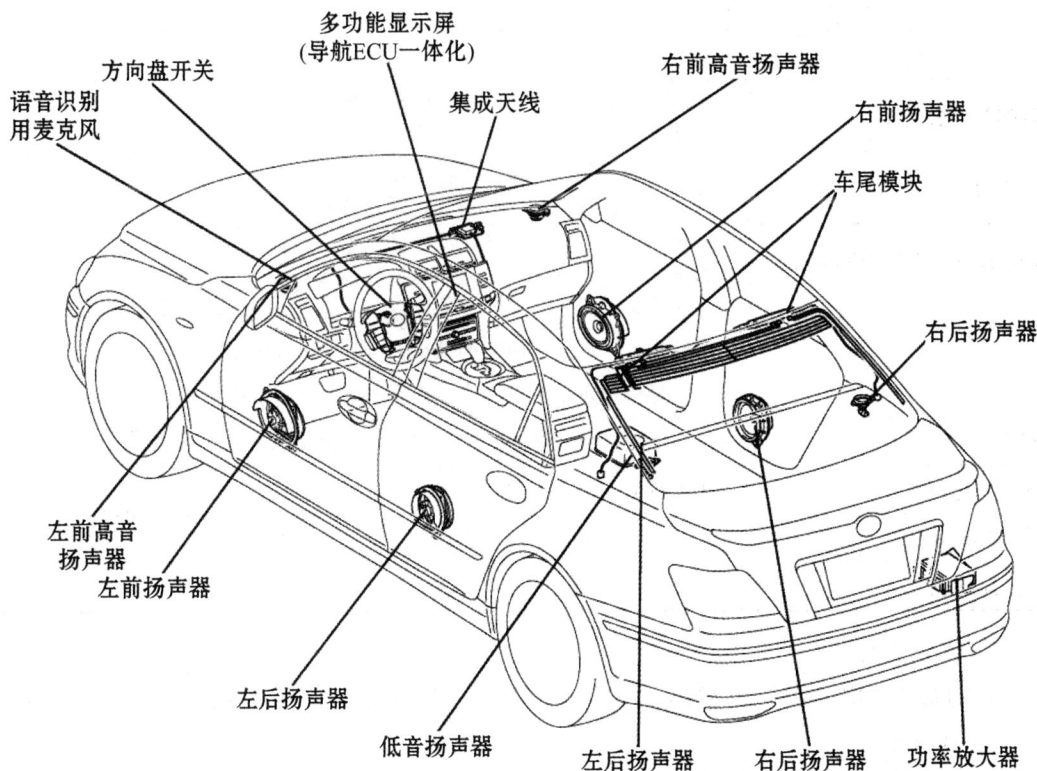

图 7-1-10　音响/视频系统组成部件安装位置

笔 记

表 7-1-6　音响/视频系统各控制部件主要控制功能

组成部件		主要功能
多功能显示屏（导航 ECU 一体化）		• 一体化导航 ECU 的构造，在进行以导航系统为主的丰田电子多功能可视系统的各个控制的同时，也把各个画面显示在显示屏上
内置零件	主 ECU（用于显示）	• 控制从用于导航的主 ECU 发出的图像信号输出到显示面板上 • 根据所输入的各种操作信号，便能控制丰田电子多功能可视系统的各种显示 • 调整显示画面的彩色平衡
内置零件	显示面板	• 用于显示器的主 ECU 发出的影像信号，显示地图画面和操作画面 • 被输入的各种操作信号输出到用于导航的主 ECU
	主 ECU（用于导航）	• 通过 GPS 接收器发出的信号检测本车的位置 • 通过组合仪表测出的车速信号可以算出汽车的行驶距离 • 通过陀螺传感器发出的信号判断前进方向 • 通过 DVD-ROM 播放器读出的地图信息数据以及算出的本车位置等，作为图像信号输出到用于显示的主 ECU • 导航提示语音信号输出到左高音扬声器和左前扬声器去
	GPS 接收器	• 把从 GPS 天线接收到的信号解调出来，输出到用于导航的主 ECU
	陀螺传感器	• 检测出车辆垂直方向的转速（横摆率·自动运行），输出到用于导航的主 ECU
	DVD-ROM 播放器	• 读出用于地图的 DVD-ROM 光碟中所存储的数据，输出到用于导航的主 ECU
音响头部装置		• 从 DVD 光碟中读取数据，把图像信号输出到多功能显示屏，音频信号输出到功率放大器
功率放大器		• 把音响等音频信号输出到扬声器 • 从 DVD 播放器输入音频信号，通过内置的解码器，独立输出
用于地图的 DVD-ROM 光碟		• 在多功能显示屏下部的用于导航的 DVD-ROM 播放器中安装有 1 张记录着地图信息、介绍语音、目的地搜索等各种信息的光碟
集成天线		• 接受从高度约为 2×10^4 km 的地球轨道上所设置的 GPS 卫星时刻所发出的轨道信号和发出时刻的信息，输出到 GPS 接收器
扬声器		• 输出导航提示语音以及音响声音
组合仪表		• 把车速信号（脉冲信号）输出到多功能显示屏上
尾灯继电器		• 把尾灯 ON 信号输出到多功能显示屏上
驻车制动开关		• 把驻车制动 ON 信号输出到多功能显示屏上
空档起动开关		• 把档位信号输出到多功能显示屏上

① 音响系统：

音响系统采用了 AVC-LAN 总线控制各音响控制信号，音响系统控制框架图见图 7-1-11。

② 视频系统：

在视频系统上切换显示导航/音响等画面的同时，能对带 DVD 音频导航功能的 EMV（电子多功能可视系统）其进行操作。具体功能如表 7-1-7 所示，系统电路见图 7-1-12。

③ 丰田电子多功能显示屏导航功能：

通过 GPS（Global Positioning System）导航，可以对本车的位置进行定位，在地图上显

<<<< --

示出来,通过在画面上显示到目的地的提示路线信息以及提示语音进行通知。系统结构见图 7-1-13。

④ 倒车监视器:

倒车监视器 ECU 是利用安装在车辆后部的倒车监视器摄像机的图像,利用 CAN 通信输入的转向角度传感器等接收的车辆状态参数进行推算、预计,得出各导向路线信息,并将该信息传入多功能可视系统上。倒车监视器将信息传入内藏的主 ECU,在主 ECU 控制下,倒车监视器画面会显示在多功能显示屏上。系统主要控制部件见图 7-1-14,各部件主要控制功能见表 7-1-8,系统控制原理框架图见图 7-1-15。

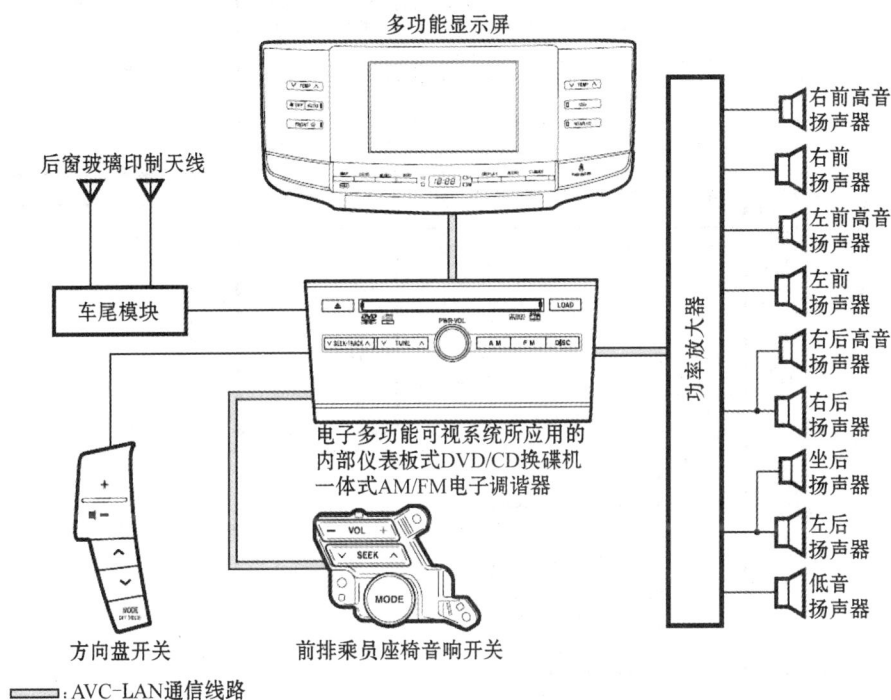

图 7-1-11　音响系统控制原理图

表 7-1-7　视频系统可控制具体功能

模　式	项　目	主要功能
导航系列		导航画面的显示、操作
信息系列	信息模式	各种信息画面的显示、操作
	音响模式	音响操作画面的显示、操作
	DVD 模式①	DVD 图像画面的显示、操作
	空调模式	空调模式画面的显示、操作
	画质调整	画质调整
通信系统	免提②	免提通话画面的显示、操作

① 配备有超级现场音响系统的车型。

② 在使用具有 Bluetooth 功能的手机时,或者把手机连接到经销商选装的免提系统时。另外,只能使用指定机型的手机。

笔记

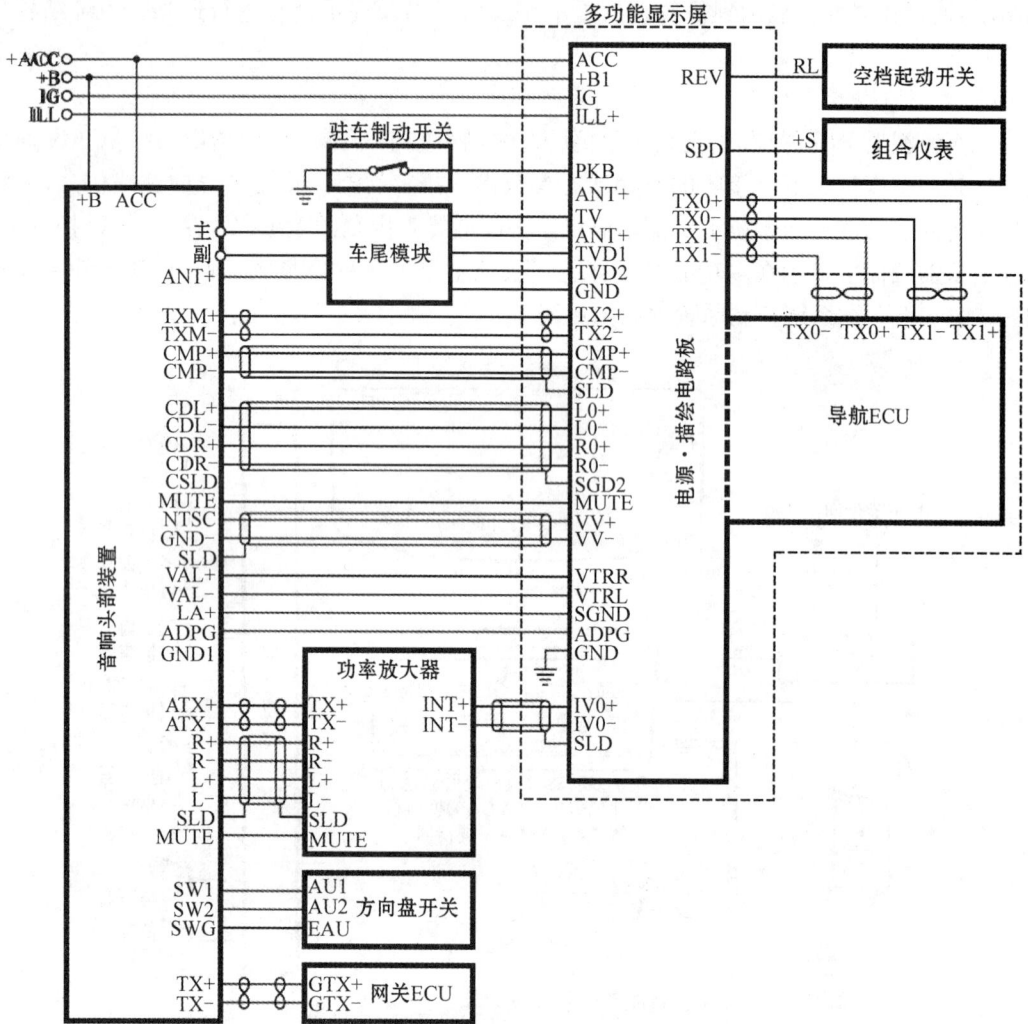

图 7-1-12　视频系统控制电路

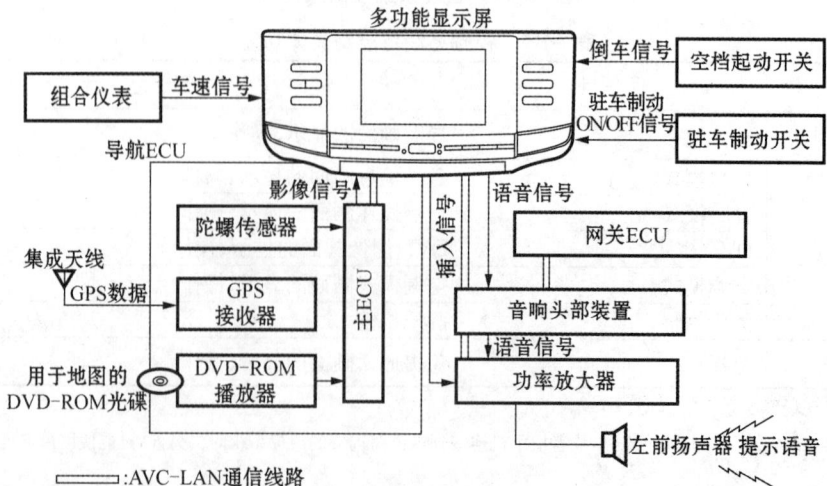

图 7-1-13　导航系统原理图

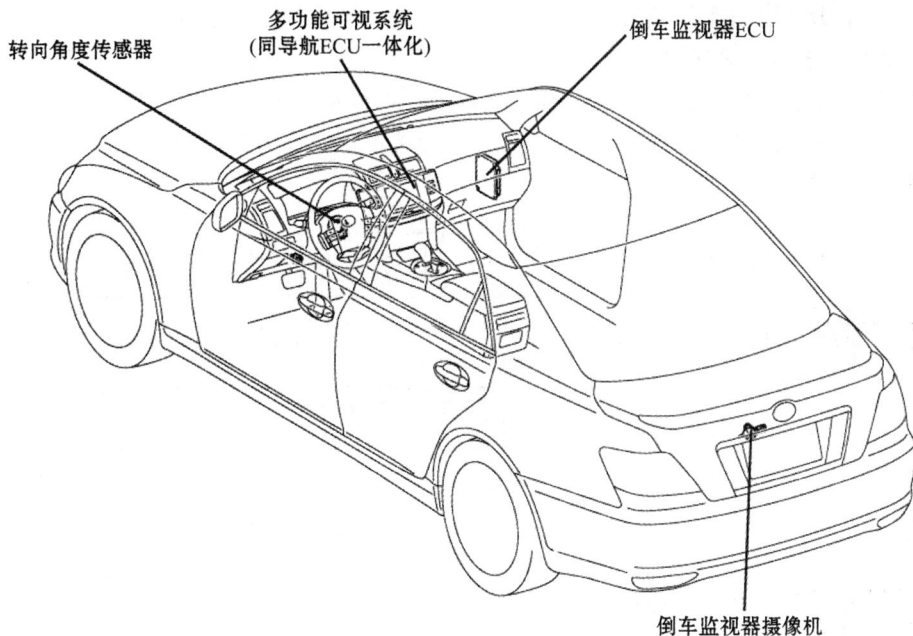

图 7-1-14　倒车监视系统组成部件安装位置

表 7-1-8　倒车监视系统各部件主要控制功能

组成部件	主要功能
倒车监视器摄像机	· 倒车监视器摄像机安装在行李箱门外侧装饰物上，将拍摄到的车辆后方图像信号传入倒车监视器 ECU
倒车监视 ECU	· 倒车监视器 ECU 安装在仪表板前排乘员座椅一侧。它通过 CAN 通信收集车辆信息、IG、多功能显示屏反馈的信号，并据此自动打开/关闭倒车监视器摄像机 · 倒车监视器 ECU 在取得倒车监视器摄像机拍摄的画面并利用 CAN 通信得到的方向盘转向角度信息，根据该信息向多功能显示屏输出画面信号
多功能显示屏（导航 ECU 一体化）	· 根据倒车监视器 ECU 发出的图像信息，在画面上显示出车辆后方图像及各导向路线图 · RGB 图像信号传入倒车监视器 ECU · 车辆角速度数据传入倒车监视器 ECU

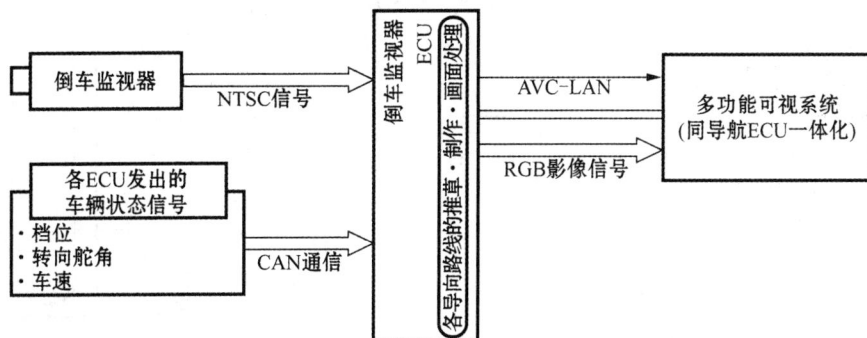

图 7-1-15　倒车监视系统控制原理图

2）一汽丰田皇冠轿车多路传输系统

（1）多路传输系统的组成。

一汽丰田皇冠轿车这是丰田皇冠的第12代轿车，其型号为TV7300RoyalSln3、TV7300RoyalSln3A、TV7300RoyalSlnG3等。在新皇冠轿车的通信系统中，采用了新型多路通信系统，拓扑图见图7-1-16。

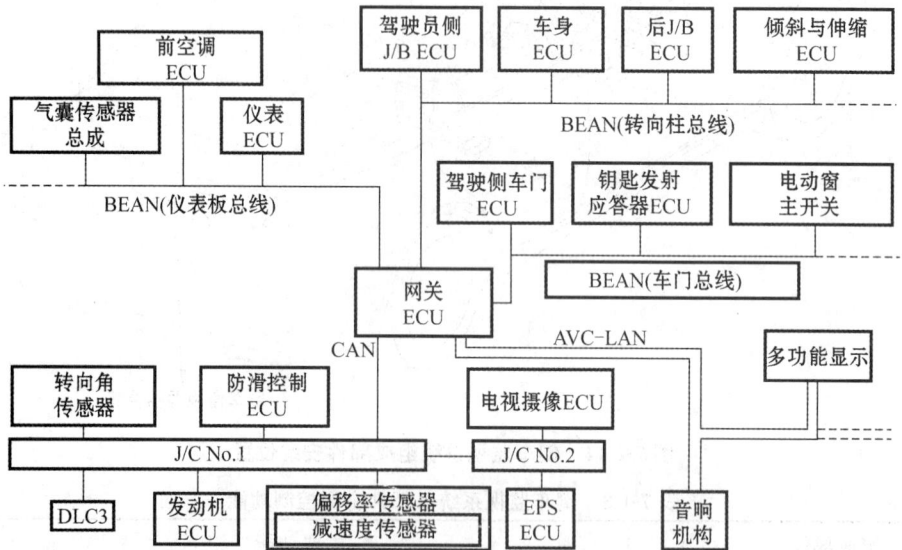

图7-1-16　丰田皇冠多路传输系统拓扑结构

（2）丰田皇冠CAN总线结构。

高速的实时通信部分使用了CAN总线。CAN通信系统的主要组件有ECM、制动防滑控制ECU、转向角传感器、偏移率传感器、网关ECU、动力转向ECU、电视摄像头ECU、诊断接头（DLC3），驾驶员侧CAN J/C（接线盒1）和乘客侧CAN J/C（接线盒2），CAN多路传输系统如图7-1-17所示，位置如图7-1-18所示。

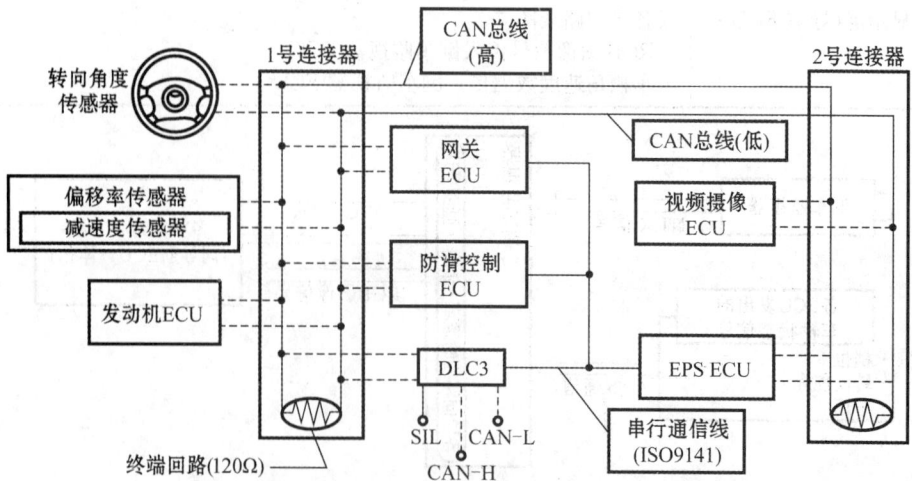

图7-1-17　一汽丰田皇冠轿车CAN多路传输系统

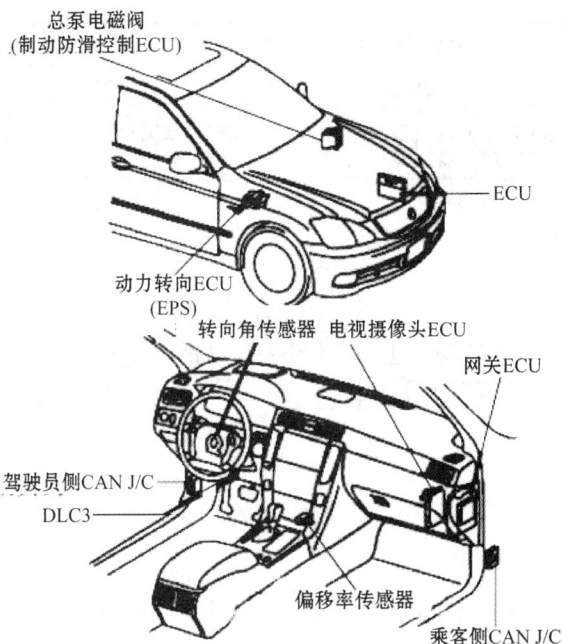

图 7-1-18　一汽丰田皇冠轿车多路传输系统控制单元位置

　　CAN 的驱动类型为差分电压驱动。在 CAN 通信系统中,两个终端电路间的线束称为主总线,主总线与组件之间的线束称为分总线。终端电路由电阻器和电容器组成,安装在 CAN J/C 内。

　　① 驾驶员侧 CAN J/C：

　　驾驶员侧 CAN J/C 连接器如图 7-1-19 所示。驾驶员侧 CAN J/C 的连接器可以通过总线的颜色和连接器连接侧来识别。J11,J12,J13 和 J14 可以互换;J15 和 X8 可以互换。

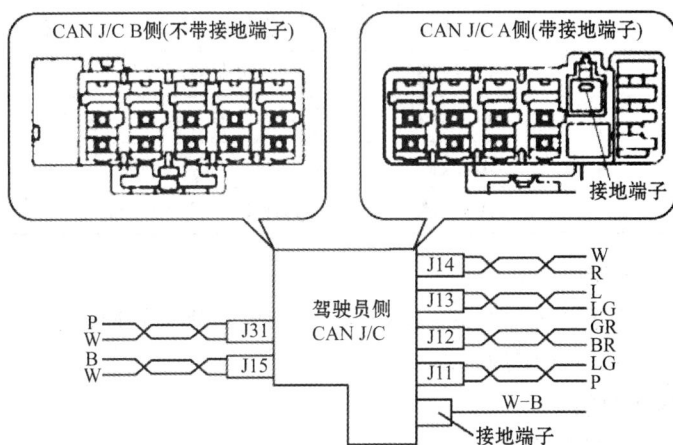

图 7-1-19　驾驶员侧 CAN J/C 连接器

　　② 乘客侧 CAN J/C 连接器：

　　乘客侧 CAN J/C 连接器如图 7-1-20 所示。乘客侧 CAN J/C 的连接器可以通过总线的颜色和连接器连接侧来识别。J32 和 J33 可以互换;J16J17 和 J18 可以互换。

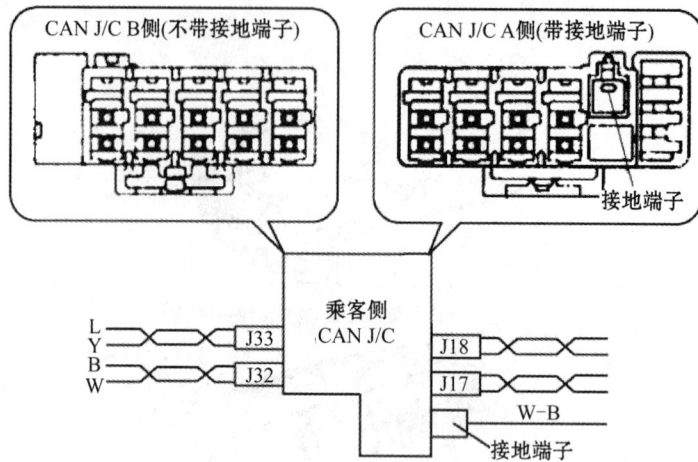

图 7-1-20　乘客侧 CAN J 连接器

③ CAN 通信系统的故障码：

一汽丰田皇冠轿车 CAN 总线的故障代码由 DLC3 进行检查。一汽丰田皇冠轿车 CAN 通信系统的故障代码显示如下：U0073/94、U0123/62、U0124/95、U0126/63、U0100/65、U0073/49、U0105/41、U0121/42、U0001。故障码含义见表 7-1-9。

表 7-1-9　一汽丰田皇冠轿车 CAN 总线的故障码及含义

故障码	通信线路	检查项目
U0073/94	SIL 线路	控制模块通信总关闭
U0123/62	SIL 线路	不能与偏移率传感器模块通信
U0124/95	SIL 线路	不能与横向加速度传感器模块通信
U0126/63	SIL 线路	不能与转向角传感器模块通信
U0100/65	SIL 线路	不能与 ECM/PCM"A"通信
U0073/49	SIL 线路	动力转向控制模块通信总线关闭
U0105/41	SIL 线路	不能与传动系 ECU 通信
U0121/42	SIL 线路	不能与 ABS 控制模块通信
U0001	CAN 系统	高速 CAN 通信总线

(3) BEAN 总线系统。

丰田皇冠轿车采用了 3 个单线的 BEAN 通信总线，分别为转向柱总线、车门总线和仪表板总线，用来控制车身电气系统的工作。

① BEAN 仪表板总线：

BEAN 仪表板总线见图 7-1-21。

② BEAN 转向柱总线：

BEAN 转向柱总线见图 7-1-22。

③ BEAN 车门总线：

BEAN 车门总线见图 7-1-23。

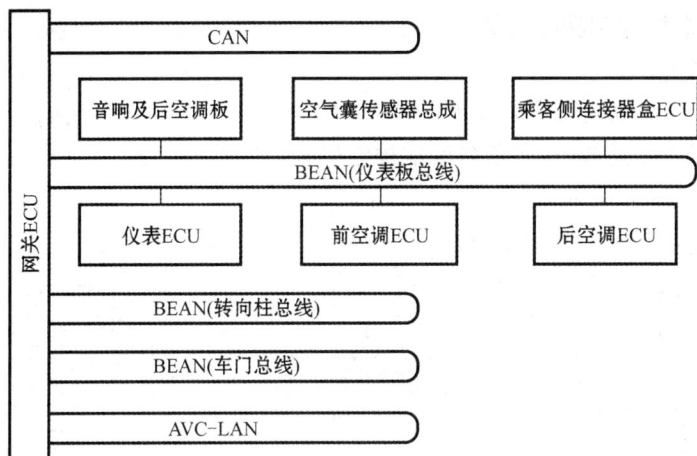

图 7-1-21 BEAN 仪表板总线示意图

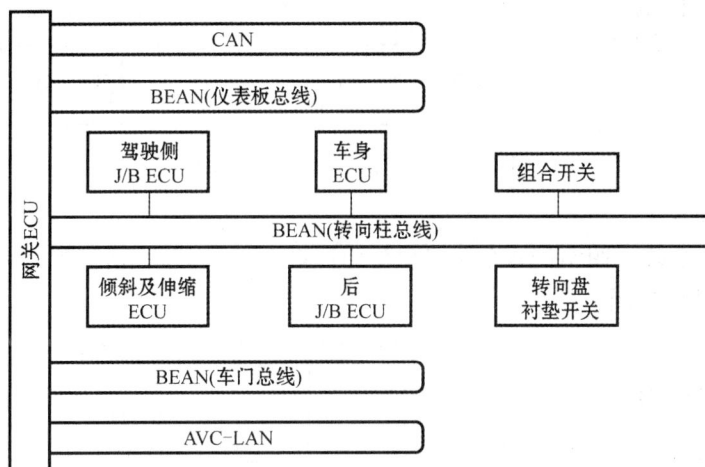

图 7-1-22 BEAN 转向柱总线示意图

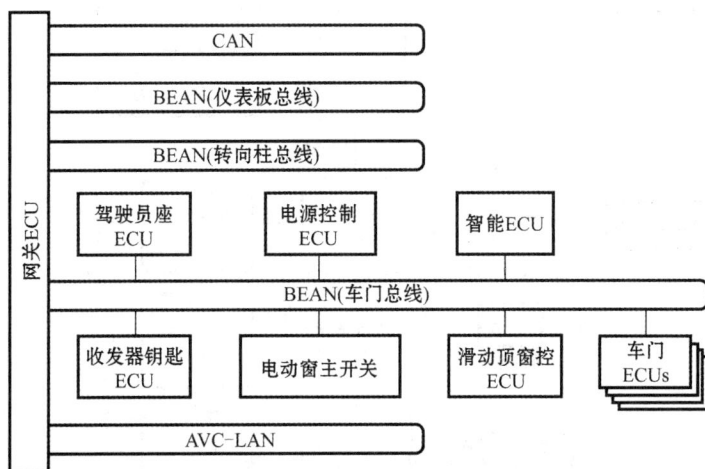

图 7-1-23 BEAN 车门总线示意图

（4）BEAN 总线控制功能示例。

① 电动窗系统：

如图 7-1-24 所示电动窗控制原理图，电动车窗系统中 4 个车门电脑、电动窗主控制开关都连接在车门 BEAN 总线上，各部件间的控制信号传输都需要靠 BEAN 总线进行。

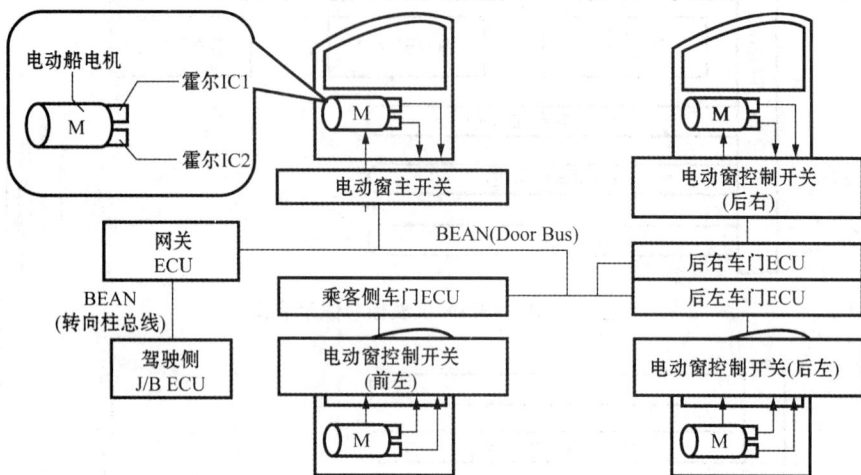

图 7-1-24 电动窗控制原理示意图

② 照明控制系统：

a. 照明进入系统。照明进入系统可根据门控灯开关、钥匙等信号智能控制室内灯的点亮关闭，其系统结构见图 7-1-25。

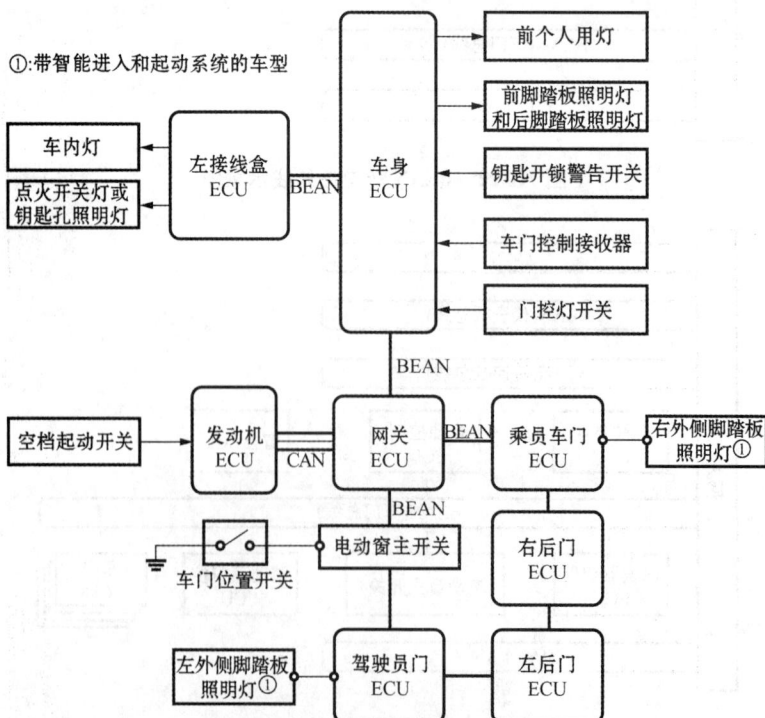

图 7-1-25 照明进入系统结构图

b. 车外灯控制。在以前的车型中,由独立的系统分别控制小灯、前照灯、前雾灯和喇叭等功能。皇冠轿车通过采用前灯 ECU 和后接线盒 ECU 将这些控制集中控制。前灯 ECU 将前车外灯集中控制,后接线盒 ECU 将尾灯集中控制。因此减少了大量的继电器的使用,从而减少了零件数量,节省了空间,减轻了重量。其系统控制示意见图 7-1-26。

笔 记

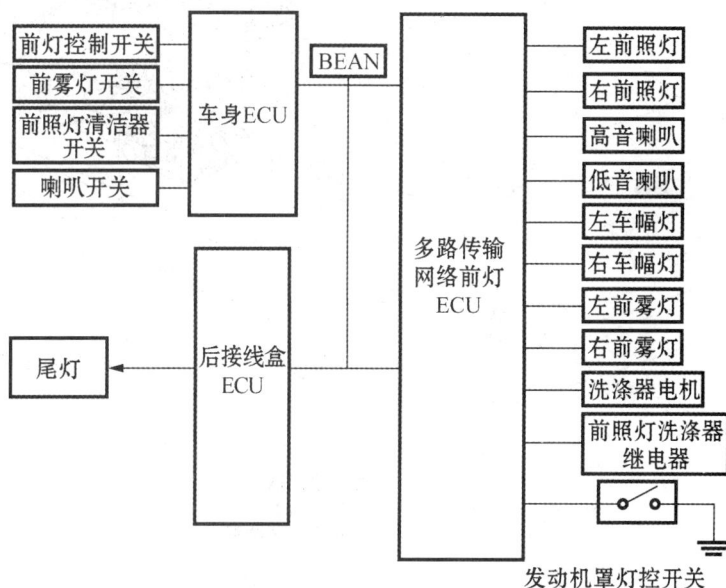

图 7-1-26　车外灯控制原理示意图

(5) AVC-LAN 音响视听局域网络。

一汽丰田皇冠轿车音响视听系统采用了 AVC-LAN 网络。AVC-LAN 音响视听局域网络系统结构图见图 7-1-27,部件安装位置见图 7-1-28。

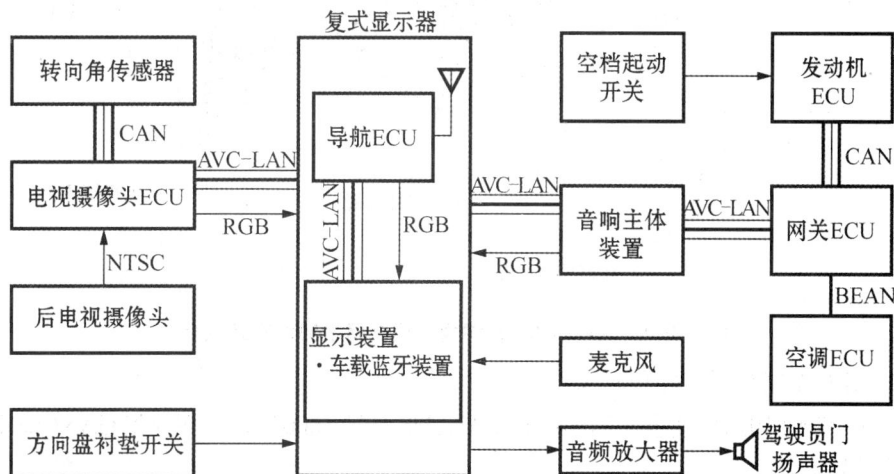

RGB:红色,绿色,蓝色
NTSC:全国电视标准委员会

图 7-1-27　AVC-LAN 音响视听局域网络系统结构图

笔 记

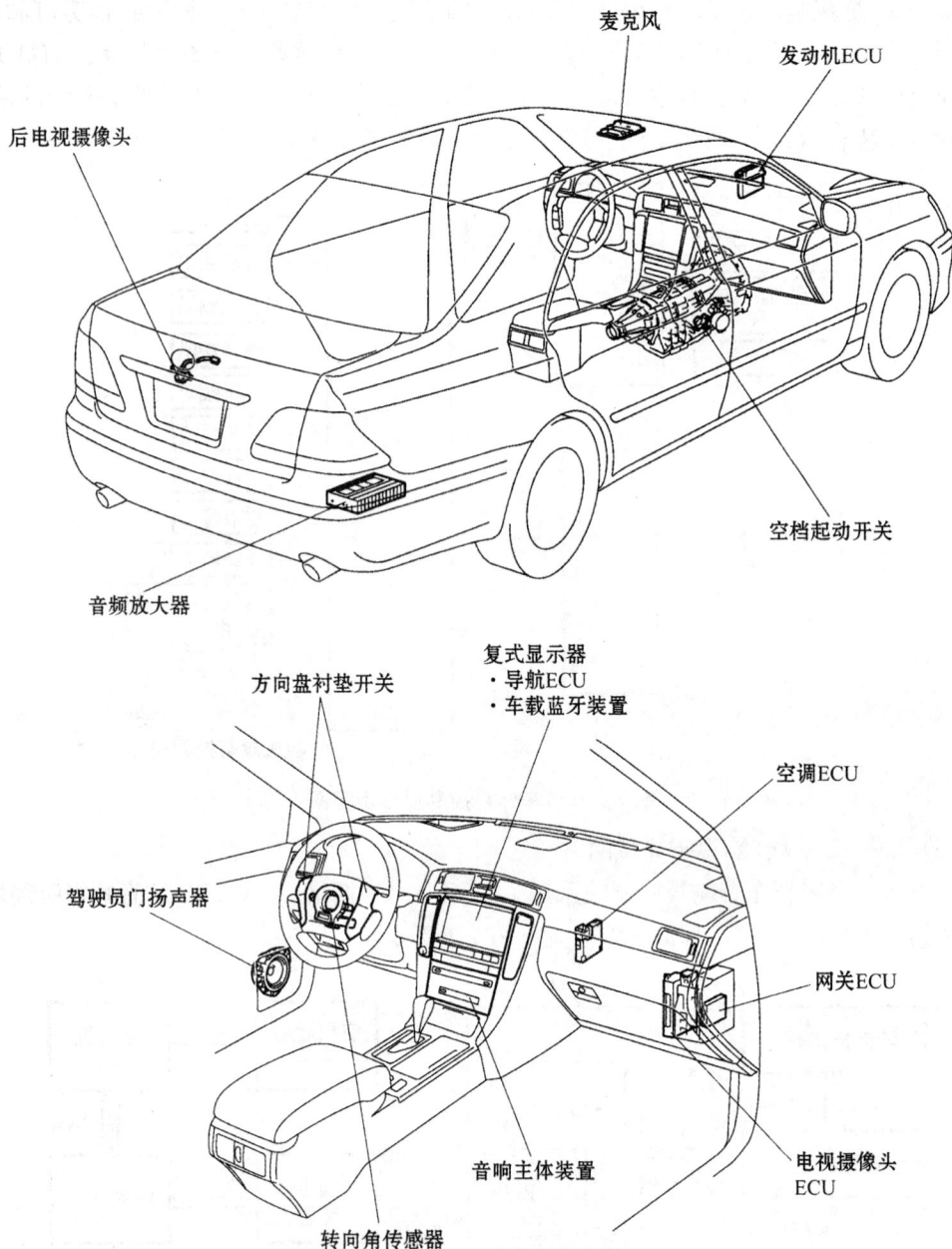

图 7-1-28　AVC-LAN 音响视听局域网络部件安装位置

3）丰田凯美瑞轿车多路传输系统

丰田凯美瑞使用通信速度不同的两种 CAN：HS-CAN(500 Kbit/s)和 MS-CAN(250 Kbit/s)组成多路传输系统。

HS-CAN 置于发动机 ECU 和仪表(前 LH)中。由 1 号 CAN 总线和 2 号 CAN 总线组成。1 号 CAN 总线的终接电阻器置于 ECU 中，2 号 CAN 总线的终接电阻器置于 CAN 网关 ECU 和接线器。MS-CAN 由 MS 总线组成。MS 总线的终接电阻器置于主体 ECU 智能进入和启动系统的车型，终接电阻器置于接线器 RH Ⅱ中。

带有网关功能的 ECU 用于 1 号 CAN 总线和 2 总线之间的数据传输,主体 ECU 用于 1 号 CAN 总线和 MS CAN。

系统结构图如图 7-1-29 所示。

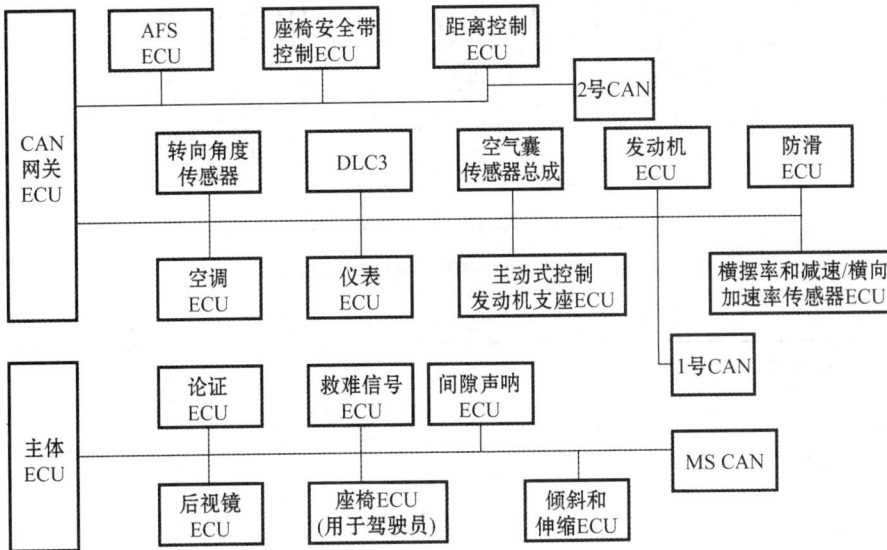

图 7-1-29 凯美瑞多路传输系统结构图

2. 日产车系车载网络系统

1)日产车载网络概述

日产车系随着汽车上的用电设备越来越多,布设的线束也越来越复杂,为减少线束数目,实现数据共享,在日产车中使用了两种不同的多路传输系统。一种是早期使用的 IVMS-LAN(车载多重通信系统-局域网),另一种是目前使用的 CAN-BUS(控制器局域网络)。这两种网络有很大的不同,IVMS 通过一个 BCM 车身控制模块控制每个分单元,而 CAN 系统负责各个 ECM 之间的通信。两种网络拓扑结构见图 7-1-30 和图 7-1-31,两种网络的区别见表 7-1-10。

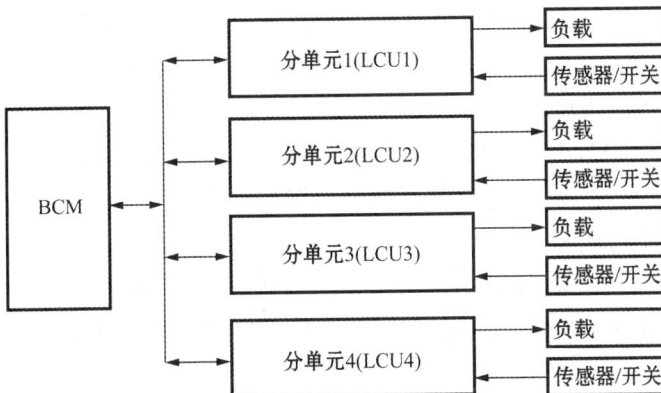

图 7-1-30 IVMS 网络拓扑结构

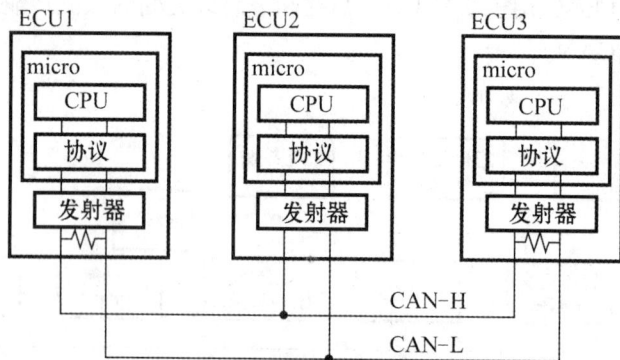

图 7-1-31　CAN-BUS 网络拓扑结构

表 7-1-10　IVMS 网络和 CAN-BUS 网络的区别

网络类型	项　目	规定值
IVMS	通信介质	AV 单线
	通信速率	27.8 Kbit/s
	通信代码	PWM
	通信方式	电压传输
CAN	通信介质	双绞线
	通信速率	500 Kbit/s
	通信代码	NRZ
	通信方式	电流传输

（1）IVMS-LAN（车载多重通信系统-局域网）。

设计 LAN 系统就在于使其控制单元可以位于车辆的某个位置，这样车身电气负载就可以进行整体布置，以便通过多重通信电路将线路从端子到端子进行连接。通信单元中增加了各种不同的控制功能，从而提供了更加有效的信息控制交换，减少了线束电路并允许不同的控制单元进行合并。

IVMS-LAN 系统由一个 BCM 车身控制模块和几个 LCU 局部控制单元构成，BCM 和LCU 上都连接有一些开关和负载。图 7-1-32 为采用 IVMS-LAN 作为通信的日产 A32 的车身电气控制系统示意图。

① BCM 车身控制模块：

BCM 是 IVMS-LAN 系统中的主控制单元，由微处理器内存和通信 LSI 部分组成。它接收来自 LCU 的数据信号并向它们发送电气负载数据信号。

② LCU 局部控制单元：

LCU 是 LAN 系统的辅助控制单元，由通信 LSI 和输入-输出接口电路组成。它接收来自 BCM 的数据信号，控制电气负载的 ON/OFF 操作以及休眠/唤醒操作，并且还向 BCM 发送开关信号。

（2）CAN-BUS（控制器局域网络）。

CAN 控制器局域网络是由 BOSCH 公司开发的串行通信协议，用于汽车内部系统之间的通信，具有高速和抗干扰能力的通信协议，符合 ISO11898 国际标准。

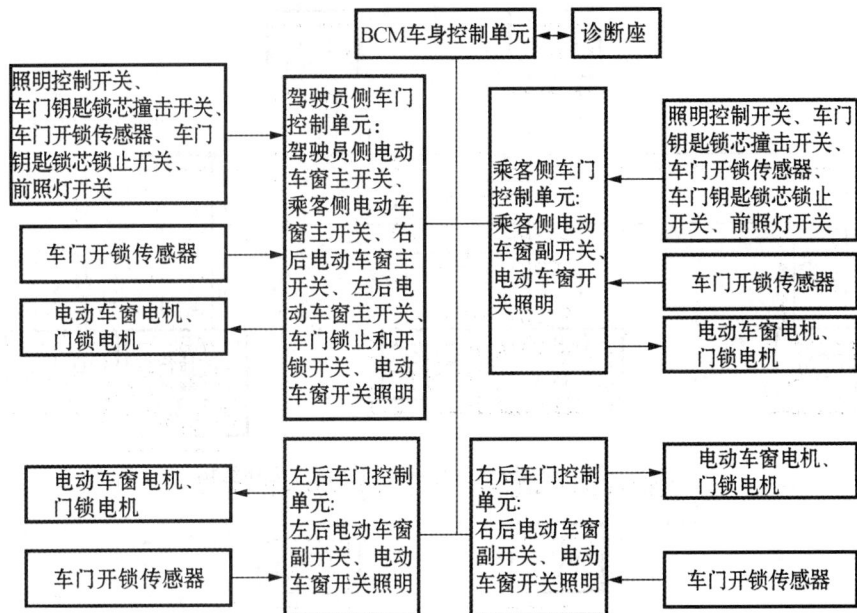

图 7-1-32 日产 A32 的车身电气控制系统示意图

日产车采用传输位速率为 500Kb/s 的高速 CAN 在车辆的各个控制系统间相互进行通信,其控制方式与原来的旧系统有很大区别,下面以水温表的控制方法为例说明 CAN 系统的控制原理。

如图 7-1-33 所示,CAN 线将 ECM、TCM、组合仪表等控制单元连接在一起。

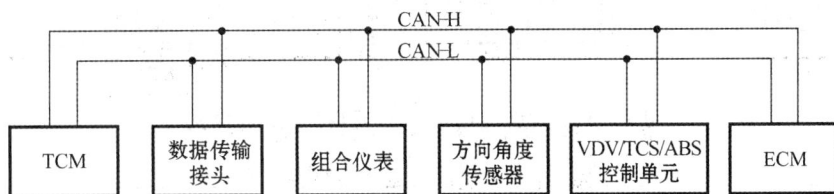

图 7-1-33 典型日产 CAN-BUS 网络

水温表的旧的控制方法,组合仪表通过专线与水温传感器连接在一起,直接读取水温传感器的信号从而驱动水温表的指示。

使用 CAN 系统的水温表的控制方法,ECM 读取水温传感器的信号,再通过 CAN 通信线向组合仪表控制单元发出水温信号,仪表控制单元 CAN 信号转换成 PWM 信号并且输出到水温表以显示水温。

2) 日产车系的车载网络系统分类

日产车系各型号根据车辆的不同配置应用了多种车载网络类型。不同类型车载网络只是连接的控制单元数量不同,如图 7-1-34 和图 7-1-35 所示为类型一与类型二的车载网络结构。

(1) 天籁 CAN-BUS 网络配置。

天籁轿车根据车辆的配置不同使用了 10 种 CAN 系统类型,如表 7-1-11 所示。

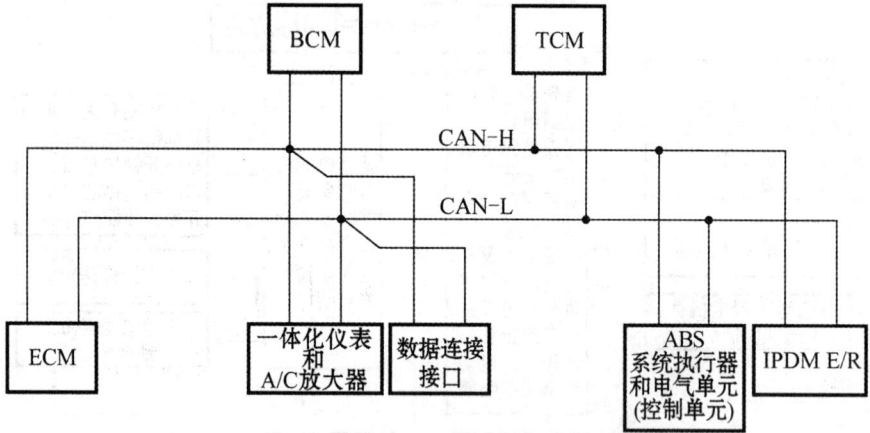

图 7-1-34　类型一 CAN-BUS 网络系统拓扑结构

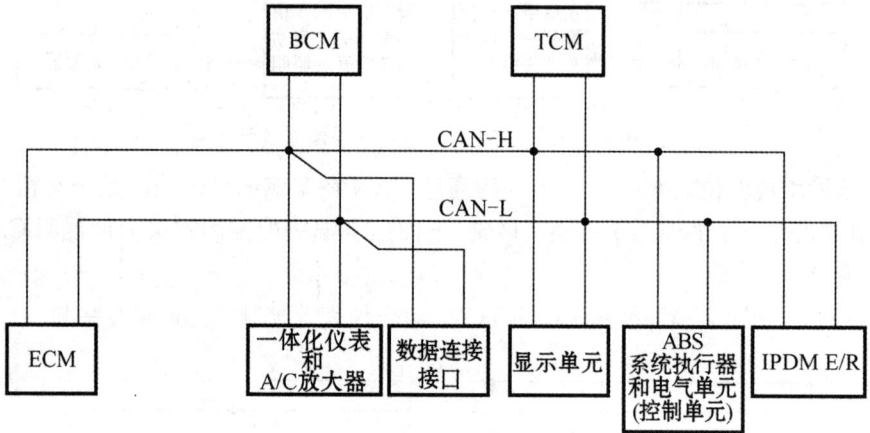

图 7-1-35　类型二 CAN-BUS 网络系统拓扑结构

表 7-1-11　天籁轿车 CAN 系统类型

车身类型	轿车									
车桥	2WD									
发动机	VQ23DE/VQ35DE									
变速器	A/T									
制动控制	ABS					VDC				
自动驾驶定位器					×					×
智能钥匙系统			×	×	×			×	×	×
集成显示系统		×		×			×		×	
导航系统					×					×
CAN 系统类型	1	2	3	4	5	6	7	8	9	10

×:配置

216　汽车车载网络系统检修一体化项目教程

笔记

(2) 骐达/颐达轿车 CAN-BUS 网络配置。

骐达/颐达轿车根据车辆的配置不同使用了 3 种 CAN 系统类型，如表 7-1-12 所示。

表 7-1-12 骐达/颐达轿车 CAN 系统类型表

车身类型	轿车	
车桥	2WD	
发动机	HR16DE	
变速器	M/T	A/T
制动控制	ABS	
智能钥匙系统		有
CAN 系统类型	1	2	3

×：装备

(3) 日产骏逸 CAN 网络配置。

日产骏逸根据配置不同装备有 5 种 CAN 通信网络系统，如表 7-1-13 所示。

表 7-1-13 骏逸 CAN 网络类型

车身类型	旅行车	
车桥	2WD	
发动机	MR18DE	
变速器	M/T	A/T
制动控制	ABS	
智能钥匙系统		×
CAN 系统类型	1	2	3

×：装备

(4) 日产骊威 CAN 通信网络配置。

日产骊威根据配置不同装备有 3 种 CAN 通信网络系统，如表 7-1-14 所示。

表 7-1-14 骊威 CAN 网络配置

车身类型	旅行车			
车桥	2WD			
发动机	MR18DE		HR16DE	
变速器	M/T	A/T	M/T	A/T
制动控制	ABS			×
智能钥匙系统				
CAN 系统类型	1	2	3	8	9

×：装备

笔记

>>>>

(5) 日产轩逸 CAN 通信网络配置。

日产轩逸根据配置不同装备有 9 种 CAN 通信网络系统,如表 7-1-15 所示。

表 7-1-15　轩逸 CAN 类型

车身类型	轿车								
车桥	2WD								
发动机	HR16DE				MR20DE				
变速器	A/T				CVT				
制动控制	ABS								
主动 AFS	×		×	×		×	×		×
智能钥匙系统		×	×	×	×		×	×	×
驾驶位置自动调整装置								×	×
CAN 系统类型	1	2	3	4	5	6	7	8	9

×:装备

日产车控制单元缩写见表 7-1-16。

表 7-1-16　控制单元缩写

缩略语	单元名称	选择系统(CONSULT-Ⅱ诊断仪)
ABS	ABS 执行器和电气单元(控制单元)	ABS
ADP	驾驶员座椅控制单元	AUTO DRIVE POS
AFS	AFS 控制单元	ADAPTIVE LIGHT
BCM	BCM	BCM
DLC	数据接口	—
ECM	ECM	ENGINE
EPS	EPS 控制单元	EPS
I-KEY	智能钥匙单元	INTELLIGENT KEY
IPDM-E	IPDM E/R	IPDM E/R
M&A	组合仪表	METER
STRG	转向角传感器	—
TCM	TCM	A/T TRANSMISSION

3) CAN 网络信号

在 CAN 网络中每个控制单元都能够传输/接收数据,实现数据共享。如表 7-1-17 列出了 CAN 网络输入/输出信号。

表 7-1-17 CAN 网络输入/输出信号　　　　　　T:发送　R:接收

信　号	ECM	驾驶员座椅控制单元	智能钥匙单元	一体化仪表和A/C放大器	转向角度传感器	BCM	显示单元	显示控制单元	TCM	ABS控制单元	IPDM E/R
自动变速器自诊断信号	R								T		
输出档位运转信号	R								T		
A/C 开关信号	R					T					
鼓风机电机开关信号	R					T					
冷却风扇速度信号	R										T
近光灯状态信号	R										T
远光灯状态信号	R										T
3 号位置开关信号				T					R		
发动机和自动变速器集成控制信号	T								R		
	R								T		
节气门关闭位置信号	T								R		
节气门全开位置信号	T								R		
制动灯开关信号				T					R		
转向角度传感器信号					T					R	
加速踏板位置信号	T									R	
发动机速度信号	T			R						R	
发动机冷却液温度信号	T			R							
A/C 压缩机反馈信号	T			R							
A/C 开关/指示器信号				R			T	T			
				T			R	R			
燃油消耗监测信号	T			R			R	R			
车速信号	R			R						T	
	R	R	R	T		R					
车门开关信号		R	R	R		T					R
							R				T
油压开关信号					R		T				
蜂鸣器输出信号				R		T					
			T	R							
转向指示灯信号				R		T					

笔记

笔记

信　号	ECM	驾驶员座椅控制单元	智能钥匙单元	一体化仪表和A/C放大器	转向角度传感器	BCM	显示单元	显示控制单元	TCM	ABS控制单元	IPDM E/R
ASCD 设置指示信号	T			R							
ASCD CRUISE 指示信号	T			R							
故障指示灯信号	T			R							
自动变速器检查指示灯信号				R					T		
自动变速器位置指示灯信号		R *		R					T		
ABS 系统警告灯信号				R						T	
VDC OFF 指示灯信号				R						T	
SLIP 指示灯				R						T	
ABS 系统警告灯信号				R						T	
钥匙警报信号			T	R							
A/C 压缩机请求信号	T										R
前雾灯请求信号				R		T					R
后雾灯状态信号				R		T					
航位灯请求信号				R		T					R
近光灯请求信号						T					R
远光灯请求信号				R		T					R
点火开关信号		R				T					R
前刮水器请求信号						T					R
前刮水器停止位置信号						R					T
后窗除雾器开关信号						T					R
后窗除雾器控制信号	R					R	R	R			T
起动电机允许信号			T			R					
危险警告灯请求信号			T			R					
点火旋钮开关信号			T			R					
车门锁/开/行李箱打开请求信号			T			R					

续 表

信 号	ECM	驾驶员座椅控制单元	智能钥匙单元	一体化仪表和A/C放大器	转向角度传感器	BCM	显示单元	显示控制单元	TCM	ABS控制单元	IPDM E/R
车门锁/开状态信号			R			T					
休眠唤醒信号			R	R		T					R
			T			R					
低燃油液位警报信号				T			R	R			
燃油耗尽距离(DTE)				T			R	R			
钥匙开关信号	R					T					
遥控钥匙身份识别信号	R					T					
遥控钥匙车门开锁信号	R					T					

3. 本田车载网络系统

1) 2003 款广州本田雅阁轿车多路传输系统

(1) 多路传输系统结构。

2003 款本田雅阁轿车采用的多路集中控制系统 MICS(Multiplex Integrated Control System),由车身控制器局域网 B-CAN(Bodv Controller Area Network)和快速控制器局域网 F-CAN(Fast Controller Area Network)组成。

B-CAN 通信以单线进行数据传输,传输速率为 33.3 Kbps,适用于对通信速度要求不高的舒适控制系统。F-CAN 以双绞线进行数据传输,传输速率为 500 Kbps,适用于一些对"实时性"要求高的控制系统。另外还有应用了传输速率为 10.4 Kbps 的 K-LIN 作为诊断总线。仪表控制模块为多路传输系统网关。控制模块安装位置见图 7-1-36,系统拓扑结构见图 7-1-37。

(2) 多路传输控制原理。

一个 ECU 监视一个信号输入,然后通过通信回路发送信息,使用该信息的 ECU 均为接收者。例如,组合开关控制装置监视着刮水器开关,当刮水开关被置于低速档位置时,组合开关控制装置会将此信息发送至通信回路,继电器控制模块接收到该信息后,为刮水器电机低速档继电器搭铁,以接通刮水器低速档电路。控制电路如图 7-1-38 所示。

(3) B-CAN 系统控制原理。

B-CAN 系统组成如图 7-1-39,各控制单元的输入/输出信号见表 7-1-18,B-CAN 系统电路图见图 7-1-40。

(4) 故障诊断代码。

多路传输系统使用三种类型的故障代码 DTC。如表 7-1-19。

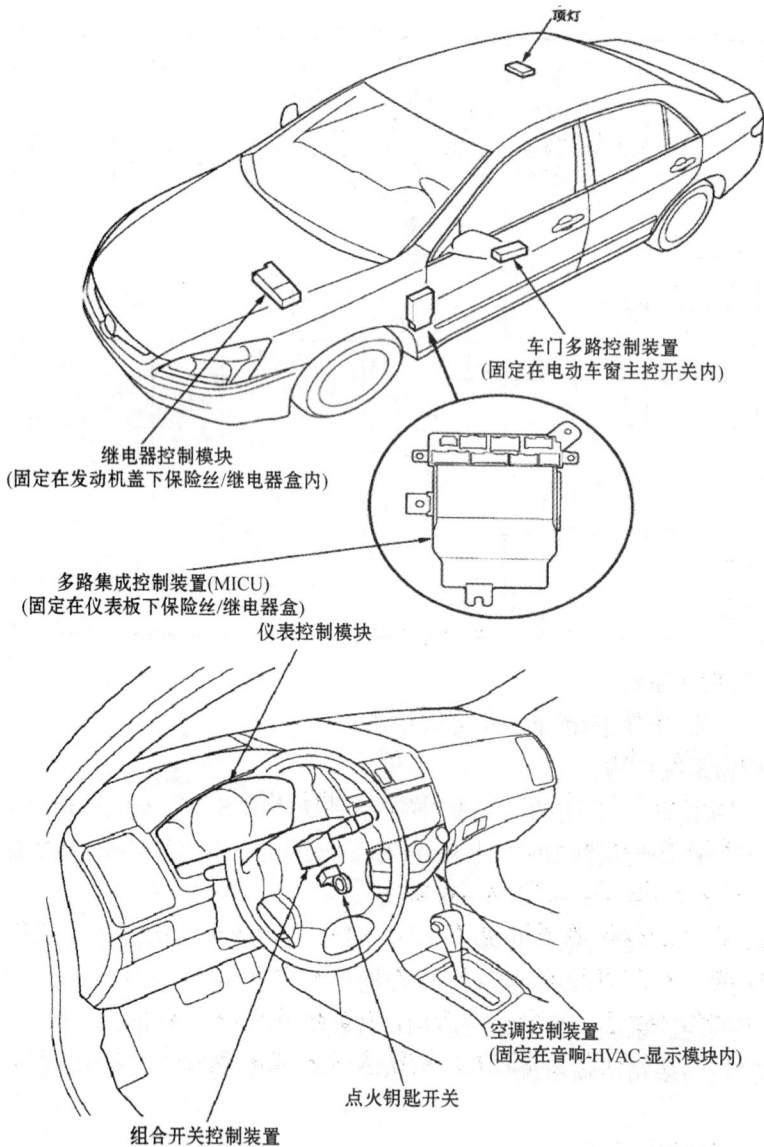

图 7-1-36　多路传输系统控制模块安装位置

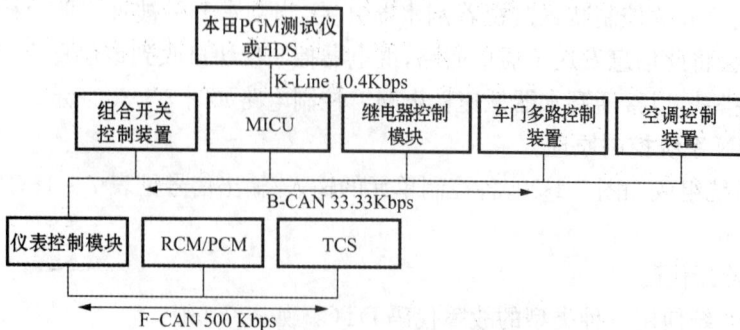

图 7-1-37　2003 款本田雅阁多路传输系统拓扑结构

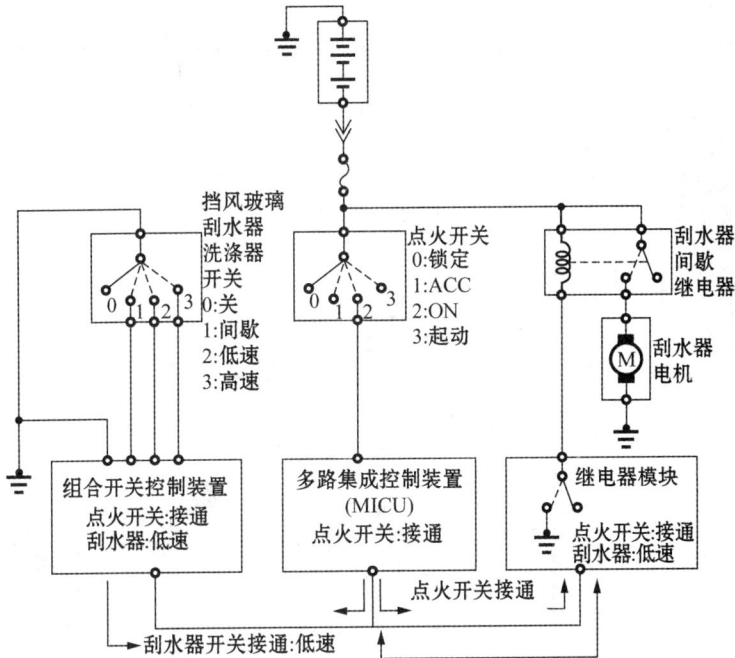

图 7-1-38　刮水器电机控制电路

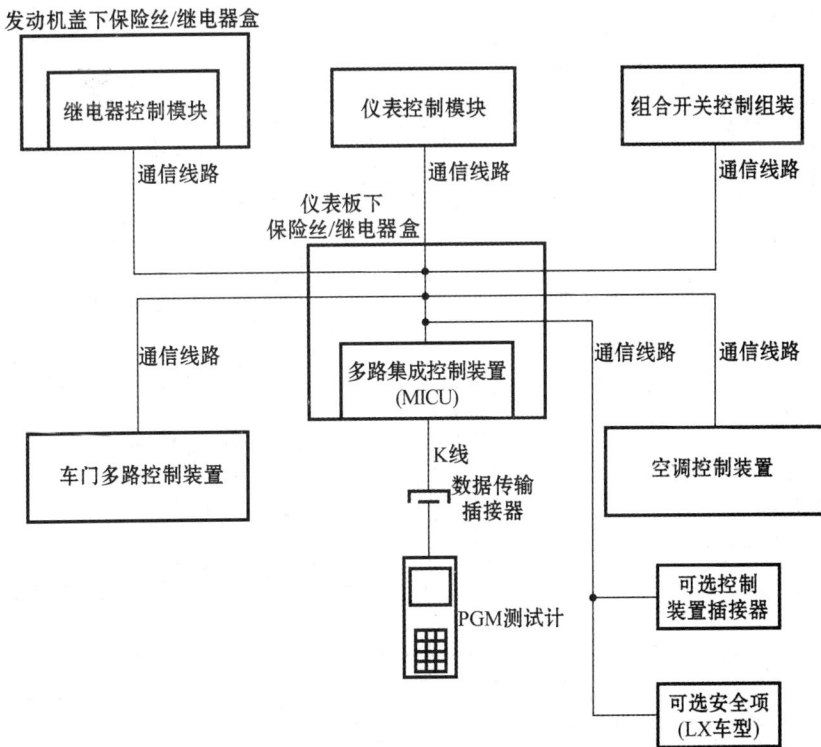

图 7-1-39　B-CAN 系统组成结构

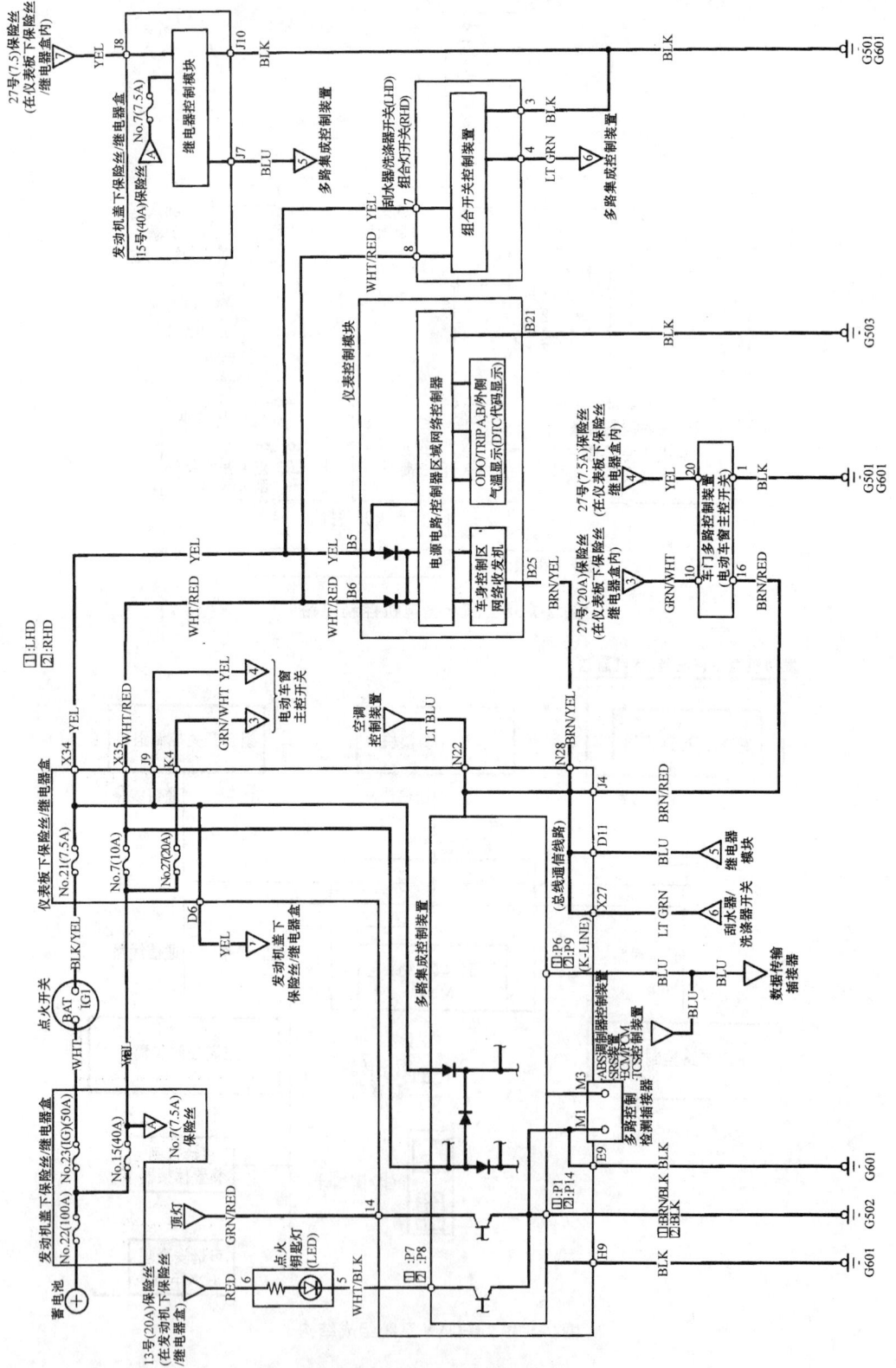

图 7-1-40　B-CAN 系统电路图

表 7-1-18　B-CAN 各控制单元的输入/输出信号

控制模块	输入信号	输出信号/控制设备
组合开关控制模块	变光开关、照明开关、超车关开、转向灯开关、刮水器/洗涤开关、间歇性停止时间控制器	数据传输
继电器控制模块	A/C 压力开关、温度控制开关、发动机盖开关、喇叭开关、挡风玻璃刮水器电机	前置灯、驻车灯、喇叭、挡风玻璃洗涤器电机、挡风玻璃刮水器电机
车门多路控制装置	驾驶员侧车门锁芯开关(锁止/开锁)、驾驶员侧车门锁钮开关、驾驶员侧车门锁开关、乘员侧电动车窗开关(上/下)、驾驶员侧车门电动车窗开关(上/下/自动升起/自动降下)、驾驶员侧车门电动车窗电机脉冲发生器	驾驶员侧车门电动车窗电机、乘员侧电动车窗开关、电动车窗继电器控制
多路集成控制装置	音响装置安全接地、制动踏板位置开关、车门开关、点火锁芯开关、驻车锁开关(自动变速器)、乘员侧车门锁钮开关(开锁)、乘员侧车门门锁开关、电动车窗电机、座椅垫安全带开关、变速器档位开关(P、R 档位)、行李箱锁开关、行李箱锁芯开关	车门锁全作动器、危险报警灯、内部照明灯、点火钥匙灯、钥匙联锁电磁线圈、行李箱锁作动器、转向指示灯、顶窗继电器、油箱盖开启器电磁线圈、门控灯
仪表控制模块	仪表板灯光高度控制器、发动机机油压力开关、驻车制动开关、制动液液位开关、燃油液位传感器、选择/复位开关	仪表板照明灯、燃油表、仪表灯、指示灯、LED、车速表、转速表、ECT 表、报警蜂鸣器、里程表/外部温度显示
空调控制模块	蒸发温度传感器、车内温度传感器、外部温度传感器、日光传感器、空气混合电机位置、模式电机位置、鼓风机电机控制反馈	空气混合电机、鼓风机电机晶体管、模式控制电机、后窗除雾继电器、空调器请求、循环电机

表 7-1-19　多路传输系统的故障代码类型

内部错误 DTC	各 ECU 执行内部检查,如果其中一个发现内部 ECU 问题,则它会提出一个内部错误 DTC,指示该 ECU 需要更换
失去通信 DTC	在 ECU 之间的通信出现问题时提出,问题可能出在、导线或 ECU 本身上
信号错误 DTC	各 ECU 对某些输入回路执行诊断测试,以确定此回路功能是否正常(有无断路/短路)。如果有一个回路未通过测试,则会设置一个 DTC

➤　网络"失去通信"错误检查:

B-CAN 和 F-CAN 系统使用信息来检查网络通信回路的完整性,其方法是:在一特定事件后发送一条特定信息,如点火开关切换至 ON 位置,当事件发生后,通信回路上的所有 ECU 均等待在一规定的时间内从某个特定装置收到一条信息,如果未收到信息,则 ECU 会发送一个 DTC,以报告它没有收到该信息。

➤　例如下列几种情况:

正常回路:点火开关置于 ON,车门多路控制装置发送一条车门锁开关信息,MICU、继电器模块和仪表控制模块收到车门锁开关信号,则通信回路测试通过。由于所有期待信息的 ECU 均收到了车门锁开关信息,所以这些装置间的通信回路被判定为功能正常。

故障回路:点火开关置于 ON,车门多路控制装置发送一条车门锁开关信息,MICU、继电器模块和仪表控制模块均期待收到车门锁开关信号,但由于通信回路有一处为开,所以没能收到信息。每一个期待从车门多路控制装置收到车门锁开关信号的 ECU 将由于没有收到信息而产生 DTC。

如图 7-1-41 所示。由于通信回路存在断路,门锁开关信息无法被仪表控制模块、MICU 和继电器控制模块收到,这些装置均会发送"失去通信"故障代码。在通信电路测试过程中,与网络失去联系的装置,通常会发送多条信息,因而可能存在多个通信 DTC。

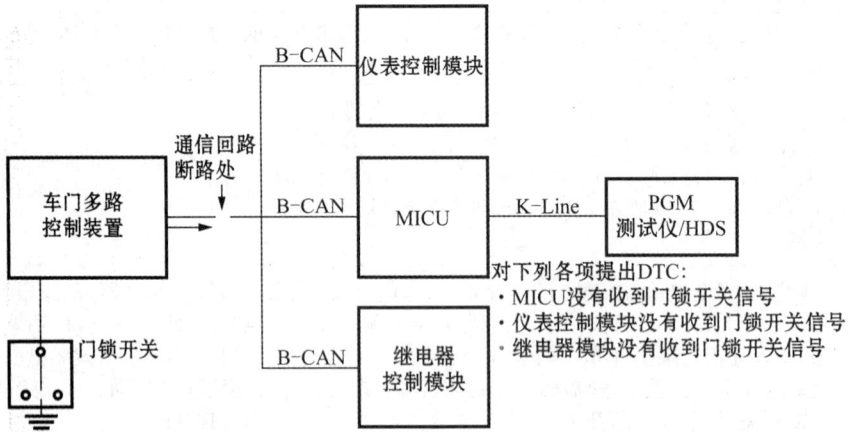

图 7-1-41 通信回路存在断路故障示意图

2) 2008 广州本田飞度/2009 新思迪多路传输系统

2008FIT 和 2009 新思迪的多路传输系统结构一样,增加了 CAN 系统,减少了线束,提高了 ECM/PCM 间通信系统的可靠性,可进行细致的控制。多路传输系统采用了 F-CAN 和 B-CAN 两个总线,快速控制器区域网络(F-CAN)和车身控制器区域网络(B-CAN)能够共享多个电子控制装置(ECU)间的信息。仪表控制模块是多路传输系统的网关,负责在 B-CAN 与 F-CAN 间进行数据转换。

B-CAN 通信以单线进行数据传输,传输速率为 33.3 Kbps,应用于对通信速度要求不高的舒适控制系统。F-CAN 以双绞线进行数据传输,传输速率为 500 Kbps,应用于对"实时性"要求高的动力、转向等控制系统。另外还应用了传输速率为 10.4 Kbps 的 K-LIN 作为诊断总线。仪表控制模块为多路传输系统网关。系统拓扑结构见图 7-1-42。

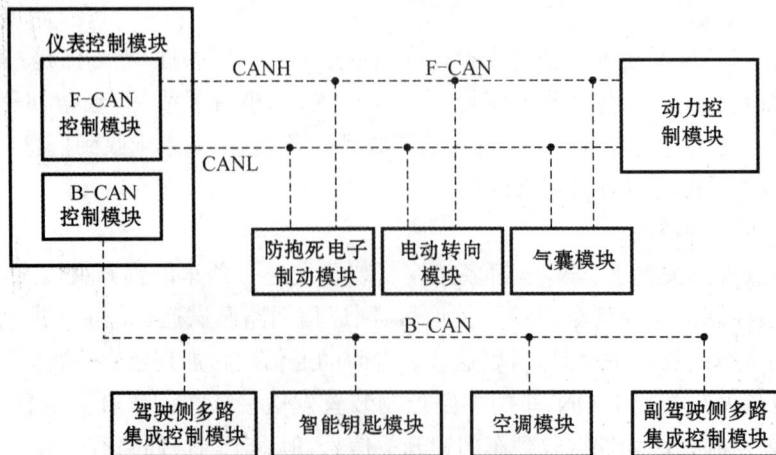

图 7-1-42 2008 广州本田飞度/2009 新思迪多路传输系统结构图

笔记

3) 2008 雅阁/2009 奥德赛多路传输系统

2008 雅阁/2009 奥德赛多路传输系统使用了 B-CAN、F-CAN 和 LIN-BUS 组成网络。另外还应用了传输速率为 10.4 Kb/s 的 K-LIN 作为诊断总线。仪表控制模块是多路传输系统的网关,负责在 B-CAN 与 F-CAN 间进行数据转换。系统拓扑结构见图 7-1-43。

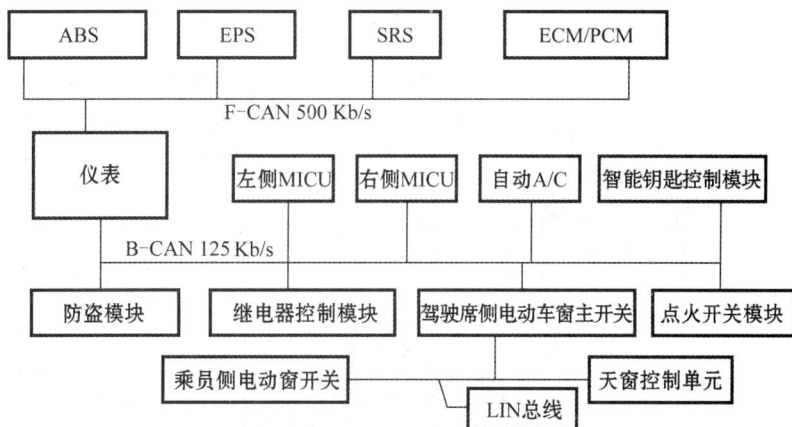

图 7-1-43　2008 雅阁/2009 奥德赛多路传输系统拓扑结构

F-CAN 与以前一样,以双绞线进行数据传输,传输速率为 500 Kb/s,应用于一些对"实时性"要求高的控制系统,如发动机控制模块、变速器控制模块、电控制动模块。

为了保持系统响应速度和提高通信余量,B-CAN 总线采用双绞线作为数据通信线,具有防干扰功能,通信速率提高为 125 Kb/s。B-CAN 系统中应用了两个多路集成控制单元 MICS,驾驶席侧 MICS 为主机,用来控制驾驶席侧的车外灯、门锁、车内灯、刮水器系统,刮水器开关信号直接连接到 MICS 不再使用串行数据;乘员侧 MICS 控制右侧车外灯和门锁,该 MICS 为子机,根据驾驶席侧 MICS 送来的串行数据进行控制。

LIN 总线连接着驾驶侧电动窗主开关、乘员侧电动窗开关和天窗控制单元。可以传输乘员侧车外后视镜的控制信号和电动窗与顶窗的便捷控制功能,如果损坏,则右侧后视镜无法控制,电动窗与顶窗也无法使用便捷控制(用钥匙或遥控激活打开或关闭)。

三、制订检修计划

制订日本车系车载网络系统故障检修计划如表 7-1-20 所示。

表 7-1-20　日本车系车载网络系统故障检修计划

1. 收集日本车系车载网络系统相关信息,分析日本车系车载网络系统故障原因 2. 查阅车辆维修资料,制定日本车系车载网络系统检修流程 3. 通过使用故障诊断仪、万用表和示波器对日本车系车载网络系统进行各种检测,判断故障原因,并排除故障恢复正常性能		
1. 日本车系车载网络系统信息描述	丰田车多路传输系统的特点	
	本田车多路传输系统的特点	
	日产车多路传输系统的特点	
2. 日本车系车载网络系统故障现象描述		

续　表

3. 日本车系车载网络系统故障原因分析,画出鱼刺图				
4. 日本车系车载网络系统故障检修工作准备	相关维修资料			
	相关技术标准			
	相关检测工量具			
	相关维修、拆装工具			

5. 日本车系车载网络系统故障检修流程	步骤	项　目	内　容	检测结果	结　论
	1	故障诊断仪检测	1. 读取故障代码		
			2. 读取数据流		
			3. 主动功能测试		
	2	万用表检测	1. 系统模块供电电压和搭铁状况测量		
			2. 数据线导通性测量		
			3. 传输终端电阻测量		
	3	示波器检测	信号波形测量		

四、任务实施

日本车系车载网络系统故障检修任务如表 7-1-21 所示。

表 7-1-21　日本车系车载网络系统检修任务

本任务书分为两个内容,一是原理掌握,请结合自己学到的日本车系车载网络系统知识给出答案;二是检修能力掌握,根据任务书所示项目,给出自己的答案,应写明判断依据(有条件的情况下,最好能实车操作,使用各种检测设备对车辆进行检测、分析故障原因,修复故障恢复正常功能)

原理掌握		
序号	问　题	结　论
1	丰田车系使用了几种总线标准? 分别有什么特点?	
2	目前日产车系使用哪种总线标准? 有何特点?	
3	本田车系使用了哪些总线标准? 有可特点?	
4	丰田应用了几个 BEAN 总线? 分别控制哪些系统?	
5	丰田凯美瑞应用了什么总线标准? 其与丰田其他车型(如锐志)有何区别?	

检修能力掌握		
故障现象描述	故障原因分析	诊断步骤与判断依据
丰田锐志轿车按动左前车门处的电动窗主控开关,除左前车门车窗工作外,其他三个车车窗都不工作		

续　表

故障现象描述	故障原因分析	诊断步骤与判断依据
丰田锐志轿车,前座椅音响控制开关失控		
天籁轿车前置灯、小灯、变光、刮水器都失效		
03款本田雅阁轿车刮水器无间歇档控制功能		

五、检验评估

任务 7.1 的检验评估如表 7-1-22 所示。

表 7-1-22　检验评估

检验与评价内容	检验指标	权重	自评	互评	总评
检查任务完成情况	1. 能描述各车系车载网络系统的组成和工作原理	8			
	2. 能完成任务书布置内容				
职业素养	1. 学习态度:积极主动参与学习	2			
	2. 团队合作:与小组成员一起分工合作,不影响学习进度				
	3. 现场管理:服从工位安排、执行实训室"5S"管理规定				

笔记

任务 7.2　欧美车系车载网络系统检修

任务描述	本任务学习欧美车系车载网络系统检修。通过使用万用表、示波器、故障诊断仪等工量具，对宝马、奔驰、别克等车辆进行各种测量分析，排除故障等操作。使学员对欧美车系车载网络系统的组成特点、网络在各系统功能控制中起到的作用等都有较深的了解，能对车载网络系统引起的各种故障作出正确判断，并具备检修能力
任务目标	1. 了解欧美各车系车载网络系统的组成结构和特点 2. 对车载网络系统在各系统的控制功能中起到的作用有深刻认识，能区别是由于普通线路故障引起还是由于车载网络故障引起的控制功能故障 3. 能使用各种工量具对车载网络系统进行各种测量，并能对测量结果进行分析判断 4. 能使用故障诊断仪对欧美车系车载网络系统进行读取故障代码、数据流分析、主动功能测试等操作 5. 能排除欧美车系车载网络系统故障，恢复正常性能

一、维修接待

按照表 7-2-1 完成待修车辆的维修接待，并准确填写车载网络诊断接车问诊表。

表 7-2-1　车载网络诊断接车问诊表

车载网络接车问诊表

车牌号：＿＿＿＿　车型：＿＿＿＿　车架号：＿＿＿＿　行驶里程：＿＿＿＿（km）
用户名：＿＿＿＿　电话：＿＿＿＿　来店时间：＿＿/＿＿

车载网络类型：
故障症状（与客户交谈的结果）：

　一辆 02 款老君威组合仪表出现转速表、水温表、档位显示等不工作的故障现象

接车员：＿＿＿＿

车间症状确认（技师对故障进行验证）：

　转速表、水温表、档位显示都不工作，初步判断为组合仪表 Class-2 串行数据链路通信故障。

维修技师：＿＿＿＿

检查结果和所需更换维修项目：

接车员：＿＿＿＿　　　维修技师：＿＿＿＿　　　客户确认：＿＿＿＿

二、信息收集

1. 宝马车系车载网络系统

宝马汽车车系采用的车载网络由 K-CAN P、K-CAN S、MOST、Byteflight、PT-CAN 5 个主总线传输网络和 D-BUS(诊断总线);加上各种子总线网络共同组成。

1) 2001 宝马 7 系 E65/E66 底盘车载网络系统

(1) 车载网络系统结构。

2001 年,宝马推出了第 4 代 7 系,车厂代号为 E65/E66。全车采用的总线传输网络包括 K-CAN P、K-CAN S、MOST、Byteflight、PT-CAN 5 个主总线;D-BUS(诊断总线);3 个网关模块;以及发动机 LoCAN(从 DME 连接到电子气门控制的控制单元)、电话控制器 CAN、马达总线(空调器马达总线)、TAGE K 总线(车门外拉手电子装置的车身总线)、驾驶员侧车门 K 总线(驾驶员侧车门开关组车身总线)、DWA K 总线(防盗报警装置车身总线)日本 I 总线(日本仪表总线)、BSD 接口(串行数据接口)8 个子总线。该网络共连接 55 个电脑或控制单元,涵盖全车的控制系统,车载网络拓扑结构图见图 7-2-1。控制模块简称说明见表 7-2-2～表 7-2-6。

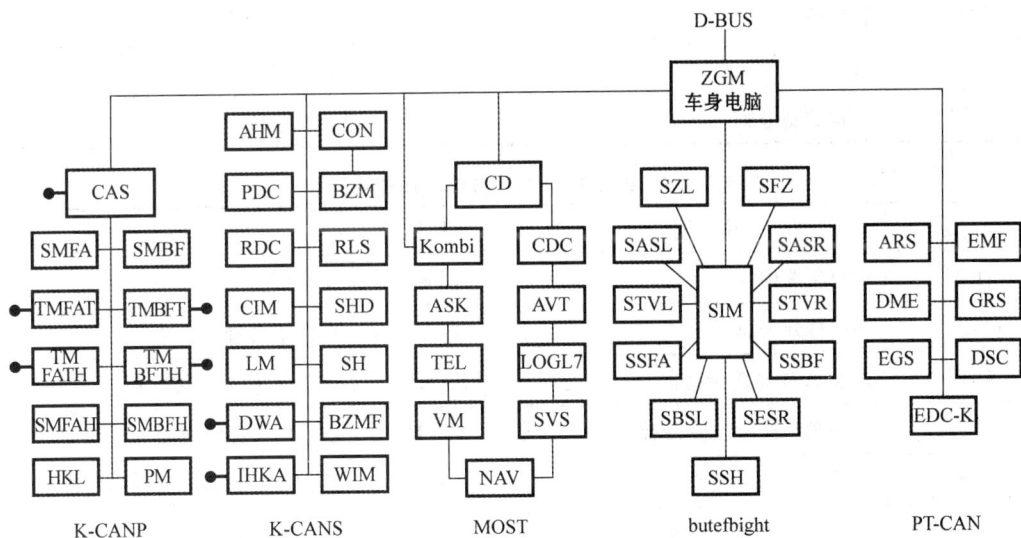

图 7-2-1　2001 宝马 7 系网络拓扑结构

表 7-2-2　K-CAN P 总线控制模块简称说明

简　称	说　明	简　称	说　明
CAS	汽车进入系统	SMFAH	驾驶侧后座椅电脑
SMFA	驾驶侧座椅电脑	HKL	行李箱盖升起控制电脑
SMBF	乘客侧座椅电脑	TMBFTH	右后车门电脑
TMBFT	右前车门电脑	SMBFH	后乘客侧座椅电脑
TMFAT	左前车门电脑	PM	电源电脑
TMFATH	左后车门电脑	ZGM	中央网关模块

表 7-2-3　K-CAN S 总线控制模块简称说明

简　称	说　明	简　称	说　明
AHM	拖车电脑	LM	灯光电脑
PDC	驻车距离控制系统	DWA	防盗报警系统
RDC	轮胎压力警告系统	IHKA	自动空调
CIM	底盘智能电脑	CON	控制按键
BZM	仪表板中控台操作中心	SH	驻车加热
BLS	雨水传感器	BZMF	后中控台操作中心
BLS	顶窗	BZMF	刮水器系统

表 7-2-4　MOST 总线控制模块简称说明

简　称	说　明	简　称	说　明
CD	CD	CDC	CD 转换器
KIMBI	仪表板	AVT	天线
ASK	音响控制	LIGIC	HIFI 放大器
TEL	电话	SVS	音量调节
VM	音量控制电脑	NAV	导航系统

表 7-2-5　Byteflight 总线控制模块简称说明

简　称	说　明	简　称	说　明
ZGM	中央网关模块	SIM	安全信息电脑
SZL	转向柱开关总成	SFZ	车辆中央碰撞传感器
SASL	左前 A 柱碰撞传感器	SASR	左前 A 柱碰撞传感器
STVL	驾驶侧座椅碰撞传感器	STVR	右前门碰撞传感器
SSFA	左前门碰撞传感器	SSBF	乘客侧座椅碰撞传感器
SBSL	左前 B 柱碰撞传感器	SBSR	左前 B 柱碰撞传感器
SSH	后座椅碰撞传感器		

表 7-2-6　PT-CAN 总线控制模块简称说明

简　称	说　明	简　称	说　明
ARS	动力驱动	EMF	驻车制动
DME	发动机电脑	GRS	GRS
EGS	自动变速器	DSC	动态稳定控制
EDC-K	电子减振控制系统	ZGM	中央网关模块

① K-CAN 总线(车身控制器区域网络):

K-CAN 总线采用低速 CAN 总线,传输位速率为 100 Kbps,应用双绞线进行数据传输,具有单线运行功能。K-CAN 总线替代了 K 总线(车身总线自 1992 年 9 月以来系列生产),它被划分为两个区域,分别为 K-CAN P(K-CAN 外围总线)和 K-CAN S(K-CAN 系统总线)。主要连接着全车 25 个车身附件的电控单元,如空调控制单元、灯光控制单元等。其主要特点为电磁兼容性好,能高速传输数据,可靠性高,采用树形结构分布。

② PT-CAN 总线(动力传动系 CAN):

PT-CAN 总线采用高速 CAN-BUS,传输位速率为 500 Kbps,应用双绞线进行数据传输不具备单线传输功能。PT-CAN 总线应用在动力和底盘上,主要连接着全车 7 个动力和安全系统的电控单元,如发动机控制单元、ABS 控制单元等。其主要特点为高速通信,数据实时性高,采用树形结构分布。

③ MOST 总线(多媒体传输系统总线):

MOST 总线是应用在信息与通信上的光纤网络,主要连接着全车 10 个娱乐系统的电控单元,如 CD、收音机等控制单元。其主要特点为分离传送与接收,能进行连续数字信号传输(音频和视频数据),能实时传输数据,最高速率为 22.5 Mb/s,采用环形结构分布。

④ Byteflight 总线(BMW 安全总线系统):

Byteflight 总线是应用在智能安全和集成系统上的光纤网络,主要连接着全车安全系统的 12 个电控单元,如左侧 A 柱卫星控制单元、安全信息模块等控制单元。其主要特点为可靠性高,网络的任一个电脑工作不良,都不会影响到其他电脑的正常通信;分离传送与接收;高速数据传输,最高速率为 10 Mb/s;采用星形结构分布。

⑤ D-BUS(诊断总线):

D-BUS 传输位速率为 10.5/115 Kb/s,应用单铜线进行数据传输,连接着诊断座和 ZGM 中央网关模块,提供自诊断功能。

⑥ 车辆网关:

宝马 7 系车辆中装备有 3 个网关,分别为 ZGM 中央网关模块、CD 控制显示模块和 CAS 便捷进入及起动系统模块。网关的作用如下:

a. 实现高速和低速网络的数据转换。

b. 激活车辆的控制单元。

(2) 车载网络系统控制工作流程举例。

① 油泵的控制:

EKP 调节装置和发生碰撞事故时的引爆装置都是智能型全面安全系统 ISIS 的组件,燃油需要量由发动机电脑 DME 计算,通过 PT-CAN 动力总线传到网关电脑 ZGM,再通过 Byteflight 安全总线传递到安全气囊电脑 SIM,接着通过光纤传递给右侧 B 柱卫星式传感器 SBSR。EKP 调节装置集成在 SBSR 右侧的 B 柱卫星式传感器内,SBSR 通过一个 PWM 信号,根据发动机需要的燃油量来控制电动燃油泵,在 SBSR 中从 EKP 的耗电量测算出当前的泵轮转速,并由此推算出已输送的燃油量,根据 SBSR 内存储的供油特性线,确定 PWM 控制电压的大小,见图 7-2-2。

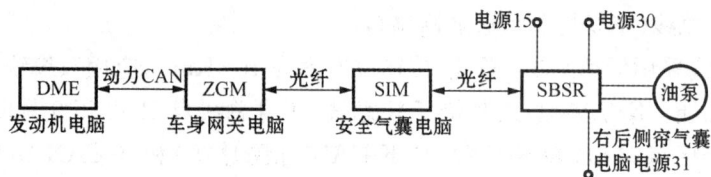

图 7-2-2　油泵的控制

② 座椅的控制：

座椅的控制见图 7-2-3，座椅控制开关 SBFA 把信号传递给仪表板中控台操作中心 BZM，通过 K-CAN S 总线传递到汽车进入系统 CAS，再通过 K-CAN P 总线传到乘客侧座椅电脑 SMFA，控制座椅的电动机工作。

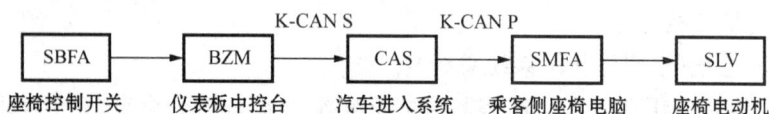

图 7-2-3　座椅的控制

③ 音量的控制：

音量的控制见图 7-2-4，音量开关 WVL 把信号传递到驻车距离控制系统 PDC，通过 K-CAN S 总线传递到 CD，再通过 MOST 总线传递到音响控制 ASK，以控制相应的音量发生改变。

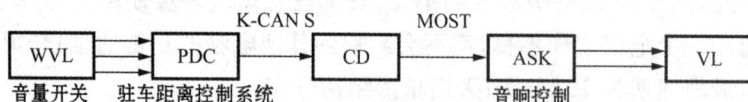

图 7-2-4　音量的控制

④ 刮水和清洗系统：

刮水和清洗系统控制结构框架见图 7-2-5，组成部件简称说明见表 7-2-7。转向柱开关中心 SZL 读取刮水开关 SWS 的信号判断刮水开关的当前档位，转向柱开关中心 SZL 通过 Byteflight 总线传到安全信息电脑 SIM，再通过 Byteflight 总线传到中央网关电脑 ZGM，然

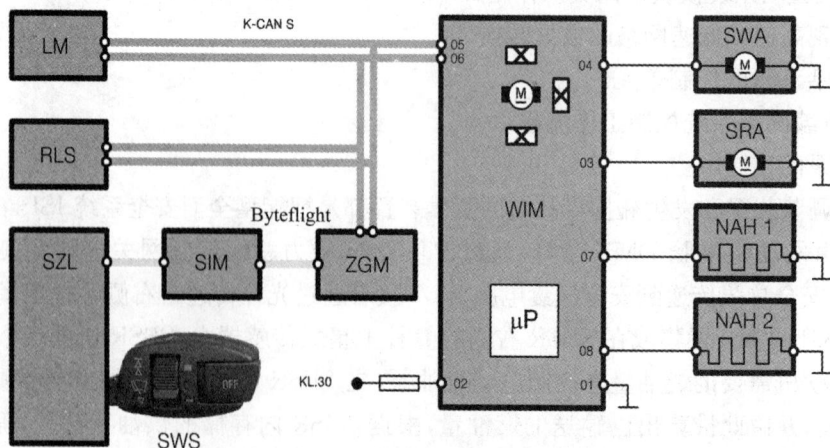

图 7-2-5　刮水和清洗系统控制原理图

后通过 K-CAN 系统总线将刮水器档位发送至刮水器模块 WIM。刮水器模块 WIM 得到刮水开关档位信息后,通过 K-CAN 系统总线读取晴雨/灯光传感器 RLS 和灯光模块 LM 的信号,结合刮水档位信息、灯光信息、车速信息和雨量信息综合控制车刮水马达和清洗装置的运转。

表 7-2-7　刮水和清洗系统部件简称说明

简　称	说　明	简　称	说　明
WIM	刮水器模块	SWS	刮水器开关
RLS	晴雨/灯光传感器	Kl. 30	总线端 Kl. 30
LM	灯光模块	SWA	车窗清洗装置
SZL	转向柱开关中心	SRA	大灯清洗装置
ZGM	中央网关模块	NAH 1	加热式清洗液导管左侧
K-CAN S	K-CAN 系统总线	NAH 2	加热式清洗液导管右侧
byteflight	Byteflight(BMW 安全总线系统)	SIM	安全信息模块
CAS	便捷进入及起动系统	PM	供电模块

⑤ 组合仪表:

在组合仪表的信号传输中,除了车外温度传感器、清洗液液位传感器、冷却液液位传感器、燃油箱传感器是通过普通导线连接到组合仪表上的外,发往组合仪表或由组合仪表发出的所有其他信息/请求信号都作为数据通过总线来传输,组合仪表连接到 K-CAN 系统总线和 MOST 总线上以便进行数据传输。组合仪表线路连接框架见图 7-2-6。

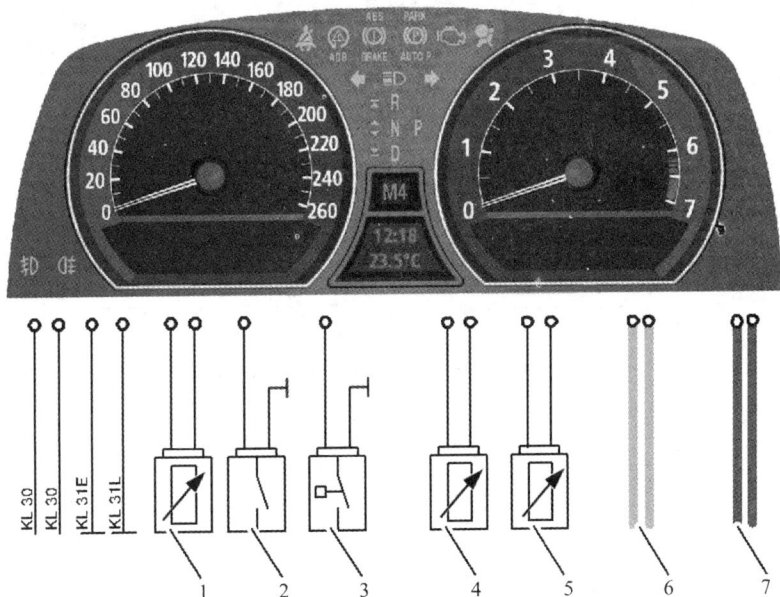

图 7-2-6　组合仪表线路连接示意图

1—车外温度传感器　2—清洗液液位传感器　3—冷却液液位传感器　4—左燃油箱传感器
5—右燃油箱传感器　6—K-CAN 系统总线　7—MOST 总线

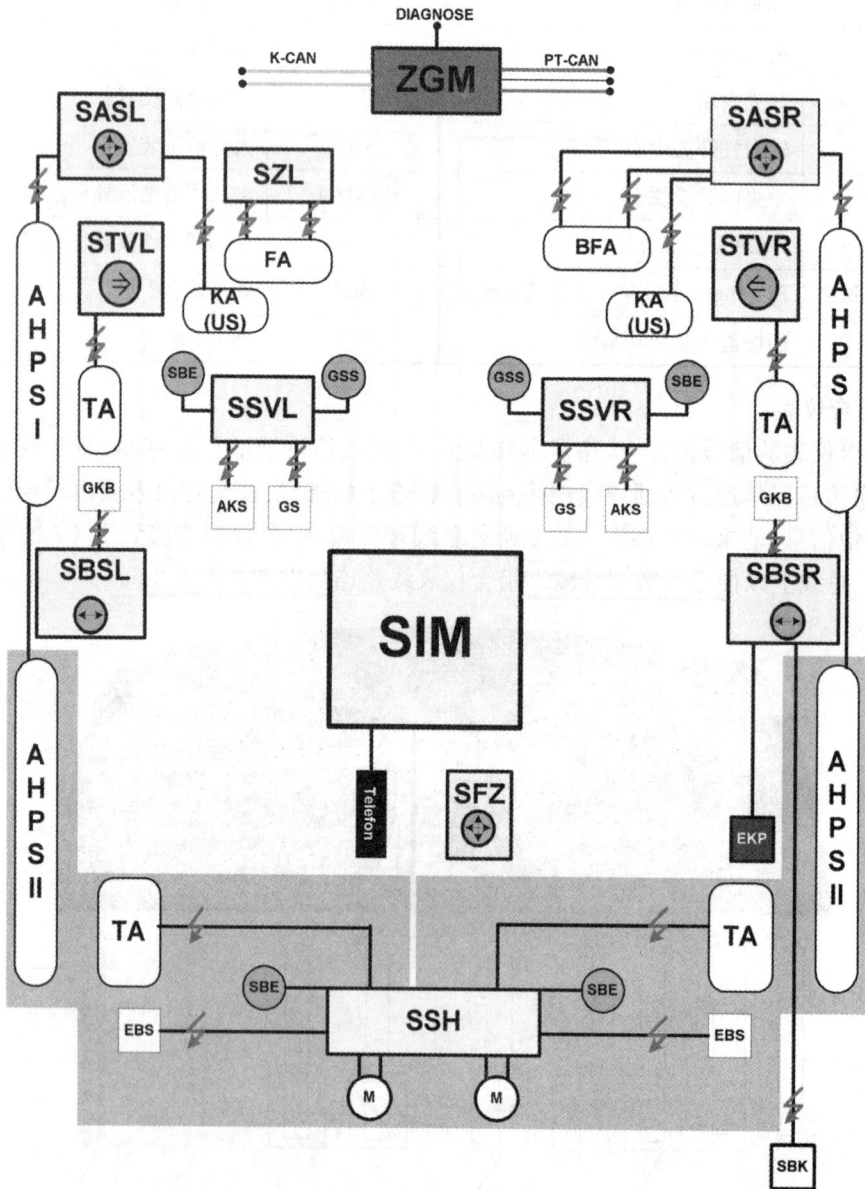

（3）被动安全系统 ISIS（智能安全集成系统）。

ISIS 是以 Byteflight（BMW 安全总线系统）星形结构连接在一起的，它包括了一个主控制单元 SIM（安全信息模块）、几个卫星式传感器、各种用于撞击识别和座椅占用识别的传感器、以及用于激活安全带和安全气囊乘员保护系统的燃爆式执行器。系统控制结构见图 7-2-7，简称与说明见表 7-2-8。

图 7-2-7　ISIS 系统控制结构图（灰色背景区域是选装装备）

表 7-2-8　ISIS 系统部件简称说明

类别	简称	说明	简称	说明
总线	Byteflight	安全总线	DIAGNOSE	诊断总线
	K-CAN	车身总线	PT-CAN	动力传动系总线
模块	ZGM	中央网关模块	SIM	安全信息模块
卫星式传感器	SASL	左侧 A 柱卫星式传感器用于激活驾驶员侧的膝部安全气囊(美规)和高级 ITS 头部气囊Ⅰ/高级 ITS 头部气囊Ⅱ	SASR	右侧 A 柱卫星式传感器用于激活前乘客安全气囊前乘客侧的膝部安全气囊(美规)和高级 ITS 头部气囊Ⅰ/高级 ITS 头部气囊Ⅱ
	SZL	转向柱开关中心用于激活驾驶员安全气囊	SSFA	驾驶员座椅卫星式传感器用于激活主动式头枕和安全带拉紧装置
	SSBF	前乘客座椅卫星式传感器用于激活主动式头枕和安全带拉紧装置	STVL	左前车门卫星式传感器用于激活左前车门胸部安全气囊
	STVR	右前车门卫星式传感器用于激活右前车门胸部安全气囊	SBSL	左侧 B 柱卫星式传感器用于激活左侧安全带拉紧力限定器
	SBSR	右侧 B 柱卫星式传感器用于激活右侧安全带拉紧力限定器、安全蓄电池接线柱并控制电动燃油泵	SSH	后部座椅卫星式传感器用于激活左后/右后后座区乘客胸部安全气囊和后座安全带拉紧装置,此外还集成了后部头枕的调节功能
	SFZ	车辆中央卫星式传感器		
安全气囊	FA	两级式驾驶员安全气囊	BFA	两级式前乘客安全气囊
	KA	膝部安全气囊(仅美规车型)	TA	前后胸部安全气囊侧面安全气囊
	AITS Ⅰ	前部乘员高级 ITS 头部气囊Ⅰ头部安全气囊	AITS Ⅱ	前后乘员高级 ITS 头部气囊Ⅱ头部安全气囊
执行器	AKS	主动式头枕	GS	安全带拉紧装置
	GKB	安全带拉紧力限定器	EBS	后座安全带拉紧装置
	SBK	安全蓄电池接线柱	EKP	电动燃油泵
传感器	SBE	座椅占用识别垫	GSS	安全带锁扣开关
	(符号)	X 方向和 Y 方向加速传感器	(符号)	Y 方向加速传感器
	(符号)	压力传感器		

　　卫星式传感器按使用目的布置在车辆内,它们具有碰撞识别传感器的部分功能、可以引燃燃爆式驱动组件。

　　Byteflight 是整个 E65 车辆电源系统的一部分,它通过中央网关模块 ZGM 与 K-CANS、PT-CAN 和诊断总线相连。

ISIS 系统工作过程如下：

接通总线端 Kl. R 后，整个系统进行自诊断即所谓的驾驶前检查，在这段时间内系统不处于准备触发状态，这一状态通过控制安全气囊警示灯 AWL 显示出。如果系统无故障则驾驶前检查的总持续时间小于 5 s，如果所有卫星式传感器报告了全部引爆电容器的状态并确认无故障则 AWL 将被关闭。在执行自诊断期间，SIM（安全信息模块）持续自监控所接收到的卫星式传感器数据内容，如果确认存在一个故障，则会调整 Byteflight（BMW 安全总线系统）的通信状态（即由 SIM 关闭对卫星式传感器的供电并接通 AWL 灯）。进行驾驶前检查后卫星式传感器彼此之间进行持久数据交换，由不同卫星式传感器产生的所有数据都通过 Byteflight BMW 安全总线系统发送到 SIM，SIM 分析这些信息并将其提供给所有卫星式传感器。使每个卫星式传感器都精确地获悉目前的工作状态。

如果发生了一次碰撞事故，则根据车上乘员情况、碰撞方向和强度，选择一种触发策略，通过 Byteflight（BMW 安全总线系统）来触发相应执行器，为乘员提供最佳的保护。此外所选择的触发策略还可确保，不激活那些根据事故情况和座椅占用情况不应被触发的乘员保护系统。

2）宝马 5 系 E60 底盘车载网络结构

宝马第 5 代 5 系，内部底盘编号是 E60，它是时下我们看到的现款 5 系。E60 车型总线系统建立在 E65 总线基础上，并专门适用于 5 系的特点。在 E60 车型总线系统中使用了 K-CAN、PT-CAN、MOST 和 Byteflight 4 个主总线系统；使用了串行数据接口（BSD）、F-CAN 总线和 LIN 总线 3 个子总线；以及 D-BUS 诊断总线。CCC 车辆通信电脑和 SGM 安全和网关模块为网络系统网关。E60 底盘车载网络系统拓扑结构图见图 7-2-8，简称与说明见表 7-2-9。

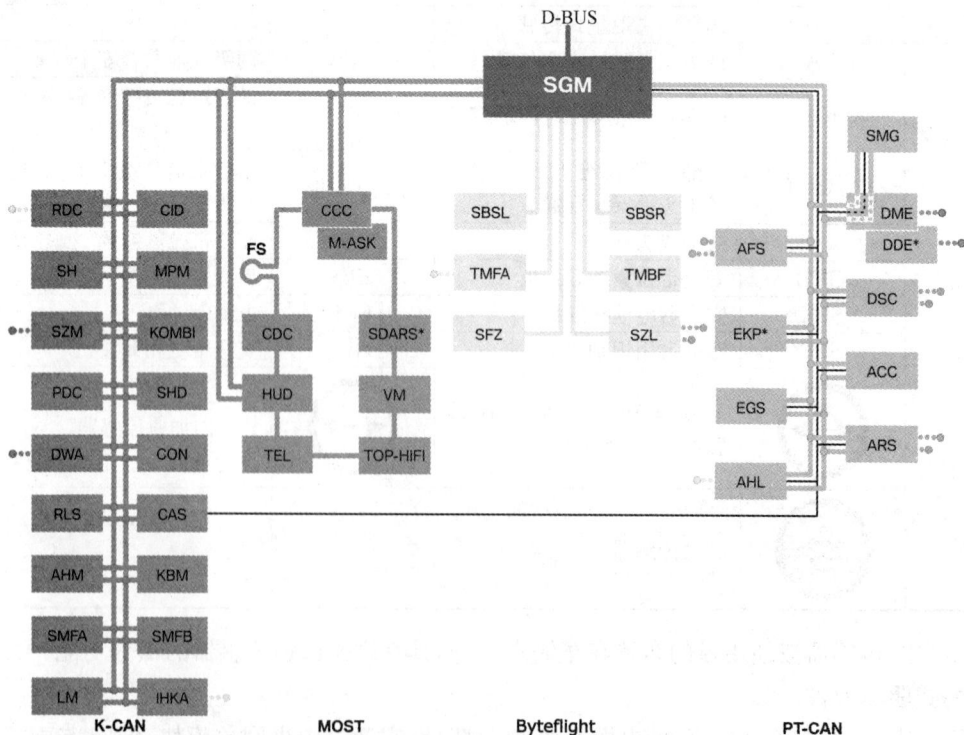

图 7-2-8　宝马 5 系 E60 底盘车载网络系统拓扑结构图

表 7-2-9　车载网络系统部件简称说明

简称	说明	简称	说明
RDC	轮胎压力监控	TOP-HIFI	顶级高保真功率放大器
TEL	电话	SZM	中柱开关控制中心
CAS	便捷进入及起动系统	VM	视频模块
PDC	驻车距离报警系统	SDARS[①]	卫星式收音机
DWA	防盗报警装置	RLS	晴雨和光线传感器
M-ASK	多音频系统控制器	SGM	安全和网关模块
AHM	挂车模块	SBSL	左侧 B 柱卫星式控制单元
SMFA	驾驶员座椅模块	LM	灯光模块
TMFA	驾驶员侧车门模块	SFZ	车辆中央卫星式控制单元
IHKA	自动恒温空调	KBM	车身标准模块
SZL	转向柱开关中心	SBSR	右侧 B 柱卫星式控制单元
SMBF	前乘客侧座椅模块	SH	停车预热装置
TMBF	前乘客侧车门模块	AFS	主动转向控制
CON	控制器	EKP[①]	电动燃油泵
SHD	活动顶窗	SMG	自动换档控制的手动变速器
EGS	电子变速器控制系统	MPM	微型供电模块
KOMBI	组合仪表	AHL	自适应转向灯
CID	中央信息显示器	ACC	自适应巡航控制系统
ARS	动态行驶稳定装置	FS	快速插头
CCC	车辆通信电脑	DSC	动态稳定控制系统
CDC	光碟转换匣	DME	数字式发动机电子伺控系统
HUD	平视显示器	DDE[①]	数字式柴油机电子伺控系统

① 安装视装备情况而定。

（1）K-CAN 总线。

相对于 E65 车型 K-CAN 总线的改动：

① E65 中的总线系统 K-CAN-S 和 K-CAN-P，在 E60 车型中进行了合并，由此形成了 K-CAN 总线。

② 便捷进入及起动系统 CAS 不再作为 K-CAN-S 和 K-CAN-P 之间的转发器。CAS 仅为 K-CAN 总线的一部分。

③ 组合仪表和中央信息显示器只与 K-CAN 总线连接。它们不再作为 K-CAN-S 与 MOST 之间的网关。

④ 车门模块不再与 K-CAN-P 连接，而是连接在 Byteflight（BMW 安全总线系统）上。

⑤ 控制器 CON 直接与 K-CAN 总线连接，不再通过中柱开关控制中心 SZM。

（2）PT-CAN 总线。

相对于 E65 车型 PT-CAN 总线的改动：在美规车型中取消了 DDE 和 EKP 控制单元。EKP 控制单元与柴油发动机连接在一起。

（3）MOST 总线。

相对于 E65 车型 MOST 总线的改动：MOST 总线的组成部分相对于 E65 车型有所减少。一些组件与其他总线系统连接，例如组合仪表和中央信息显示器 CID。在美规车型中，MOST 总线添加了一个卫星式收音机 SDARS。

注意：

在 E60 基本装备中安装了一个快速插头。它相当于车辆中最小的 MOST 总线。该 MOST 总线连接快速插头和多音频系统控制器 M-ASK。

在安装特种装备光碟转换匣 CDC 时，安装了一个"小"MOST 总线。该 MOST 总线连接多音频系统控制器 M-ASK、快速插头和光碟转换匣 CDC。

如果 E60 中装有电话、视频模块或 Top HiFi，则需安装更大的 MOST 总线至行李箱。

（4）byteflight。

相对于 E65 车型 byteflight 的改动：

① 安全信息模块 SIM 和中央网关模块 ZGM 的功能由安全和网关模块 SGM 统一完成。

② 车门模块承担了前车门卫星式控制单元的功能。

E65 与 E60 Byteflight 的区别见表 7-2-10。

表 7-2-10　E60 与 E65 Byteflight 总线的区别

Byteflight E65	Byteflight E60
中央网关模块 ZGM	安全和网关模块 SGM
安全信息模块 SIM	
转向柱开关中心 SZL	转向柱开关中心 SZL
车辆中央卫星式控制单元 SFZ	车辆中央卫星式控制单元 SFZ
左侧 A 柱卫星式控制单元 SASL	
右侧 A 柱卫星式控制单元 SASR	
左前车门卫星式控制单元 STVL	驾驶员侧车门模块 TMFA
右前车门卫星式控制单元 STVR	前乘客侧车门模块 TMBF
左侧 B 柱卫星式控制单元 SBSL	左侧 B 柱卫星式控制单元 SBSL
右侧 B 柱卫星式控制单元 SBSR	右侧 B 柱卫星式控制单元 SBSR
驾驶员座椅卫星式控制单元 SSFA	
前乘客座椅卫星式控制单元 SSBF	
后部座椅卫星式控制单元 SSH	

（5）LIN 总线。

LIN 总线是一条标准的串行单线总线，为单主多从结构，传输速率最高可以达到 19.2 Kbps。

LIN 总线可快速简单地传输数据。LIN 总线技术的运用减少了导线的数量。

在 E60 中 LIN 总线系统应用于空调系统、轮胎压力监控系统自适应转向灯和驾驶员侧开关组的通信控制中。E60 中 LIN 主从控制器见表 7-2-11。

表 7-2-11　E60 车辆中 LIN 总线的主从控制器

主控制单元	从控制单元
自动恒温空调 IHKA	风门马达和风扇马达
车门模块	驾驶员侧开关组 SBFA
自适应转向灯 AHL	步进马达控制器 SMC
轮胎压力监控 RDC	轮罩内的车轮电子装置/接收天线

（6）F-CAN 总线

F-CAN 总线采用中速 CAN-BUS，应用双绞线进行数据传输，传输速率为 100 Kbps，每个控制单元内部都有终端电阻，具有单线数据传输功能。E60 车辆上 F-CAN 总线应用见图 7-2-9。

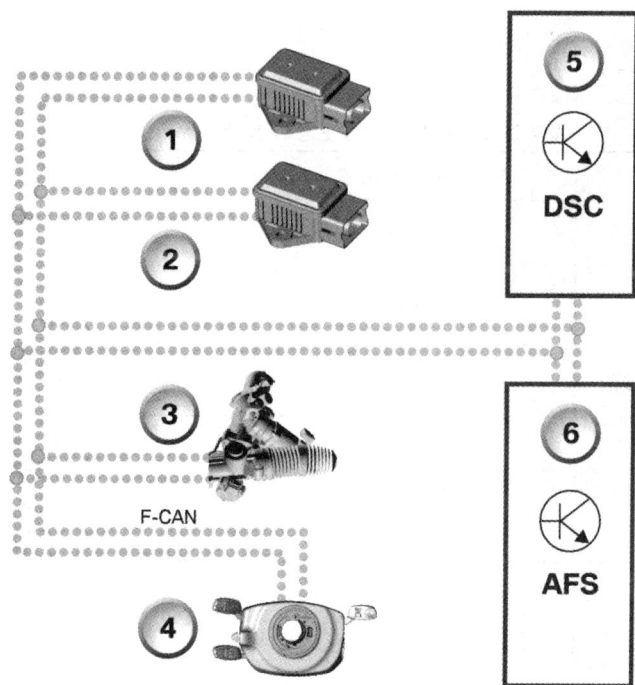

图 7-2-9　E60 车辆上 F-CAN 总线

1—DSC 传感器 1　2—DSC 传感器 2　3—主动转向控制伺服单元
4—SZL 转向柱开关中心　5—DSC 动态稳定控制系统　6—AFS 主动转向控制

（7）串行数据接口 BSD。

E60 车辆上仍然使用串行数据接口 BSD，用于将交流发动机、智能蓄电池传感器与发动机管理系统连接起来。E60 车辆上 BSD 应用见图 7-2-10。

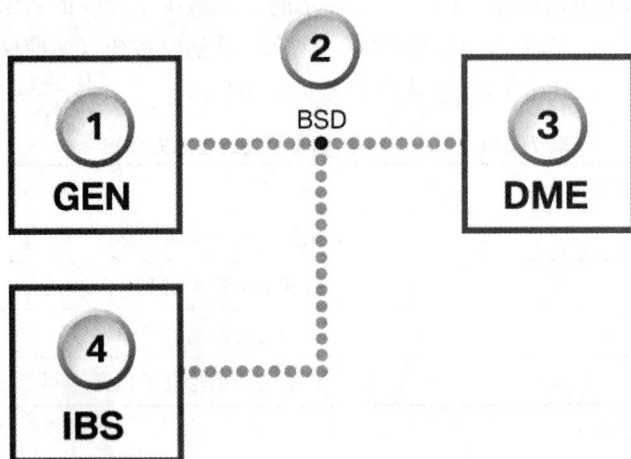

图 7-2-10　E60 车辆上的 BSD

1—发电 GEN　2—串行数据接口 BSD

3—数字式发动机电子伺控系统 DME　4—智能型蓄电池传感器 IBS

（8）主总线参数。

E60 主总线参数见表 7-2-12。

表 7-2-12　E60 车辆各主总线参数

总线系统	数据传输率	总线结构
K-CAN 总线	100 Kb/s	线性 双线
PT-CAN 总线	500 Kb/s	线性 双线
byteflight（BMW 安全总线系统）	10 Mb/s	星形 光缆
MOST 总线	22.5 Mb/s	环形 光缆
D 总线	10.5/115 Kb/s	线性 单线

（9）子总线参数。

E60 子总线参数见表 7-2-13。

表 7-2-13　E60 车辆各子总线参数

子总线	数据传输率 KBps	总线结构	组　件
BSD	9.6	线性 单线	DME/DDE、智能型蓄电池传感器、发电机
DWA 总线	9.6	线性 单线	车内防盗监控传感器、DWA 报警器及集成的倾斜报警传感器
座椅的 K 总线	9.6	线性 单线	座椅调节开关单元、中柱开关控制中心

续 表

子总线	数据传输率 KBps	总线结构	组 件
空调的 LIN 总线	19.2	线性单线	IHKA 控制单元、空调的所有步进马达、风扇马达、PTC
RDC 的 LIN 总线	19.2	线性单线	RDC、轮罩中的天线
AHL 的 LIN 总线	19.2	线性单线	自适应转向灯控制单元、步进马达控制器
TMFA 的 LIN 总线	19.2	线性单线	车门模块,驾驶员侧开关组
F-CAN 总线	100	线性双线	主动转向控制、主动式侧翻稳定装置、偏航角速率传感器1+2、转向柱开关中心、动态稳定控制系统、转向角传感器

3) 宝马 3 系 E90 底盘车载网络系统

BMW 3 系的整个网络由不同总线系统构成。这些总线系统确保各控制单元之间进行数据交换。E90 车载网络系统拓扑结构见图 7-2-11,简称说明见表 7-2-14～表 7-2-18。

表 7-2-14 K-CAN 总线简称说明

简 称	说 明	简 称	说 明
FRM	脚部空间模块	USIS	超声波车内监控装置
CID	中央信息显示屏	SMFA	驾驶员座椅模块
CON	控制器	Kimdi	组合仪表
FZD	车顶功能中心	AHM	挂车模块
PDC	驻车距离监控装置	CAS2	便捷登车及起动系统
MRS5	多功能乘员保护系统	IHKA	自动恒温空调
CA	舒适登车系统	JB	接线盒,接线盒控制单元

表 7-2-15 PT-CAN P 总线简称说明

简 称	说 明	简 称	说 明
DME	数字式发动机电子系统	EGS	变速箱电子控制系统
EKP	电动燃油泵	LDM	纵向动态管理
DSC	动态稳定控制系统	ACC	主动定速巡航控制系统

表 7-2-16 F-CAN P 总线简称说明

简 称	说 明	简 称	说 明
JB	接线盒,接线盒控制单元	DSC—SEN	DSC 传感器
SZL	转向柱开关中心	DSC	动态稳定控制系统
LWS	转向角传感器		

笔记

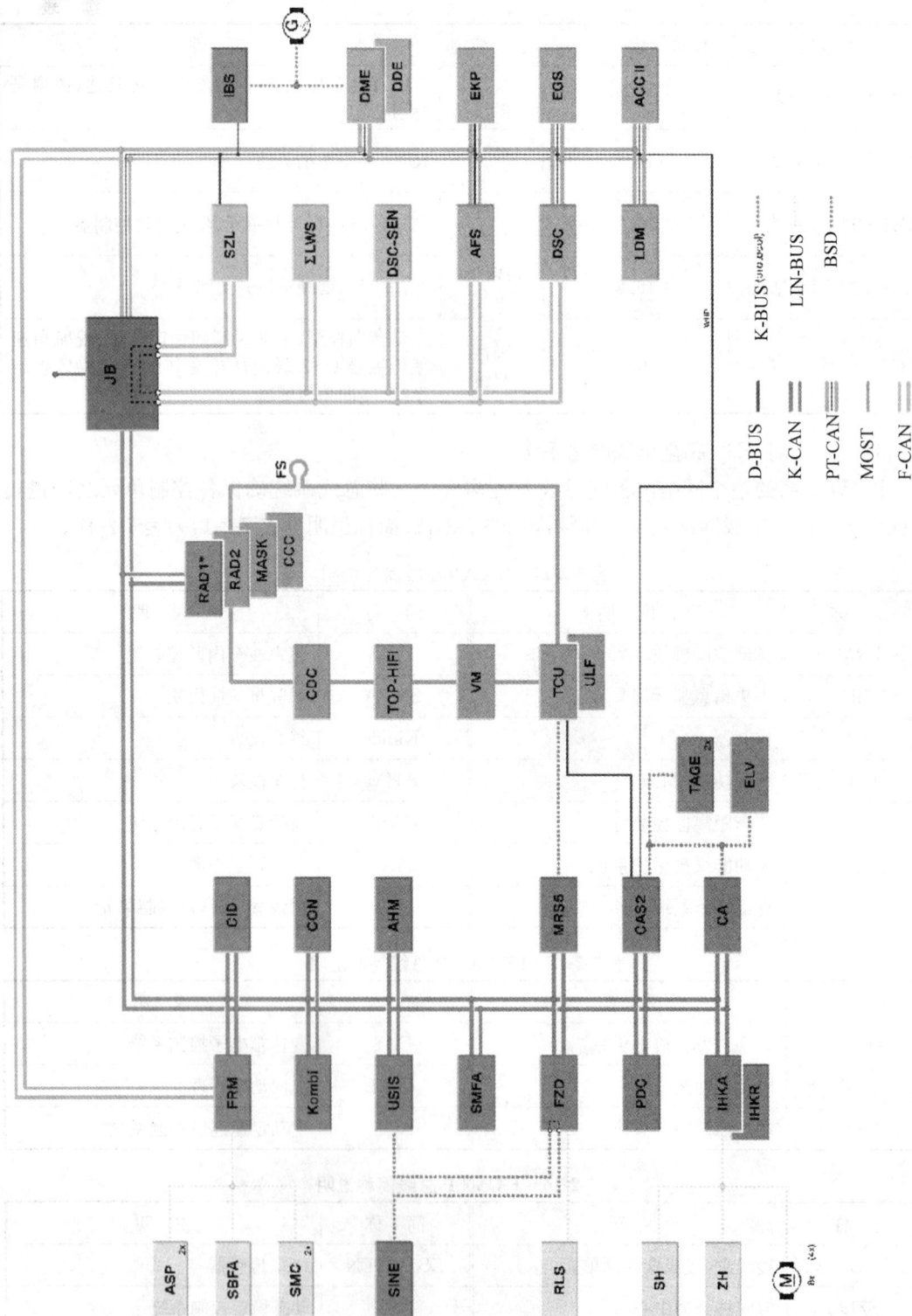

图 7-2-11 E90 车载网络系统拓扑结构

笔 记

表 7-2-17　MOST 总线简称说明

简　称	说　明	简　称	说　明
RAD	收音机	CCC	车辆通信计算机
CDC	CD 换碟机	TCU	远程通信系统控制单元
TOP-HIFI	顶级高保真音响放大器	SDARS	
FS	MOST 直接存取		

表 7-2-18　子总线简称说明

总　线	简　称	说　明	简　称	说　明
LIN-BUS	SH	驻车暖风	IHKA	自动恒温空调
	RLS	雨量和光线传感器	FZD	车顶功能中心
	SMC	步进电机控制器	FRM	脚部空间模块
	SBFA	驾驶员车门开关组件		
BSD	IBS	智能型蓄电池传感器	DME	数字式发动机电子系统
K-BUS 协议	TAGE	车门外侧拉手电子装置	CAS2	便捷登车及起动系统
	ELV	电动转向锁	CA	舒适登车系统
	SINE	集成有倾斜报警传感器和备用电池的报警器	FZD	车顶功能中心
	USIS	超声波车内监控装置	MRS5	多功能乘员保护系统
	TCU	远程通信系统控制单元		

（1）主总线系统。

主总线系统负责控制单元之间跨系统的数据交换。在 E90 车型上使用了 5 种主总线，其中 D-BUS 只用于诊断。网关集成在接线盒内。各种主总线参数见表 7-2-19。

表 7-2-19　E90 车型采用的主总线的参数

主总线系统	数据传输率	总线结构
D-BUS(诊断总线)	10.5/115 Kb/s	线性,单线
K-CAN(车身总线)	100 Kb/s	线性,双线
PT-CAN(动力传动系 CAN)	500 Kb/s	线性,双线
F-CAN(底盘 CAN)	500 Kb/s	线性,双线
MOST(多媒体传输系统总线)	22.5 Mb/s	环形,光缆

K-CAN 的每个控制单元内都装有终端电阻。F-CAN 有两个终端电阻始终位于转向柱开关中心和 DSC 控制单元内。PT-CAN 有两个终端电阻,安装位置取决于配置情况,始终有一个终端电阻装在 DSC 控制单元内,另一个终端电阻安装于接线盒或 EKP 控制单元内。

（2）子总线系统。

在 E90 车型中应用了 K 总线(协议)、LIN 总线和 BSD 3 种子总线,子总线参数见表 7-2-20。各子总线应用如下:

① K 总线(协议)用于下列系统:

➤　防盗报警装置;

➢ MRS5 和 TCU 之间的连接;

➢ 车门外侧拉手电子装置;

➢ 电磁方向盘锁。

② LIN 总线。LIN 总线首次应用于 E46,用于车外后视镜控制。在新款 BMW 3 系上利用 LIN 总线实现了下列连接:

➢ 脚部空间模块连接至驾驶员侧开关组件(19.2 Kb/s);

➢ 车顶功能中心连接至雨量和光线传感器(19.2 Kb/s);

➢ 控制 IHKA 伺服电机(9.6 Kb/s)。

③ BSD:

BMW 3 系车辆上仍然使用串行数据接口 BSD,用于将交流发动机和智能蓄电池传感器与发动机管理系统连接起来。

表 7-2-20　E90 车型采用的子总线的参数

子总线系统	数据传输率	总线结构
K 总线(协议),车身总线(协议)	9.6 Kb/s	线性,单线
LIN 总线(局域互联网总线)	9.6/19.2 Kb/s	线性,单线
BSD(串行数据接口)	9.6 Kb/s	线性,单线

2. 奔驰 W220 车载网络系统

1) 奔驰 W220 车载网络系统概述

现代奔驰轿车多采用计算机控制,控制单元(电脑)间的数据通信采用 CAN-BUS 数据总线,其中 CAN-BUS 分为 CAN B、CAN C 及光纤通信,具有传输数据量大、速度快、数据更安全的特点。

(1) 奔驰 W220 的 CAN-BUS 网络结构。

奔驰 W220 的 CAN-BUS 网络包含 CAN C 和 CAN B,CAN-BUS 网络结构见图 7-2-12。

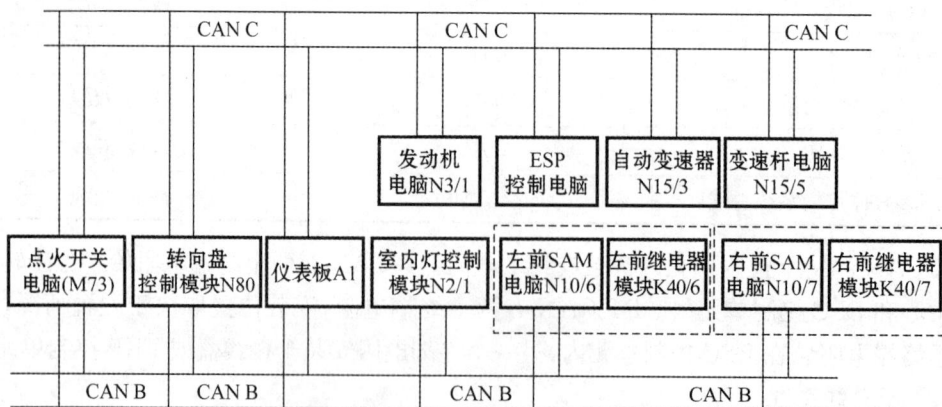

图 7-2-12　奔驰 CAN-BUS 网络结构图

(2) 奔驰 W220 中央通信控制系统。

中央通信控制系统使用了以下 4 种不同的通信协议:

<<<<

① CAN B 车身网络。

② 命令网络（COMAND）。

③ 行动电话网络。

④ 光纤网络（D2B）。

CAN B 车身网络是用来连接仪表板 A1 的,通过仪表板 A1 的多功能显示窗来呈现功能菜单;转向盘控制模块 N80 与中央通信控制系统 A40/3 也通过 CAN B 车身网络进行连接。中央通信控制系统方框图见图 7-2-13。

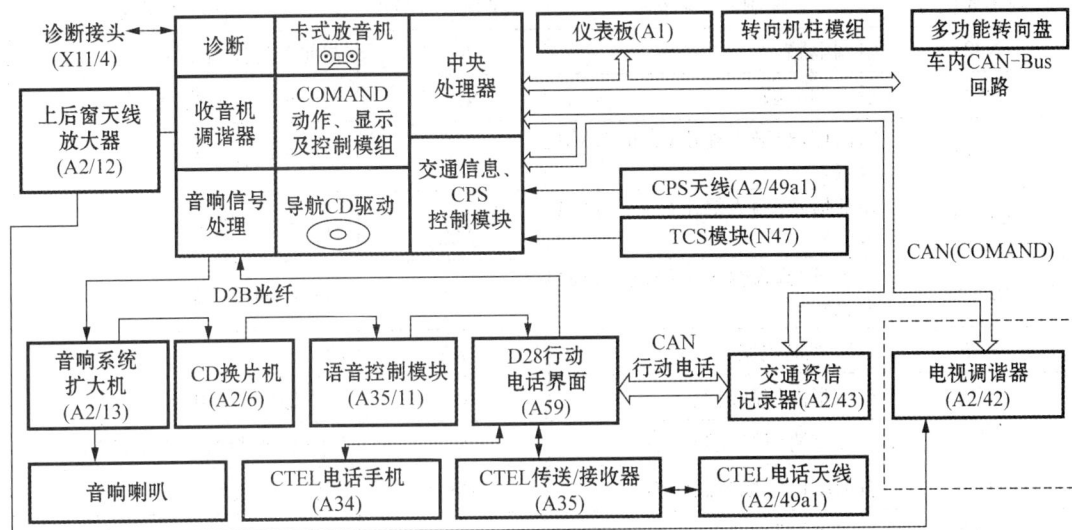

图 7-2-13 中央通信控制系统方框图

中央通信控制系统 A40/3 的主要功能是下达命令和显示信息,如输出语音资料、传输信息、显示彩色屏幕（LCD）,以及提供控制菜单、地图（卫星导航）、电视影像、控制按钮等。

操作中央通信控制模块 A40/3 时,多功能转向盘操作开关发送一个电压信号（Voltage Code）给 N80 组合开关电脑,N80 再将此命令经 CAN 传输至仪表板 A1,使仪表板 A1 内多功能显示窗口呈现菜单,同时又经 CAN 传输至中央通信控制模块 A40/3。当车辆选配了后排音量控制装置（车辆编号 Code 813b）时,为了使坐在后座的乘客易于操作音量,中央通信控制模块 A40/3 提供了红外线数据传输功能来操作音响系统。

2）奔驰各控制单元代号说明

奔驰轿车中,与 CAN C 动力网络相连的电脑见表 7-2-21,与 CAN B 车身网络相连的电脑见表 7-2-22,同时连接 CAN C 动力网络与 CAN B 车身网络的电脑见表 7-2-23。

表 7-2-21 CAN C 动力网络

控制单元代号	控制单元名称
N3/10	ME-SFI 发动机控制电脑
N47-5	ESP、SPS、BAS 驾驶稳定制动辅助系统
N15/5	变档杆控制模块
N15/3	722.6 自动变速器

续　表

控制单元代号	控制单元名称
N51	ADS空气悬架系统
N71	氙气前照灯高度调整电脑
N63/1	DTR行车距离雷达控制电脑

表 7-2-22　CAN B 车身网络

控制单元代号	控制单元名称	控制单元代号	控制单元名称
N22	空调电脑	N69/1	左前车门控制模块
N22/4	后空调电脑	N69/2	右前车门控制模块
N10/7	右前熔丝/输入输出(右前 SAM电脑)	N69/3	左后车门控制模块
N10/6	左前熔丝/输入输出(左前 SAM电脑)	N69/4	右后车门控制模块
N10/8	后熔丝/输入输出电脑(后 SAM电脑)	A37	中央控制锁电脑
N88	TPC控制电脑	A2	收音机
N70	车顶室内控制模块	A6/1	独立暖气遥控电脑
N32/1	左前座椅记忆控制电脑	N62	PTS停车距离警告控制电脑
N32/2	右前座椅记忆控制电脑	N69/5	门锁遥控模块
N25/6	后座椅控制电脑	N72/1	仪表板中央,上控制面板模块

表 7-2-23　与 CAN C、CAN B 双向连接的电脑

控制单元代号	控制单元名称
A1	仪表板
N80	转向盘多功能电脑
N73	点火控制模块

CAN B 车身网络与 CAN C 动力网络皆为独立系统,N73 点火开关电脑网关为 CAN B 与 CAN C 之间的双向连接,N73 点火开关电脑通过 CAN B 网线与 16 脚的 OBD Ⅱ 诊断座相连,需与奔驰专用仪器 Star 诊断仪连接诊断。

当更换各网络电脑时,必须使用 Star 诊断仪去做程序化(激活)工作,其系统才会正常运作。OBD Ⅱ 接脚(pin)的详细说明见表 7-2-24。

表 7-2-24　OBD Ⅱ 接脚排列

接脚	说　明	接脚	说　明
1	N73 点火开关电脑(连接 CAN B)	4	搭铁
2	NO	5	搭铁
3	TD 转速信号 ME 发动机电脑	6	NO

续表

接脚	说明	接脚	说明
7	K line 诊断线 ISO9142-2 ISO/Dis 14230-4 ME 喷射系统	12	A2 收音机 A40/3 中央通信控制模块 A35/8 道路交通导航系统
8	15 IG ON 电源	13	N2/7 安全气囊
9	N15/5 变速杆控制模块 N47-5 ESP/SPS/BAS 电脑 N51 ADS 空气悬吊系统	14	NO
10	NO	15	L-line 的诊断线 A1 仪表板 A6 独立暖气电脑 N71 头灯高度调整电脑 N63/1 DTR 行车距离雷达控制电脑
11	N15/3 ETC 722.6 电控自动变速器	16	30 常电源

3）控制局域网络的工作过程举例

（1）小灯控制。

① 小灯控制流程：

灯光组合开关将小灯信号送至左前 SAM 电脑 N10/6，左前 SAM 电脑 N10/6 控制左前继电器盒中的 K40/6 继电器，从而控制左前小灯工作。左前 SAM 电脑 N10/6 同时将此灯光开关信号转换为数字信号并传至 CAN-BUS 连线，当右前 SAM 电脑 N10/7 接收后，控制右前继电器盒中的 K40/7 执行右小灯工作命令；当后 SAM 电脑 N10/5 接收后，控制后继电器盒中的 K40/5 控制后尾灯工作；当仪表板电脑接收后，控制仪表板照明指示。

当后尾灯工作时，位于后备箱中的 X58 接头将小灯工作电脑信号传至小灯监控模块，当监测到后尾灯中电流变弱（如灯泡烧损、老化及更换非原厂灯泡功率不一致）时，将信号送至左前 SAM 电脑 N10/6，经 CAN-BUS 传输线送至仪表板 A1，液晶屏资讯显示区提示小灯不良，见图 7-2-14。

② 工作流程：

工作流程见图 7-2-15。

（2）喇叭控制。

① 喇叭控制流程：

转向盘上的喇叭按钮将喇叭开关信号经转向盘螺旋电缆送至组合开关电脑（W210 车型则送至点火开关电脑），组合开关电脑将喇叭信号转换为数字信号后，经 CAN-BUS 连线送至右前 SAM 电脑，右前 SAM 电脑控制右前继电器盒中的 K40/7kp 工作，进而控制喇叭工作，见图 7-2-16 和图 7-2-17。

② 工作流程：

喇叭工作流程见图 7-2-18。

笔记

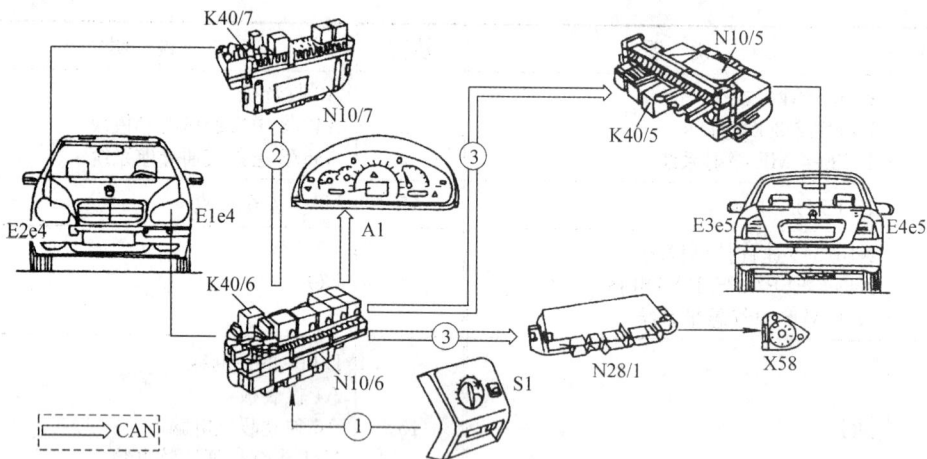

图 7-2-14 小灯控制

① 直接连接 ②,③ CAN 连接

E1e/4—左前照灯 E2e/4—右前照灯 E3e/5—左后组合灯 E4e/5—右后组合灯

K40/5、K40/6、K40/7—继电器 N10/6—左前 SAM 电脑 N10/7—右前 SAM 电脑

N10/5—后 SAM 电脑 A1—仪表 N28/1—小灯监控模块 S1—小灯开关 X58—内部插孔

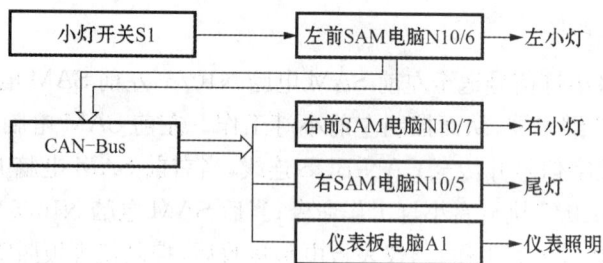

图 7-2-15 小灯工作流程

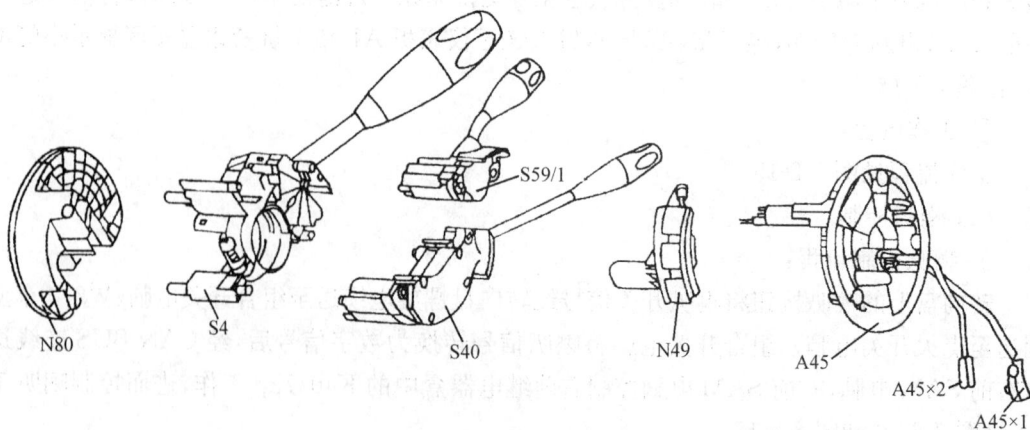

图 7-2-16 组合开关分解图

N80—组合开关电脑 S59/1—转向开关 S4—组合开关

N49—转向角度传感器 S40—刮水器开关 A45—喇叭/气囊螺旋电缆接头

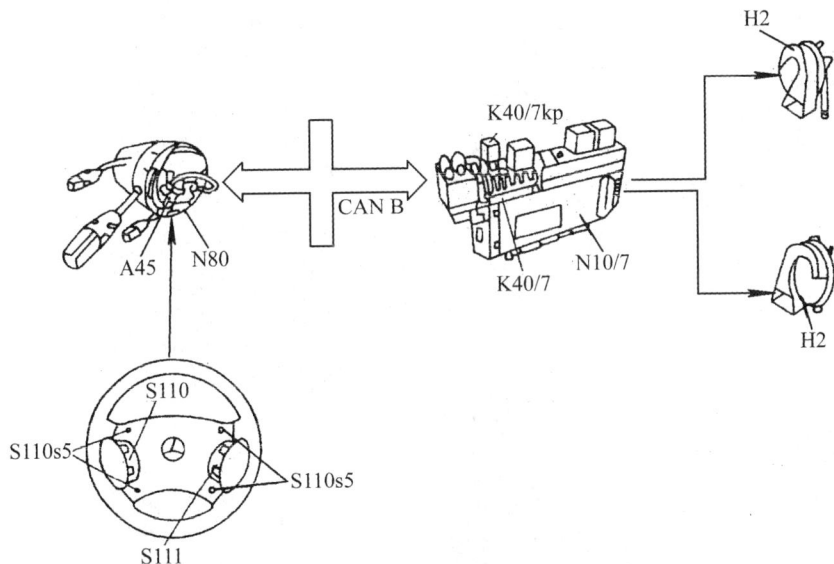

图 7-2-17　喇叭控制流程

H2—喇叭　K40/7KP—继电器　S110s5/S110/S111—喇叭按钮
A45—气囊螺旋电缆　N80—组合开关电脑　N10/7—右前 SAM 电脑

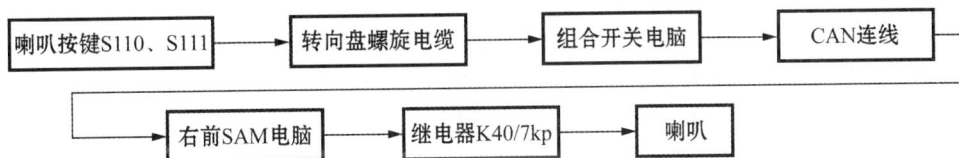

图 7-2-18　喇叭工作流程

（3）自动感应式刮水器控制系统：

① 新功能介绍：

刮水器元件位置如图 7-2-19 所示。

全新奔驰刮水器控制完全改变了由开关信号控制继电器的工作模式，而由电脑之间的 CAN-BUS 网络信号传输来综合控制。除具有 1999 年以前刮水器控制的正常功能外，另增加以下新功能。

根据车速及雨滴传感器信号，当刮水器位于 1 挡及 2 挡时，自动控制开始作用，当车速低于 5 km/h 以下时，左前 SAM 控制电脑控制刮水器电动机间歇工作，频率根据雨水传感器的信号来控制刮水器电动机。自动刮水器的工作流程如图 7-2-20 所示。

车速信号由左前轮轮速传感器送到仪表板，再送到右前 SAM 电脑。雨水传感器信号送到头顶灯控制面板电脑（N70）后再传到左前 SAM 电脑，电脑间的信号传输均通过电脑网络传输连线（CAN）进行。

② 刮水器工作流程：

a. 刮水器开关（组合开关总成 S4）控制开、停、1 挡及 2 挡位置的选择，并将信号送到组合开关控制电脑。

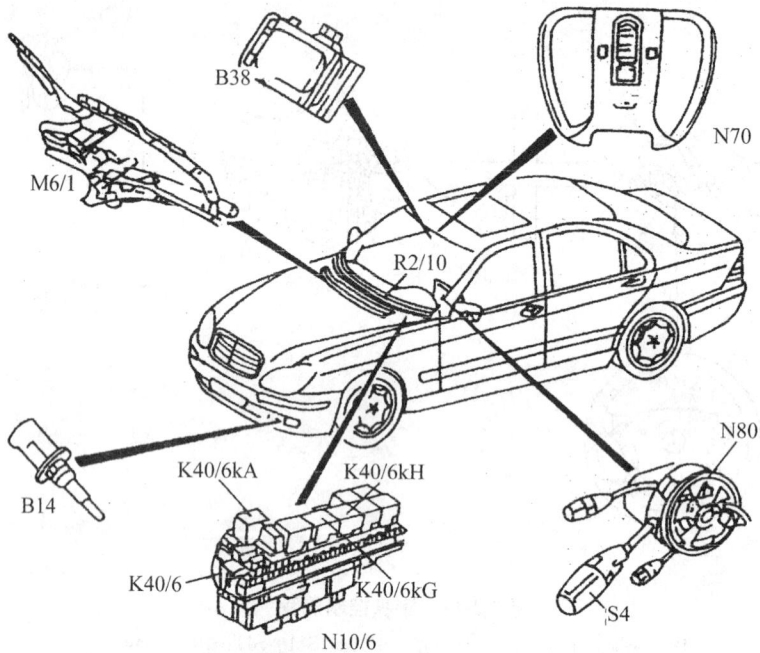

图 7-2-19　刮水器元件位置

B14—室外温度传感器　B38—雨水传感器　K40/6—左前容丝/继电器盒

K40/6KA—刮水加热继电器　K40/6KG—刮水器继电器(1、2 档)

K40/6KH—刮水器开/停继电器　M6/1—刮水器电动机　N10/6—左前 SAM 电脑

N70—头顶电脑　N80—组合开关电脑　S4—组合开关　R2/10—刮水器加热

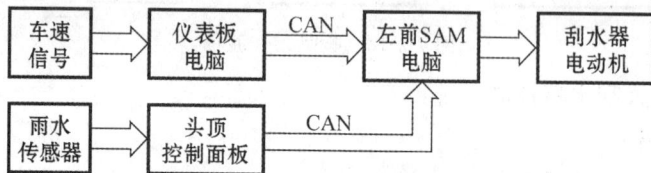

图 7-2-20　自动刮水器工作流程

　　b. 组合开关控制电脑(N80)接收刮水器开关信号,经电脑内部计算后,将开关信号转换为电脑数字信号,传送到 CAN 总线。

　　c. 刮水器电脑和电动机是一个整体,接收刮水器 CAN 信号,控制继电器的工作。

　　d. 雨水传感器为光电式传感器,用于感应雨水的大小,安装于风窗玻璃上方,将信号送到头顶控制电脑(N70),经 CAN 连线送到左前 SAM 电脑(N10/6)。

　　e. 刮水器、风窗玻璃喷水具备加热功能。

　　f. 车外温度传感器感应车外温度,其信号送到右前 SAM 电脑,经 CAN 连线传至左前 SAM 电脑,以控制刮水器的加热温度。

　　g. 风窗玻璃喷嘴具备加热功能,由 SAM 电脑控制加热(R2/1、R2/11)。当室外温度低于 5℃时,刮水器开始加热;当室外温度高于 7℃时,刮水器停止加热。

　　h. 工作流程见图 7-2-21。

笔记

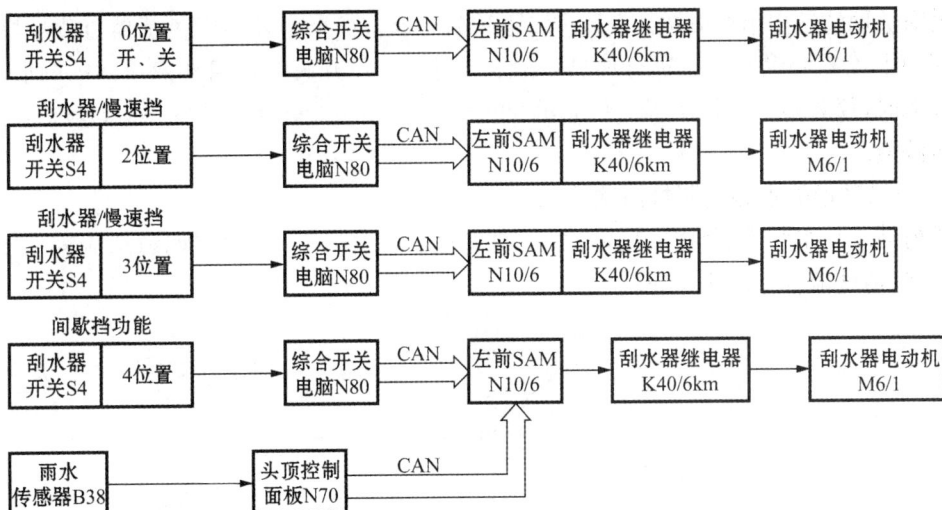

图 7-2-21 刮水器工作流程

注："→"表示直接控制信号，"⇨"表示 CAN-BUS，网络信号传输

③ 刮水器加热功能：

刮水器加热功能元件及控制流程见图 7-2-22，刮水器加热的工作流程见图 7-2-23。

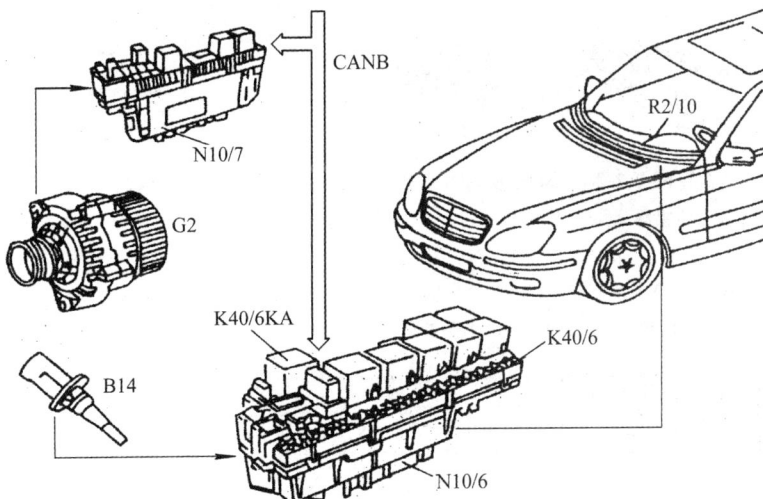

图 7-2-22 刮水器加热功能元件及控制流程

B14—室外温度传感器　G2—发电机　K40/6—左前熔丝/继电器　K40/6KA—刮水器加热继电器

N10/6—左前 SAM 电脑　N10/7—右前 SAM 电脑　R2/10—刮水器加热

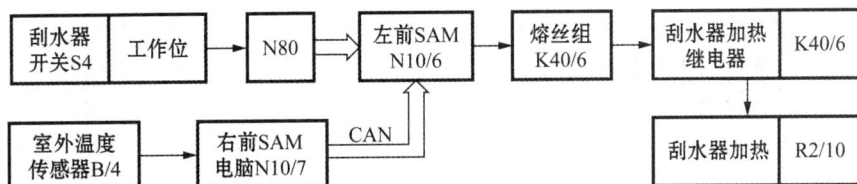

图 7-2-23 刮水器加热工作流程

　　风窗玻璃清洗由组合开关 S4 上的按钮开关完成。如果室外温度传感器监测环境温度低于 5℃时,会对喷嘴及喷管进行加热。刮水器清洗液位开关监视清洗液液面的高低,当清洗液位低时,仪表多功能显示屏上将显示"check windshield washer fluid level"信息,此时应添加清洗液。

　　④ 风窗玻璃喷水和前照灯清洗控制:

　　风窗玻璃喷水和前照灯清洗控制的元件结构见图 7-2-24,风窗玻璃清洗流程见图 7-2-25,前照灯清洗流程见图 7-2-26。

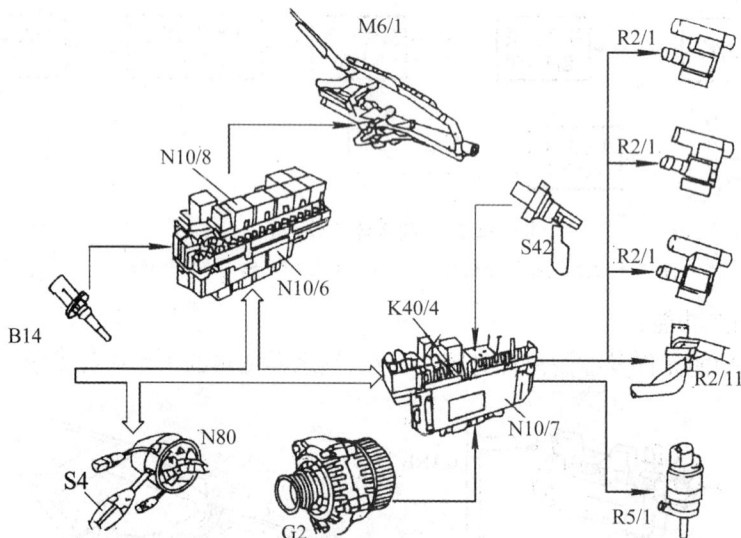

图 7-2-24　风窗玻璃喷水和前照灯清洗控制的元件结构

B14—室外温度传感器　G2—发电机　K40/6—左前熔丝/继电器　K40/6KA—刮水器加热继电器

N10/6—左前 SAM 电脑　N10/7—右前 SAM 电脑　R2/10—刮水器加热

R5/1—喷水泵 N80—组合开关电脑　R2/11—喷水管加热　R2/1—喷嘴加热

S42—喷水液位开关　M6/1—刮水器电动机　N10/8—后 SAM 电脑　S4—组合开关

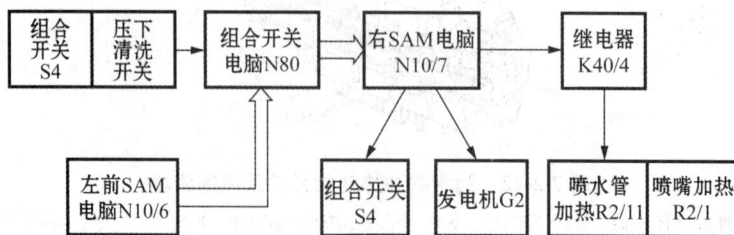

图 7-2-25　风窗玻璃清洗流程

图 7-2-26　前照灯清洗流程

　　(4) 玻璃窗升降电动机控制。

　　压下遥控门锁上的锁门按键,中控门锁动作,持续按锁门按键超过 1 s 以上,如果车窗玻璃没有关闭,就会自动上升直到关闭。

此功能在以下条件下工作:蓄电池电压正常、点火开关置"OFF"位置、所有车门关闭、压下遥控门锁的"上锁"或"开锁"按键1s以上。

如压下司机一侧的组合开关内的玻璃升降功能键,此操作信号将送至门控电脑,以控制玻璃升降电动机动作。如果要控制其他车门的玻璃升降,相关的操作信息会经CAN连线传输至其他门控电脑,执行玻璃升降电动机的升降动作,工作流程见图7-2-27。

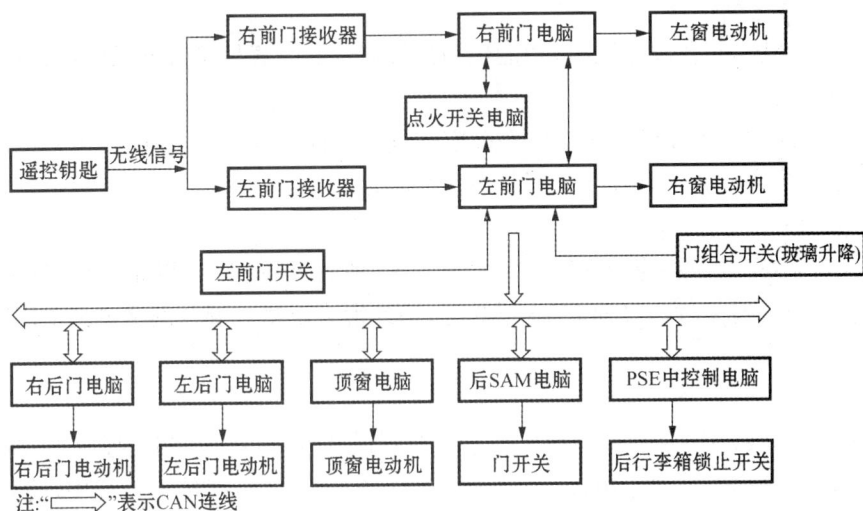

图 7-2-27 玻璃窗升降工作流程

3. 雪铁龙/标致车载网络系统

1) 概述

雪铁龙/标致根据车型配置、生产年份采用了各种不同的车载网络系统,在雪铁龙/标致中应用了CAN控制器局域网络和VAN汽车局域网络,其中VAN汽车区域网络是法国车系专用的总线标准。

(1) VAN汽车局域网络。

VAN(Vehicle Area Network)又称汽车局域网,是现场总线的一种,由法国的雷诺汽车公司和标致集团联合开发。VAN作为专门为汽车开发的总线,1994年成为国际标准。VAN通信介质简单,位传输速率最高可达1 Mb/s(40 m内)。VAN支持分布式实时控制的通信网络,可广泛应用于汽车门锁、电动车窗、空调、自动报警以及娱乐控制等系统。

VAN总线采用双绞线进行数据传输,由两根名为DATA及DATAB的信号线组成,DATAB线上的电压信号逻辑状态始终与DATA线上的电压信号相反,如图7-2-28所示。

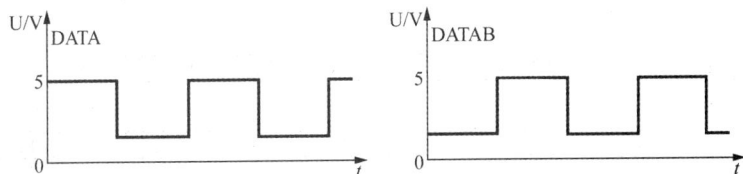

图 7-2-28 DATA 和 DATAB 的信号

两种电压值定义两种不同的逻辑状态,从而可以限制发射幅值,并具备良好的抗干扰性。使用两根信号线及电子线路进行信号发送及接收,可以保证发生以下故障时,车辆仍可在降级模式(单线模式)下运行:

① 两信号线之一断路。

② 两信号线之一对正极短路。

③ 两信号线之一对地短路。

④ 两信号线之间短路。

当某根信号线信号传输中断时,智能控制盒将信号电压值与参考电压值进行比较,提示数据线发生故障。

只有 DATA 线的电压信号逻辑状态确定后,DATAB 线才取相反值。当总线连接设备中的信号无歧义时,接收件及命令执行状态才可能无误。

(2) 车载网络配置

雪铁龙/标致车载网络应用一般有 3 种形式:一种为单一 VAN 网络,另一种为 CAN+VAN 混合网络,还有一种为高速 CAN+低速 CAN 混合网络。混合网络中都采用智能控制盒 BSI 为网关。

① 单一的 VAN 网络:

最先开发的车载 VAN 舒适网主要用于汽车舒适性调节,比如空调、报警、导航、CD 机、收放机、组合仪表、多功能显示屏、门锁、车窗、车灯等。VAN 多路传输系统中,使用 BSI(智能控制盒,即中央控制计算机)对各功能单元进行控制。中央控制计算机与其他没有连接在 VAN 网络上的控制计算机单元(如发动机控制系统、ABS 控制系统等)之间的通信仍然用普通的线束实现。结构如 7-2-29 所示。

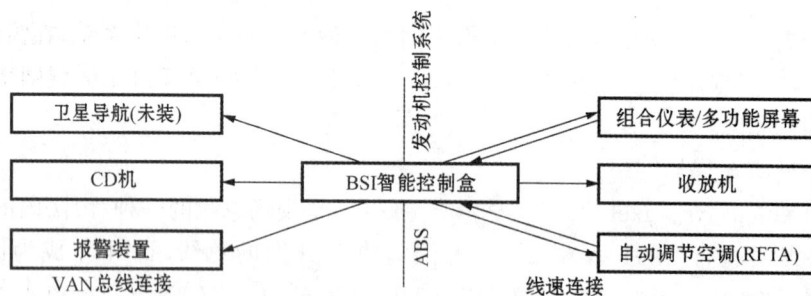

图 7-2-29　单一 VAN 网络结构

② CAN+VAN 混合网络:

为了满足市场对更多功能和更高舒适度的高级车辆的需要,市场上又出现了 VAN-CAN 双网并存的轿车,其结构如图 7-2-30 所示。

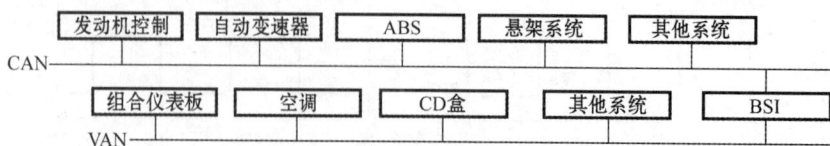

图 7-2-30　CAN+VAN 混合网络结构

CAN 总线为多主系统网络,传输速率为 250 Kb/s,用于机械功能、发动机和底盘等。VAN 舒适网用于仪表、收放机、空调控制、导航系统等,为多主控式网络,传输速率为 125 Kb/s。CAN 和 VAN 这两种网络都具有可靠性、简单性、经济性及健壮性,其中 CAN 网络往往用于连接轿车中实时控制的功能控制系统,VAN 多用在连接车身中的功能控制系统上。

目前,为了满足功能需要,广泛应用的 VAN-CAN 双网结构出现了"多网"的趋势,其中 VAN 网络又分为舒适 VAN 网和车身 VAN 网,车身网又分为车身网 VAN1 和车身网 VAN2,适用于安全气囊、前照灯、车门、车窗、车门玻璃、座椅、微粒过滤器以及转向盘等,传输速率为 62.5 Kb/s。

③ 高速 CAN+低速 CAN 混合网络:

为了进一步提高性能,在新一代的车载网络中,应用高速 CAN 连接动力控制系统,传输速率为 500 Kb/s。舒适系统应用了低速 CAN 总线,传输速率为 125 Kb/s。

2) 2001 款毕加索轿车 VAN 总线

(1) 毕加索轿车 VAN 总线结构。

在毕加索汽车上,应用了舒适性车载局域网 VAN。VAN 总线连接 7 个控制单元,VAN 总线结构如图 7-2-31 和部件分布如图 7-2-32 所示。

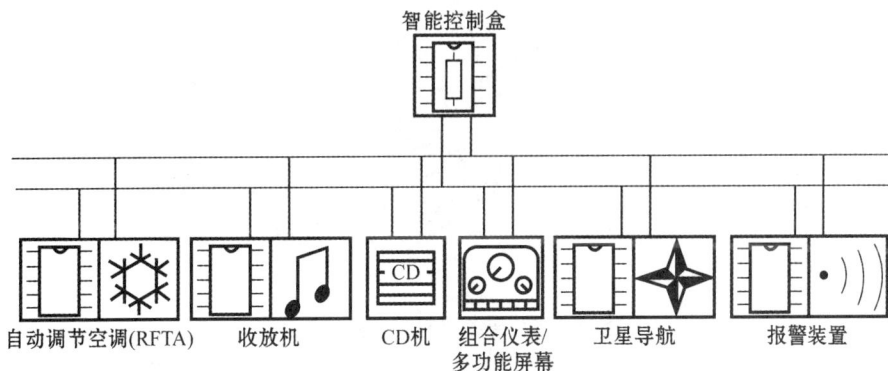

图 7-2-31 毕加索轿车 VAN 总线连接

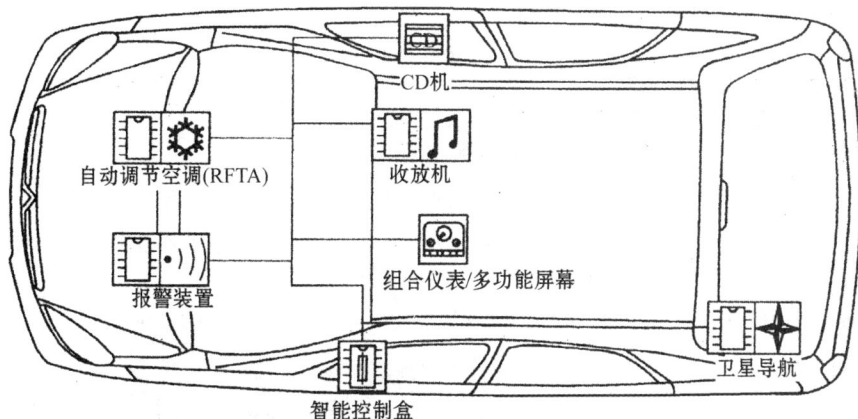

图 7-2-32 毕加索轿车 VAN 总线结构中控制单元的分布

笔记

（2）智能控制盒（BSI）。

① 安装位置：

智能控制盒（BSI）安装于仪表板的左下方，见图7-2-33。

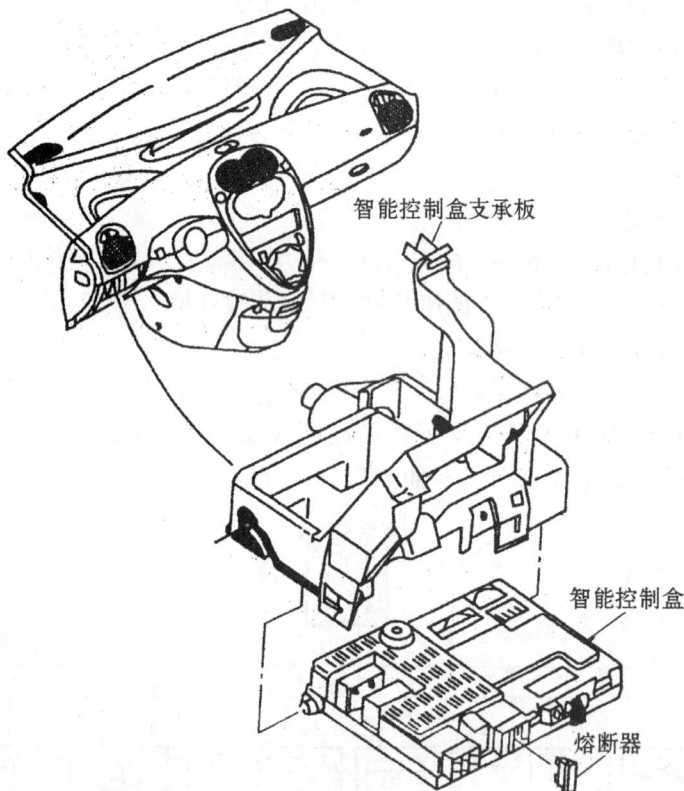

图7-2-33　智能控制盒的安装位置

② 智能控制盒的功用：

智能控制盒是一个电子控制单元，主要由表7-2-25所示控制项目组成，BSI所控制的功能如表7-2-26所示。

表7-2-25　BSI控制的项目

项　目	内　容
电子元件接口	继电器、熔断器、诊断接口、高频信号接收器
电子控制	BSI盒是VAN网络的一个主控元件，管理所有电控单元之间的通信
电子计算	BSI盒自主控制着一些基本功能（开启件的锁定、指示信号、视野改善、内部照明、防盗启动等）
车辆上的防盗保护信息	车辆VIN、车钥匙密码、遥控密码、收放机识别码等
系统监控，自诊断	对总线系统监控，与诊断仪进行通信
能源管理	控制自身及其他连接电控单元在低能耗模式下的运行

表 7-2-26　BSI 控制的功能

功　能	功能描述
通过中控锁按钮控制锁止/解锁	通过仪表板上的按钮可以从车内进行锁止/解锁(车门上无钥匙按钮)
通过电动锁控制行李舱门锁开启	行李舱门开启电动锁按钮(外部);由 BSI 控制行李舱开启
重新自动锁止	解锁后 30 s 如无车门打开,车辆自动锁止
系统状态显示	报警灯按钮上的二极管可以显示车辆保护状况;当车辆和发动机电控单元锁止且点火开关中没有插钥匙,该显示灯亮
VIN 码储存	BSI 存储车辆 VIN 码,可通过诊断工具读取
车辆停驶时,刮水器减速	车辆停驶时,刮水器减速;如果刮水器在高速时,则变为低速;如果刮水器在低速时,则变为间歇方式
前照灯延时熄灭	点火开关断开 1 min 之内且灯光熄灭,如拉一下近/远光变光开关并在 5 s 内开门,BSI 会让大灯点亮 1 min,然后熄灭
组合仪表和 BSI 公里数记忆	公里数存储在 BSI 和组合仪表内的两处电控单元内
收放机音量随车速变化	收放机音量可以根据车速的变化而变化,可以应用户的要求通过诊断工具取消该功能

③ 智能控制盒的输入/输出信号:

智能控制盒与其他电器控制单元之间的输入和输出关系如图 7-2-34 所示。

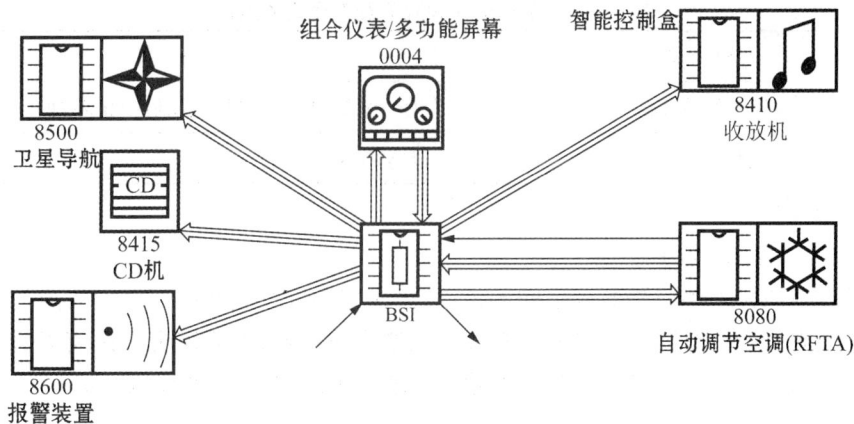

图 7-2-34　智能控制盒与其他控制单元之间的输入和输出关系

注:单线箭头表示线束连接;三线箭头表示 VAN 总线连接

④ 智能控制盒的工作模式:

智能控制盒具有 3 种工作模式:额定模式、睡眠模式和经济模式。

a. 额定模式。额定模式是车辆使用设计的工作模式,该模式下的所有功能均可运行。

b. 睡眠模式。睡眠模式下 VAN 网络无通信,电控单元能耗最低。在此模式下,BSI 会不断捕捉复苏信号,每个多路连接器均可唤醒网络。网络唤醒后所有电控单元即可得到＋VAN 电源。

网络睡眠条件见表 7-2-27。网络复苏条件见表 7-2-28。

表 7-2-27　BSI 进入网络睡眠模式的条件

动　作	网络睡眠条件
"若"条件	无＋APC
"和"条件	无延时申请
"和"条件	无网络维护申请

表 7-2-28　BSI 网络复苏的条件

动　作	网络复苏条件
"若"条件	电源接通
"或"条件	打开位置灯或危险警报灯
"或"条件	使用摇控器
"或"条件	打开驾驶员车门
"或"条件	VAN 设备发出唤醒网络信号

c. 经济模式。经济模式是指当网络持续无通信时,BSI 将切断电控单元的供电(＋VAN 信号),电能消耗因此大大降低。进入和脱离经济模式的条件如表 7-2-29 所示。

表 7-2-29　BSI 进入和脱离经济模式的条件

模　式	条　件
进入经济模式	有＋VAN 电源,并且发动机中止超过 30 min
脱离经济模式	启动发动机

注:一个网络元件可能处于激活/或通信状态,即使看起来并未工作。

⑤ 智能控制盒的诊断功能:

BSI 作为 VAN 网络及诊断仪之间的桥梁,可用来识别某些系统部件的故障。故障源可能来自:接地或＋12V 短路、断路(电线断开)、功能失效(传感器或探头传送值无效)、电控单元无法连上网络(网络中断或电控单元失效)。BSI 可向诊断仪传送故障清单。

(3) 收放机与 VAN 总线。

① 组成:

毕加索轿车上装备两种收放机:RB2 型收音机加磁带播放功能;RD2 型收音机加 CD 播放功能。收放机的显示屏分别位于仪表中,转向盘上的收放机控制命令通过多功能屏幕传至收放机,所有的显示信息通过网络传送并由屏幕控制。收放机可设置"随车速调节音量功能"(需由服务站通过诊断仪来设置),新车交付时,该功能为开状态。收放机与 VAN 总线的连接关系如图 7-2-35 所示。

② 各元件的信号类别:

各元件的信号类别见表 7-2-30。

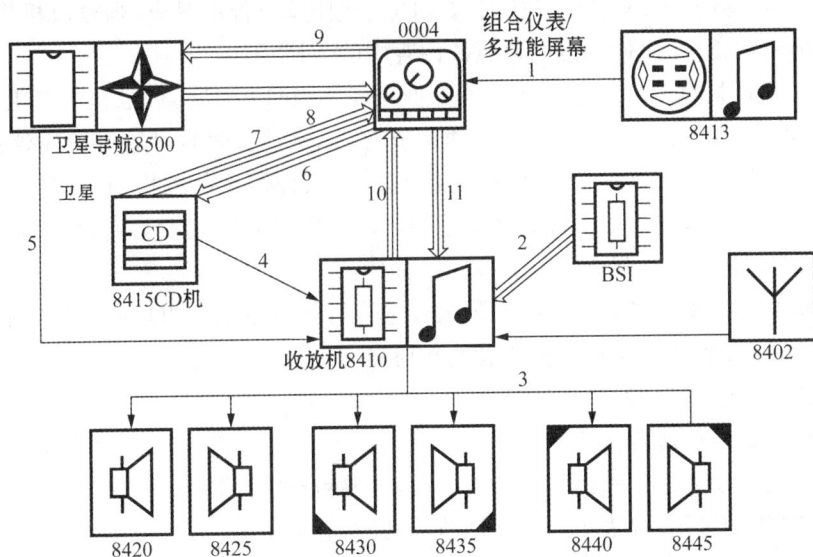

图 7-2-35　收放机与 VAN 总线的连接关系

表 7-2-30　收放机各元件的信号类别

连接标号	信　　号	信号类别
1	请求更新收放机及 CD 机状态	全部或无
2	车速＋VIN 号＋照明对比度	VAN
3	输出信号	模拟
4	CD 声频输入	模拟
5	导航声频输入	模拟
6	CD 机状态更新	VAN
7	CD 机状态	VAN
8	导航状态	VAN
9	导航状态更新	VAN
10	收放机状态	VAN
11	收放机状态更新	VAN

③ 运行原理：

收放机的开关方法有：按动收放机面板上的"ON/VOL"键；断开或接通电源（如果断开电源前，收放机处于工作状态，当＋ACC 出现时收放机开始工作）；当屏幕上出现＋ACC 时装入 CD 盘（RD2 型）。

收放机的电源管理由多功能屏幕来实现。＋VAN 协议存在时，收放机向 EMF（多功能屏幕）发出开关申请，由 EMF 根据收放机开关状态来决定；＋VAN 协议消失时，收放机能够唤醒 VAN 网络以发送开启申请。收放机延时 30 min 后关闭。

为了实现防盗保护，该收放机内存有识别码（车辆 VIN 号）。从备件部门销售的收放机内已存有 VIN 号,将该 VIN 号与 BSI 内的 VIN 号相比较,若不对应,则收放机将进入模糊状态。在更换收放机时,应使用诊断仪更改内存中的 VIN 码。

RD2 收放机可根据 BSI 智能盒传递的数据来调节照明度,RB2 收放机无变阻调节功能。RB2 及 RD2 收放机都具有随车速变化自动调节音量的功能,此时可通过诊断仪将"随车速变化的音量"设置为"ON"。此功能不影响屏幕显示,只作用于收放机内部,且调节过程中,音量值不显示于多功能屏幕上。此时仍旧可以通过"ON/VOL"键及方向盘上的按钮对音量进行手动调节,它们与自动调节互不干涉。

该收放机能够根据设备升温状态对最大音量进行动态控制。RD2 收放机限制音量时并不改变显示值,RB2 收放机可根据使用者的意愿显示音量变化。

(4) 驾驶员信息与 VAN 总线。

驾驶员信息显示功能分为 4 个子功能:指示功能、信号及警报功能、照明功能和行驶参数电脑功能。组合仪表是驾驶信号功能的中心,主要包括水温指示、燃油量指示、车速指示、行驶里程知识、维护提示、仪表板照明度调节、行驶参数显示等。

① 组合仪表与 VAN 总线连接:

组合仪表经过线束接收信号并通过 VAN 网络与电控单元进行通信,如图 7-2-36 所示。

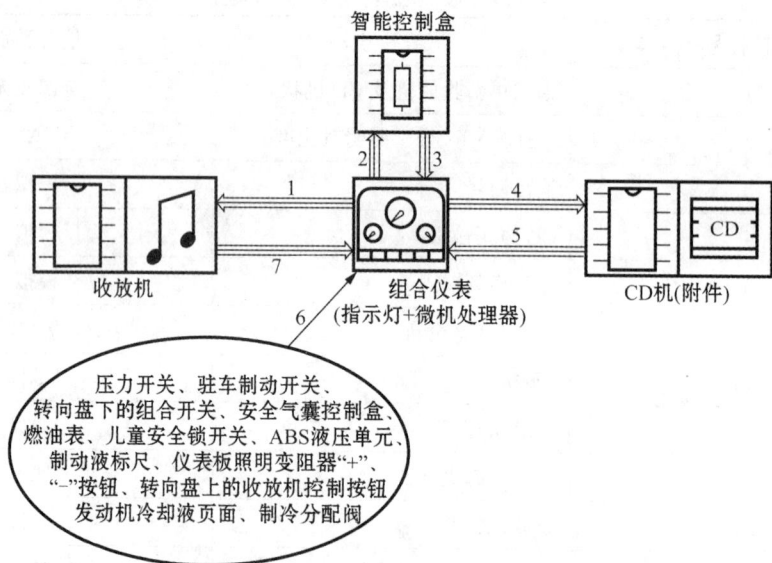

图 7-2-36　组合仪表与 VAN 总线连接关系

② 水温指示功能:

水温表与 VAN 总线连接关系如图 7-2-37 所示。

水温信息显示的工作阶段是水温表传感器(可变电阻)直接将电流信号传给 BSI 智能控制盒,由 BSI 控制仪表上的显示。

当发动机水温过热报警时,智能控制盒同时对报警信号及温度信号进行 VAN 协议编码,7 个阶区均发亮,重复发出报警声,并显示"发动机水温"、"停车"信息。

当水温传感器发生故障时,"发动机水温"信息将引起报警显示灯闪烁及发出报警声。当数值无效时,水温表只有"a"区发光。

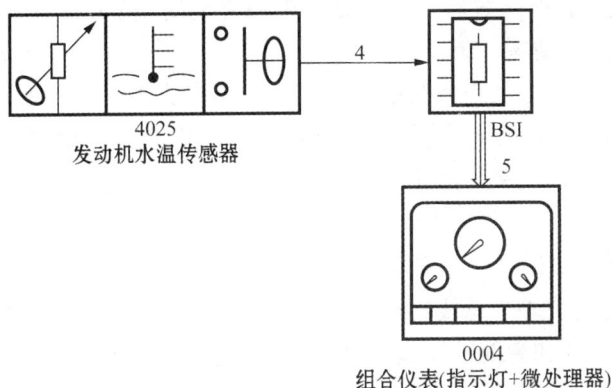

图 7-2-37　水温表与 VAN 总线的连接关系

③ 车速指示功能：

车辆的即时速度显示在指示屏幕的数字显示器上，驾驶员可选择速度计量单位 km/h 或 MPFI，该选择通过多功能屏幕的菜单来完成（时钟/日期/温度）。计算单位选定后并储存起来，下次接通＋APC 电源时可自动调出。车速指示系统的信息连接方法如图 7-2-38 所示。

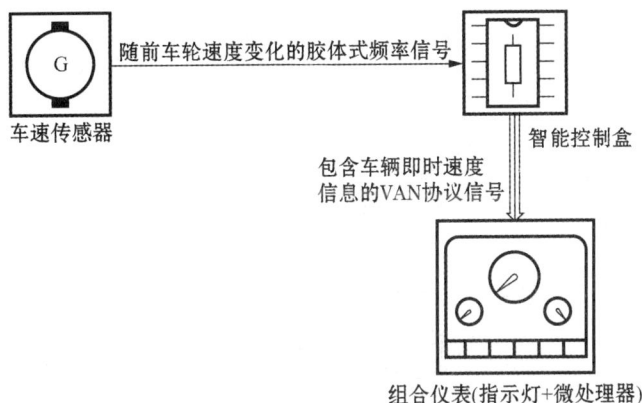

图 7-2-38　车速指示系统与 VAN 总线的连接关系

车速传感器（安装在变速器上）向智能控制盒传递一个可变频率信号，智能控制盒计算出车辆的即时速度并按 VAN 协议编码，组合仪表通过网络获取此信息并将其显示出来。

组合仪表有超速报警功能，用户可通过组合仪表的多功能屏幕菜单对超速的限制值进行修改，当车辆达到此速度时，组合仪表的多功能屏幕将显示信息"设定速度×××km/h"，并发出一个双频调报警声。每次断开点火电源后超速报警功能都被关闭，用户可根据需要将超速报警功能打开。

④ 行驶里程指示功能：

行驶里程由行驶里程计数器显示。行驶里程计数器由两个数字显示器组成：总里程计数器和日里程计数器。总里程计数器的工作过程为：智能控制盒利用车速传感器提供的信号计算车辆使用以来累计的行驶里程，再将此数值按 VAN 协议进行编码并传送给组合仪表。总里程计数器显示出累计行驶里程，组合仪表计算日里程计数器末次清零以来的行驶里程,并将其显示在日里程计数器上。当点火电源接通时,按下组合仪表左下方的清零按钮,即可对日里程计数器清零。

　　行驶里程数储存在组合仪表和智能控制盒中。当点火电源接通时,智能控制盒从组合仪表中读取储存的行驶里程数,并将此值与自身储存的里程数值相比较,智能控制盒及组合仪表将其中较大的值储存起来。由于行驶里程数不能改写,因此禁止用更换零件的方法来进行故障诊断。

　　3)标致206车载网络

　　标致206轿车使用了4个总线,分别为:CAN控制器局域网络,传输速率为250 Kb/s,连接发动机、自动变速器和智能控制盒 BSI;VAN 舒适网络,传输速率为125 Kb/s,连接自动空调、仪表等,管理各种舒适性功能、驾驶员信息和行驶辅助等功能;2个VAN车身网络,传输速率为62.5 Kb/s,连接安全气囊控制单元、智能保险控制盒、转向盘转换模块。BSI为系统网关。车载网络结构如图7-2-39～图7-2-43所示。

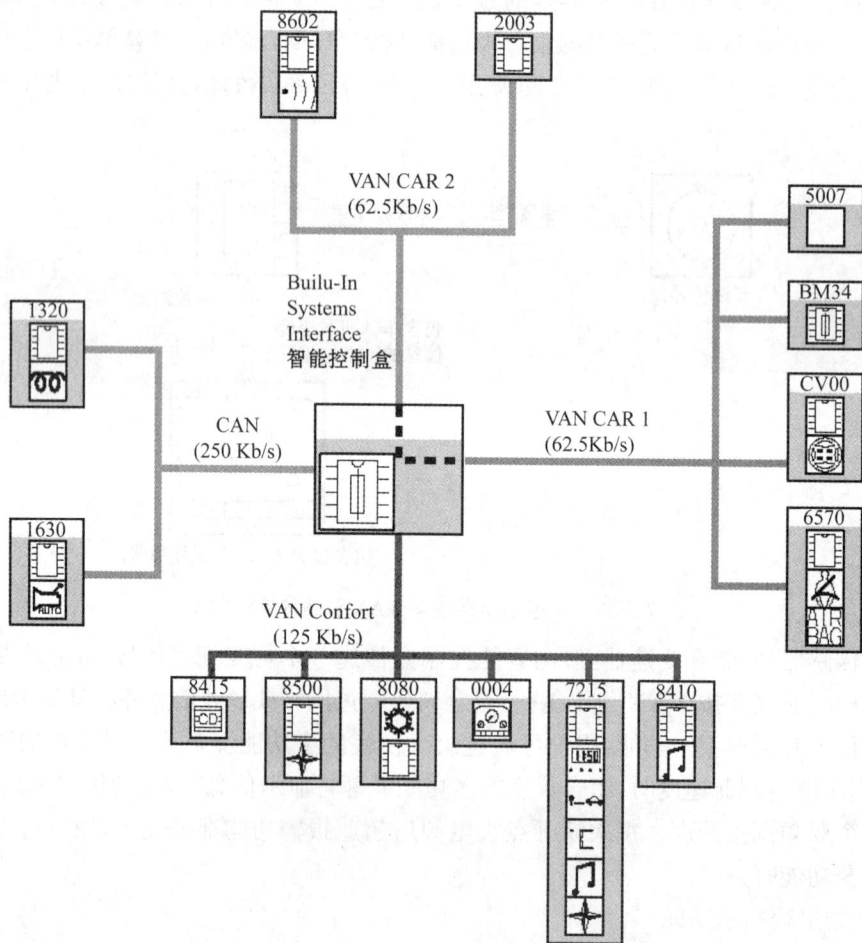

图 7-2-39　标致 206 车载网络结构图

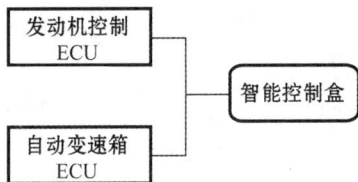

图 7-2-40 标致 206 CAN-BUS 结构图

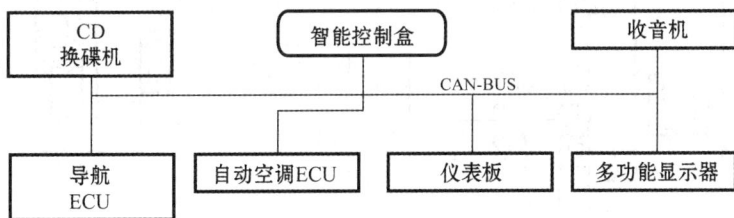

图 7-2-41 标致 206 VAN 舒适网络结构图

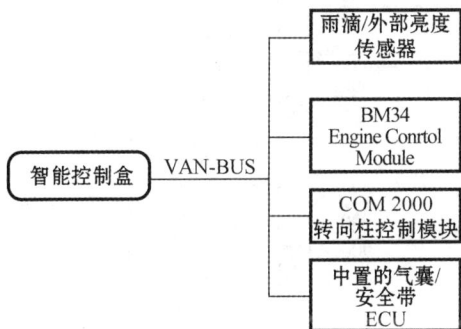

图 7-2-42 标致 206 VAN 车身网络 1 结构图   图 7-2-43 标致 206 VAN 车身网络 2 结构图

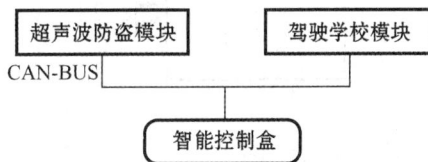

4) 雪铁龙凯旋轿车车载网络

凯旋轿车应用了一个 CAN 网络,连接发动机、变速器等模块,为高速 CAN 总线,传输速率 500 Kb/s;应用了一个 CAN CAR 网络,连接安全控制模块,为低速 CAN 总线,传输速率 125Kb/s;一个 CAN CINFIRT 网络,连接仪表、多功能显示器等模块实现人/机交流,为低速 CAN 总线,传输速率 125Kb/s。车载网络结构图如图 7-2-44～图 7-2-47 所示。

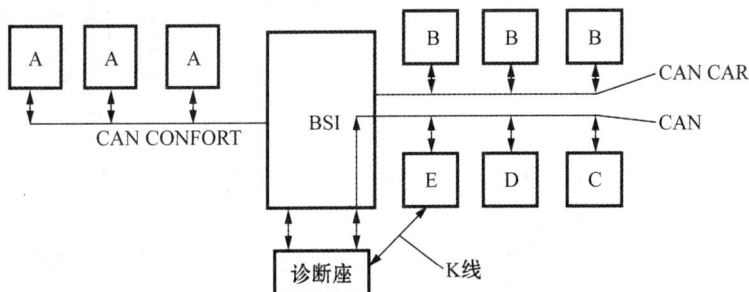

图 7-2-44 凯旋轿车车载网络结构图

笔记

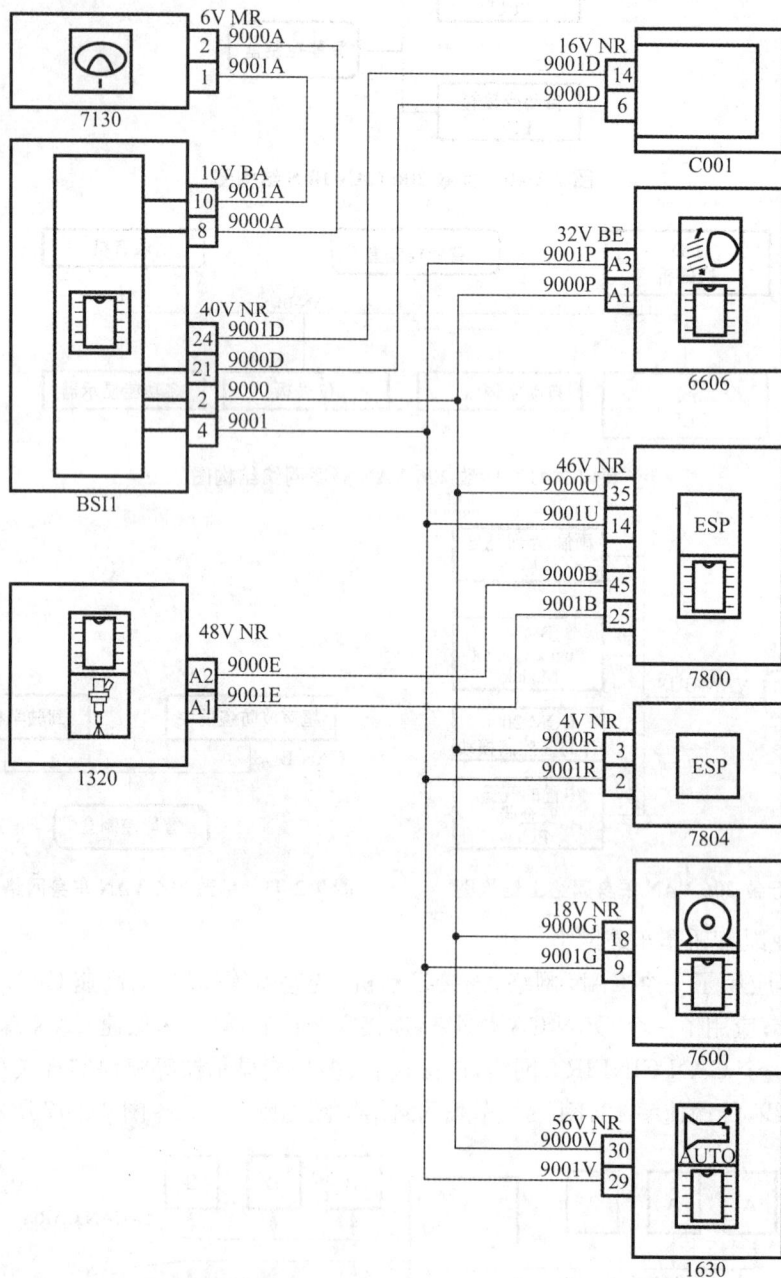

图 7-2-45　凯旋轿车 CAN 网络结构图

1630—自动变速器电脑　7600—亏气检测电脑　7804/7800—电子稳定程序(ESP)

1320—发动机电脑　6606—转向大灯电脑　BSI1—智能控制盒　7130—方向盘角度传感器

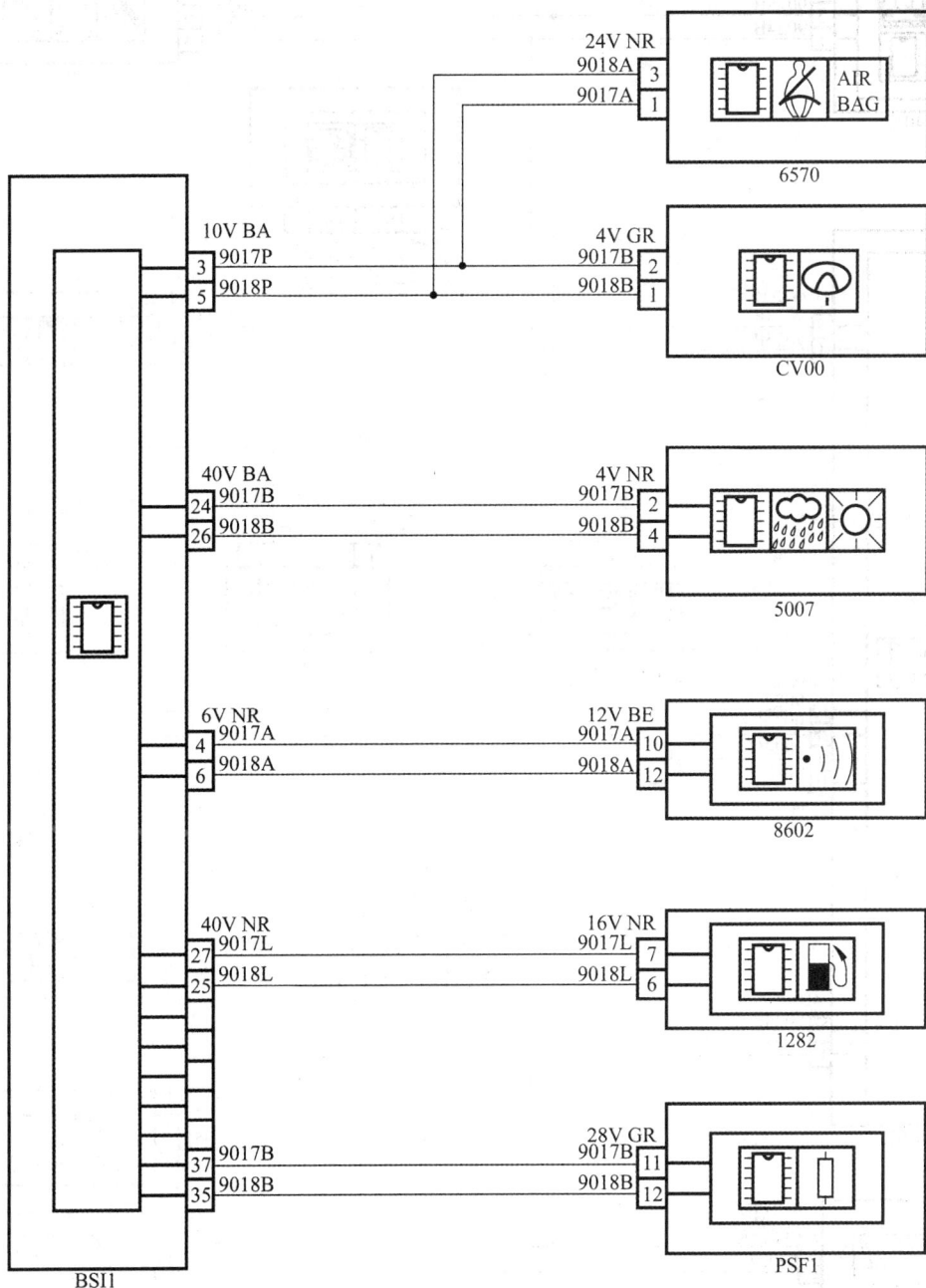

图 7-2-46　凯旋轿车 CAN CAR 网络结构图

PSF1—牵引伺服盒　1282—柴油添加剂电脑　8602—防盗报警器电脑

5007—雨水/亮度传感器　CV00—方向盘下的转换盒　6570—安全气囊电脑

笔 记

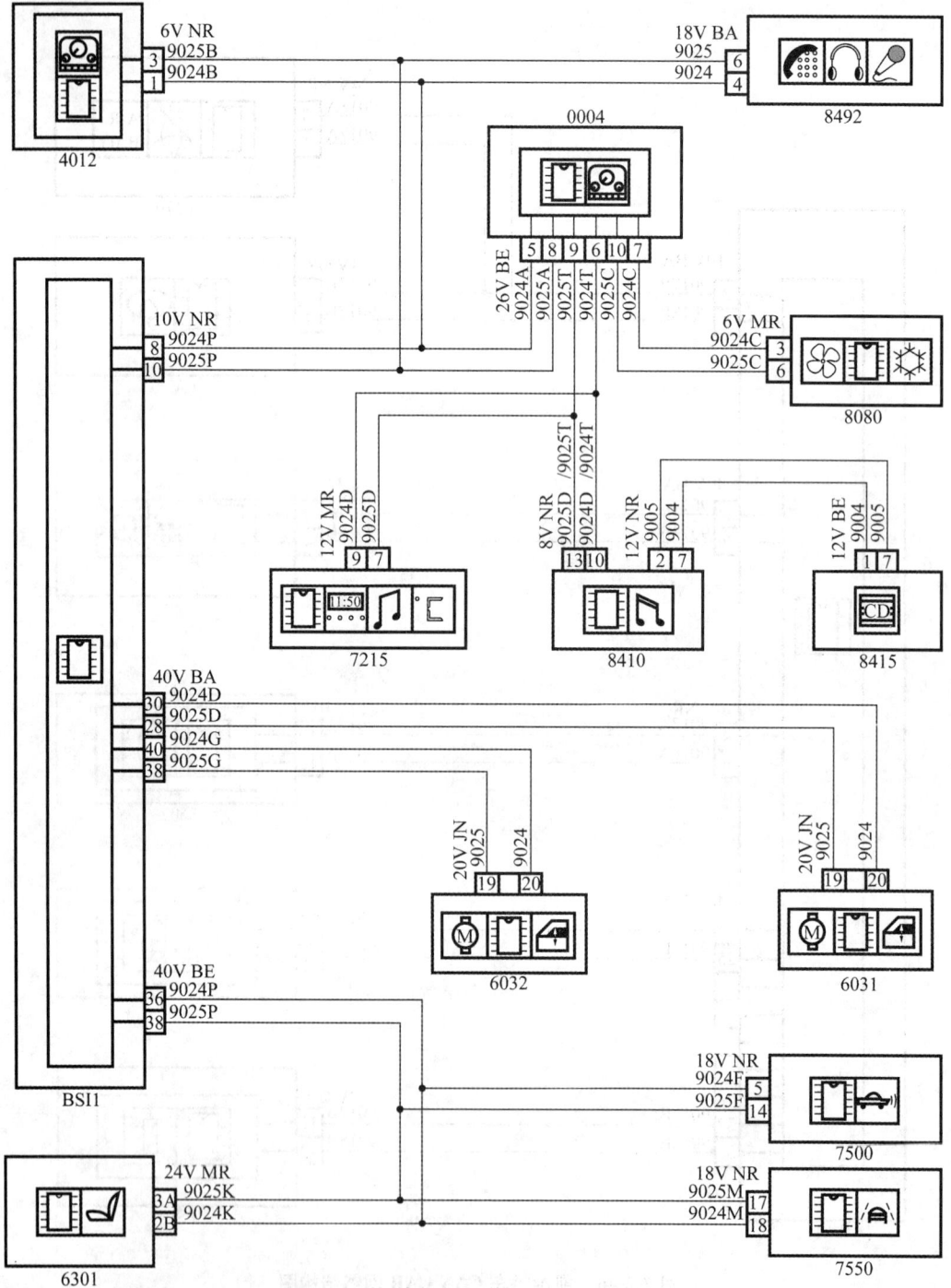

图 7-2-47　凯旋轿车 CAN CINFIRT 网络结构图

6301—座椅控制电脑　7550—非主观变道报警电脑　7500—驻车雷达电脑　6031/6032—车门电脑

7215—多功能显示器　8410—收放机　8415—CD换碟机　8080—空调控制面板

0004—组合仪表　4012—转速表控制盒　8492—通信电脑

4. 通用车载网络系统

1) 通用车载网络系统概述

目前通用公司车载网络系统采用的总线包括 UART、Class-2 和 LAN 3 种形式。

（1）UART 串行通信网络。

UART 是异步收发串行通信系统，它采用单线制线路，传输速率为 8 192 b/s。UART 串行通信网络中有一个控制串行数据总线通信的主控模块，在大多数情况下，车身控制模块就是 UART 总线的主控模块。UART 通信采用 5 V 单线数据线，其系统电压为 5 V，可见 UART 是通过下拉电压进行通信的。UART 采用相同脉宽进行数据通信，它的串行通信波形如图 7-2-48 所示。

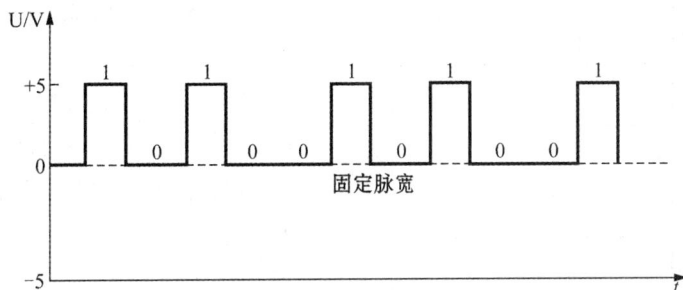

图 7-2-48　UART 串行通信波形

（2）Class-2 串行通信网络。

Class-2 串行数据总线是通用的第二代串行数据传输总线，它也采用单线制线路，传输速率为 10.4Kb/s。Class-2 串行数据线的静态电压为 0V，传递数据电压为 7V，系统传送数据采用的是可变脉宽，每一位信息都可能有两种长度，或长或短。当点火开关拨至 RUN 位置时，Class-2 串行数据网络上的模块每 2 s 会发送一个 SOH 信息来确保模块工作正常，当一个模块停止传递信息时，例如一个模块失去电源和搭铁，就不能发送 SOH 信息，那么在 Class-2 串行数据网络上等着接受 SOH 信息的其他模块就会感知并设置与模块（不能传递信息的模块）失去通信的故障码（DTC），对于不能传递信息的模块来说，DTC 是唯一的，例如，当 BCM 的 SOH 信息消失了，其他的几个模块会设置 DTC U1064，注意的是当存在失去通信的 DTC 时并不是代表产生 DTC 的模块有问题。Class-2 串行通信波形如图 7-2-49 所示。UART 和 Class-2 串行数据通信的特点对比见表 7-2-31。

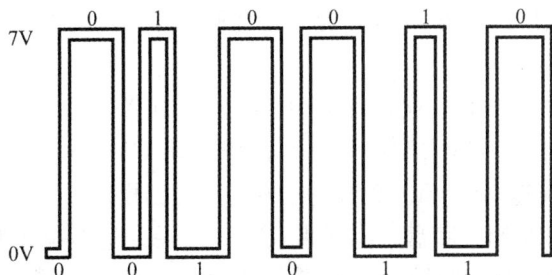

图 7-2-49　Class-2 串行通信波形

笔记

表 7-2-31   UART 和 Class-2 串行数据通信的特点对比

项　目	UART	Class-2
电压/V	5	7
通信方式	低电压通信	高电压通信
传输速率/(b/s)	8 192	10 400
脉宽	固定脉宽	可变脉宽
数据传递方式	连续方式	以数据包形式传输,多个模块可同时输送

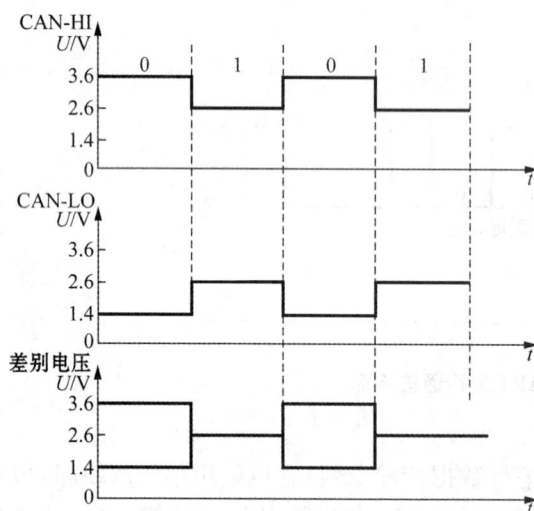

图 7-2-50   LAN 串行通信波形

（3）LAN 串行通信网络。

LAN 是一种基于控制器区域网络通信(CAN)协议的通信总线,LAN 和 CAN 的主要区别在于数据传输的结构不同。LAN 串行通信网络有两条发送串行数据的线路,这两条线路通常称为 CAN-HI 和 CAN-LO。LAN 总线采用的是高速差异模式进行通信,通信速率是 500 Kb/s。LAN 串行通信波形如图 7-2-50 所示,它可以通过两个逻辑层面,即隐性(未驱动)和显性(驱动)来描述。隐性(逻辑 1)时总线处于空闲状态,CAN-HI 和 CAN-LO 电压相同,均为 2.5 V,不存在差别电压。显性(逻辑 2)时总线处于被驱动状态,CAN-HI 电压为 3.6 V,CAN-LO 电压为 1.4 V,存在 2.2 V 的差别电压。

2）09 款新君威车载网络系统

09 款别克新君威车载网络系统包含高速 GMLAN 串行数据总线、中速 GMLAN 串行数据总线、低速 GMLAN 串行数据总线和多个 LIN 本地局域网总线,车身控制模块 BCM 作为网关。车载网络系统拓扑结构见图 7-2-51。

（1）高速 GMLAN 总线。

高速 GMLAN 总线采用高速 CAN-BUS 通信协议,传输位速率最高为 500 Kb/s,双绞线传输链路不具备单线传输功能,传输链路终端为两个 120 Ω 的电阻,信号传输采用差分电压传输方式。

在 09 款别克新君威轿车上应用了两条高速 GMLAN 总线,分别为动力系统高速 GMLAN 总线(High-Speed GMLAN)和底盘系统高速 GMLAN 总线(Chassis-Expansion GMLAN)。动力系统高速 GMLAN 总线连接发动机控制模块 ECM、变速器控制模块 TCM 和电子制动控制模块 EBCM。底盘系统高速 GMLAN 总线连接电子制动控制模块 EBCM、车身控制模块 BCM、燃油泵控制模块、动力转向模块、前照灯控制模块、驻车制动控制模块、悬挂控制模块。系统拓扑结构见图 7-2-52～图 7-2-54。

笔记

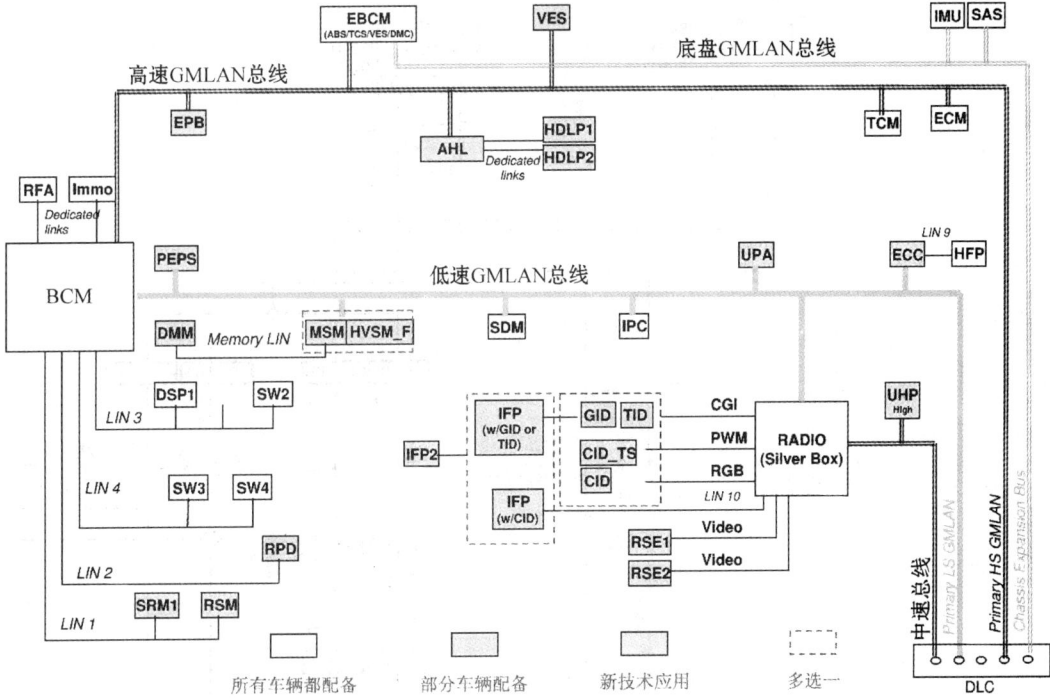

图 7-2-51　09 款新君威车载网络拓扑结构

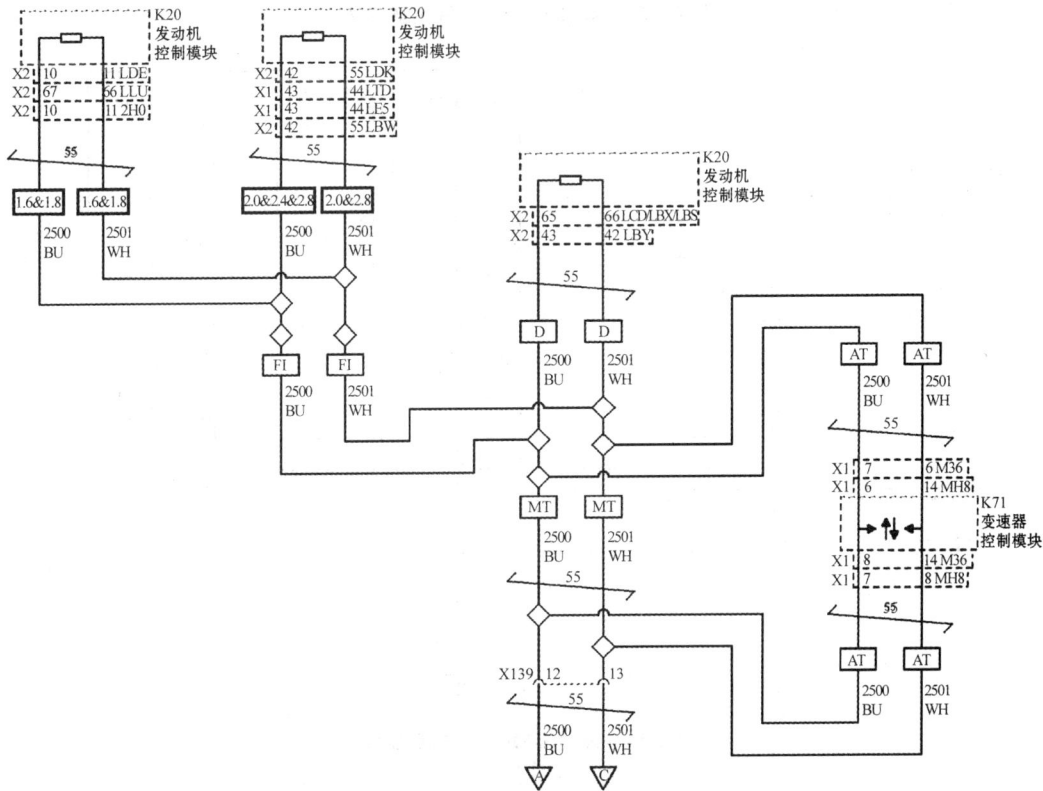

图 7-2-52　高速 GMLAN 总线结构 1

笔记

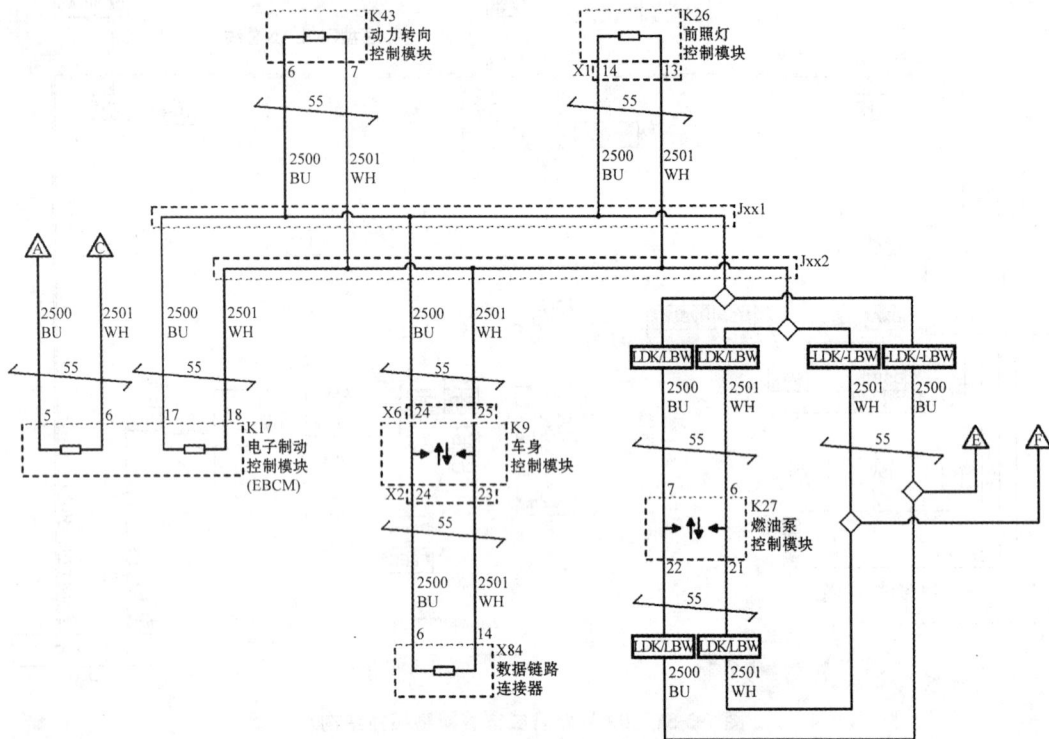

图 7-2-53   高速 GMLAN 总线结构 2

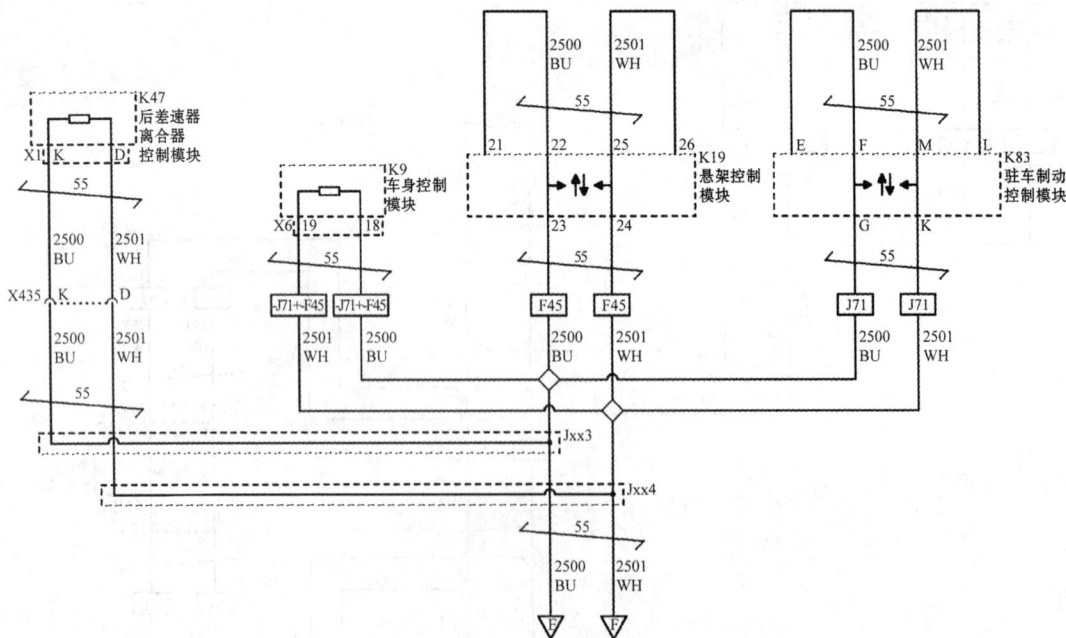

图 7-2-54   高速 GMLAN 总线结构 3

（2）中速 GMLAN。

中速 GMLAN 总线（Mid-Speed GMLAN）采用中速 CAN-BUS 通信协议,传输位速率最高为 125 Kb/s,双绞线传输链路,传输链路终端在每个节点内部都有一个 120 Ω 的电阻,信号传输采用差分电压传输方式。主要连接车载电话控制模块、收音机、数字收音机控制模块等信息娱乐系统。系统拓扑结构图见图 7-2-55。

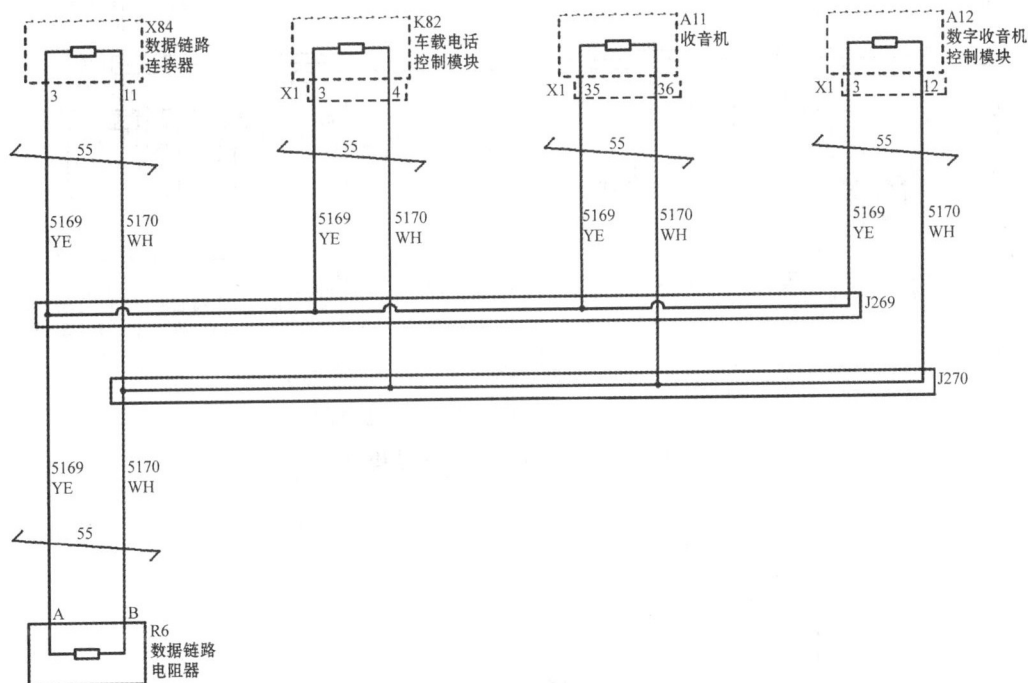

图 7-2-55 中速 GMLAN 总线结构

（3）低速 GMLAN。

低速 GMLAN（Low-Speed GMLAN）采用低速 LSCAN,传输位速率最高为 33.3 Kb/s,单线传输链路,信号电压为 0～4 V,当总线切断后在各控制模块有 3.9～9.09 kΩ 的阻值。应用在车身和舒适系统中控制照明、自动式电动车窗、刮水器等。系统拓扑结构图见图 7-2-56。

（4）本地局域网（LIN）。

LIN 是一种单线 13.5 V、传输位速率为 2.4～19.6 Kb/s、单主多从结构、遵循 MASTER-SLAVE 协议的通信协议。在 09 款别克新君威轿车上应用了多条 LIN 总线用来控制各个执行部件或信号传输,在诊断时只能从主节点上读取各项所需数据。系统拓扑结构见图 7-2-57～图 7-2-61。

（5）数据链路连接器 DLC（诊断座）。

数据链路连接器 DLC 是标准的 16 脚连接器,连接器的设计和安装位置符合行业标准。连接器脚号示意图见表 7-2-32。

汽车车载网络系统检修一体化项目教程

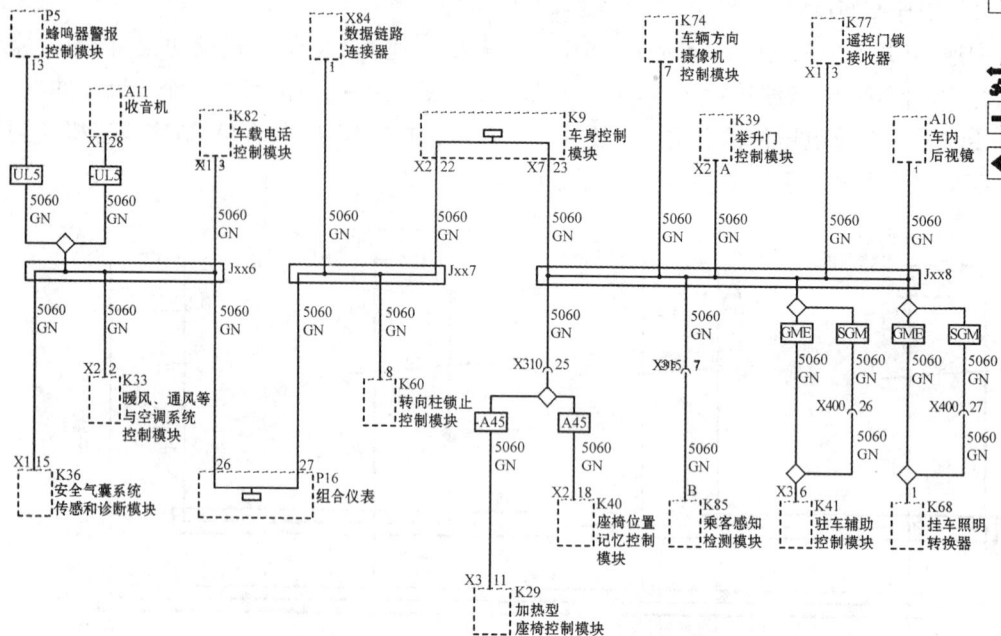

图 7-2-56　低速 GMLAN 结构

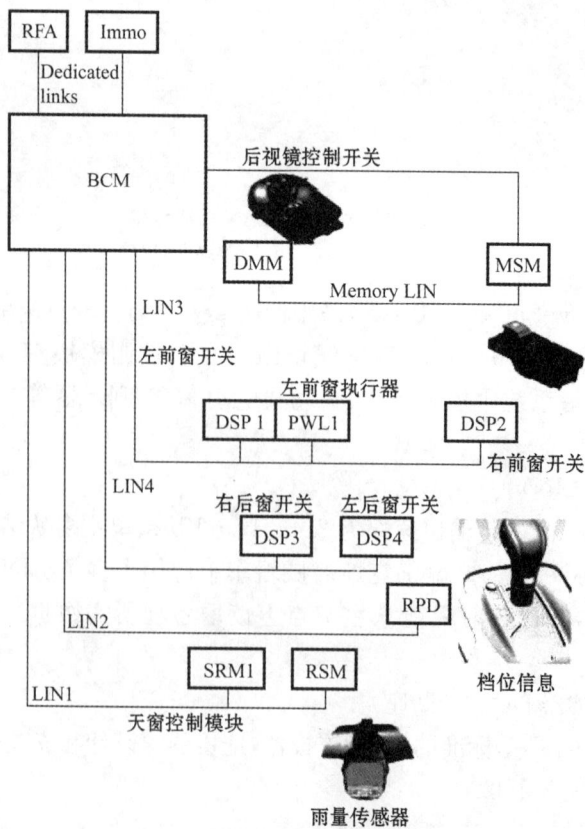

图 7-2-57　LIN 总体结构

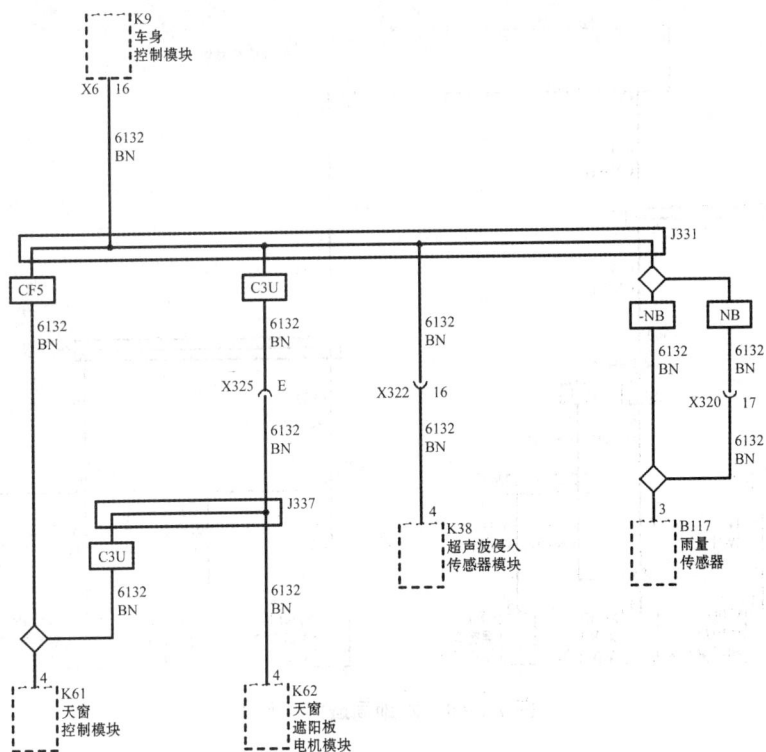

图 7-2-58 本地局域网 1

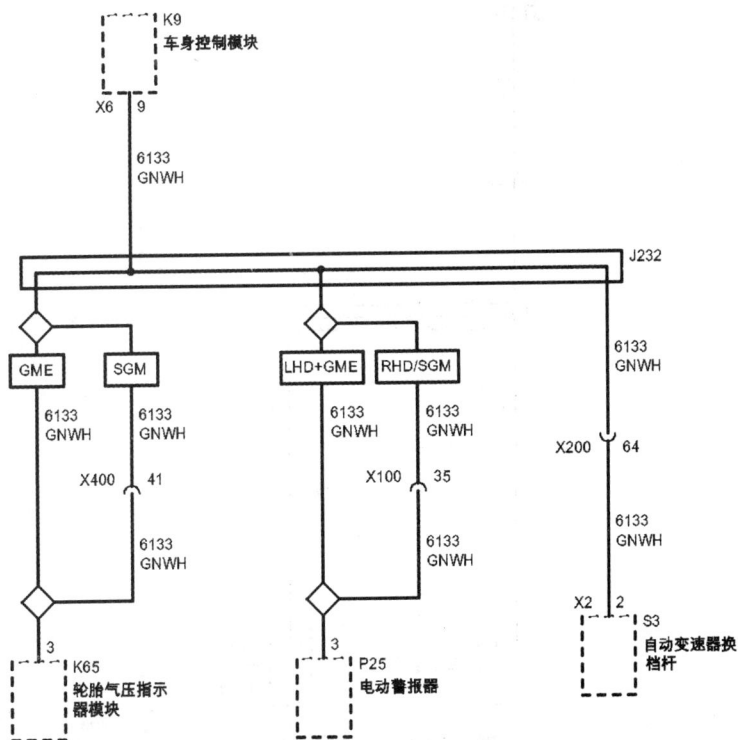

图 7-2-59 本地局域网 2

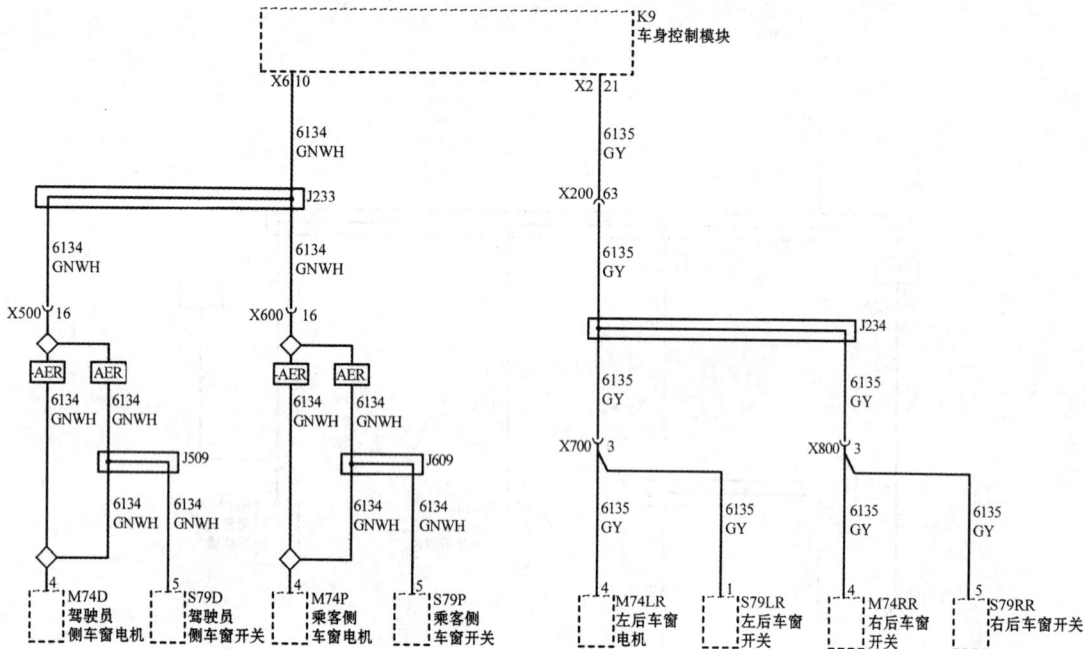

图 7-2-60　本地局域网 3 和 4

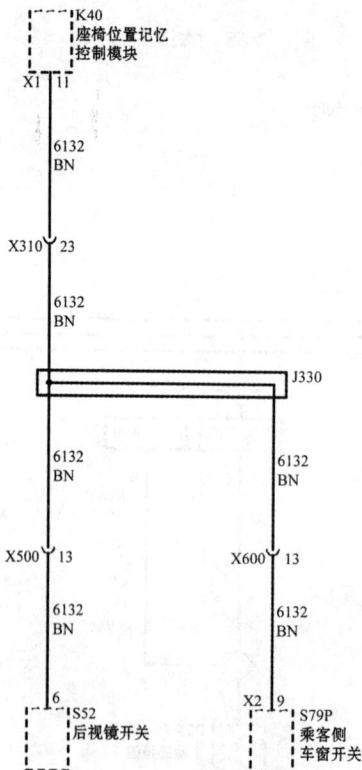

图 7-2-61　本地局域网 5

表 7-2-32　数据链路连接器 DLC 脚号示意

针　脚	功　能	针　脚	功　能
1	低速单线 CAN 总线	10	LIN3
2	LIN2	11	中速 CAN-L
3	中速 CAN-H	12	底盘 CAN-H
4	接地	13	底盘 CAN-L
5	信号接地	14	高速 CAN-L
6	高速 CAN-H	15	LIN4
9	LIN1	16	供电电源

3）别克荣御车载通信网络

别克荣御车载通信网络包括 UART、Class-2 和 LAN 三种形式，车载通信网络拓扑结构见图 7-2-62。

（1）LAN 串行数据总线。

动力系统控制模块间的通信采用高速 CAN-BUS 通信协议，传输位速率最高为 500 Kb/s，双绞线传输链路不具备单线传输功能，传输链路终端为两个 120 Ω 的电阻，信号传输采用差分电压传输方式。

别克荣御 LAN 串行通信网络如图 7-2-63 所示。参与 LAN 通信的控制模块有 5 个，分别是动力系统接口模块（PIM）、方向盘角度传感器（SAS）、自动变速器控制模块（TCM）、电子稳定控制程序模块（ESP）和发动机控制模块（ECM）。在 LAN 串行通信网络线路末端的两个控制模块内各有一个 120Ω 的电阻，用以防止当数据传输到 LAN 总线线路末端时出现反射回送。为了便于表示，将这两个电阻画在了控制模块外部。LAN 串行通信网络是双导线系统，一个是褐色/黑色导线（CAN-HI），另一个是褐色导线（CAN-LO）。任何模块输出的数据均发送至总线，与总线相连接的所有 LAN 控制模块对所接收到的数据进行识别，以确定是否对其进行进一步处理并采取行动，或者忽略。

LAN 通信协议与 UART 通信协议不兼容，由网关来协调两个网络间的通信。别克荣御的网关是动力系统接口模块（PIM），如图 7-2-64 所示。在串行数据通信系统中集成了动力系统接口模块（PIM），使通信网络 UART 和 LAN 之间可以实现双向通信。

（2）UART 串行数据总线。

UART 串行数据总线见图 7-2-62。

① 第一 UART 串行数据电路 800（RD 红/BK 黑），从车身控制模块（A15）连接到诊断插座 X40 的端子 9 和动力系统接口模块（A5）的端子 X1-10。

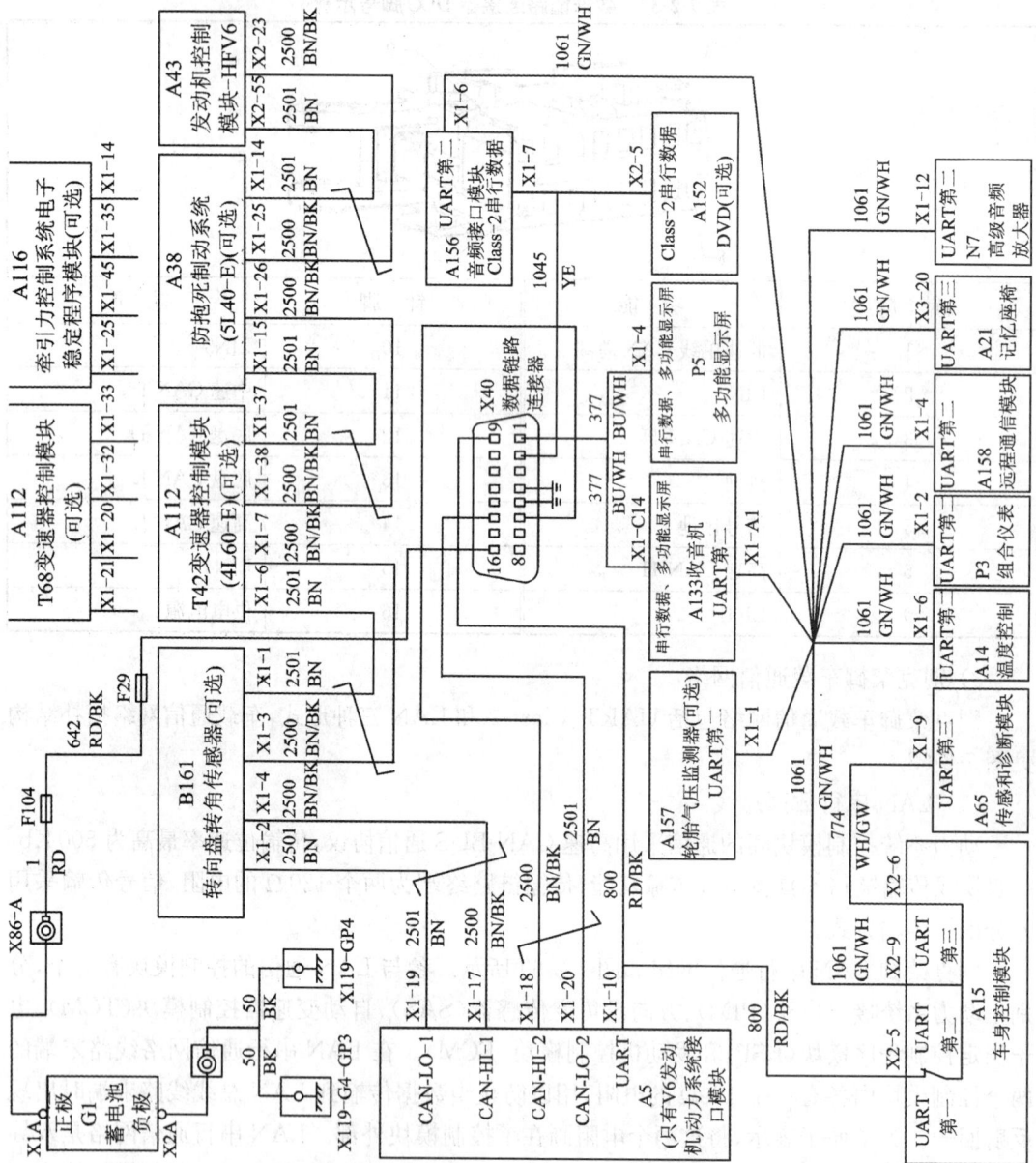

图 7-2-62　别克荣御车载通信网络

　　② 第二 UART 串行数据电路 1061(GN 绿/WH 白),从车身控制模块(A15)连接到以下模块:温度控制模块(A14)、组合仪表(P3)、收音机(A133)、高级音频放大器(N7)、轮胎气压监测器(A157)、音频接口模块(A156)、记忆座椅(A21)等。

　　③ 第三 UART 串行数据电路 774(WH 白/GN 绿),从车身控制模块(A15)连接到传感和诊断模块(A65)。其中,第二和第三 UART 串行数据电路,都是通过串行数据总线隔离器连接到主串行数据线路上的。音频接口模块(A156)与 DVD 间通过 Class-2 串行数据通信,并接到诊断插座 X40 的端子 2。收音机(A133)和多功能显示屏(P5)是通过第三 UART 串行数据进行通信的,并连接到诊断插座的端子 1。

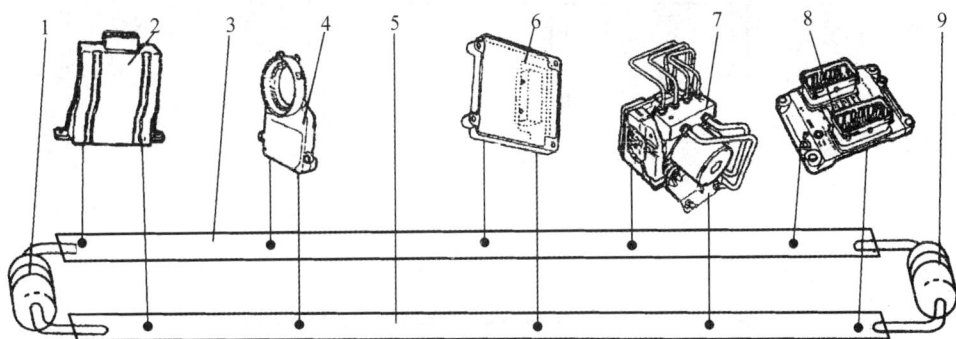

图 7-2-63　别克荣御 LAN 串行通信网络

1—终端电阻　2—动力系统控制模块　3—CAN-LO 线　4—方向盘角度传感器　5—CAN-HI 线
6—自动变速器控制模块　7—电子稳定控制程序模块　8—发动机控制模块　9—终端电阻

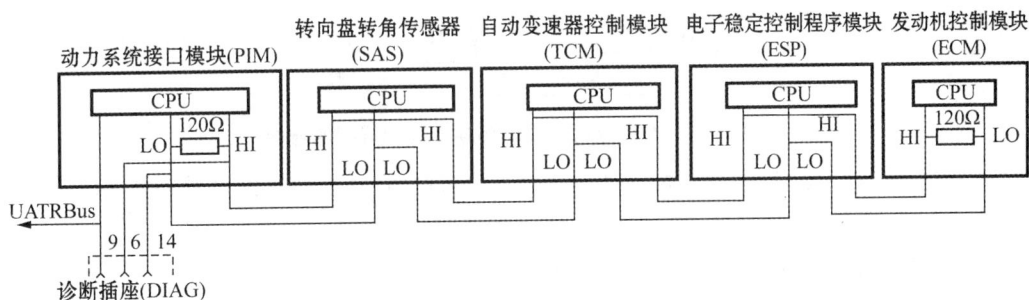

图 7-2-64　别克荣御动力系统网络和网关

④ 采用 LAN 通信的控制模块有 5 个,分别为发动机控制模块(A43)、变速器控制模块(A112)、防抱死制动系统控制模块(A38)、牵引力控制系统电子稳定程序模块(A116)、转向盘转角传感器(B161)、动力系统接口模块(A5)。

⑤ 电路 2500(BN 棕/BK 黑)是 CAN-HI,接诊断插座 X40 的端子 6;电路 2501(BN 棕)是 CAN-LO,接诊断插座 X40 的端子 14。

另外,图中还有一个没有画出的线路,即温度控制模块(A14)与多功能显示屏(P5)间的通信,该线路采用的是 LAN 通信,见图 7-2-65。

采用车载网络通信系统可以将各操作开关的信号传递给相近的控制模块,再由此模块通过网络传递到需要此控制信号的模块。例如,以下控制信号传递到动力系统接口模块(PIM):巡航控制开关、牵引力控制开关、电子稳定程序控制开关、自动变速器模式开关及主动选挡开关等。这些控制信号在 PIM 内转换为串行数据,然后在网络上传送。另外,在发动机控制模块(ECM)验证动力系统接口模块(PIM)之前,动力系统接口模块负责验证车身控制模块(BCM),以确定启动钥匙是否合法。如有任何验证过程未通过,车辆将不启动。

由以上介绍可知,如果用万用表检测车载网络通信线路,只能检查通信线路是否对电源/接地短路或断路,无法用测量电压的方法判断其工作是否正常。如果怀疑车载网络通信线路有故障,可用示波器通过测量线路上的波形来大致判断通信系统工作是否正常。另外,对于别克荣御 LAN 车载网络通信系统,因在网络两个终端模块(即动力系统接口模块 PIM

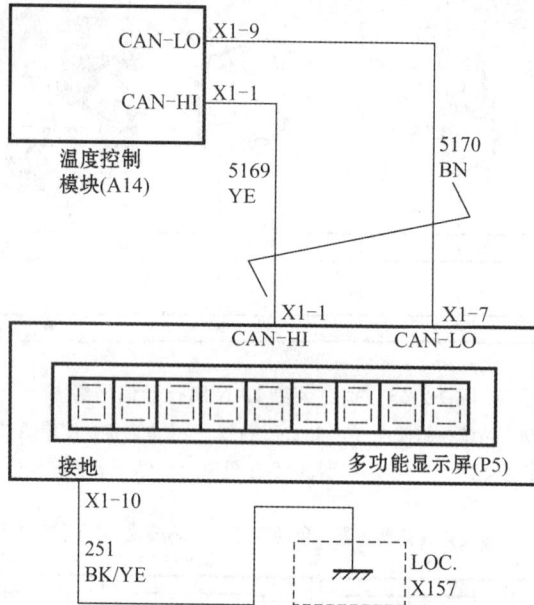

图 7-2-65   温度控制模块与多功能显示屏间的通信

和发动机终端模块 ECM)中分别接有两个 120Ω 的防反射电阻,故在断电状态用万用表欧姆挡测量诊断插座的端子 6 和 14 之间时,应有 60Ω 的阻值。

4) 07 别克林荫大道轿车车载网络系统

07 别克林荫大道轿车车载网络由高速 GMLAN 总线和低速 GMLAN 总线组成。

(1) 高速 GMLAN。

高速 GMLAN 串行数据总线连接车身控制模块、发动机控制模块、变速器控制模块(TCM)、方向盘转角传感器(SAS)、电子制动控制模块、自动前照灯调平模块(AHLL)和电子刹车模块(EPB),允许各模块之间进行通信实现信息共享。高速 GMLAN 拓扑结构见图 7-2-66。

高速 GMLAN 串行数据总线通过双绞线传送,允许速度最高 500 Kb/s。双绞线终端为 2 只 120Ω 的电阻,一端在发动机控制模块(ECM)内,另一端在电子制动控制模块(EBCM)内,或者悬架控制模块(如果已安装)内。高速 GMLAN 是差分总线。高速 GMLAN 串行数据总线(+)和高速 GMLAN 串行数据(-)从静止或闲置电平驱动到相反的极限。大约为 2.5 V 的闲置电平被认为是隐性传输数据并解释是逻辑 1。将线路驱动至极限时,高速 GMLAN 串行数据总线(+)将升高 1 V 而高速 GMLAN 串行数据总线(-)将降低 1 V。如果通信信号丢失,程序将针对各控制模块设置失去通信故障诊断码。

(2) 低速 GMLAN。

低速 GMLAN 串行数据总线通过单线传送到相应的控制模块。在正常操作条件下,总线的速度是 33.33 Kb/s。这个通信协议产生一个简单的脉冲序列并通过 GMLAN 低速串行数据总线发送。当一个模块将总线拉高到 5 V,这就在总线上产生了一个逻辑 0。当总线被拉低到 0 V,这被转换成逻辑 1。要唤醒连接到 GMLAN 低速串行数据总线上的控制模块,高电平唤醒脉冲通过总线发送,脉冲的电压为 +10 V。GMLAN 低速总线上的模块使用接头组件或者分离模块组的星形连接器连接到总线上。低速 GMLAN 拓扑结构见图 7-2-67。

笔 记

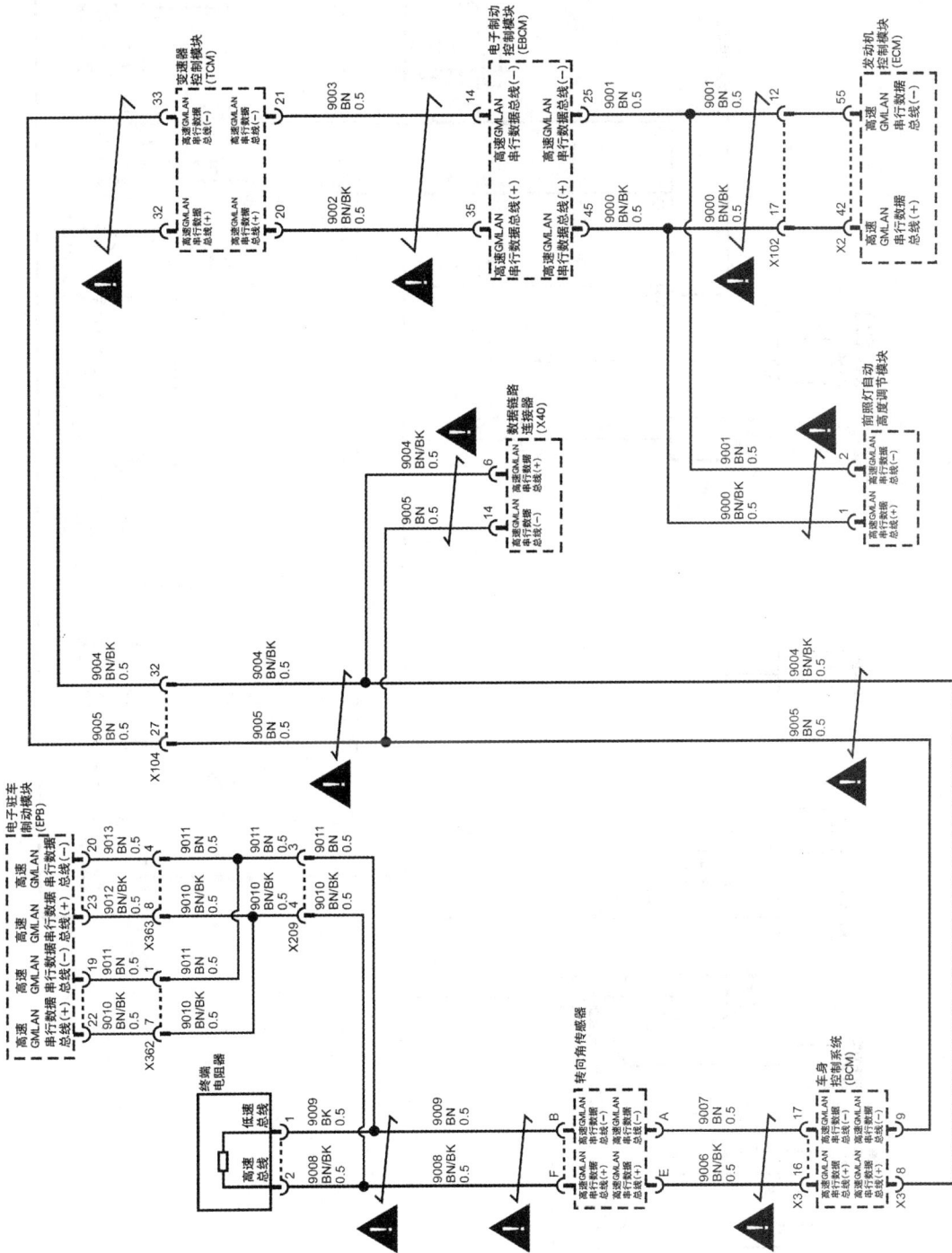

图 7-2-66　高速 GMLAN 拓扑结构

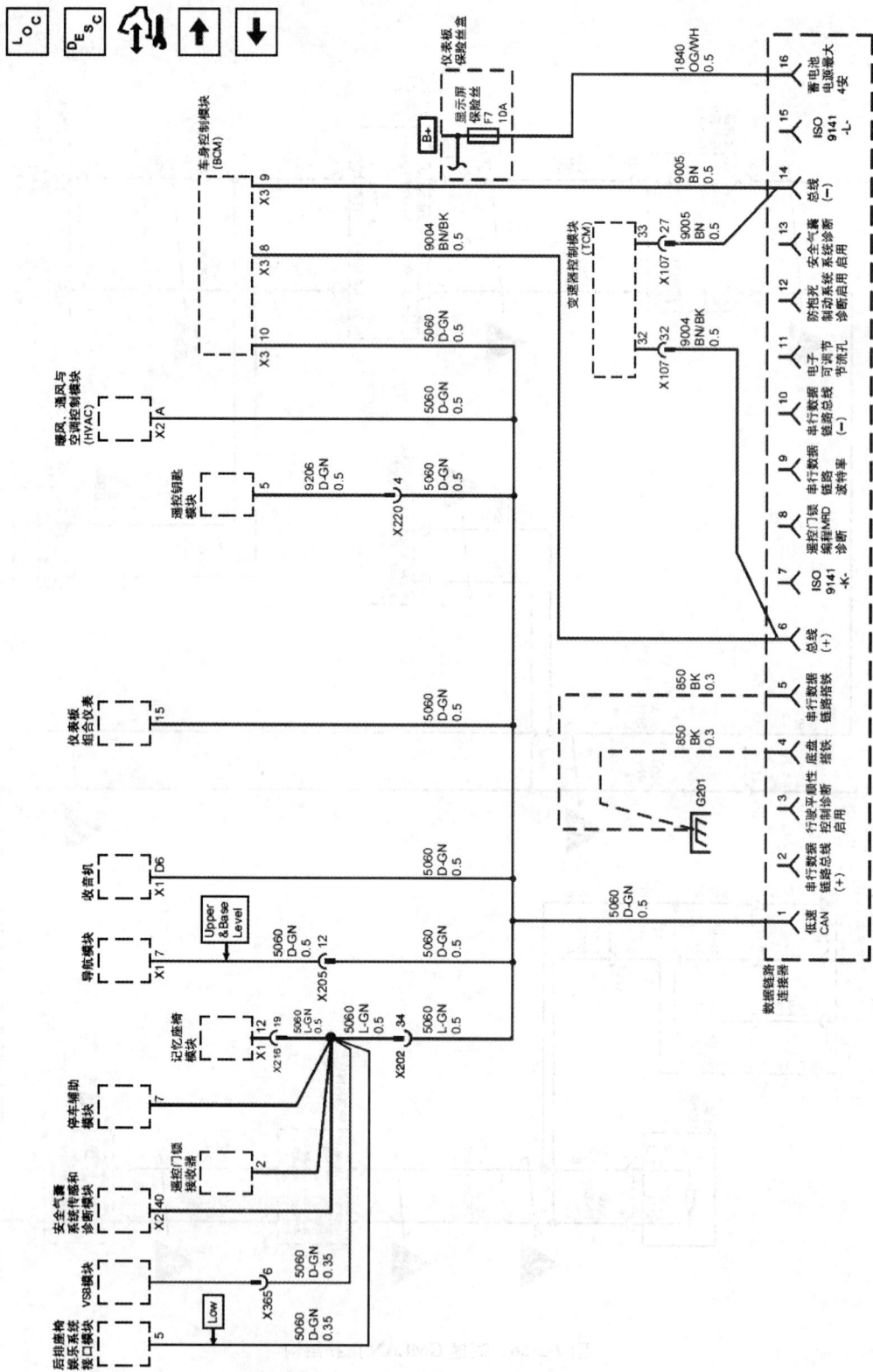

图 7-2-67 低速 GMLAN 拓扑结构

低速 GMLAN 串行数据总线连接以下模块,各模块实现数据共享:

- 车身控制模块(BCM);
- 仪表板组合仪表(IPC);
- 安全气囊系统传感和诊断模块(SDM);
- 防盗系统模块(TDM);
- 信息单元-收音机主机头(IRC);
- 暖风、通风和空调(HVAC)控制模块;
- 遥控门锁接收器控制模块-遥控功能执行器(RFA);
- 后排座椅娱乐系统(RSE)控制模块;
- 导航接口模块(NIM);
- 座椅接口模块(SIM);
- 物体检测模块-超声波倒车辅助系统(UPA)。

车身控制模块通过线路连接到 GMLAN 高速串行数据总线和 GMLAN 低速串行数据总线作为它们之间的网关。如果车身控制模块无法通信,车辆将不能起动,因为没有车身控制模块提供网关功能,发动机控制模块(ECM)和防盗系统模块(TDM)不能通信。

(3) 数据链路连接器 DLC(诊断座)

数据链路连接器(DLC)是一个标准化的 16 孔连接器。数据链路连接器低速串行数据电路直接连接到仪表板接头组件,然后再连接到所有其他的接头组件或模块。连接器的设计和位置符合行业宽度标准要求,并要求提供以下项目:数据链路连接器(DLC)各端子示意可见表 7-2-33。

表 7-2-33　数据链路连接器(DLC)各端子示意

针　脚	导线颜色	功　能
1	D-GN(深绿色)	低速 GMLAN 串行数据
3	D-GN(深绿色)	诊断功能启用信号
4	BK(黑色)	搭铁
5	BK(黑色)	搭铁
6	BN/BK(棕色/黑色)	高速 GMLAN 串行数据总线(+)
14	BN(棕色)	高速 GMLAN 串行数据总线(-)
16	OG/WH(橙色/白色)	蓄电池正极电压

笔记

三、制订检修计划

制订欧美车系车载网络系统故障检修计划如表 7-2-34 所示。

表 7-2-34　欧美车系车载网络系统故障检修计划

1. 收集欧美车系车载网络系统相关信息,分析欧美车系车载网络系统故障原因
2. 查阅车辆维修资料,制定欧美车系车载网络系统检修流程
3. 通过使用故障诊断仪、万用表和示波器对欧美车系车载网络系统进行各种检测,判断故障原因,并排除故障恢复正常性能

1. 欧美车系车载网络系统信息描述	奔驰车载网络系统的特点	
	宝马车载网络系统的特点	
	雪铁龙车载网络系统的特点	
	通用车载网络系统的特点	
2. 欧美车系车载网络系统故障现象描述		
3. 欧美车系车载网络系统故障原因分析,画出鱼刺图		
4. 欧美车系车载网络系统故障检修工作准备	相关维修资料	
	相关技术标准	
	相关检测工量具	
	相关维修、拆装工具	

	步骤	项　目	内　　容	检测结果	结　论
5. 欧美车系车载网络系统故障检修流程	1	故障诊断仪检测	1. 读取故障代码		
			2. 读取数据流		
			3. 主动功能测试		
	2	万用表检测	1. 系统模块供电电压和搭铁状况测量		
			2. 数据线导通性测量		
			3. 传输终端电阻测量		
	3	示波器检测	信号波形测量		

四、任务实施

欧美车系车载网络系统故障检修任务如表 7-2-35 所示。

表 7-2-35　欧美车系车载网络系统检修任务

本任务书分为两个内容,一是原理掌握,请结合自己学到的欧美车系车载网络系统知识给出答案;二是检修能力掌握,根据任务书所示项目,给出自己的答案,应写明判断依据。(有条件的情况下,最好能实车操作,使用各种检测设备对车辆进行检测、分析故障原因,修复故障恢复正常功能)

续　表

笔记

原理掌握		
序号	问　题	结　论
1	宝马7系使用了哪些总线标准？分别有什么特点？各次控制什么功能？	
2	宝马车系是怎样通过车载网络系统实现功能控制的？	
3	通用车系使用了哪些总线标准？有什么特点？	
4	雪铁龙/标致使用了哪些总线标准？分别有何特点？	
5	在雪铁龙/标致中，如果智能控制盒损坏，对车载网络系统会有什么影响？	

检修能力掌握		
故障现象描述	故障原因分析	诊断步骤与判断依据
宝马7系开刮水器，不工作		
宝马7系无法着车，不供油		
02款老君威仪表显示故障，转速表、水温表、档位显示等不工作		
02款老君威无法着车，防盗灯点亮		

五、检验评估

任务7.2的检验评估如表7-2-36所示。

表7-2-36　检验评估

检验与评价内容	检验指标	权重	自评	互评	总评
检查任务完成情况	1. 能描述各车系车载网络系统的组成和工作原理	8			
	2. 能完成任务书布置内容				
职业素养	1. 学习态度：积极主动参与学习	2			
	2. 团队合作：与小组成员一起分工合作，不影响学习进度				
	3. 现场管理：服从工位安排、执行实训室"5S"管理规定				

参 考 文 献

［1］ 朱建风,李国忠. 常见车系 CAN-BUS 原理与检修［M］. 北京:机械工业出版社,2006.
［2］ 谭本忠. 汽车车载网络维修教程［M］. 北京:机械工业出版社,2008.
［3］ 郑志中. 汽车电控车身检修［M］. 北京:中国劳动社会保障出版社,2007.
［4］ 尹力会. 汽车总线系统原理与检修［M］. 北京:机械工业出版社,2010.

全国职业教育汽车类专业高技能人才培养论坛介绍

一、论坛介绍

全国职业教育汽车类专业高技能人才培养论坛是由中国高等职业教育汽车类专业教学委员会组织，并定期举办的汽车专业职业教育论坛。论坛旨在搭建职业教育汽车类专业交流平台，促进教学研究活动的开展，提高教育教学质量，推动我国汽车类专业高技能人才培养模式的改革和发展。

二、举行时间和地点

论坛年会将于每年8月份举行。每年更换年会地点。

三、论坛参与人员

政府相关主管部门领导；职业院校汽车类专业院长、系主任、教研室主任、学科带头人、骨干教师；职业教育专家；汽车相关企业专家及负责人。

四、主要议题

1. 教学交流：专业建设、培养方案、课程设置、教学改革、教学经验等。
2. 科研交流：科研立项、教改研究、教学资源库建设、立体化教材编写等。
3. 人才交流：高技能师资引进和储备、高技能人才就业与创业等。
4. 信息、资源交流：招生和就业信息、校际合作机制等。
5. 校企合作和国际交流：产学研合作机制、学生国外游学项目、教师海外进修等。

五、论文与出版物

被论坛年会录用的论文将正式出版，经专家评审后的部分优秀论文将推荐在核心期刊上发表。

六、秘书处联系方式

通信地址：上海市番禺路951号505室　邮编：200030　传真：021-64073126
联系人：张书君　电话：021-61675263
　　　　刘雪萍　电话：021-61675235
E-mail：qicheluntan@foxmail.com

七、论坛相关资料索取

请您认真填写以下表格的内容，并通过电子邮件、传真、信件等方式反馈给我们，我们将会定期向您寄送论坛邀请函、出版物等相关资料。

资 料 索 取 表

姓　名		性别		职务/职称	
院　系					
通信地址				邮编	
联系电话			传　真		
E-mail			手机号码		
院长/系主任姓名					